Julia

Ele
Mu

Persönlichkeitsbildung als
musikerzieherisches Konzept

Juliane Ribke

Elementare Musikpädagogik

Persönlichkeitsbildung als musikerzieherisches Konzept

mit Fotos
von Charlotte Oswald

ConBrio-Fachbuch Band 3

1995
ConBrio Verlagsgesellschaft

Brunnstr. 23, 93053 Regensburg, www.conbrio.de, info@conbrio.de

6. Auflage, 2025

ConBrio-Produktionsbetreuung: Theo Geißler
ConBrio-DTP: Anneliese von Markreither

Druck: Druckhaus Köthen

ISBN 978-3-930079-51-3
CB 1051

Inhaltsverzeichnis

Teil II: Didaktik persönlichkeitsbildender Musikerziehung

Teil III: Methodischer Entwurf für die Elementare Musikpädagogik im Vorschulalter

Vorwort

Anliegen dieses Buchs ist es, dem Fach Elementare Musikpädagogik eine theoretische Orientierung zu geben, die didaktisch, methodisch und unterrichtspraktisch ausgewertet werden kann.

Die Bedeutung des Elementarbereichs ist in der musikalischen Breitenarbeit unbestritten; die sogenannte Grundstufe ist eine wesentliche Säule der gesamten Musikschularbeit, wenn auch über die Bedeutung, die ein früher musikalischer Beginn für die jungen Adressaten haben kann, divergierende und zuweilen verschwommene Vorstellungen herrschen. Im Ausbildungsbereich hat das Fach an Musikhochschulen und Konservatorien die erste Etablierungsphase hinter sich, so daß den Musikschulen in musikalischer und pädagogischer Hinsicht kompetente Lehrkräfte zugeführt werden können. Trotzdem reicht die Zahl der Absolventen bei weitem nicht aus, um eine gute Versorgung zu gewährleisten und diesem in vielerlei Hinsicht äußerst sensiblen Bereich seiner weichenstellenden Funktion gemäß gerecht werden zu können.

Trotz der großen Breitenwirkung und trotz der Hochschulfähigkeit sind die musikalischen und allgemeinpädagogischen Möglichkeiten der Elementaren Musikerziehung noch nicht detailliert genug ausgearbeitet und dargestellt worden. Das Fach kämpft doch immer noch um seine ‚innere' Legitimierung im traditionellen Ausbildungskatalog der Virtuosenbildungsstätten. Neben den pädagogischen gilt es, die musikalisch-künstlerischen Aufgaben und Möglichkeiten des Elementarbereichs aufzuzeigen, um diesem eine andere Funktion zuzuschreiben als die des simplifizierenden und in der ästhetischen Relevanz gegen Null gehenden propädeutischen Fertigkeitstrainings. Und es gilt, die soziale und politische Dimension der im Prinzip nicht an spezielle Altersstufen gebundenen Elementaren Musikpädagogik angemessen einzuschätzen. Der elementare Umgang mit Klangstrukturen setzt beim Musizierenden keine hochdifferenzierte motorische Spezialisierung voraus, dafür aber steht die Entwicklung seines imaginativen, kreativen und beziehungsbildenden Potentials im Mittelpunkt des Unterrichts, der in der methodischen Gestaltung zwischen Lenkung, Informationsvermittlung und dem Angebot selbständig auszugestaltender Spielräume pendelt.

Wir bezeichnen den hier dargestellten Ansatz als anthropologischen, weil der Mensch, seine Entwicklung, seine Grunderfahrungen und seine Bedürfnisse zunächst betrachtet werden, bevor die musikdidaktische Diskussion aufgenommen, in strenger Abstimmung darauf geführt und in ihren methodischen Konsequenzen dargelegt wird. Der Begriff ‚schülerzentriert' erscheint uns dafür zu oberflächlich, da es weniger um die Anbindung von Unterrichtsinhalten an umwelt- und milieubedingte Erfahrungen geht, als um die Anbindung von Unterrichtsinhalten an prinzipiell bereitstehende sensorische und psychische Grundmuster (Urmatrizen), die sich aus existentiellen Primärerfahrungen herausgebildet haben. Unter der Prämisse, daß Primärerfahrungen lebenslang subjektiv von Bedeutung bleiben, kann der Umgang mit Musik persönlichkeitsbildend wirksam werden.

Die Tatsache, daß der musikpädagogische Einflußbereich sich nicht in der Vermehrung von Sachwissen erschöpft, sondern weitreichende Folgen auch in nichtkognitiven Verhaltensbereichen hat, ist in der Elementaren Musikpädagogik wohl beteuert, aber kaum konkretisiert worden; in der Rhythmik hingegen, die psychosoziale Veränderungsprozesse in ihre fachliche Identität integriert hat, sind diese didaktisch schon lange relevant. Viele der hier dargelegten Gedanken und Unterrichtsideen haben – auch wenn es im laufenden Text nicht erwähnt wird – einen Elementare Musikpädagogik und Rhythmik gleichermaßen betreffenden Geltungsbereich. Wenn in der Elementaren Musikpädagogik sensorische und bewegungsorientierte Aneignungsmodi sowie der soziale Kontext zentralen Stellenwert erlangen, ist eine weitreichende inhaltliche Überschneidung mit der Rhythmik gegeben.

In dem Bestreben, die Elementare Musikpädagogik auf eine anthropologische Basis zu stellen, mußten wir ‚Anleihen' bei anderen Wissenschaften machen. Aus der Medizinischen Embryologie, Sinnesphysiologie, Pränatalen Psychologie und Analytischen Psychologie werden die für unseren Bereich relevanten Erkenntnisse herausgefiltert; sie werden ausgewertet in Hinblick auf die Auswahl von Unterrichtsinhalten und den dramaturgischen Aufbau von Unterrichtsstunden in einem persönlichkeitsbildenden Konzept von Musikerziehung. Da eine enge Kohärenz von Theorie und Praxis angestrebt wird, verzichten wir in den theoretischen Darstellungen auf eine wissenschaftshistorische Referierung verschiedener Denkrichtungen und Schulen sowie deren Interpretationen bestimmter Schlüsselbegriffe. Wichtig erscheint uns die Reflexion, die physiologische und psychologische Untermauerung sowie die unterrichtspraktische Ausfüllung von schnellgebrauchten pädagogischen ‚Hauptworten' wie z.B. ganzheitlich, sinnenhaft und persönlichkeitsbildend. Wir müssen diese Begriffe für das hier bearbeitete Fachgebiet ausleuchten, damit sie nicht länger nur Mitläufer in der Grauzone unterhalb einer methodisch aufbereiteten Sachebene bleiben.

Die Beobachtung zeigt, daß längst nicht alles, was als musikerzieherische ‚Standards' sachorientiert gelehrt wird, von den Schülern auch angenommen wird. Gerade diejenigen Lehrkräfte, die außerhalb des Pflichtschulbereichs tätig sind, müssen dafür sorgen, daß ihr Unterricht von Freude und emotionaler Intensität getragen wird, wenn sie sich ihre Klientel erhalten wollen. Sowohl Kinder als auch Erwachsene suchen als Lernende ein subjektiv bedeutungsvolles, sinnvolles Handlungsfeld – wird es ihnen aufgrund einer tradierten, nicht weiter hinterfragten Sachzwangideologie vorenthalten, quittieren sie die Beschulungsversuche entweder mit Indifferenz, Arbeitsvermeidung, rascher Erledigung oder mit innerer Abwesenheit, Aktivitätsverschiebung und über ‚Tische und Bänke' sich ausbreitenden Unruhe.

Bleibt anzumerken, daß der hier vorgestellte musikpädagogische Ansatz aus der nunmehr einige Jahre zurückliegenden Arbeit mit ‚schwierigen' – d.h. motorisch hochaktiven, leicht ablenkbaren, wenig konzentrationsbereiten und im traditionellen Lern-Unterricht sich wenig aufgabenbezogen verhaltenden Vorschulkindern entstanden ist. Beobachtungen, auf welche Angebote sie positiv reagierten, wann sie aus ihren heftigen Verhaltensschemata herauskamen, wann und worauf sie offensichtlich eine psychische Resonanz verspürten, waren mir Wegweiser für die Ausarbeitung dieser Momente zu einem musikpädagogischen Konzept. Ich verdanke diesen Kindern viel, weil sie auf ihre Weise deutlich und unkaschiert kundtaten, welche Inhalte und Methoden anbindungsfähig waren und welche nicht.

Dieses Buch ist aus meiner wissenschaftlichen und pädagogischen Arbeit an der Hochschule für Musik und Theater Hamburg hervorgegangen. Ich danke meinen Studentinnen und Studenten, deren ideenreiches pädagogisches Engagement und ernsthafte Reflexionsbereitschaft mich beflügeln sowie den an der Hochschule im Rahmen der Praktika unterrichteten Kinder- und Erwachsenengruppen. Durch sie ist eine unterrichtspraktische Umsetzung und Erprobung dieses Konzepts überhaupt nur möglich gewesen.

Die Fotos von Charlotte Oswald entstanden im Rahmen eines Unterrichtsprojekts im März 1994 und zeigen Kinder des Hamburger Kindertagesheims Feldbrunnenstraße, die vom Herbst 1993 bis zum Sommer 1995 bei uns in der Hochschule unterrichtet wurden. Für ihre unermüdliche Einsatzbereitschaft bei den Schreibarbeiten am Manuskript danke ich Frau Karin Jerzembeck. Silke Lehmann half bei den Korrekturen und unterstützte uns alle hilfsbereit und einfühlsam beim Fototermin.

Anmerkung: Im folgenden Text wurde für Personenbezeichnungen die männliche Form gewählt, um die Lesbarkeit nicht durch Worte mit großgeschriebenen Endsilben und als Folge davon durch Schrägstriche bei Artikeln und Pronomina zu stören. Die männliche Form ist als Oberbegriff für die eher typologisch gedachten Funktionsträger von Unterricht (Lehrer, Schüler, Teilnehmer etc.) gedacht.

Teil I

Elementare Musikpädagogik im anthropologischen Bezug

1. Zum Einstieg

Die Bedeutung der Musik für die Entwicklung und Erziehung des Kindes ist – lange Zeit vor der Institutionalisierung des musikalischen Grundstufenbereichs im Fächerkanon der Musikschulen – von großen Pädagogen in der Vergangenheit immer wieder hervorgehoben worden.

Die folgenden Ausführungen gelten nicht dem historischen Entwicklungsgang des sogenannten Grundstufenbereichs, sondern es soll eruiert werden, wie bedeutende Pädagogen, deren Anliegen es war, über die Abstimmung von Erziehung oder besser: von Entwicklungsangeboten auf ‚wesentlich' Menschliches nachzudenken, zu philosophieren und ihre Gedanken auch in (unterrichts)praktische Realität umzusetzen, die Musik in ihre Systeme eingebunden haben. Wir wollen dabei Grundgedanken aufspüren, die als Ansatzpunkte einer auf den Menschen und nicht auf einen abstrakten, normativen Kunstbegriff bezogenen Musikerziehung in der musikpädagogischen Diskussion heute wieder neue Aktualität erlangt haben.

1.1 Rückblick ...

Voraussetzung für die wohlgefällige Betrachtung von Kind und Musik war jedoch zunächst einmal die Entdeckung der Kindheit als einer Lebensphase von eigener Gesetzmäßigkeit, deren weichenstellende Funktion für den weiteren Entwicklungsweg eines Menschen erst begriffen werden mußte (vgl. Ariès 1975). Vor dem 17. Jahrhundert zeigen bildliche Darstellungen Kinder als kleinwüchsige Erwachsene, was jedoch nach Ariès nicht der Ungeschicklichkeit oder Unfähigkeit der Künstler zuzuschreiben ist: „Wir gehen von einer Vorstellungswelt aus, die keine Kindheit kennt. .... Das legt den Gedanken nahe, daß die Kindheit nicht nur in der ästhetischen Darstellung, sondern auch in der Lebenswirklichkeit nur eine Übergangszeit war, die schnell vorüberging und die man ebenso schnell vergaß" (Ariès 1975, S. 93). Belege für das Nichtwahrnehmen des Kindlichen liefert auch die Literatur vorrationalistischer Jahrhunderte; Ariès zitiert französische Gedichte, die zur populären und ‚gehobenen' Literatur vom 13. bis zum 16. Jahrhundert gehören: „Die ersten sechs Jahre, die der Mensch auf Erden lebt, / Vergleichen wir schlicht dem Januar. / Denn in diesem Monat gibt es Tugend und Kraft ebensowenig im Überfluß / Wie bei einem sechsjährigen Kind" (ebd. S. 78). „So kann das Kind, wenn es sechs Jahre alt, / Kaum etwas wert sein / Weil es kaum etwas weiß./Doch man soll es gut umsorgen, / Damit es gut genährt wird, / Denn wer keinen guten Anfang hat / Wird auch kein gutes Ende nehmen" (ebd. S. 79). Die ersten sechs Lebensjahre eines Menschen mit dem kargen, unwirtlichen, fruchtlosen Januar gleichzusetzen, bedeutet emotionale Distanz zu einer Lebensphase, die als ‚kaltgestellt' gilt und abgewartet werden muß, bis die Natur angenehmere Zeiten hervorbringt. Ursachen für diese Distanz lassen sich aus der damaligen sozialen Realität ableiten: Die hohe Säuglings- und Kindersterblichkeit schien einen kollektiven Verdrängungsmechanismus hervorzurufen, denn man „konnte sich nicht zu sehr an etwas binden, das man als potentiellen Verlust betrachtete“ (ebd. S. 98). Ein psychologischer Selbstschutz verhinderte, daß man Kinder als prägnante und individuelle Persönlichkeiten wahrnahm, um an dem möglichen Verlust nicht zu zerbrechen. Konnte ein Kind nicht ‚durchgebracht‘ werden, so gab es keine Zeit für Trauer um ein einzigartiges Geschöpf – der Lebenskampf stellte zu harte Forderungen an die Familie.

In der christlichen Erlösungstradition verwurzelt, jedoch das Augenmerk auf Verbesserung der Bildungsmöglichkeiten im Diesseits gerichtet, entwickelte der große Pädagoge des 17. Jahrhunderts, Johan Amos Comenius (1592-1670), sein didaktisches Lehrgebäude. Jedem Menschen solle ungeachtet seines Standes die Chance zur Entwicklung seiner Vernunftgaben gewährt werden, damit er die gottgeschaffene Ordnung erkennen könne. Dazu entwarf er altersstufenbezogene Unterrichtsmethoden, die bis heute an Aktualität wenig verloren haben: Nicht das Auswendiglernen übernommenen Wissensstoffs, sondern der aktive Umgang mit den Dingen selbst sollte den Unterricht mit Kindern leiten; entdeckendes Lernen, Sinnesschulung und Schärfung der Beobachtungsfähigkeit waren zentrale Anliegen seiner Didaktik, für die Comenius selbst anschauliche Materialien entwickelte. In der Organisation seines Bildungssystems schaltete er die sogenannte ‚Mutterschule‘ vor die Muttersprachschule, Lateinschule und Universität (vgl. Comenius/Flitner 1954). In der ‚Mutterschule‘ erwirbt das Kind durch Übung der Sinne und Empfindungskraft bis zum sechsten Lebensjahr elementare Kenntnisse in Natur- und Geisteswissenschaften. „In den Naturwissenschaften (physicae) kann der Knabe in den ersten sechs Jahren so weit gebracht werden, daß er weiß, was Wasser, Erde, Luft, Feuer, Regen, Schnee, Eis, ein Stein, Eisen, ein Baum, Gras, ein Vogel, ein Fisch, ein Ochse usw. ist. Er soll auch Namen und Gebrauch der Glieder seines Körpers, wenigstens der äußeren, kennen. All das wird in diesem Alter leicht gelernt und legt die Anfangsgründe der Wissenschaft von der Natur (naturalis scientia). ... Von der Poesie werden sie einen Vorgeschmack haben, wenn sie in der frühen Jugend recht viele Verschen auswendig lernen, besonders von moralischem Inhalt, rhythmische oder metrische, wie sie in den verschiedenen Sprachen üblich sind. Den Anfang in der Musik werden sie machen, wenn sie aus Psalmen und Hymnen einige leichtere Stellen auswendig lernen; das wird in den täglichen Andachten seinen Platz finden“ (Comenius/Flitner 1954, S. 189 f). In seiner Schrift „Der Mutter Schul“ (1636) geht Comenius näher auf die musikalischen Betätigungen der Kinder in den ersten Lebensjahren ein, für die er folgenden Stufengang angibt: „Musica ist uns die natürlichste. Denn so bald wir zur Welt geboren werden, fangen wir bald an das Paradeißliedlein zu singen, a. a. e. weinen, sage ich, und klagen ist unser erste Musica, welche man Kindern nicht verwehren kan, und wenn es auch müglich were, soll mans nicht thun, weil es zur Gesundheit dienet. ... Im andern Jahr fängt die eusserliche Musica den Kindern anmutig zu werden, nemlich, das singen, geigen, ... und andere Instrumenta musicalia. Darumb soll man ihnen solche mittheilen, damit ihre Ohren und

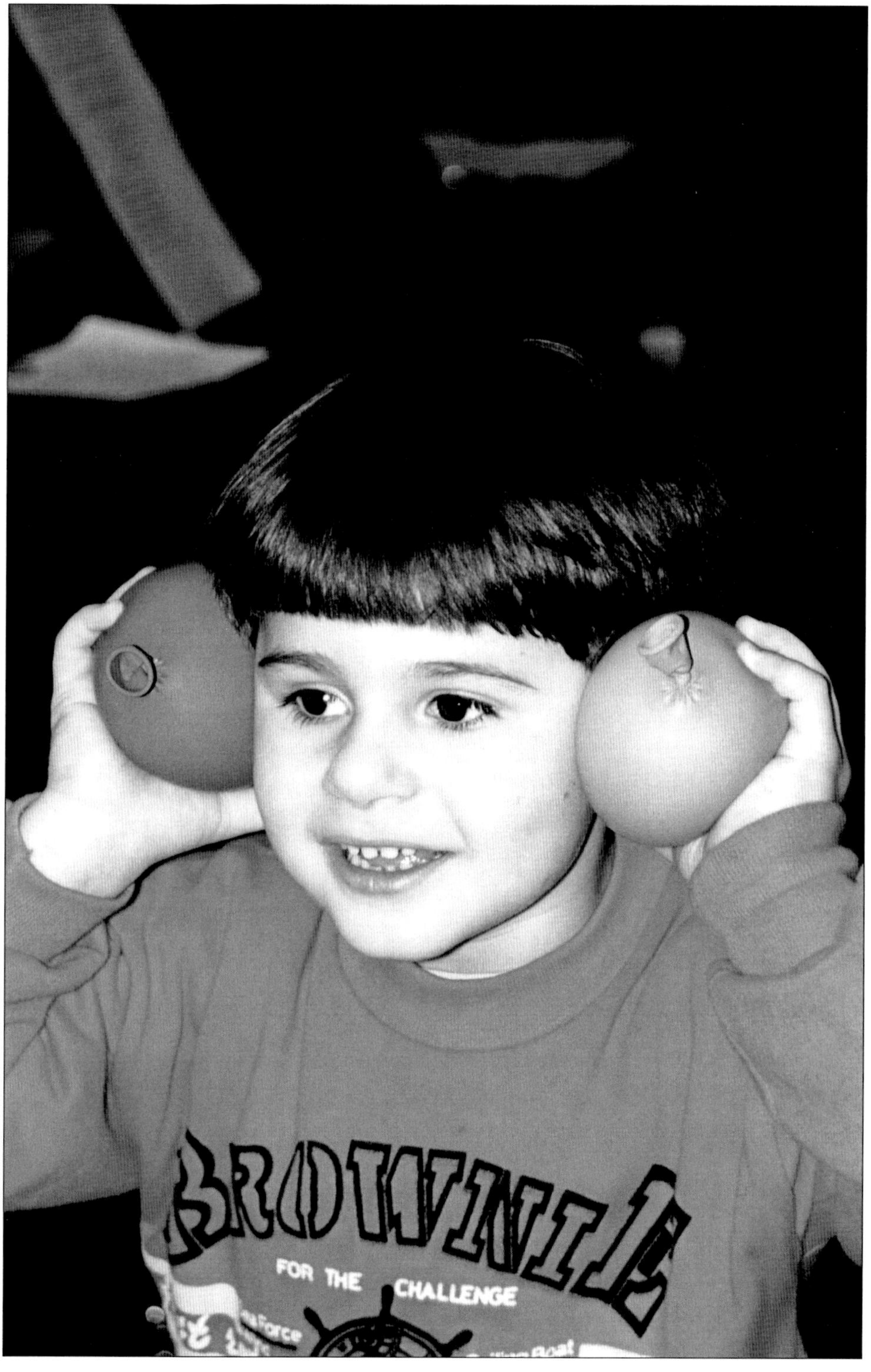
FOR THE CHALLENGE

Gemüt zur melodien gewohnen. Im dritten Jahr bestehet der Kinder Musica auch noch im zuhören. ... Im vierdten Jahr ist bey etlichen Kindern das singen nicht unmüglich ding: bey denen aber die langsamer sind Musicam zu begreiffen, kan es auffgeschoben werden. Es kan auch den Kindern (sonderlich den Knaben) zugegeben werden eine Pfeiffe, Paucke, Geiglein. Daß sie lernen pfeiffen, klümpern, und also ihr Gehör zu allerley melodien angeführet werde. Im fünfften Jahr (wofern es im vierdten nicht angefangen ist) wird es zeit seyn, daß sie ihren Mund mit geistlichen Liedern und Gesängen auffthun und anfangen mit ihrer Stimme GOTT ihren Schöpfer zu loben" (Comenius 1636, S. 88 f). Comenius führt dann für Eltern und Ammen Verschen und Liedtexte auf, die sie vor oder nach dem Essen, nach dem Gebet oder am Abend mit den Kindern singen können.

Auch wenn im Barock der Wissens- und Fähigkeitserwerb noch ganz vom theozentrischen Weltbild beherrscht war, ist die pädagogische Bedeutung von Comenius' Mutterschule hoch einzuschätzen; die Notwendigkeit einer früh einsetzenden Förderung des Kindes durch das Elternhaus als Grundstock seiner Bildung wird hier klar ausgesprochen. Das Kind ist kein verpupptes Wesen mehr, keine erstarrte ‚Januar-Natur', sondern ein von Geburt an bildungsfähiger, aktiver Organismus, der in jedem Lebensalter zu alterspezifischen Erkenntnissen angeleitet werden kann.

Diesen Grundgedanken verfolgt – wenn auch vor einem gewandelten geistesgeschichtlichen Hintergrund – Jean-Jacques Rousseau (1712-1778): „Wir werden empfindsam geboren und von Geburt an auf verschiedene Weise durch unsere Umwelt beeinflußt" (Rousseau 1762/1971, S. 11). Sein Verständnis von menschlicher Entwicklung basiert auf einem Naturbegriff, der dessen rationalistische Interpretation als höchste Ausprägungsform mathematischer Gesetzmäßigkeiten durch eine irrationale Komponente transzendiert. Die Natur folgt ihrem eigenen Willen, den man erfühlen kann, in den verstandesmäßig einzugreifen jedoch nur Unheil bringt. So beginnt Rousseau sein berühmtes Erziehungsmanifest „Emil oder Über die Erziehung" (1762) mit einem Aufschrei, der – wie der ganze Roman – herbe Kritik an den herrschenden Zuständen übt: „Alles ist gut, wie es aus den Händen des Schöpfers kommt; alles entartet unter den Händen des Menschen. ... Nichts will er haben, wie es die Natur gemacht hat, selbst den Menschen nicht. Man muß ihn, wie ein Schulpferd, für ihn dressieren; man muß ihn nach seiner Absicht stutzen wie einen Baum seines Gartens" (ebd. S. 9). Seine Vorstellungen von der natürlichen Heranreifung des Menschen und seinen Feldzug gegen Vorverlegung abstrakter Lerninhalte entrollt Rousseau emphatisch über den ganzen Roman hinweg. Dies bedeutet erziehungsgeschichtlich den entscheidenden Schritt zur Akzeptierung des Kindes und der Kindheit: „Die Natur will, daß Kinder Kinder sind, ehe sie Männer werden. Kehren wir diese Ordnung um, so erhalten wir frühreife Früchte, die weder reif noch schmackhaft sind und bald verfaulen. ... Die Kindheit hat eine eigene Art zu sehen, zu denken und zu fühlen, und nichts ist unvernünftiger, als ihr unsere Art unterschieben zu wollen" (ebd. S. 69). Das Wesen der Kindheit besteht nach Rousseau in einer nicht-begrifflichen sinnlichen Erfassung der Umwelt: „Unsere ersten Philosophielehrer sind unsere Füße, unsere Hände, unsere Augen. ... Um denken zu lernen, müssen wir also unsere Glieder, unsere Sinne und unsere Organe üben, denn sie sind Werkzeuge unseres Geistes“ (ebd. S. 111). Rousseau sieht trotz seines Plädoyers für das Geschehenlassen des inneren, natürlichen Reifungsvorgangs durchaus Übungen zur Optimierung der Sinnesfunktionen vor, denn „wir können weder tasten noch sehen oder hören, wenn wir es nicht gelernt haben“ (ebd. S. 119). Daraus folgen auch Überlegungen zur musikalischen Beschäftigung mit Kindern, die sich jedoch auf den Umgang mit der Stimme beschränken. Diese sei sowohl durch deutliches und gut artikuliertes Sprechen zu schulen als auch durch Gesang: „Macht seine Stimme rein, gleichmäßig, biegsam, klingend; sein Ohr empfänglich für Takt und Harmonie, aber nichts mehr. ... Will er aber singen, würde ich versuchen, einige Lieder für ihn zu machen, die seinem Alter angemessen und genauso einfach wären wie seine Gedanken. Da ich es nicht eilig habe, ihm das Lesen beizubringen, so kann man sich vorstellen, daß ich mich ebensowenig beeile, ihn Notenlesen zu lehren. Halten wir jede geistige Überanstrengung fern, und beeilen wir uns nicht, seinen Geist an konventionelle Zeichen zu fesseln“ (ebd. S. 139). Rousseau empfiehlt statt dessen, Lieder über das Ohr erfassen zu lassen, außerdem sollten die kleinen Musiker selbst Motive erfinden. Die Gehörschulung wird durch die Solmisation unterstützt, die sich als relatives System zur Transposition anbietet: „Nichts ist natürlicher als transponierend zu solmisieren. Aber das ist schon zuviel über die Musik! Lehrt sie, wie ihr wollt, nur sie muß immer ein Vergnügen bleiben“ (ebd. S. 140). Rousseau leitet aus seinen im Vergleich zum Gesamtumfang des „Émile“ verschwindend geringen Äußerungen zur Musik keine Methode ab; dennoch beinhalten seine Ansichten zur allgemeinen Sinnessensibilisierung, Improvisation und Solmisation beachtenswerte Vorschläge für den Musikalisierungsprozeß.

Über die Erziehung nicht nur streitbar zu philosophieren, sondern seine Ideen in pädagogisches Handeln umzusetzen, war das Anliegen des Schweizer Pädagogen Heinrich Pestalozzi (1746-1827). Mit sozialem Engagement verwirklichte er ein pädagogisches Modellinstitut in Iferten, das Goethe in „Wilhelm Meisters Wanderjahre“ 1829 literarisch überhöht dargestellt hat. Goethe beschreibt dort eine rege, allen Lehren begleitende musikalische Tätigkeit: „Was die Knaben auch begannen, bei welcher Arbeit man sie fand, immer sangen sie, und zwar schienen es Lieder jedem Geschäft besonders angemessen und in gleichen Fällen überall dieselben. Traten mehrere Kinder zusammen, so begleiteten sie sich wechselweise; gegen Abend fanden sich auch Tanzende, deren Schritte durch Chöre belebt und geregelt wurden“ (Goethe 1829/1950, S. 151). Die Einprägung von Wissensstoff mit Hilfe geeigneter Lieder, ferner die positiven Auswirkungen des Notenschreibens auf Schönschrift und Rechenfähigkeit werden von Goethe hoch gelobt. Es scheint sich dabei weniger um eine spezifisch musikalische Erziehung zu handeln, vielmehr wird die Musik als Hilfsmittel eingesetzt, den Kindern das Lernen anderer Stoffgebiete zu erleichtern. „Deshalb haben wir denn unter allem Denkbaren die Musik zum Element unserer Erziehung gewählt, denn von ihr laufen gleichgebahnte Wege nach allen Seiten“ (ebd. S. 152). Goethe hebt hier am Beispiel von Pestalozzis Erziehungsanstalt die allgemeinbildende Funktion der Musikübung hervor. Auch in der gegenwärtigen Musikpädagogik ist die Hoffnung auf Transfereffekte zwischen musikalischen Leistungen und nicht musikbezogenem Verhalten ungebrochen – eine Hoffnung, die sich vor allem auf den allgemeinen, nicht instrumentengebundenen Musikunterricht mit seinem komplexen Gefüge von Aktionsbereichen richtet.

Pestalozzi selbst entwirft in seinen Werken Szenen biedermeierlicher Familienidylle und verweist darin – ähnlich wie Comenius – auf die Wichtigkeit der häuslichen Umgebung für das heranwachsende Kind. „Mutter! mit der ich rede, – so wie dein Kind deine Stimme als die Deinige erkennt, dehnt sich dann der Kreis seiner diesfälligen Erkenntnisse immer weiter aus, es erkennt allmählich den Zusammenhang des Vogelgesangs mit dem Vogel, des Bellens mit dem Hunde, des Schwirrens mit dem Spinnrade, kurz den Zusammenhang alles dessen, was sich im Erfahrungskreise seiner Sinne regt, was in demselben geht, fällt, anstoßt u.s.w. mit dem Gegenstande, der sich in diesem Kreise regt, der in demselben geht, fällt und anstoßt" (Pestalozzi 1873, S. 120 f). Allerdings ist nach Pestalozzi das gesprochene Wort den musikalischen Gehörleistungen in der Menschenbildung weit überlegen: „Mutter, dein Kind ist Mensch; es soll auch hörenshalber durch deinen Unterricht durch deine Nachhülfe weitergebracht werden, als zum Bewußtsein der Töne. Die größte Feinheit des Gehörs im Unterscheiden der Töne, und die höchste Kunst im Nachahmen derselben führt dein Kind nicht eigentlich menschlich weiter; es ist nur das Redenlernen, das es eigentlich menschlich weiter bringt" (ebd. S. 123).

Hieraus jedoch auf den Vorrang der Begrifflichkeit vor anderen Erfahrungsebenen schließen zu wollen, wäre ein Mißverständnis, da Pestalozzi ähnlich wie Rousseau eine Wissensvermittlung allein durch Worte als „grundloses Wortgepränge" (Pestalozzi 1871, S. 255), als „anschauungsloses Maulbrauchen" (ebd. S. 251) ablehnt. Bei ihm spielt insbesondere in der Unterweisung von Kindern die Anschauung eine zentrale Rolle, unter die auch das Gehör als wichtigster Sinn gefaßt wird (vgl. Nolte 1982, S. 42). Komplexe Lerninhalte werden in Pestalozzis Elementarmethode auf einfache Grunderscheinungen reduziert und dann sukzessiv zu vielgliedrigen Gebilden zusammengesetzt. Er ist der Überzeugung, „daß alle Erfahrungs- und Entwicklungsmittel auf die äußerste Einfachheit, sowohl ihres inneren Wesens, als auf eine mit derselben harmonirende, psychologische Organisation ... zurückgedrängt werden müssen, wenn wir der Natur in ihrer Selbstthätigkeit, die sie in der Entwicklung unsers Geschlechts zeigt, wirklich nachhelfen wollen" (Pestalozzi 1871, S. 146).

Die Elementarmethode übertrugen Hans Georg Nägeli und Michael Traugott Pfeiffer in ihrer „Gesangbildungslehre nach Pestalozzischen Grundsätzen" 1810 auf die Musik, wobei die Autoren allerdings empfehlen, den Unterricht nicht vor dem zehnten Lebensjahr beginnen zu lassen (vgl. Nägeli 1810, S. 8). Bemerkenswert ist hier die Methode des ‚Elementarisierens', in der die Grundparameter der Musik einzeln vortrainiert werden, bevor die Schüler mit musikalischen Strukturen in Berührung kommen. Rhythmik, Melodik und Dynamik werden zunächst isoliert behandelt, bevor Tonelemente miteinander, dann mit Vokalen und schließlich mit Worten verbunden werden. Erst danach werden Kinderlieder und Chorliteratur eingeführt.

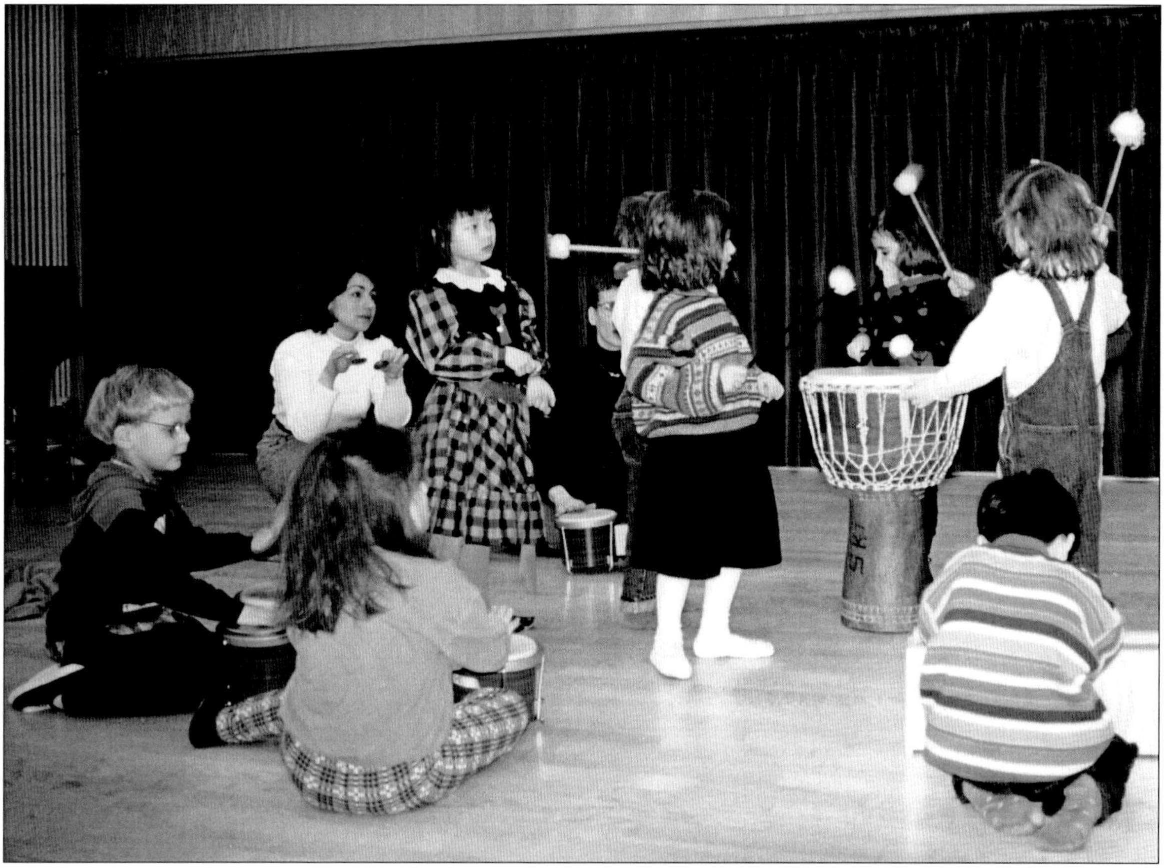

Die in dieser Methode vorgenommene Zerlegung des Materials mag uns heute als eine auf die Spitze getriebene Atomisierung vorkommen – entmusikalisiert und nur noch von historischem Wert; jedoch darf nicht übersehen werden, daß auch heute noch sachzielorientierte Didaktik bei dem Entwurf von Lernprogrammen von kleinstmöglichen Lerneinheiten ausgeht.

Friedrich Fröbel (1782-1852) vertieft den von Rousseau und Pestalozzi ausgeführten Gedanken einer kindgerechten Erziehung weiter; er versteht die kindlichen Tätigkeiten als eine harmonische Ganzheit. Er erkannte die Wichtigkeit des Spiels für die menschliche Entwicklung und entwarf Spielmaterialien als Grundlage seiner Kindergartenpädagogik. Die von ihm gegründete Elementarschule in Burgdorf sieht eine Vorschule für Kinder von vier bis sechs Jahren vor, in der neben Sprachschulung, numerischen Übungen, Gestalten und Turnen auch dem „Liedchenbilden und Liedchensingen" ein gebührender Platz eingeräumt wird (vgl. Fröbel 1836/1965b, S. 60). Der Umgang mit der Kunst solle so früh wie möglich gepflegt werden. „Gesang, Zeichnen, Malen und Formen müssen darum nothwendig von einer allgemeinen, um- und erfassenden Erziehung und Menschenbildung frühe berücksichtigt, frühe als wirkliche Gegenstände der ernsten Schule behandelt, und nicht einer zufälligen gehalt- und fruchtlosen spielerischen Willkür preisgegeben werden" (Fröbel 1883, S. 159 f). Jedoch war Fröbel nicht an einer frühen Verschulung des Kindes gelegen, er versuchte vielmehr, die erzieherische Kompetenz der Mutter zu erhöhen (vgl. Fröbel 1850/1965c, S. 128). In den „Mutter- und Koseliedern" setzt er einer innig romantisierenden Mutter-Kind-Beziehung, die von Musik durchwoben ist, ein Denkmal. Die von ihm gedichteten „Lieder zu Körper-, Glieder- und Sinnenspielen" dienen der „frühen und einigen Pflege des Kindheitslebens" (Fröbel 1927); Reime in Form von Kniereitern und Fingerspielen sollen dem Kind helfen, Umwelt und Natur auf seine Art zu erkennen.

Fröbels Kindergartenkonzept trat seinen Siegeszug an, der musikalische Anteil jedoch erlangte nie die Bedeutung, die ihm ursprünglich zugedacht war. Musik hätte nur dann zu einem wesentlichen Bestandteil des Kindergartenalltags werden können, wenn die musikalische Ausbildung von Kindergärtnerinnen intensiviert worden wäre.

Die Verbesserung der musikalischen Ausbildung von Kindergärtnerinnen war in den zwanziger Jahren unseres Jahrhunderts Anliegen von Leo Kestenberg (1882-1962), der als Referent für musikalische Angelegenheiten im preußischen Kultusministerium die große Schulmusikreform vollzog und die musikalische Ausbildung vom Kindergarten bis in die Musikhochschule durchstrukturierte. Neben einer qualitativen Verbesserung des Musikunterrichts in der Pflichtschule institutionalisierte er die von Fritz Jöde (1887-1970) konzipierten Jugend- und Volksmusikschulen, die, aufgefächert in Singschule, Instrumentalschule und rhythmisch-gymnastische Schule, vornehmlich Ziele der Jugendmusikbewegung zu realisieren halfen. Die Musikerziehung mit Vorschulkindern siedelte Kestenberg ebenso wie Fröbel in Kindergarten und Familie an: „Jedes Kind ist von seiner frühesten Jugend an musikalisch beeinflußbar. Schon der Kindergarten kann den Grund zu einer allgemeinen, produktiven und rezeptiven Teilnahme am musikalischen Geschehen legen, die durch die häusliche Erziehung gefestigt werden sollte" (Kestenberg 1921, S. 13).

In Kestenbergs Reformplänen sind Verbesserungen in der musikalischen Kinder- und Jugendarbeit untrennbar mit Verbesserungen in der Ausbildung von Lehrern und Erziehern verknüpft. Für die Kindergärtnerinnen fordert er Ausbildung in Gehörbildung, rhythmischer Gymnastik, Kinderlied, Reigen, Kinderspiel und Improvisation (vgl. ebd. S. 17). Auf eine Anregung zur Selbsttätigkeit durch die eigene Produktion von Kinderliedern und kleinen Musikstücken für Kinderinstrumente legt er besonders viel Wert (vgl. ebd. S. 16). Leider konkretisierte Kestenberg seine Vorstellungen einer vorschulischen Musikerziehung nicht – die musikalischen Institutionen, die den Kindergarten ablösen, werden inhaltlich wesentlich detaillierter beschrieben. Er bleibt für den Elementarbereich bei Beteuerungen der „charakterbildenden Bedeutung der Musik" (ebd. S. 13) stehen, einem traditionsreichen Bekenntnis, das aber noch keine pädagogischen Handlungsräume zu erschließen vermag. Damit aber räumt auch Kestenberg der musikalischen Förderung im Kindesalter eine allgemeinerzieherische Funktion ein, die dem von Fröbel der Musik zugeschriebenen „Nähren und Pflegen des innersten Lebens, des Gemüt-Lebens" (Fröbel 1836/1965 b, S. 60) sehr nahesteht.

Dieser Gedanke setzt sich bis in die jüngere Vergangenheit in Form von psychohygienischen Postulaten fort. Stärker als in den vergangenen Jahrhunderten wird der Beschäftigung mit Musik jetzt aufgrund der Umweltbedingungen eine therapeutisch-kompensatorische Funktion zugeschrieben. Dabei gehen die Impulse, über fachübergreifende Wirkungen von Musik nachzudenken, von Menschen aus, die dem in den siebziger Jahren didaktisch manifest gewordenen Bestreben, die Auseinandersetzung mit Musik nach ‚wissenschaftlichen' Kriterien unter dem Primat der Rationalität stattfinden zu lassen, mit Skepsis begegnen: „Es kann nicht übersehen werden, daß auch das Fach Musik in Gefahr ist, dem scheinbar pädagogischen Status verleihenden Gebaren anderer Fächer nachzueifern. Überzogene Verwissenschaftlichung, didaktische Profilierungsversuche, unreflektierte Lernforderungen führen häufig von übergeordneten Zielen weg, Lernzielkontrollen verwirren, die ein Einzelwissen kontrollieren, das musikalisch für die meisten nicht anwendbar ist bzw. in keinem erkennbaren Zusammenhang mit der Ausbildung einer Persönlichkeit steht, der Musik zu einem bewußten Mittel der Lebensführung werden soll" (Tischbein 1976, S. 378).

Je mehr die Ausbildungstendenzen auf einseitig kognitive Förderung und Erziehung zum Spezialistentum hinausliefen, desto notwendiger wurde es, der Musik einen Platz zuzuweisen, der außerhalb von materialgebundenen Lernprogrammen von psychologischer Bedeutung für den einzelnen und von politischer Bedeutung für die Gesellschaft ist. Die helfende Funktion der Musik für die Entwicklung der Persönlichkeit steht nach Affemann „in Zusammenhang mit den Gefährdungen, die ... von den Bedingungen des rational-technischen Zeitalters ausgehen. ... Viele der Gefühle, die in jedem Menschen angelegt sind, werden nicht in die Entwicklung der Gesamtpersönlichkeit hineingenommen. Durch eine einseitige Identifizierung mit dem Intellekt tritt eine Abspaltung der emotionalen Realitäten ein. Das nicht Integrierte verbleibt also im Zustand des Unreifen, Primitiven, Dumpfen. ... Die unterdrückten, unpersönlich gebliebenen und ungeistig gewordenen Affekte stellen jedoch auch eine politische Gefahr dar. ... Der Rationalismus der letzten Jahrzehnte hat durch das Überziehen des rationalen Prinzips eine Gegenbewegung in Gestalt eines neuen Irrationalismus eingeleitet. Diese irrationale Unterströmung ist stärker, als vielen von uns bewußt ist. Bei schwereren und länger anhaltenden wirtschaftlichen, sozialen und politischen Belastungen kann sie zum Ausbruch kommen und unser Zusammenleben nachhaltig stören. ... Noch ist es Zeit für eine dritte Lösung zwischen den Extremen, die rationale und emotionale Inhalte aufnimmt und in eine spannungsvolle Ganzheit hineinbringt. Hierbei kann uns die Musik ein ganzes Stück helfen" (Affemann 1978, S. 13 ff).

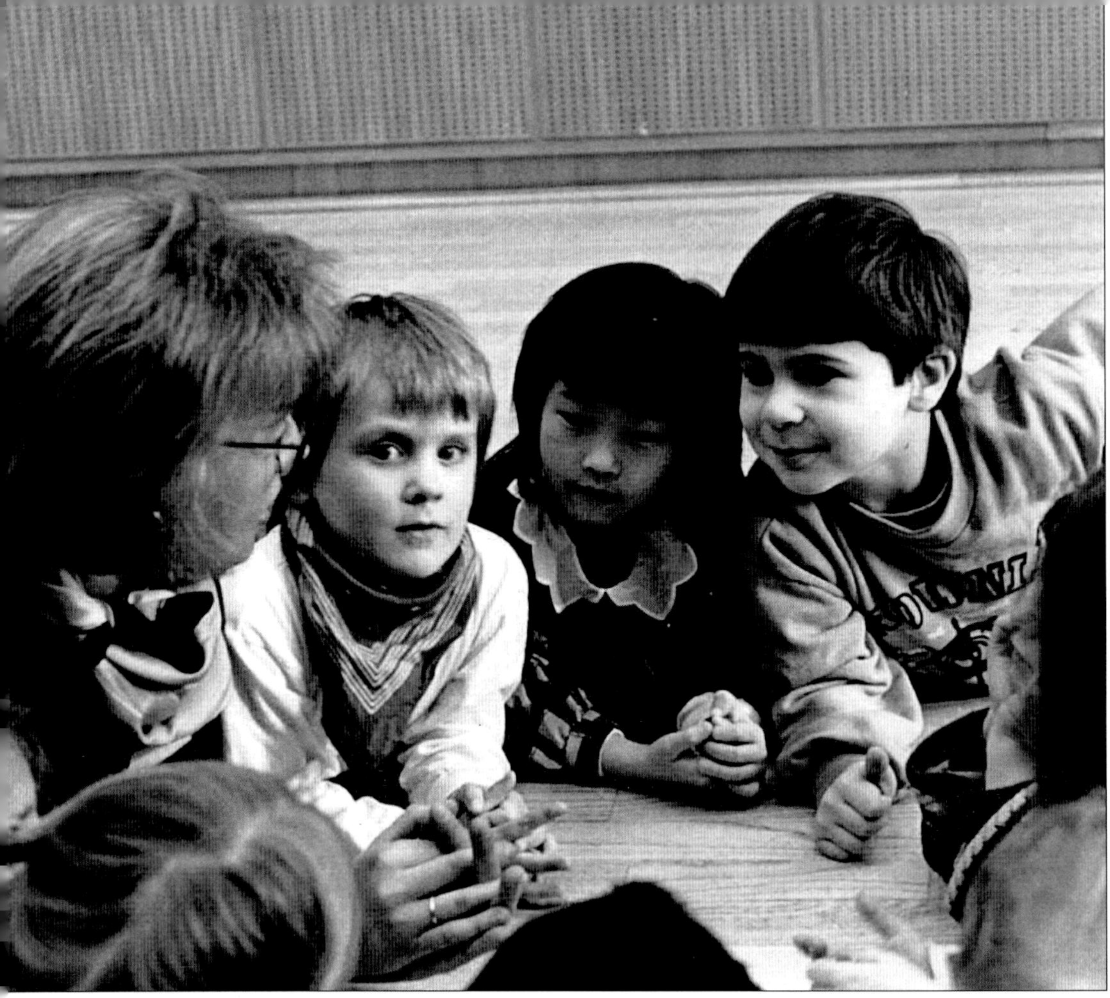

1.2... und Vorschau

Der Rückblick soll zeigen, in welcher Form aus heutiger Sicht musikdidaktisch wichtige Grundgedanken historisch präformiert sind, ohne daß jedoch von den marksteinartig referierten pädagogischen ‚Klassikern' eine zielgerichtete Entwicklungslinie hin zu den nunmehr seit zweieinhalb Jahrzehnten im Musikschulbereich institutionalisierten ‚Grundfächern' zu verfolgen wäre.

Wir fassen die Hauptaussagen der historischen Schlaglichter in fünf Punkten zusammen, die gleichzeitig als Thesen auf die in den folgenden Kapiteln entwickelte Konzeption einer anthropologisch orientierten Elementaren Musikpädagogik vorausweisen. Als wichtige Voraussetzungen entwicklungsfördernder Musikerziehung wurden in ihrer Bedeutung erkannt:

1. *Der frühe Beginn.* Musikalische Tätigkeiten sollen das Leben des Menschen von Anfang an begleiten. Sie sind vor allem für die allgemeine Entwicklung von hohem Wert, da der Umgang mit Versen, Reimen, Liedern sowie rhythmische Aktionen wie z.B. Kniereiter oder Fingerspiele unmittelbare Formen des Selbst-, Sozial- und Weltbezugs sind.

Heute wird die Bedeutung des frühen Beginns sehr hoch – vielleicht höher denn je – eingeschätzt, allerdings oft in einer anderen Sinnschattierung als in den historischen Quellen. Vielfach steht dabei ein Leistungsbegriff im Vordergrund, der die schnelle musikalische und instrumentenbezogene Spezialisierung einschließt nach dem Motto ‚Wer ein großer Geiger werden soll/möchte, muß schon in den Kinderschuhen seine Technik aufbauen'. Unter dem allgemeinmusikalischen Aspekt dieses Buches werden wir diese Interpretation des frühen Beginns als Begabtenauslese und Spezialtraining vernachlässigen und statt dessen den Gedanken weiter ausbauen, der Musik als einen wichtigen Bestandteil des individuellen psychosozialen Erfahrungsfeldes sieht.

2. *Die Rolle der (familiären) Umgebung.* Die Notwendigkeit eines förderlichen Umfelds für die Entwicklung des Menschen wurde und wird unabhängig von Inhalten pädagogischer Standorte beteuert. Aufgaben, die früher den Eltern bzw. dem Familienverband zufielen, wie etwa Stimulation von Sinnen, Körper, Seele und Geist, ferner Förderung von Kommunikation, Information, gemeinschaftsbildenden und -erhaltenden Aktionen durch Erzählen, Zuhören, gemeinsames Spiel, Singen und anderes Musizieren – all diese Aktivitäten werden zunehmend an Institutionen außerhalb der Familie delegiert und damit ihrer psychosozial nestbildenden Funktion beraubt.
   So wird das Kind heute sehr früh in eine Umgebung von Lernarrangements ‚gesteckt'. Es droht in den künstlich erzeugten Umfeldern psychisch zu verkümmern, wenn die dafür Verantwortlichen sich nicht unabhängig vom zu vermittelnden Sachgebiet auf ihre Hauptaufgabe, nämlich die Stabilisierung der menschlichen Persönlichkeit durch Anbindung der Unterrichtsangebote an Primärerfahrungen und -bedürfnisse, besinnen.
   Um diese Forderung einzulösen, wenden wir uns in diesem Buch mit Nachdruck den Primärerfahrungen zu, die sich als musikerzieherisch höchst relevante Grundanlagen bereits im vorgeburtlichen Leben ausprägen. Milieutheoretische Betrachtungen des nachgeburtlichen Lebens werden nur unterrichtsbezogen vorgenommen, da die Bedeutungen einer stützenden, anregenden, positive Modelle bietenden häuslichen Umwelt für die Entwicklung des Menschen mittlerweile eine Binsenweisheit ist und nicht immer wieder neu beteuert zu werden braucht.
3. *Die Ausbalancierung der Persönlichkeit durch musikalische Betätigung.* Dieser Gedanke gewinnt in Hinblick auf die zunehmende Technifizierung der Welt immer stärker an Bedeutung. Es gilt, den Defiziten an differenzierter motorischer Aktivität, an emotionalem Engagement, an Kommunikation und ästhetischer Erfahrung zu begegnen, und zwar möglichst nicht erst in therapeutischer Absicht, nachdem sich die Defizite als Störungen manifestiert haben, sondern präventiv im frühesten Lebensabschnitt. Das steuernde Eingreifen der Musikalischen Früherziehung in den Musikalisierungsprozeß muß unter persönlichkeitsbildender Zielsetzung bei Vermeidung einseitiger Beanspruchung vorgenommen werden. Diese Ziele gilt es detailliert zu formulieren, ohne sich vorschnell einer traditionellen Sachzwangideologie für den musikalischen Beginn zu ergeben.

4. *Körper und Sinne als Wege kindlichen Lernens.* Das, was dem Kind an Möglichkeiten der Erfahrungsbildung, des Erfassens und der Ausdrucksbildung bereitsteht, soll angesprochen und genutzt werden – und das sind in erster Linie die ‚Kräfte der Anschauung' (sensorische Aktivität), Handlungsfreude (physische Aktivität) und Phantasie (geistig-emotionale Aktivität). Diese bedingen einen komplexen Erkenntnisaufbau, der nicht zwangsläufig der Begrifflichkeit verbunden ist.
   In der musikpädagogischen Arbeit mit Kindern – erst recht mit Vorschulkindern – wird jedoch der Weg über Körper und Sinne viel zu häufig zugunsten von Abstraktionsleistungen, in denen sich vor allem die Anleiter wohlfühlen, vernachlässigt oder lediglich als Einstiegsmodus gewählt. Begriffliches Lernen und der Umgang mit ‚konventionellen Zeichen' sind in Lehrplan und Lehrwerken für den musikalischen Beginn durchweg vorhanden, wenn auch in unterschiedlichem Heftigkeitsgrad vom offensichtlichen kognitiven Fertigkeitstraining bis zur gutgemeinten Verpackung in weichzeichnenden ‚Spielsituationen'. Wenn aber Abstraktionsleistungen nicht auf einer Fülle sensorischer, physischer und psychischer Erfahrungen beruhen, besteht für den Organismus keine Integrationsmöglichkeit und er wird Zeichen und Bezeichnungen als Hülle ohne Inhalt abstoßen.
   In dem vorliegenden Buch werden sensorische Sensibilisierung, Bewegung, subjektive Aneignung und Phantasietätigkeit eine zentrale Rolle für die Musikerziehung spielen.
5. *Die Elementarisierung von Lernstoff.* Die Aufbereitung von Inhalten für einen Einstieg in Wissenschaft und Kunst ist ein Problem, das sich wohl auch in Zukunft kaum befriedigend oder gar in verbindlicher Weise wird lösen lassen. Aber eine Musikerziehung, die sich als ‚elementar' versteht, muß sich mit diesem Begriff immer wieder neu auseinandersetzen, um vorschnellen Synonymbildungen (wie z.B. einfach, simpel, reduktiv, leicht zu bewältigen, kindlich, vorbereitend) entgegenzuwirken.
   Über die Methodendiskussion hinaus muß das Elementare als ein Prinzip verstanden werden, das nicht ausschließlich dem Vorschul-, Grundschul- oder Anfängerbereich verhaftet ist.

Die historischen Zeugnisse und deren Auswertung für eine aktuelle musikpädagogische Grundposition beziehen sich ausschließlich auf die Arbeit mit Kindern. Wir sind aber der Meinung, daß es prinzipiell möglich ist, einen altersunabhängigen didaktischen Ansatz Elementarer Musikpädagogik zu entwickeln, da die Kernaussagen obiger fünf Punkte nicht nur auf die Gestaltung einer musikalischen Lernumwelt für Kinder beschränkt bleiben müssen. Sehen wir einmal von einem traditionell sich auf Kinder richtenden ‚erzieherischen' Anliegen ab, so kann es für Menschen aller Altersstufen aus kompensatorischen oder präventiven Gründen sinnvoll sein, ihre Welt über Körper, Sinne und Phantasie zu erfahren, um der reduzierten, einseitigen kognitiven Beanspruchung durch Aktualisierung ihres weitgefächerten Potentials zu begegnen.

So werden wir in den folgenden Kapiteln die didaktischen Grundlagen Elementarer Musikpädagogik weitgehend altersunabhängig konzipieren und lediglich die unterrichtspraktischen Abschnitte mit Beispielen aus der musikalischen Arbeit mit Kindern, die ja in der Berufspraxis von Musikpädagogen den quantitativ größten Teil ausmacht, versehen.

Literatur

Abel-Struth, Sigrid: Ziele des Musik-Lernens.
Teil I: Beitrag zur Entwicklung ihrer Theorie. Mainz 1978
Teil II: Dokumentation. Mainz 1979 (Musikpädagogik, Forschung und Lehre Band 12 und 13)

Affemann, Rudolf: Die helfende Funktion der Musik für die Entwicklung der Persönlichkeit. In: Musik und Bildung Heft 1/1978, S. 13-15

Ariès, Philippe: Geschichte der Kindheit. München 1975

Blättner, Fritz: Geschichte der Pädagogik. Heidelberg 1968

Comenius, Johan Amos: Informatorium maternum. Der Mutter Schul. Nürnberg 1636

Comenius, Johan Amos: Große Didaktik (1632). Neu übersetzt von Andreas Flitner. Düsseldorf 1954

Ehrenforth, Karl Heinrich: Zur Neugewichtung der historischen und anthropologischen Perspektiven der Musikerziehung. In: Schmidt, Hans-Christian (Hrsg.): Geschichte der Musikpädagogik (Handbuch der Musikpädagogik Band 1). Kassel 1986, S. 267-296

Fröbel, Friedrich: Mutter- und Koselieder, hg. von Johannes Prüfer. Leipzig 1927/4. Auflage

Fröbel, Friedrich: Grundzüge der Menschenerziehung (1833). In: Fr. Fröbel, Ausgewählte pädagogische Schriften, hg. von Julius Scheveling. Paderborn 1965, S. 33-55 (= 1965a)

Fröbel, Friedrich: Plan der Elementarschule im Waisenhause zu Burgdorf (1836). In: Fr. Fröbel, Ausgewählte pädagogische Schriften, hg. von J. Scheveling. Paderborn 1965, S. 56-81 (= 1965b).

Fröbel, Friedrich, seine Erziehungsgrundsätze, seine Erziehungsmittel und Weise, wie seine Erziehungszwecke und sein Erziehungsziel im Verhältnis zu den Strebungen der Zeit und ihren Forderungen. Dargestellt von ihm selbst (1850). In: Fr. Fröbel, Ausgewählte pädagogische Schriften, hg. von J. Scheveling. Paderborn 1965, S. 82-111 (= 1965c)

Fröbel, Friedrich: Menschen-Erziehung (Friedrich Fröbels pädagogische Schriften, Band 1, hg. von Friedrich Seidel), Wien 1883

von Goethe, Johann Wolfgang: Wilhelm Meisters Wanderjahre (1829). In: Goethes Werke, Band 8, hg. von Erich Trunz, Hamburg 1950

Heise, Walter: Musikunterricht im 19. Jahrhundert – Ideen und Realitäten. In: Schmidt, Hans-Christian (Hrsg.): Geschichte der Musikpädagogik (Handbuch der Musikpädagogik Band 1). Kassel 1986, S. 31-84

Kestenberg, Leo: Musikerziehung und Musikpflege. Leipzig 1921

Nägeli, Hans Georg: Gesangbildungslehre nach Pestalozzischen Grundsätzen, pädagogisch begründet von Michael Traugott Pfeiffer, methodisch bearbeitet von Hans Georg Nägeli. Zürich 1810

Nolte, Eckhard: Die Musik im Verständnis der Musikpädagogik des 19. Jahrhunderts. Paderborn 1982

Pestalozzi, Heinrich: Wie Gertrud ihre Kinder lehrt. In: Pestalozzi's sämtliche Werke Band 11, hg. von L. W. Seyffarth. Brandenburg 1871, S. 53-299

Pestalozzi, Heinrich: Ueber den Sinn des Gehörs in Hinsicht auf Ton und Sprache. In: Pestalozzi's sämtliche Werke Band 18, hg. von L. W. Seyffarth. Brandenburg 1873, S. 117-152

Ribke, Juliane: Musikalische Früherziehung. In: Richter, Christoph (Hrsg.): Instrumental- und Vokalpädagogik 2: Einzelfächer (Handbuch der Musikpädagogik Band 3). Kassel 1995, S. 94-125

Rousseau, Jean-Jacques: Emil oder über die Erziehung (1762). Paderborn 1985/7. Auflage

Tischbein, Karl-Horst: Streß in der Schule. Überlegungen zu einem angemessenen Musikunterricht. In: Musik und Bildung Heft 7/1976, S. 377-379

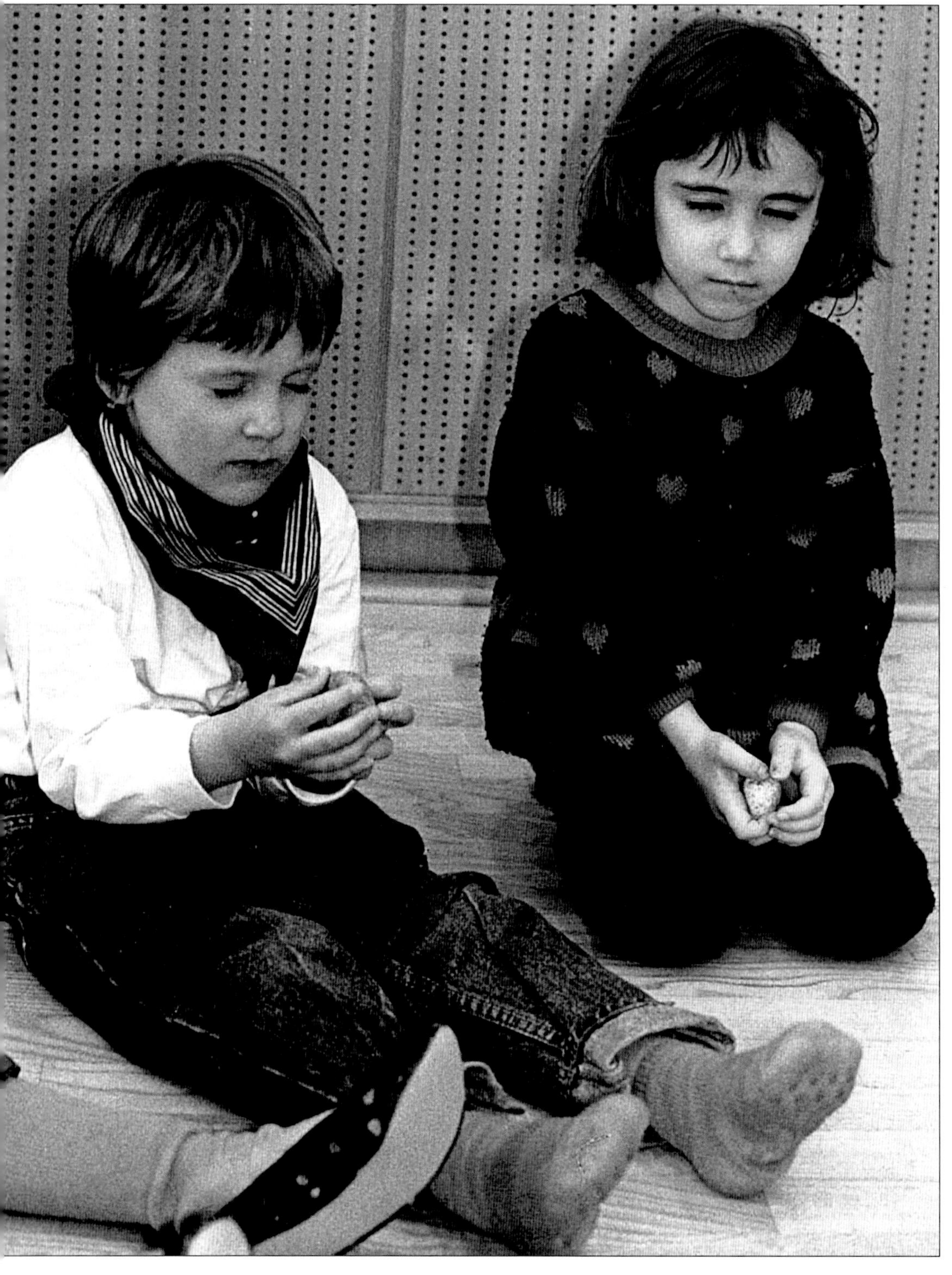

2. Positionsbestimmung der Elementaren Musikpädagogik

2.1 Musikalische Früherziehung / Grundausbildung – Elementare Musikpädagogik

Die musikalische Arbeit mit Kindergruppen blieb bis in die sechziger Jahre hinein an Musik- und Singschulen weitgehend der Initiative von Einzelpersönlichkeiten überlassen. Mit dem Ausbau des Musikschulwesens in Deutschland wurden dann strukturelle Überlegungen angestellt, die schließlich auch der Musikalischen Früherziehung und Grundausbildung ihren Platz im Fächerkatalog der Musikschulen zuwiesen. Der 1969 vom Verband Deutscher Musikschulen verabschiedete Strukturplan sieht ein dreigliederiges Stufensystem mit Unter-, Mittel- und Oberstufe vor; der Unterstufe vorgeschaltet ist die sogenannte Grundstufe, in der für vier- bis sechsjährige Kinder die Musikalische Früherziehung (MFE), für sechs- bis achtjährige die Musikalische Grundausbildung (MGA) als alternative, nicht aufeinander aufbauende Eingangsmöglichkeiten angeboten werden (vgl. Vetter/Wucher 1979, S. 113).

Mit der Erstellung des Strukturplans ging die Lehrplanentwicklung für alle an der Musikschule vorgesehenen Unterrichtsfächer einher. In den allgemeinen Zielsetzungen von MFE und MGA lassen sich in den Lehrplänen kaum Unterschiede ausmachen: „Mit der Musikalischen Früherziehung soll ein früher, vor der Einschulung in die Regelschule liegender Umgang mit Musik ermöglicht werden. Dieser Musikunterricht für vier- bis sechsjährige Kinder dient der Vorbereitung der instrumentalen und vokalen Ausbildung in der Musikschule. Dabei wird von der Erkenntnis ausgegangen, daß ein früher musikalischer Beginn sowohl die musikalischen Fähigkeiten und Fertigkeiten des Kindes zu wecken und zu entwickeln vermag, als auch zu seiner Gesamtentwicklung beitragen kann. ... Schon in dieser Altersstufe können sich spezielle Begabungen und Begabungsrichtungen zeigen.“ (Lehrplan Musikalische Früherziehung 1981, S. 1).

„Die Musikalische Grundausbildung stellt einen in sich geschlossenen Ausbildungsabschnitt dar. Der Schüler wird zu vielseitigem Umgang mit Musik und zu musikalischem Verhalten in der Gruppe befähigt. Er soll Freude an Musik haben und Kenntnisse über Musik erlangen. Die Musikalische Grundausbildung soll die Fähigkeiten des Kindes entwickeln und fördern. Sie soll die Begabungsrichtung erkennen helfen und insbesondere die zum Instrumentalspiel notwendigen Grundlagen schaffen. Die Musikalische Grundausbildung soll somit sowohl für Musik sensibilisieren als auch eine weitere instrumentale und vokale Ausbildung vorbereiten.“ (Lehrplan Musikalische Grundausbildung 1992, S. 10)

Da neben den von der Lehrplankommission des Verbandes Deutscher Musikschulen für wichtig erachteten allgemeinen Zielsetzungen auch die Sachgebiete, über die die Zielsetzungen zu erreichen sind (Singen und Sprechen, Elementares Instrumentalspiel, Musik und Bewegung, Musikhören, Instrumenteninformation, Musiklehre) in MFE und MGA identisch sind, scheint allein das Einstiegsalter als Unterscheidungsmerkmal zwischen beiden Fächern übrigzubleiben. Nun aber wird eine terminologische Trennung zwischen MFE und MGA problematisch, könnte sie doch dazu verleiten, die MFE als kindergartenorientierte und die MGA als eine auf schulisches Lernen zugeschnittene Musikpädagogik zu interpretieren. ‚Kindergartenorientiert' hieße dann vielleicht: von der Sache her noch nicht so ernst gemeint; ‚auf schulisches Lernen zugeschnitten': auf abfragbares Wissen zielend. Da das Denken in altersbezogenen Kategorien sehr schnell von Vorstellungen über verschiedene Fertigkeitsniveaus beherrscht wird, kann der möglicherweise gleichartige Ansatz beider Fächer vor dem Hintergrund eines gestuften Schulsystems leicht aus dem Auge verloren werden. Anstelle autonomer fachlicher Grundsätze würde dann der Verschulungsgrad von Adressatengruppen zum Kriterium für ein musikalisches Unterrichtsfach erhoben werden. Damit wäre die Chance verwirkt, einen altersunabhängigen elementaren Ansatz zu verfolgen, der sich aus der Auslotung vielfältiger Begegnungsformen von Mensch und Musik jenseits altersbedingter Fertigkeitsniveaus ergibt.

Da diese Begegnungsformen grundsätzlicher Natur sind, ziehen wir die globale Bezeichnung ‚Elementare Musikpädagogik' den Fertigkeiten anmahnenden Unterteilungen des Fachs nach Altersstufen vor. Damit soll auch die Bedeutung Elementarer Musikpädagogik für Menschen aller Altersstufen bzw. für die gesamte Lebensspanne eines Menschen unterstrichen werden – eine Bedeutung, die aufgrund der psychosozialen Bedingungen und der funktionellen Einbindung des Menschen in eine weitgehend entfremdete Lebens- und Lernumwelt einen zunehmenden Stellenwert erlangt. Die Betonung eines altersunabhängigen elementaren Ansatzes kann aber nicht bedeuten, daß in der Praxis nicht nach Altersstufen differenziert wird. *Altersunabhängig* ist der elementare Umgang mit Musik über Sinne, Körper, Stimme, Perkussion; *altersabhängig* sind die Feinauswahl der Inhalte, die Komplexität des Angebots, die Progression, der Reflexionsmodus sowie die Methoden, über die der elementare Umgang mit Musik angestrebt wird.

Verfolgt man den Gedanken Elementarer Musikpädagogik, wird die Stufung, die hinter dem MFE-MGA-Konzept steckt, in didaktischer Hinsicht relativ irrelevant, da sie sich auf eine Differenzierung der Unterrichtsmethoden reduziert. Terminologisch könnte allenfalls dahingehend unterschieden werden, daß mit MFE Elementare Musikpädagogik mit Vorschulkindern und mit MGA Elementare Musikpädagogik mit Schulkindern gemeint ist, während es bei höheren Altersstufen keine begrifflichen Altlasten gibt, da das gestufte Bildungssystem sich traditionell nur an ‚unfertige', noch nicht ausgewachsene, nicht er-wachsene Menschen richtet. So mußte Elementare Musikpädagogik mit Erwachsenen bzw. Senioren sich terminologisch nie gegen ‚Musikalische Spät- oder Nacherziehung' durchsetzen.

Jenseits aller Benennungsproblematik bleibt festzuhalten: Als musikdidaktische Primärkategorie ist der elementare Zugang zur Musik anzusetzen, während die Sekundärkategorie nach speziellen Lernbedingungen der Adressaten fragt und vor allem methodische Konsequenzen hat.

2.2 Elementare Musikpädagogik als *Vorbereitung*?

Wenn Elementare Musikpädagogik den übergeordneten Rahmen u.a. für Musikalische Früherziehung und Musikalische Grundausbildung abgibt, sind diese beiden Schattierungen *eines* Faches, das substantiell Musikalisches zum Inhalt hat, weniger der Vereinnahmung durch eine dem Elementaren sachfremde Inhaltlichkeit preisgegeben. Die Gefahr der Vereinnahmung besteht vor allem dann, wenn dem Grundstufenbereich lediglich eine propädeutische Funktion für den weiterführenden Unterricht zugebilligt wird. MFE und MGA werden in diesem Falle funktionalisiert, sie lösen sich sowohl in ihrer Eigenständigkeit als auch in ihrer Bedeutung für den Menschen auf – funktionalisiert als ‚Vorbereitung auf den Instrumentalunterricht', eine in den Lehrplänen ostinat betonte Maßgabe, die in ihrer offenen Formulierung jedoch mehrdeutig und interpretierbar ist. Abgesehen davon, daß dem Vorbereitungscharakter des sogenannte Grundstufenunterrichts aus der Sicht Elementarer Musikpädagogik mit Skepsis zu begegnen ist, soll der Frage, was eigentlich als Vorbereitung worauf dienen kann, nachgegangen werden.

1. Auf der kognitiven Ebene kann die Frage am einfachsten beantwortet werden: In der MFE/MGA werden die musikalischen Lesefertigkeiten des Kindes so gefestigt, daß der Instrumentallehrer mit diesem lästigen Kapitel des Musikunterrichts keine Sorgen mehr hat und gleich in die Vermittlung von Instrumentaltechnik anhand eines gedruckten Schulwerks einsteigen kann. Der Grundstufenbereich der Musikschulen würde so gesehen nur eine Serviceleistung für Instrumentallehrer sein, die die bremsende Wirkung nicht vorhandener Lesefertigkeiten beklagen und sich nicht die Mühe machen, über Alternativen zum ablesenden Tönespielen nachzudenken und auch über entwicklungspsychologische Gegebenheiten zum Thema Abstraktion nicht informiert sind.

2. Vorbereitung auf den Instrumentalunterricht hat auf der kognitiven Ebene aber noch einen anderen Aspekt: der Umgang mit musikalischen Strukturen, mit Formen, mit melodischen und rhythmischen Mustern fördert auch im Hinblick auf das instrumentale Musizieren die Einsicht, daß einer musikalischen Aussage bestimmte Gestaltungskriterien zugrundeliegen, daß Motive und Themen eine Gestaltcharakteristik haben, die etwas anderes ist als eine Ansammlung von Tönen. Ebenso haben alle Differenzierungsleistungen, z. B. auch solche innerhalb musikalischer Parameter, kognitive Anteile. Nun sind wir bereits in qualitativ und damit künstlerisch relevanten Verhaltensbereichen angelangt, die nicht mehr nur propädeutischen, sondern bereits zentralen Stellenwert für den Umgang mit Musik haben.

3. Vorbereitung auf den Instrumentalunterricht kann auch heißen, daß die motivationalen Grundlagen für eine weitere Beschäftigung mit Musik gelegt werden, daß die Kinder Musik als einen vielfältigen Spielbereich kennenlernen, der sie auch auf ein Instrument bezogen reizt. Oder daß sie die Musik als ein Ausdrucksmedium erleben, das für sie eine persönliche Bedeutung hat und das sie nicht mehr missen möchten.
4. Vorbereitung auf den Instrumentalunterricht kann auch bedeuten, daß die Kinder ihre Sinne zum Horchen und Fühlen öffnen. Eine verfeinerte auditive, cutane (taktile, haptische) und kinästhetische Wahrnehmungsfähigkeit wäre ein unschätzbares Kapital für den Instrumentalunterricht, würde sich dieser seinerseits von traditioneller Methodik und Zielsetzung befreien.
5. Vorbereitung auf den Instrumentalunterricht kann ferner im motorischen Bereich stattfinden. Elementare Bewegungserfahrung in verschiedenen Parametern, Differenzierung und Koordination der Bewegungen in Grob- und Feinmotorik sowie Kraft- und Schnelligkeitsdosierung sind Voraussetzungen von Instrumentalspiel, das sich auf der Basis körperlicher Funktionslust entwickelt.
6. Vorbereitung auf den Instrumentalunterricht ist auch in bezug auf die soziale Komponente des gemeinsamen Musizierens möglich. Einander zuhören, Ideen entwickeln, die Ideen anderer akzeptieren, hervortreten und sich anpassen: all dieses kommt beim Musizieren mit anderen – gleichgültig in welchem Stadium der Fertigkeitsentwicklung – zum Tragen.

In den sechs Kategorien ist eine Unterscheidung zwischen quantitativen und qualitativen Aspekten einer Vorbereitung auf den Instrumentalunterricht angebracht, zwischen vorverlegtem Fertigkeitstraining einerseits und Impulsen zur Fähigkeitsentwicklung andererseits. Unter Punkt 1 findet sich der quantitative, um frühzeitige Bereitstellung von abstrakt-rationalen Zuordnungs- und Wiedererkennungsleistungen bemühte Gesichtspunkt, dessen Verfechter den Vorzug genießen, daß sie ihre Arbeit vor den Instrumentalkollegen nachweislich legitimieren können. Die qualitativen Aspekte einer möglichen Vorbereitung auf den Instrumentalunterricht sind jedoch nicht so vordergründig, nicht so offensichtlich und deshalb auch schwerer zu legitimieren – insbesondere in einem Bildungssystem, in dem die Güte von Inhalten danach bewertet wird, ob man sie ‚schwarz auf weiß' mit nach Hause nehmen kann, gleichgültig, was dann mit ihnen geschieht.

Die Punkte 2-6 erweisen sich bei näherem Hinsehen als Erschließungsebenen musikalisch-künstlerischen Verhaltens, da sie den Menschen über eine materialadäquate und musikalischem Verhalten immanente Inhaltlichkeit in musikalische Prozesse einbinden. In diesem Moment wird die Elementare Musikpädagogik ihres eindimensionalen Zulieferungsdienstes für den Instrumentalunterricht enthoben; sie verliert damit den Vorbereitungscharakter im landläufigen Sinne zugunsten einer zentralen Erschließungsfunktion und kann damit zum zentralen Kern werden, aus dem sich weitere, speziellere Bewältigungsstrategien und erhöhte Geschicklichkeit fordernde musikalische Leistungen herausentwickeln.

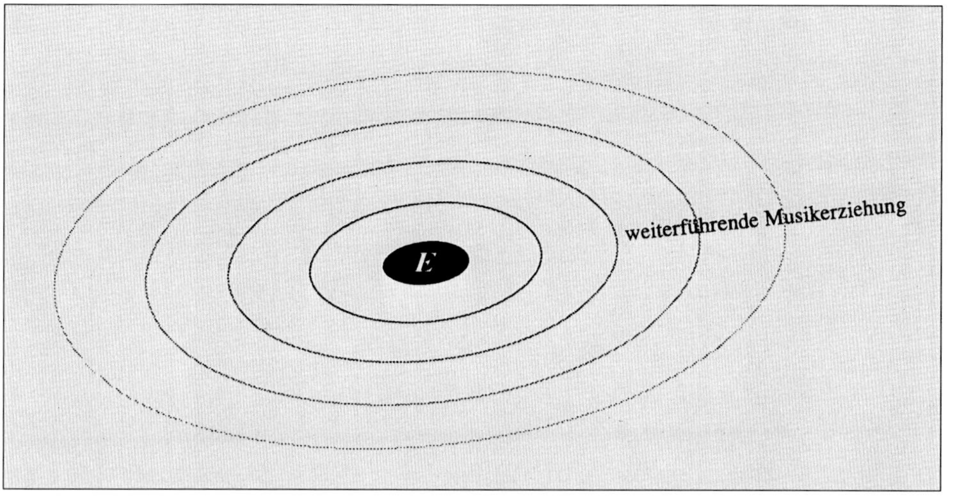

Abb. 1: Elementare Musikpädagogik (E) als Kernbereich, von dem aus weitere Felder der Musikerziehung erschlossen werden

Die Instrumentalisten sind dann dazu aufgerufen, sich mit diesem elementaren Kern, der sich integrativ aus dem sinnenhaften, emotionalen, körperbezogenen, sozialkommunikativen und kognitiv-strukturalistischen Umgang mit Musik ergibt, auseinanderzusetzen, um ihre Arbeit daraufhin zu überprüfen, ob sie sich in einem der konzentrischen Kreise um den Elementarkern herum wiederfindet oder ob sie die Kinder beim Eintritt in den Instrumentalunterricht in ein völlig anderes Bezugssystem versetzt.

2.3 Das Elementarrad

Den Elementarbereich als Ausgangspunkt weiterführender Musikpädagogik wollen wir nun näher unter die Lupe nehmen, indem wir ihn aus Abb. 1 vergrößernd herausheben. Dabei zeigt sich, daß die Sachbereiche Elementarer Musikpädagogik auf den Mittelpunkt bezogen bleiben, von dem aus sie erschlossen werden und aus dem sie sich herausdifferenzieren (vgl. Abb. 2 nächste Seite).

Wie ein Rad nur durch Zentrierung der Peripherie auf den Mittelpunkt funktionsfähig ist, so ist der elementare Bezug nur dann gegeben, wenn sich alle Spezialleistungen aus dem ‚E' herausentwickeln. Die graphische Darstellung verdeutlicht, daß der Elementarbereich noch näher beieinander ist, was sich im Laufe des Lebens zunehmend voneinander entfernt. Die inhaltliche Auffächerung jedes Sachbereichs Elementarer Musikpädagogik ist so vorgenommen worden, daß die dem Mittelpunkt näher stehenden Begriffe für entwicklungsmäßig früher auftretende ‚elementarere' Verhaltensweisen stehen, während die zunehmend kulturabhängigen und auf kognitiven Lernprozessen basierenden der Peripherie zustreben. Die in weiterführenden Unterrichten vermittelten Spezialfertigkeiten werden dann weitere konzentrische Kreise um das Elementarrad herum bilden.

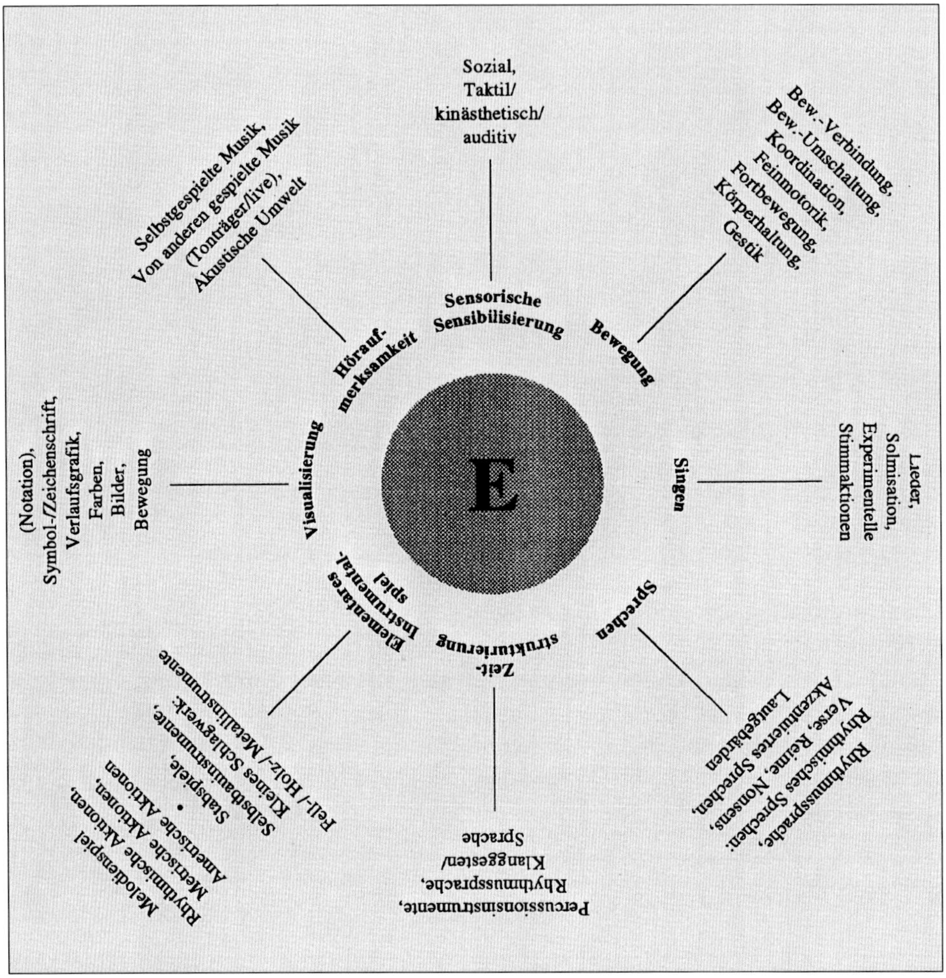

Abb. 2: Die radförmige Darstellung Elementarer Musikpädagogik verdeutlicht deren zyklische Zentrierung und lineare Staffelung gleichermaßen. Die verschiedenen Sachbereiche sind im Mittelpunkt integriert; ihre inhaltliche Auffächerung zeigt Überschneidungen bzw. Dopplungen von Themen, so daß es Mehrfachbearbeitungen unter verschiedenen Verhaltensaspekten gibt. Außerdem hat jeder Bereich eine sachlogische Progression, die zwar relativ ist, aber als eine Möglichkeit des Fähigkeits- und Fertigkeitsaufbaus zu verstehen ist.

Auch bei Ausnutzung aller Entwicklungsmöglichkeiten müssen die aufbauenden Tätigkeiten auf das elementare Zentrum bezogen bleiben, wollen sie nicht zu seelenlosem Spezialistentum mit einseitigem Selbstzweck herabsinken.

Diese tendenzielle Bewegungsrichtung von der Grundstruktur zu den Ornamenten drückt der Maler(-Musiker) Paul Klee in folgender Empfehlung aus: „Nicht bei den farbigen Dingen, den ‚Form-Enden' soll der Bildner beginnen, sondern im Umgang mit den Elementen soll er auftauchende Formen sich verdichten lassen" (zit. nach Preussner 1963, S. 69).

2.4 Das Elementare

Die Annäherung an das Elementare über die darauf bezogenen musikerzieherisch relevanten Sachbereiche und Verhaltensweisen führt uns weiter zur Fokussierung des Elementaren. Das Elementare ist eine nicht weiter rückführbare Entität; seine Ununterteilbarkeit ist dadurch gegeben, daß hier aufeinander bezogene Bereiche zu einer Grundsubstanz kondensieren, die sich nicht – wie im Falle additiver Summation – rückübersetzen läßt. Ulrike Jungmair stellt Begriffsbestimmungen von ‚elementar' zusammen und kommt zu dem Schluß, daß „elementum – Element sowohl bei den Alchemisten des Mittelalters wie bei Pestalozzi und nach ihm bei Carl Orff u.a. immer ein weiter nicht definierbares, rational nicht faßbares, auf geheimnisvolle Art mit natürlichem Geschehen in Verbindung stehendes Phänomen" blieb (Jungmair 1992, S. 136). Damit verweist sie auf den hohen Erlebnisanteil elementarer Prozesse, die in dieser Hinsicht „nicht beobachtbar, schon gar nicht plan- oder methodisierbar sind" (ebd. S. 195).

Erweitert sich jedoch die Betrachtung des Elementaren dahingehend, daß auch dessen fundamental strukturbildende Komponente miteinbezogen wird, dann sind elementare Prozesse durchaus plan- und methodisierbar.

Wir sehen das Elementare als ein Prinzip an, das unabhängig vom Materialbereich wirksam wird, wenn Verhalten oder Darstellungsformen *Grundstrukturen* repräsentieren, in denen das Ganze unabhängig von ‚Fülle' enthalten ist. Die Rückführung musikalischer Gestaltungsvorgänge auf grundsätzliche Formungsprinzipien legt elementare Strukturen frei: Begrenzung, Ausweitung, Zusammenfügung, Teilung, Unterteilung, Unterscheidung von Gleichem, Ähnlichem und Verschiedenem sind Merkmale von Organisationsprozessen unabhängig von Materialfülle und Spezialisierungsgrad (vgl. Ribke 1996). ‚Elementarisierung' bedeutet also *nicht* die Zerlegung eines Sachbereichs in kleinstmögliche Partikel oder Mosaiksteinchen, die sich erst nach und nach zu einem Bild zusammenfügen, es bedeutet *nicht* Simplifizierung oder Vereinfachung, sondern Freilegung des Grundsätzlichen. Wilhelm Keller und Carl Orff haben das Phänomen des Elementaren in unnachahmlicher Weise beschrieben: „Im Wort ‚Element' stecken zwei Bedeutungen: die des Unteilbaren, Grundlegenden und die des Zentralen, Mittelpunkthaften. ... Wir fragen also nach dem Grundlegenden der Musik wie nach einem archimedischen Punkt, von dem aus die vielfältig bewegte Welt des Musikalischen zu erfassen oder wenigstens zu beschreiben wäre. ‚Elementare Musik' wäre dann ... eine Musik, in welcher der musikalische ‚Grundstoff' sowohl in seiner Eigenwirkung als auch in seiner Funktion als Kraftzentrum musikalischer Entwicklungen und Entwicklungsmöglichkeiten in den Vordergrund tritt" (Keller 1962, S. 31). „Was ist elementar? Elementar, lateinisch elementarius, heißt ‚zu den Elementen gehörig, urstofflich, uranfänglich, anfangsmäßig'. Was ist weiterhin elementare Musik? Elementare Musik ist nie Musik allein, sie ist mit Bewegung, Tanz und Sprache verbunden, sie ist eine Musik, die man selbst tun muß, in die man nicht als Hörer, sondern als Mitspieler einbezogen ist. Sie ist vorgeistig, kennt keine große Form, keine Architektonik, sie bringt kleine Reihenformen, Ostinati und kleine Rondoformen. Elementare Musik ist erdnah, naturhaft, körperlich, für jeden erlern- und erlebbar, dem Kinde gemäß" (Orff 1963, S. 16).

Die Wirkung des musikalischen ‚Grundstoffs' als Kraftzentrum ist auch aus Abb. 1 herauszulesen; aus ihm erwachsen die Impulse für alle weiteren Ausprägungsformen musikalischen Handelns. Die Notwendigkeit, in der Musikerziehung vom erdnahen, elementaren Grundstock auszugehen, betont auch Zoltán Kodály. In seiner anklagenden Aussage kommen nun auch die in unserer Darstellung bisher vermiedenen Begriffe ‚oben' und ‚unten' ins Spiel: „Der größte Fehler unserer Kultur ist, daß sie von oben nach unten gebaut wurde ... . Aber die Kultur ist das Ergebnis allmählichen Wachstums. Dieses beschleunigen oder die Ordnung der Entwicklung ändern kann man nicht. Wir haben zu allererst die schmucken Türme aufgebaut. Als wir bemerkten, daß der ganze Bau ins Schwanken geraten war, begannen wir erst die Stützmauern aufzuziehen; noch jetzt ist die Grundlage nicht richtig ausgebaut und so war es besonders in der Musikkultur" (zit. nach László Eösze 1964, S. 83).

Da Begriffe wie ‚unten' und ‚oben' in unserem Sprachgebrauch nicht wertneutral sind, werden sie erst jetzt über den sehr bildhaften Vergleich Kodálys eingeführt, dessen fundamentales ‚unten' analog zu Orffs ‚erdnah' und ‚vorgeistig' sowie dessen Absage an architektonische Großformen zu verstehen ist. ‚Oben' und ‚unten' haben hier nichts mehr mit ‚über-' und ‚untergeordnet' im landläufigen Sinne zu tun – im Gegenteil: die Bedeutung des Fundaments für die Stabilität des Gesamtbauwerks ist der der Turmornamente übergeordnet, ebenso wie der gute Bodenkontakt den entwurzelten Umtrieben. Da das impulsspendende Kraftzentrum konzentrischer Kreise nun auch als allen Einzelleistungen übergeordneter Unterbau beschrieben werden kann, entfaltet sich das zweidimensionale Rad durch Erschließung der Vertikalen zu einer dreidimensionalen Fontäne, die in den oberen Regionen springbrunnenartig auseinanderfällt (vgl. Abb. 3).

Die Elementare Musikpädagogik bündelt das in einem kräftigen Strahl, was weiter oben die ziselierten Muster der Spezialfähigkeiten bildet; diese sind von der Bewegung am unteren Ende des Wasserspiels mitgesteuert und fließen wieder zurück in das Element Wasser, von wo sie erneut zunächst gebündelt, dann auseinanderstrebend und sich verfeinernd aufsteigen.

Zu unserer Metapher Wasser läßt sich Ulrike Jungmairs Definition des Elementaren in Beziehung setzen: „Das Elementare ist als das *ursprünglich Hervorbringende zu verstehen, als das aus sich selbst Tätige, das aus sich Wirkende, sich selbst Organisierende, sich selbst Erneuernde, als sich selbst setzendes Ereignis*" (Jungmair 1992, S. 136 [Kursivdruck im Original]).

Jungmair bringt das Wort ‚elementum' etymologisch mit dem griechischen ‚elan' in Zusammenhang, das ‚hervorbringen' bedeutet (ebd. S. 135). Diese Sinnschattierung bildet die Brücke zu Orffs letzter Aussage über das Elementare: „Das Elementare bedeutet immer einen Neubeginn [...] in seiner Zeitlosigkeit findet das Elementare in aller Welt Verständnis [...] das Elementare ist immer zeugerisch" (zit. nach Jungmair 1992, S. 136). Diese Worte Carl Orffs lassen sich gleichermaßen auf ei-

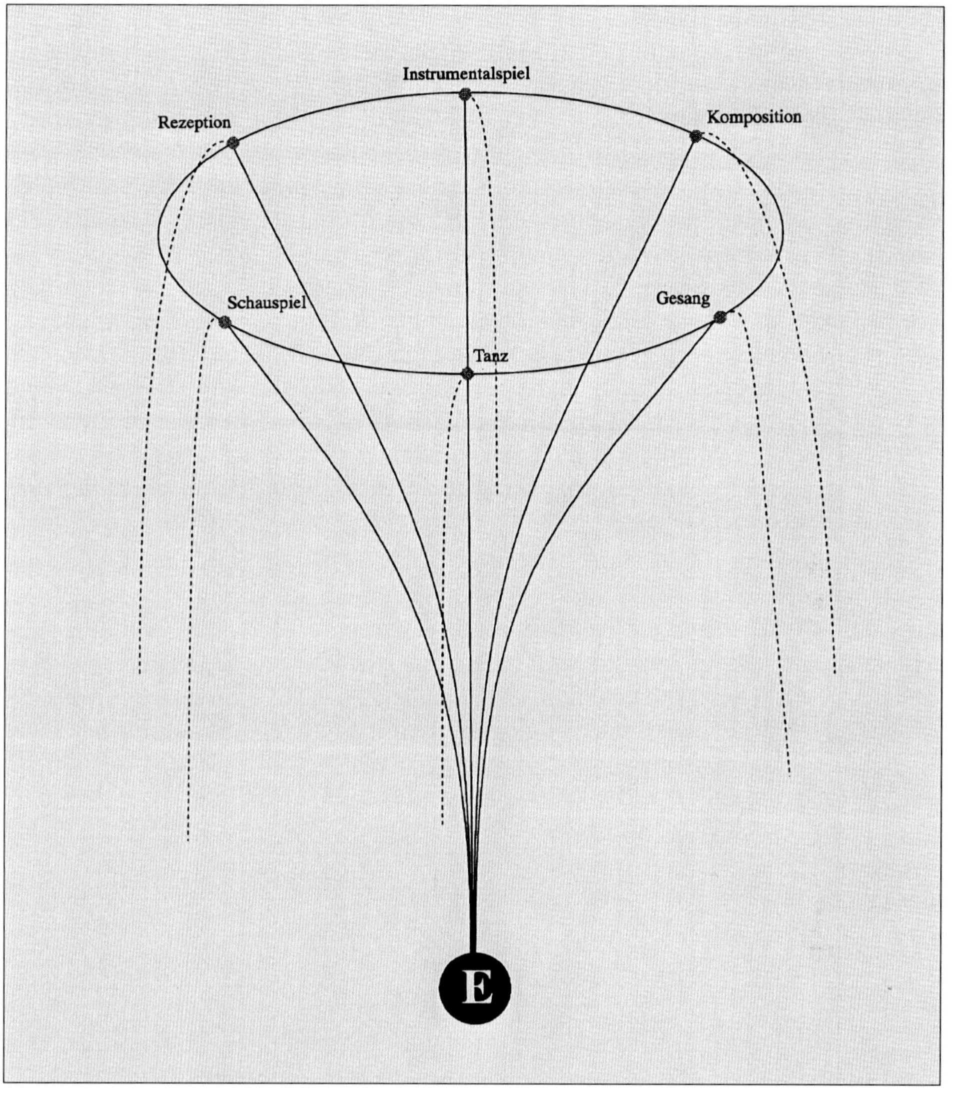

Abb. 3: Aus dem Elementaren entwickeln sich die an bestimmte Mittel und spezialisierte Darstellungsformen gebundenen künstlerischen Verhaltensweisen heraus. Diese bleiben ihrem Ursprung im Elementarkern verbunden. Die Verbundenheit sichert der künstlerischen Äußerung affektive, gestische und gestalterische Aufladung, ohne die nur mechanistisches Abspulen von ‚Stoff' übrigbliebe.

nen künstlerischen Prozeß beziehen, der immer auch ein schöpferischer ist, unabhängig davon, ob es sich um Produktion, Reproduktion oder Rezeption handelt. Ein Kunstprodukt konstituiert sich nur über ein schaffendes oder im Nachschaffen Individuelles hervorbringendes Subjekt. Hier bietet sich ein weiterer Ansatz für die Interpretation des vertikal entfalteten Modells Elementarer Musikpädagogik, die auch deren Erschließungsfunktion (vgl. Kap. 2.2) in sich aufnimmt: die Fontäne bildet auch die Tatsache ab, daß elementare Umgangsweisen mit Musik die Grundsubstanz künstlerischen Handelns, das immer auch schöpferisch bzw. ‚hervorbringend' ist, bereits vollständig enthalten können. Wenn wir die unter dem Blickwinkel der Vorbereitung aufgelisteten Kategorien 2-6 (vgl. S. 31-32) zu Inhalten und Grobzielen Elementarer Musikpädagogik erklären, können sich die dort aufgeführten strukturell-intellektuellen, emotional-motivationalen, sensorischen, bewegungsdifferenzierenden, sozial-empathischen Faktoren durchaus zu einem künstlerischen Grundverhalten verbinden, das eben – wenn es sich mit hoher motorischer Geschicklichkeit paart – auch eine künstlerische Persönlichkeit auf hohem Ausübungsniveau charakterisiert. Aus diesem Grund muß im ästhetischen Anspruch zwischen dem elementaren Umgang mit Klängen und den immer raffiniertere Bewältigungsstrategien verlangenden musikalischen Herausforderungen auf höheren Altersstufen kein Unterschied bestehen. Die Hauptfaktoren musikalisch-künstlerischen Verhaltens sind auch im Elementarbereich präsent; sie werden dort auf ihre Grundformen zurückgeführt und mit den unmittelbar verfügbaren Mitteln (Stimme, Körper, Perkussion) umgesetzt, wobei die Ausformung eher über aktives Mitgestalten als über rationales Nachvollziehen geschieht.

Somit führen wir die Menschen in der Elementaren Musikpädagogik nicht zur Musik hin, sondern wir sind mit ihnen von Anfang an mittendrin. Mittendrin deshalb, weil die Elementare Musikpädagogik das Angebot bereithält, vielfältige Erlebnisweisen zu aktivieren, Eindruck in Ausdruck zu verwandeln, Klangverläufe zu gestalten, sich selbst als handelndes oder mithandelndes Subjekt in einer Welt der Klänge zu erleben, Klänge zu erzeugen und zu interpretieren und damit auch etwas über sich selbst zu erfahren.

Literatur

Eösze, Laszló: Zoltán Kodály. Sein Leben und sein Werk. Bonn 1964

Jungmair, Ulrike E.: Das Elementare. Zur Musik- und Bewegungserziehung im Sinne Carl Orffs. Mainz 1992

Keller, Wilhelm: Elementare Musik. In: Jahrbuch des Orff-Instituts. Mainz 1962, S. 31-35

Nykrin, Rudolf: Was Kinder in der Musikalischen Früherziehung und für den nachfolgenden Instrumentalunterricht lernen. In: Üben & Musizieren Heft 2/1987, S. 84-92

Orff, Carl: Das Schulwerk – Rückblick und Ausblick. In Jahrbuch des Orff-Instituts. Mainz 1963, S. 13-20

Preussner, Eberhard: Der Einbruch des Elementaren in Kunst und Pädagogik. In: Jahrbuch des Orff-Instituts. Mainz 1963, S. 67-72

Ribke, Juliane: Kreative Methoden im Instrumental-Spiel-Unterricht In: Üben & Musizieren Heft 1/1988, S. 40-43

Ribke, Juliane: Nischen als Ausgangs- und Endpunkt musikdidaktischer Zieldiskussion. In: Petrat, Nicolai (Hrsg.): Musikalische Bildung in Zwischenräumen. Mainz 1993, S. 107-120

Ribke, Juliane: Annäherung an das Elementare. In: NMZ 5/1994, S. 41-43

Ribke, Juliane: Künstlerische Aspekte Elementarer Musikerziehung. In: Petrat, Nicolai (Hrsg.): Das Musikalische an der Musik. Mainz 1996 (in Vorbereitung)

Verband deutscher Musikschulen: Das Lehrplanwerk. Regensburg

3. Entwicklungspsychologische Grundlagen

Didaktische Konzepte basieren immer auf einem entwicklungspsychologischen Hintergrund, da sie Ziele enthalten, die aus der Vielzahl des im jeweiligen Sachbereich Möglichen unter einem bestimmten philosophischen, ideologischen, religiösen, politischen oder psychologischen Blickwinkel ausgewählt sind und deren Erreichen eine Zustandsverbesserung, eine positive Veränderung für den Lernenden bedeutet. Ziele stellen gewissermaßen Fixpunkte dar, vorläufige Endzustände, auf die hin die Fähigkeiten der Adressaten unter Einsatz von Unterrichtstechniken und methodischen Hilfsmitteln entwickelt werden. Die Gefahr, daß Unterricht zum Abspulen eines mechanistischen Entwicklungsprogramms wird, ist vor allem dann gegeben, wenn er strikt sachorientiert verläuft und auf Könnens- und Wissenslernzielen einer an Defiziten der Adressaten orientierten Didaktik basiert. Deren Kennzeichen ist, daß Könnens- und Wissenslücken Schritt für Schritt ausgefüllt werden, bis der Rückstand, den der Lernende gegenüber dem in der Zielformulierung angegebenen Endverhalten zunächst hatte, nicht mehr existiert. Wir wollen dem ‚klassischen' Ansatz materialgebundenen Musiklernens, „dessen Intention vor allem auf das musikalische Material, seine kognitive und technische Bewältigung, gerichtet ist" (Abel-Struth 1978, S. 112), hier nicht weiter nachgehen, sondern anstelle der Materialanalyse zur Gewinnung didaktischer Richtlinien den *Adressaten musikpädagogischer Arrangements* betrachten: Für wen ist ein musikdidaktisches Gebäude überhaupt da? Sicherlich für den Lehrer, der daraus Richtlinien für sein unterrichtliches Handeln gewinnt; aber unterrichtliches Handeln und damit wiederum die Didaktik sind in erster Linie für die Lernenden da, näher betrachtet für die Lernenden einer bestimmten Altersstufe und eines bestimmten Entwicklungsstands, schließlich aber auch für jedes einzelne Individuum, das sich von allen anderen durch seine Einzigartigkeit unterscheidet. Diese Spannweite zwischen universellem Anspruch und individuellen Bedürfnissen läßt die Problematik einer auf objektivierbare, operationalisierbare Lernziele bauenden Didaktik deutlicher werden.

Wir wollen den Menschen im Spannungsfeld zwischen Universalität und Individualität in den Mittelpunkt unseres Entwurfes stellen und müssen daher zunächst die Adressatenbedingungen näher betrachten, um aus deren Charakteristik bzw. Spezifik einen didaktischen Ansatz gewinnen zu können. In diesem Sinne ist der hier vorgestellte Ansatz als *anthropologischer* zu verstehen; anthropologisch bedeutet: auf den Menschen bezogen, zum Menschen gehörig. Von ihm, seinen seelisch-geistigen Bedürfnissen, seinen Bedingungen als soziales Wesen und seinen jeweiligen Handlungsmöglichkeiten sollen pädagogische, didaktische und methodische Überlegungen ihren Ausgangspunkt nehmen. Damit wird der Mensch selbst zum ‚Gegenstand' der Betrachtung und erst auf dieser Basis können sich Pädagogik und Didaktik als Humanwissenschaften legitimieren. Für die erzieherischen Disziplinen bedeutet das, daß sie sich mit der Frage auseinandersetzen müssen, wie sie in ihrer gesamten Bandbreite von der Gestaltung des soziokulturellen Umfeldes bis zur Vermittlung konkreter Fachinhalte zur Wesenserfüllung des Menschen beitragen können (vgl. Bollnow 1983, S. 38 f).

Was David Elkind auf die Jüngsten bezieht, ist auch altersunabhängig bedenkenswert: „Wenn wir ignorieren, was das Kind lernen muß, und ihm statt dessen das aufzwingen, was wir lehren wollen, dann setzen wir Säuglinge und Kleinkinder einem Risiko aus, das ohne Sinn ist" (Elkind 1989, S. 46). Da das ‚Muß' offensichtlich im Widerstreit zu externen Belehrungen steht, deutet es auf eine interne Dranghaftigkeit des Kindes, sich anderes als in Lernprogrammen Vorgesehenes anzueignen. Genau dieses ist der Punkt, bei dem entwicklungspsychologische Erkenntnisse helfen müssen, die anthropologischen Urmatrizen herauszuarbeiten.

Entgegen den terminologischen Bestrebungen der letzten Jahrzehnte, in denen Entwicklungspsychologie in Lerntheorie und Sozialwissenschaften aufgehen sollte, um den Ruch des veralteten Reifungsdogmas loszuwerden, sind wir hier auf der Suche nach psychologisch bedeutsamen biologischen Grundtatsachen. Jedoch ist der biologische Geltungsbereich weit gefaßt und nicht auf Entfaltung eines endogenen Reifungsprogramms, auf Körperwachstum und physische Reifung beschränkt. Vielmehr werden alle drei großen entwicklungstreibenden Faktorengruppen – endogene, exogene und autogene Faktoren (vgl. Novak et al. 1977, S. 65) – als biologische, im Menschen verankerte und damit anthropologisch bedeutsame Kategorien angesehen. Beziehungsbildung und die Auseinandersetzung mit sich selbst sind ebenso wie physische Expansion und Differenzierung biologische Erfordernisse der menschlichen Entwicklung. Es bedarf sowohl des Außen- als auch des Innenbezugs, um früheste, genuin menschliche Erfahrungen in verschiedene, dem jeweiligen Entwicklungsstand adäquate Verhaltensweisen zu transformieren.

3.1 Allgemeine Entwicklungsprinzipien

Die folgenden Ausführungen sind nicht von der Absicht geleitet, die allgemeine Entwicklungspsychologie zu referieren oder eine musikalische Entwicklungspsychologie zu entwerfen. Es wird nach grundlegenden Prozessen im Entwicklungsgeschehen gefragt, die – ausgesprochen oder unausgesprochen – als Prämissen in Entwicklungstheorien eingehen. Unser Interesse gilt vorrangig dem Verlaufsprofil von Entwicklung; hierin besteht eine Transfererwartung für ein musikdidaktisches Modell. Deshalb wird von einer inhaltlichen Darstellung verschiedener entwicklungspsychologischer Systematiken abgesehen.

Hans Thomae definiert Entwicklung als „Reihe von miteinander zusammenhängenden Veränderungen, die bestimmten Orten des zeitlichen Kontinuums eines individuellen Lebenslaufs zuzuordnen sind" (Thomae 1959, S. 10). Entwicklung bedeutet also Veränderung, wobei sich die Entwicklungspsychologie dadurch, daß sie die Veränderungen einem Zeitkontinuum zuordnet, das identisch ist mit der Lebensgeschichte eines Individuums, von anderen Disziplinen wie z.B. der Lernpsychologie abzugrenzen versucht (vgl. ebd.). Der innere Zusammenhang zwischen den Gliedern der Veränderungsreihe verhindert Willkür im Entwicklungsgeschehen. Unabhängig von verschiedenen Modellvorstellungen herrscht in der Entwicklungspsychologie weitgehend Konsens darüber, daß die Veränderungen einer Reihenfolge unterliegen, die nicht beliebig ist und von daher auch Auswirkungen auf die Pädagogik hat.

Zum inhaltlichen Aspekt der Veränderungsreihe soll angemerkt werden, daß die Entwicklungspsychologie weitgehend die für das Individuum als förderlich erachteten Veränderungen zu ihrem Gegenstand macht. Mit dem Anliegen, Progressionen aufzudecken, ist die Gefahr einer Wertung von Entwicklungszuständen verbunden. Die Diskussion von Entwicklungsniveaus wird immer aus der Sicht erwachsener Wissenschaftler vorgenommen, so daß die inhaltliche Festlegung, was als ‚höher' und ‚niedriger' zu gelten habe, maßgeblich von deren Wertmaßstäben geprägt ist. Dieses generelle Problem wird uns auch im folgenden bei der Beschreibung von Bewegungsprinzipien bzw. -richtungen der Veränderungen begegnen.

3.1.1 Wachstum

Körperwachstum ist die offensichtlichste Veränderung, die als Entwicklung wahrgenommen wird. Gemeint sind eine kontinuierliche Zunahme der Längen- bzw. Höhendimension des menschlichen Körpers, aber auch Volumenvergrößerung, Gewichtszunahme und gesteigerte Funktionstüchtigkeit. Wachstum ist also ein Begriff, der zunächst einmal rein quantitativ darstellbare Veränderungen im somatischen Bereich umfaßt. Und auch bei der Anwendung des Wachstumsbegriffs auf psychische Verhaltensänderungen bleibt dieser der Quantifizierung verhaftet, denn er kann im strengen Sinne nur auf Veränderungen angewendet werden, die meßbar und numerisch darstellbar sind. Psychische Kapazitäten, die sich in Maßeinheiten übersetzen lassen, sind im wesentlichen solche, die sich als Verfügung über Mengen von Elementen (z.B. Zählfähigkeit, Größe des Wortschatzes, Kenntnis von Zeichen) oder Schnelligkeit bei Abruf, Ausführung und Bewältigung definierter Kategorien beschreiben lassen. Quantitativ darstellbare Verhaltensweisen repräsentieren nur einen sehr kleinen Teilbereich der menschlichen Psyche, und zwar vorrangig denjenigen, der sich in formalisierbaren Handlungen äußern kann.

Um als allgemeines Entwicklungsprinzip akzeptabel zu sein, muß der Wachstumsbegriff erweitert werden und Interpretationen wie Expansion, Verbindung, Koordination, Ganzwerdung, Schärfung, Verdeutlichung in sich aufnehmen. Dann wird ein eindimensional quantitatives Entwicklungskonzept in ein qualitatives überführt, das wesentliche, nicht nur sicht- und zählbare Aspekte des psychischen Wachstums abdecken kann.

Die Verbindung von Quantität und Qualität im Wachstumsbegriff ist problematisch, weil beide Kategorien auf der Skala ‚viel – wenig' beschrieben werden können, jedoch sauber voneinander getrennt werden sollten. ‚Mehr' oder ‚weniger' sind relationale Begriffe mit quantitativer Stufung, so daß die Gefahr gegeben ist, daß die quantitative Dimension die qualitative überrollt. Das kann dazu führen, daß nur das als qualitativ bedeutsame Entwicklung angesehen wird, was sich quantitativ abbilden läßt, oder daß der mengenmäßige Vorrat an Kenntnissen und Fertigkeiten mit der Qualität des Entwicklungsniveaus gleichgesetzt wird. ‚Mehr' wird dann zum ‚Besser', dem eigentlichen Kriterium der qualitativen Skala, das aber nur greifen kann, wenn die üblichen Steigerungsparameter (größer, schneller, höher) vernachlässigt werden und Wachstum als Optimierung der Gesamtfunktionalität des psychophysischen Organismus definiert wird.

Jedoch ist nicht zu übersehen, daß in Psychologie und Pädagogik dem linearen Aufbauprinzip eine hervorragende Stellung eingeräumt wird, die stark problematisiert werden muß. Die damit verbundene implizite Annahme einer Zunahmesynchronizität physischer und psychischer Kapazitäten ist aus sogenannten Wachstumskurven zur Intelligenzentwicklung herauszulesen (s. Abb. 4).

Diese Kurve trägt dem erhöhten Wachstumstempo im frühen Lebensalter durch einen steilen Anstieg und dann zunehmend abflachende Tendenz Rechnung. Es sieht so aus, als würde die intellektuelle Leistungsfähigkeit ihre maximale Ausprägung in einer Zeit erreichen, in der auch die körperliche Entwicklung am Ende ihrer Auf-

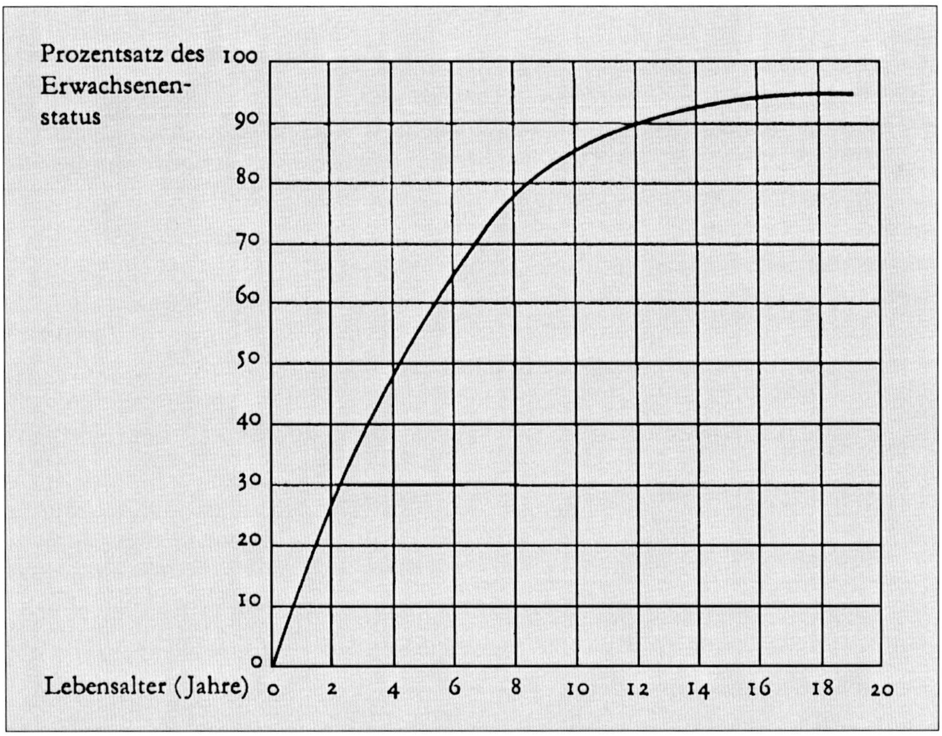

Abb. 4: Wachstumskurve der allgemeinen Intelligenz

bauprozesse angekommen ist. Wenn körperliche Veränderungen nicht mehr offensichtlich registriert werden können, stellen nach diesem Schema auch psychische Funktionen ihr Wachstum ein: Entwicklung hätte dann ein Ende, wenn der Mensch er-wachsen ist – und unter diesem Aspekt der Zuwachsideologie wäre der erwachsene Mensch das Ziel von Entwicklung. Dessen Status ist in Wachstumskurven als 100%-Kategorie angegeben; alles Vorangegangene wäre dann defizitär und strebte dem höchstrangigen Quantum zu, das zu erreichen der Sinn des einseitig gerichteten Entwicklungsgeschehens ist.

Entwicklungsmodelle, die als Stufen- oder Phasenlehren die menschliche Entwicklung in ähnlicher Form – sei es als kontinuierlicher oder diskontinuierlicher, sprunghafter Prozeß – abbilden, gründen letztlich auf einem quantitativen Wachstumsbegriff mit linear-finalistischer Strebetendenz, da alle der vermeintlichen Endausprägung vorgeschalteten Zustände nur Durchgangsstadien sind. Die Problematisierung des Wachstumsbegriffs darf nicht darüber hinwegtäuschen, daß die damit zusammenhängenden Entwicklungstheorien – verbunden vor allem mit Namen wie Oswald Kroh und Jean Piaget – von der institutionellen und praktischen Pädagogik gewissermaßen erfreut rezipiert wurden. „Das dürfte nicht zuletzt mit der Tatsache zusammenhängen, daß eine Stufengliederung der Entwicklung im Kindes- und Jugendalter manchen pädagogischen Bedürfnissen entgegenkommt, die sich aus der bisherigen Organisationsform unseres Schul- und Ausbildungswesens ergeben. .... So scheinen Stufenlehren trotz gewisser Diskrepanzen insgesamt der Organisationsform unseres bisherigen Schulwesens zu entsprechen und dafür eine sinnfällige psychologische Begründung zu liefern“ (Nickel 1972 Bd. 1, S. 53).

Auch in der Anordnung von Unterrichtsfächern und in der Binnengliederung der Stoffgebiete spiegelt sich der Trend, von unten nach oben in linearer bzw. quasilinear gestufter Progression fortzuschreiten. „Das führte dazu, daß der Unterricht in einzelnen Fachgebieten erst nach dem vermeintlichen Eintritt der Schüler in eine bestimmte Entwicklungsstufe oder -phase für möglich, d.h. für pädagogisch sinnvoll gehalten wurde“ (ebd. S. 54).

Diese Meinung wirkt hinein bis in die Praxis musikalischer Vorschulerziehung. Die Musikalische Früherziehung ist stark geprägt von ihrem Vorstufenstatus, der genaugenommen impliziert, daß das ‚Eigentliche‘ erst später kommt. Das würde bedeuten, daß wir warten müßten, bis der Mensch ‚groß‘ genug ist, um mit einem gesellschaftlich als wertvoll erachteten Kulturgut in Berührung zu kommen. Die vorgeschalteten Übungen der Musikalischen Früherziehung wären dann höchstens die ersten Bausteinchen, die sich Schritt für Schritt zu adäquaterem Verhalten summieren (vgl. Ribke 1992). In Unterrichtskonzepten, denen ein additiv-sequentieller Ansatz zugrunde liegt (vgl. Ribke 1995) wird – auch wenn die Autoren dazu keine Stellung beziehen – eine ähnlich Teilchen für Teilchen Informationen aufeinander stapelnde Organisationsform der menschlichen Psyche vorausgesetzt, die sich damit langsam höheren Ausprägungsformen des menschlichen Geistes annähert.

Das Entwicklungsprinzip Wachstum ist stärker als die im folgenden dargestellten Prinzipien in Pädagogik und Fachdidaktik eingeflossen. Das liegt vermutlich daran, daß es den Bedürfnissen der Leistungsgesellschaft nach Metrisierung möglichst aller Lebensbereiche entgegenkommt. Es bleibt aber festzuhalten, daß Wachstum ein Teilbereich von Entwicklung ist, diese aber nicht vollständig repräsentiert. Um ein allgemeines Prinzip darin zu sehen, muß sich die quantitative Zuwachsideologie dem Postulat einer qualitativ wirksamen Synthese öffnen.

3.1.2 Periodizität

Neben dem Steigerungsprinzip scheint Entwicklung einem periodischen Wandel zu unterliegen. So reiht sich nicht Neuerwerb an Neuerwerb, vielmehr bewirken Wiederholungen ein pendelndes Hin und Her zwischen substantiell verwandten Entwicklungsphasen. Wiederholung besagt hier, daß im Laufe der Zeit der Mensch immer wieder vor ähnliche Entwicklungsprobleme gestellt wird, die von ihm dann auf jeweils altersbedingt veränderter Ebene gelöst werden. Die Vorstellung vom linearen Wachstum wird von einer rhythmisch-zyklischen Dimension überformt, die auch im Bereich körperlichen Wachstums zu beobachten ist: hier sind einander abwechselnde Perioden beschleunigten und langsameren Wachstums zu registrieren, ebenso ein rhythmischer Wechsel in der Zunahme von Körpergewicht und -länge, also von „Perioden der Fülle" und „Perioden der Streckung" (vgl. Lehr 1959, S. 198). Arnold Gesell sieht in diesen biologischen Gegebenheiten ein Grundprinzip der körperlichen, motorischen und psychischen Entwicklung; für ihn ist Entwicklung ein nicht geradliniger Prozeß rhythmischen Schwingens: „sie weicht bald nach oben, bald nach unten, bald nach rechts, bald nach links ab. Zuweilen sieht es sogar aus, als weiche sie bald rückwärts, bald vorwärts ab, doch die Gesamtentwicklung weist nach vorn ...; die Schwankungen sind in Wirklichkeit keine Rückfälle, es ist das tastende Bemühen des Organismus, sich weiter zu festigen ..., in allen Abweichungen liegt das tastende Suchen nach einem Weg" (Gesell zit. nach Lehr 1959, S. 207). Zur Verdeutlichung dieses Wiederholungsprinzips mit Niveauverschiebung wählt Gesell das Modell einer Spirale, das er sowohl in den Hauptperioden der Entwicklung als auch in der Mikrostruktur der kleinen Perioden, „in denen das Ziel sich selbst wiederholt" (ebd. S. 208) inhaltlich ausführlich darstellt.

Alfred Busemann beschreibt Entwicklung als periodischen Wechsel zweier Zustandsphasen, wobei der Begriff ‚Phase' folgendermaßen definiert wird: „Phase ist (im Gegensatz zur einmalig erreichten Entwicklungsstufe) ein in gleicher oder ähnlicher Form wiederkehrender Zustand" (Busemann 1959, S. 18). In Analogie zur Mondphase soll der Terminus in der Entwicklungspsychologie wechselnde, aber wiederkehrende Erscheinungsformen eines in sich gleichbleibenden Systems bezeichnen. Die menschliche Entwicklung vollzieht sich nach Busemann im periodischen Wechsel von emotionalen und intentionalen Phasen. Die emotionalen Phasen – sogenannte Erregungsphasen – sind geprägt von Impulsivität, Phantasie, sozialen Konflikten, hohem Selbstbewußtsein und Aggressivität, die intentionalen Phasen –

sogenannte Beruhigungsphasen – hingegen von Ausgeglichenheit, sachlichem Denken, sozialer Bindungsfähigkeit, kritischem Selbstbewußtsein und seelischer Stabilität (vgl. Novak et al. 1977, S. 55). Nach Busemann schaukelt sich Entwicklung wellenförmig auf; so gibt es keinen einmaligen Übergang von subjektiver zu objektiver Wahrnehmung, von phantasie- zu verstandesbetonter Lebenshaltung, sondern „eine ganze Reihe solcher Übergänge, denen aber jedesmal nach wenigen Jahren ein Rückfall folgt, zwar nicht auf den vorigen Stand, doch in die vorige Weise" (Busemann 1959, S. 142).

Das Entwicklungsprinzip Periodizität ermöglicht eine Relativierung des finalistischen Menschenbildes, das hinter den Wachstumsmodellen steht. Wohl kann man skeptisch bemerken, daß das Aufschaukeln, sei es spiral- oder wellenförmig, eine lineare Progression der Entwicklung nur elegant kaschiert; jedoch wird der innere Zusammenhang zwischen den verschiedenen Lebensphasen hier in besonderer Weise akzentuiert: „Die Wachstumsmerkmale des Kindes müssen ... in einer bestimmten Weise den Wachstumsmerkmalen und sogar den Verhaltensmerkmalen der reiferen Jahre vorgebildet sein. ... Geistiges Wachstum ist ein fortgesetzter Prozeß der Umstellung und Wiederherstellung" (Gesell 1931, S. 19 f). Der wichtigste Gedanke in einem periodisch verlaufenden Entwicklungsmodell scheint uns zu sein, daß grundsätzliche Tendenzen menschlichen Verhaltens von Anfang an wirksam und lediglich einem altersspezifischen Wandel unterworfen sind.

3.1.3 Auf- und Abbau

Abbauprozesse bilden als Negativwachstum den Gegenpart zum positiv aufsteigenden Entwicklungsfortschritt. Mit Abbau ist hier nicht der physisch und sozialpsychologisch bedingte Altersabbau gemeint (einem u.a. gesellschaftlich verursachten Problem, dessen Diskussion wir uns in diesem Rahmen nicht widmen können), sondern ein Bestandteil in der Mikrodynamik von Entwicklung, in der Auf- und Abbauprozesse eng verwoben zusammenwirken. Charlotte Bühler relativiert die Vorstellung einer glockenförmig verlaufenden Lebenskurve: „Allein eine feinere Analyse offenbart selbst während der schnellsten Wachstumsperiode hier und dort auch Rückgangssymptome. Und andererseits ermangelt selbst das hohe Alter keineswegs des Wachstums nach gewissen Richtungen hin" (Bühler 1959, S. 51).

Die Beobachtung unterschiedlicher Wachstumstempi in Teilbereichen des Organismus sowie die charakteristischen Gestaltwandel, in denen sich Körperproportionen verändern, zeigen, daß Entwicklung sich nicht immer nur als Aufbauprozeß manifestiert, sondern auch gegenläufige Kräfte ursächlich daran mitwirken. Die folgenden Grafiken verdeutlichen, daß ein Entwicklungszustand sich jeweils aus dem charakteristischen Zueinander von Strukturelementen definiert. Grundsätzlich sind alle Sturkturelemente an der Ausprägung jedes Stadiums beteiligt; sie konstellieren gemeinsam das charakteristische Erscheinungsbild eines Entwicklungsstadiums durch ein Mehr oder Weniger der Komponenten, wodurch auch qualitative Veränderungen der Verhaltensmöglichkeiten entstehen können (s. Abb. 5 und Abb. 6).

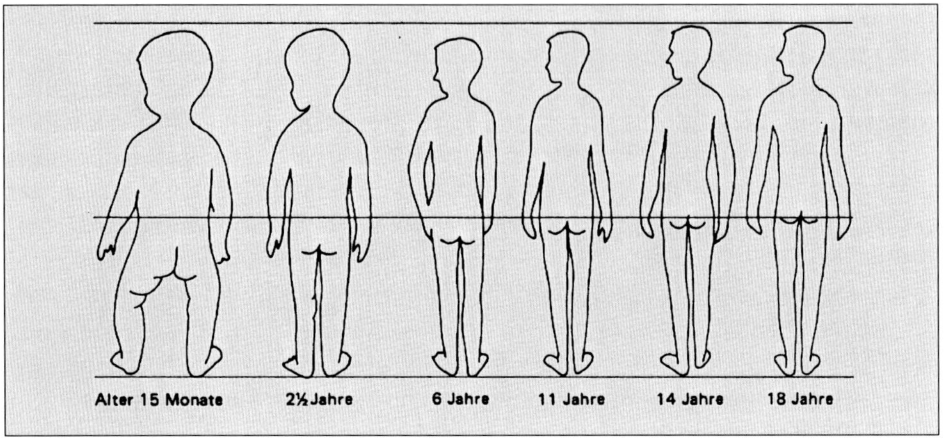

Abb. 5: Veränderung der Körperproportionen zwischen 15 Monaten und 18 Jahren

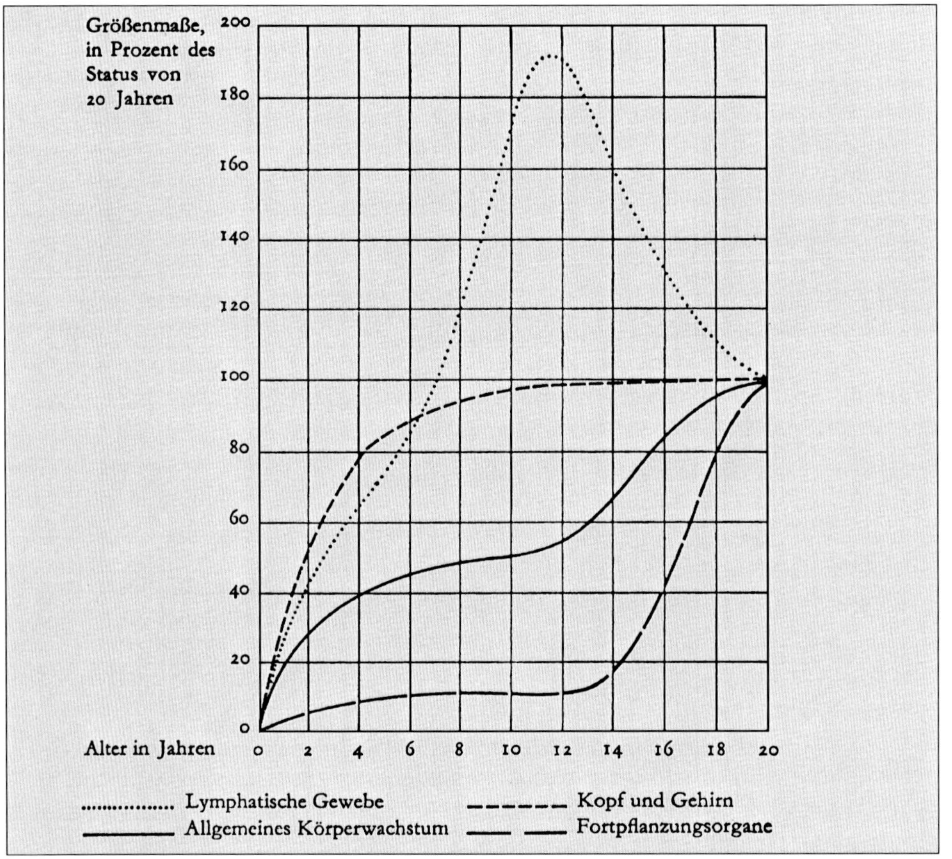

Abb. 6: Vier Grundtypen des Wachstumsverlaufs verschiedener Körperteile und Gewebe. Die Ordinate zeigt die Größenmaße der Organe, umgerechnet auf einen Maßstab, der die Größe bei der Geburt als 0 und die im Alter von 20 Jahren als 100% setzt.

In bezug auf die psychische Entwicklung versucht Peter R. Hofstätter mit dem biophysikalisch orientierten Modell des Fließgleichgewichts der Tatsache gerecht zu werden, daß Auf- und Abbauprozesse gleichermaßen den Entwicklungsverlauf mitbestimmen. In dieser Theorie wird der menschliche Organismus als ein System angesehen, das sich Kontinuität und eine ausbalancierte Ordnung bewahrt, auch wenn die Elemente entwicklungsbedingt wechseln bzw. unterschiedlich stark oder in unterschiedlicher Zusammensetzung hervortreten (vgl. Hofstätter 1973, S. 94). Die Entstehung späterer Zustände aus dem Elementenpool früher Strukturen, die dann langsam abgebaut werden, stellt er in folgendem Schaubild stark vereinfacht dar:

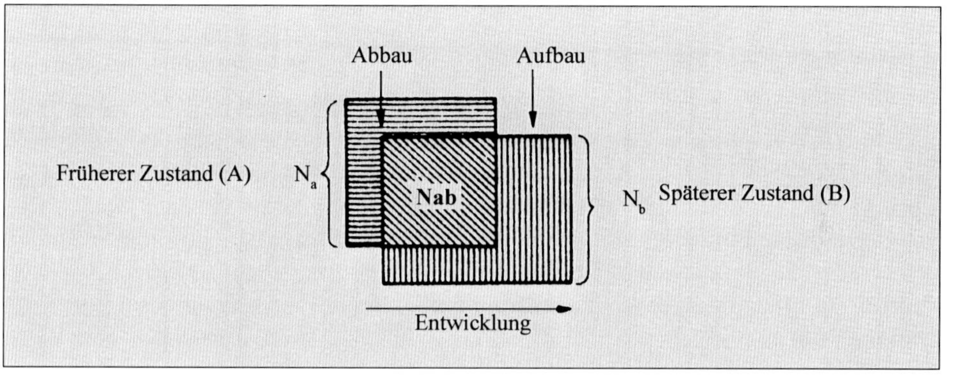

Abb. 7: Abbau und Aufbau in der Entwicklung. Na = Anzahl der hypothetischen Elemente im Zustand A, Nb = Anzahl der hypothetischen Elemente im Zustand B, Nab = Anzahl der diesen beiden Zuständen gemeinsamen Elemente

Aus der Ähnlichkeitskorrelation zwischen zwei Zuständen ergibt sich ein Kontinuitätswert, der bei krisenhaften Einschnitten oder in Phasen erhöhten Umbruchs (Trotzalter, Pubertät, späte Lebensmitte) geringer ausfällt als bei Veränderungen mit weniger dramatischem Ausmaß. Wiederum jedoch verkürzt das Bemühen um Quantifizierung die Komplexität des Entwicklungsgeschehens, denn es scheint ein aussichtsloses Unterfangen, die Anzahl diskreter Elemente, die einen bestimmten Entwicklungszustand charakterisieren, bestimmten zu wollen.

Trotzdem differenziert das Prinzip des Fließgleichgewichts zumindest im Mikrobereich den unidirektionalen Steigerungsaspekt von Entwicklung. Hofstätter bedauert, daß das Wort ‚Einwickelung' als Antithese zu ‚Entwicklung' aus dem Sprachgebrauch verschwunden ist (Hofstätter 1973, S. 93) und deutet damit auf die Doppelsinnigkeit des Geschehens zwischen Vergehen und Werden. Im Modell des Fließgleichgewichts wird Entwicklung dynamisiert; ein Entwicklungszustand wird zu einer Momentaufnahme innerhalb des fluktuierenden Vorgangs vielfacher Zu- und Abnahmen. Dieses Veränderungsprinzip eröffnet die Möglichkeit, Entwicklung als einen sich über die gesamte Lebensspanne erstreckenden Prozeß anzusehen.

3.1.4 Differenzierung und Integration

Das Prinzip zunehmender Differenzierung des Verhaltens bei gleichzeitiger Organisation der Einheiten durch Bildung übergeordneter Kategorien ist eine Möglichkeit, quantitativen und qualitativen Kriterien der Entwicklung gleichermaßen gerecht zu werden.

Differenzierung kann als „fortschreitende Ausgliederung unähnlicher Teilgebiete aus einem anfänglich ungegliederten einheitlichen Ganzen" beschrieben werden (Trautner 1978, S. 69). Differenzierung ist gleichbedeutend mit Unterscheidung, Unterteilung, Untergliederung, Verfeinerung; und bedingt Grade der Mannigfaltigkeit, der Spezialisierung, der Individualisierung und der Strukturiertheit.

Integration, auch Zentralisation (Werner 1953) oder Organisation (Lewin 1941) genannt, ist das ordnende Prinzip, das die Unterteilungen aufeinander bezieht, sie hierarchisiert und im Rahmen größerer Verhaltensschemata wieder vereinheitlicht.

Wie bei den vorgenannten allgemeinen Entwicklungsprinzipien läßt sich auch hier wieder ein physiologisches Äquivalent anführen. So steht z. B. am Anfang aller Entwicklung die Zellteilung als Prototyp weiterer organismischer Gliederungsvorgänge, in denen Einheiten von immer spezifischerer Struktur entstehen, während die cerebralen Funktionen für deren Koordination und Organisation sorgen. Das Prinzip Differenzierung und Integration äußert sich besonders deutlich in der Entwicklung der motorischen Funktionen: aus zunächst ganzkörperlichen Bewegungen, den sog. Massenbewegungen, entstehen nach und nach durch zunehmende Funktionsreifung und Übung feinfeinmotorischer Regionen unabhängige Bewegungsmöglichkeiten einzelner Körperteile, auch nimmt die Anzahl unwillkürlicher Mitbewegungen ab. Gleichzeitig erhöht sich die Abstimmung von Bewegungen aufeinander, sie werden zielgerichteter und ökonomischer.

Die Übertragung dieser im physischen Bereich beobachtbaren Vorgänge auf die psychische Entwicklung wurde vornehmlich von gestaltpsychologisch orientierten Forschern vorgenommen. Deren Grundsätze, daß das Ganze vor den Teilen rangiert, daß ein Teil nur im Rahmen des Gesamtgefüges einen Sinn erhält, daß die Teile im Verhältnis wechselseitiger Abhängigkeit stehen und in Hinblick auf das Ganze hierarchisch organisiert sind, stehen in guter Übereinstimmung mit dem Entwicklungsprinzip Differenzierung und Integration.

Heinz Werner beschreibt die Eckpfeiler des psychischen Differenzierungsprozesses mit folgenden begrifflichen Gegensatzpaaren: komplex (synkretisch) vs. geschieden, diffus (global) vs. gegliedert, verschwommen vs. prägnant (artikuliert), unbestimmt vs. bestimmt (vgl. Werner 1953, S. 35). Seine genetische Entwicklungspsychologie steht ganz im Zeichen der Evolutionstheorie, wobei er diese Begrifflichkeit benutzt, um „die Eigenart des Geistigen und seiner Genese" (ebd.) zu beschreiben. Aber er will damit auch in stark wertender Weise die „eigentümlichen Strukturen primitiven Bewußtseins" (ebd. S. 37) einerseits und die „Höhenlagen des Seelenlebens" andererseits gegeneinander abgrenzen. Die Ideologisierung des Entwicklungsgeschehens durch Interpretation von verschiedenen Befindlichkeiten als nieder- oder höherwertige Daseinsformen ist also auch unter Berufung auf das Prinzip Differenzierung und Integration prinzipiell möglich.

Anders als bei Werner begegnen wir bei Kurt Lewin einer hochgradig formalisierten wertneutralen Darstellung dieses Grundprinzips. Für ihn bedeutet Differenzierung die relative Unabhängigkeit von Teilen; Differenziertheit ist eine charakteristische Eigenschaft eines dynamischen Ganzen und definiert sich durch „die Zahl der in einem bestimmten Ganzen enthaltenen und relativ getrennten oder unterscheidbaren Teile" (Lewin 1941/1982, S. 322). In einem dynamischen Ganzen stehen die Teile untereinander im Verhältnis sogenannter einfacher Interdependenz. Als ‚einfache Interdependenz' bezeichnet Lewin die unmittelbare Verbundenheit psychophysischer Funktionseinheiten. Im Entwicklungsverlauf nimmt diese durch zunehmende Differenzierung ab; so ist die Verbundenheit der Verhaltensanteile beim jüngeren Kind größer als bei einem älteren oder einem Erwachsenen.

Die Abnahme einfacher Interdependenz zeigt sich neben der oben erwähnten zunehmenden funktionellen Unabhängigkeit im motorischen System auch in innerpersonalen Regionen, ferner im Verhältnis von innerpersonalen und motorischen Regionen sowie im Verhältnis von Individuum und Umwelt. Die Interdependenz innerpersonaler Regionen ist ein Gradmesser für die Durchlässigkeit des psychischen Systems; hierin drückt sich z.B. aus, inwieweit verschiedene Bedürfnisse voneinander geschieden sind. Bei jüngeren Individuen mit hoher Interdependenz bringt die Befriedigung eines Bedürfnisses eher eine Gesamtsättigung mit sich als bei älteren, bei denen innerpersonale Spannungszustände unabhängig voneinander variieren können. Wahrscheinlich verfügen ältere Individuen über effektivere Kontrollmechanismen, die die Grenzziehung innerhalb des strukturierten Gefüges verschärfen. Aus der hohen innerpersonalen Interdependenz bei Kindern erklärt sich die Verbundenheit von Wahrnehmung und Emotion, von Gefühl und Intellekt, von Erkenntnis und Körperlichkeit. Wenn eine Verhaltensebene angesprochen wird, werden andere Ebenen ebenfalls aktiviert, während mit zunehmendem Alter einer Mitaffizierung willentlich Schranken auferlegt werden können.

Einfache Interdependenz ist nicht gleichbedeutend mit geringerer Differenziertheit, da sie etwas über die Verbundenheit von Teilen und nicht über deren Art und Anzahl aussagt. Sie gewährleistet einen hohen Grad an Einheitlichkeit innerhalb einer dynamischen Struktur: „Der Ausdruck ‚dynamische Einheit eines Ganzen' bezieht sich auf den Grad, in welchem der Zustand eines Teils innerhalb eines Ganzen vom Zustand anderer Teile dieses Ganzen abhängt" (ebd. S. 325). Im Laufe der Entwicklung wird die einfache Interdependenz von der Interdependenz der Organisation abgelöst. Lewin drückt diesen Sachverhalt in folgenden Formeln aus:

1. einf Einh(K) > einf Einh(E)
   d.h.: der Einheitlichkeitsgrad des Kindes aufgrund einfacher Interdependenz ist größer als der des Erwachsenen (vgl. ebd. S. 313); und
2. hier Org(K) < hier Org (E)
   d.h.: die hierarchische Organisation der kindlichen Persönlichkeit ist kleiner als die der Erwachsenen (vgl. ebd. S. 316), wobei Lewin jedoch einschränkt:

„Man darf nicht meinen, jede Handlung eines älteren Kindes sei höher organisiert als jede Handlung eines jüngeren Kindes. Das Verhalten eines älteren Kindes enthält häufig Einheiten, die weniger kompliziert sind als die jüngerer Kinder. Doch scheint sich der maximale Organisationsgrad von Verhaltenseinheiten mit dem Alter zu erhöhen" (ebd. S. 308).

Die organisatorische Interdependenz arbeitet selektiv. Einzelne Persönlichkeitsbereiche stehen zueinander im Verhältnis von Leiter und Geleitetem, der eine ist das Werkzeug des anderen: „Der untergeordnete Teil b (d.h. der geführte Teil, das Werkzeug) verändert sich vielmehr so, daß dem führenden Teil a beim Erreichen seines Ziels geholfen wird; daraus resultiert nicht eine größere Angleichung der beiden Teile" (ebd. S. 323). Lewin beschreibt organisierte Interdependenz in denselben Verhaltensbereichen wie die einfache, also im motorischen System (Beherrschung der Kopfhaltung, der aufrechten Haltung, der Fortbewegung, der Ausscheidung etc.), in den innerpersonalen Regionen (Bedürfnishierarchie, Selbstbeherrschung, situationsspezifische Über- und Unterordnung der psychischen Funktionen), im Verhältnis von motorischen und innerpersonalen Regionen (willentliche und zielgerichtete Steuerung der motorischen Aktionen, Beherrschung des Ausdrucksverhaltens, objektadäquate Kraftdosierung) und im Verhältnis zwischen Person und Umwelt (zunehmende Autonomie des Individuums). Mit fortschreitender Entwicklung spielt die organisierte Interdependenz eine zunehmende Rolle für die Einheitlichkeit des Individuums. Da Differenzierung nicht nur Unterteilung, sondern auch Unterscheidung und damit Abgrenzung ist, wird die Impulsausbreitung im Gesamtsystem zunehmend geringer, aber der Zerfall der Persönlichkeit in eng begrenzte Partikel mit kaum noch kontrollierbarem Eigenleben wird durch die Integration aufgefangen.

Lewin sieht den Zusammenhalt in der Persönlichkeitsstruktur von Kindern eher durch die einfache Interdependenz und die von Erwachsenen eher durch die organisierte gegeben. Durch das Wechselspiel von Differenzierung und Integration ist die Persönlichkeitsentwicklung Schwankungen unterworfen, periodischen Veränderungen, die sowohl Aufbau- als auch Abbauprozesse in sich bergen: „Eine Vermehrung der Zahl der hierarchischen Schichten im Lauf der Entwicklung braucht nicht unbedingt eine stetige Zunahme der Einheitlichkeit der Person zu bedeuten. Weder zeigt das ältere Kind stets eine harmonischere Persönlichkeit, noch ist seine Persönlichkeit immer streng von einem einzigen Zentrum aus gelenkt. Man hat vielmehr ein Auf und Ab im Einheitlichkeitsgrad der Person zu erwarten, indem die Differenzierung die Tendenz hat, die Einheitlichkeit zu vermindern, die Organisation dagegen, die Einheitlichkeit wiederherzustellen oder auf dem nächsthöheren Niveau zu vergrößern. Der Grad der Einheitlichkeit der Organisation ... kann infolgedessen auf einem späteren Entwicklungsniveau größer oder kleiner sein als auf dem vorausgehenden Niveau" (ebd. S. 316).

Damit vollzieht Lewin einen bedeutenden Schritt zur Relativierung des Entwicklungsgeschehens: das treppenstufenartig aufsteigende Modell mit finalistischem Anspruch wird dadurch aufgehoben, daß es keine altersstufenbedingten Minderorganisationen mehr gibt, sondern daß verschiedene Organisationsmodi jeweils das organische Zusammenwirken des Gesamtsystems gewährleisten.

So zeigt Lewins berühmtes Lebensraum-Modell in sich ausgewogene Systeme, die von einem Zentrum aus expandieren:

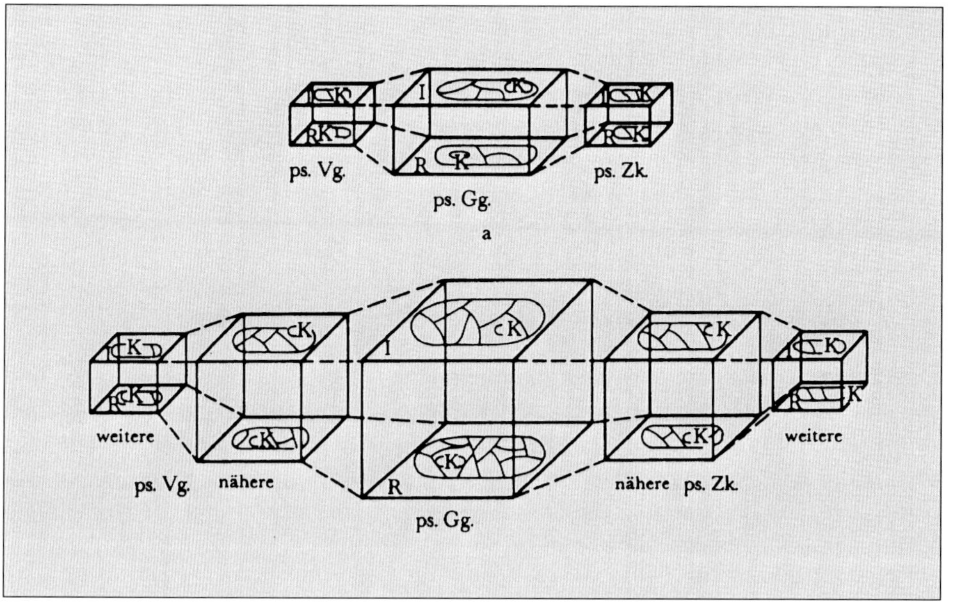

Abb. 8: Der Lebensraum auf zwei Entwicklungsstufen. Die obere Grafik stellt den Lebensraum eines jüngeren Kindes dar. Die untere gibt den höheren Differenziertheitsgrad des Lebensraums eines älteren Kindes im Hinblick auf die gegenwärtige Situation, die Realitäts-Irrealitäts-Dimension und die Zeitperspektive wieder. K = Kind, R = Realitätsschicht, I = Irrealitätsschicht, ps. Vg. = psychologische Vergangenheit, ps. Zk. = psychologische Zukunft

Neben der Differenzierung der innerpersonalen Regionen differenziert sich der Lebensraum eines älteren Kindes gegenüber dem eines jüngeren sowohl in der horizontalen als auch in der vertikalen Dimension: die Zeitperspektive weitet sich dahingehend, daß Planungen auch die entferntere Zukunft einbeziehen, während gleichzeitig die Vergangenheit zunehmend in die erlebte Gegenwart hineinwirkt. In der Vertikale rücken Realitäts- und Irrealitätsebene weiter auseinander, d.h. sie werden deutlicher voneinander geschieden. „Verschiedene Grade der Irrealität entsprechen verschiedenen Graden der Phantasie. ... Dynamisch entspricht die Irrealitätsschicht mehr einem flüssigen Medium ... und ist enger mit den zentralen Schichten der Person verbunden“ (Lewin 1946/1982, S. 384). Je mehr sich die Distanz zwischen Irrealität und Realität vergrößert, desto weniger ist die Realität von Phantasie durchwoben, desto weniger enthalten die Handlungen spielerische und emotionale Qualitäten („Das Spiel kann als eine Handlung auf der Realitätsebene in enger Verbindung mit der Irrealitätsebene verstanden werden“ [ebd.]).

Lewins Lebensraum-Modell ist je nach Menschenbild und Entwicklungsideologie verschieden interpretierbar. Man kann die Erweiterungen des Lebensraums nicht nur als Wissens-, Könnens- oder quantifizierbare Kompetenzsteigerung deuten, sondern aus dem obigen Modell das phantasiebetonte Kind, das mit gutem Kontakt zu zentralen Persönlichkeitsschichten ganz im Hier und Jetzt lebt, herauslesen. Wird dann – wie im unteren Modell – die irreale Dimension lebensferner, dehnt sich die psychische Gegenwart nicht aus, sie verengt sich sogar relativ zum gesamten Lebensraum. Die erweiterte Zeitdimension läßt Erwartungen, Sorgen und Befürchtungen verstärkt wirksam werden – Befindlichkeiten, die viel psychische Energie absorbieren, so daß das Erleben der Gegenwart reduziert wird. Die Folge davon ist eine geringere Konzentrations- und Versenkungsbereitschaft, die auch dadurch noch verstärkt wird, daß zentrale Persönlichkeitsbereiche unter den ‚realen' Bedingungen weniger angefordert werden.

3.1.5 Die Interdependenz der Entwicklungsprinzipien

Dem Entwicklungsgeschehen liegt nicht ein einheitliches, in allen psychischen und somatischen Bereichen gleichermaßen wirkendes Prinzip zugrunde. Entwicklung ist ein hochkomplexes Geschehen, bestehend aus Wachstum bzw. Erweiterung, aus Phasen der Wandlung von substantiell Ähnlichem, aus simultanen Auf- und Abbauprozessen bzw. Proportionsverschiebungen, aus Strukturierungsvorgängen, die unterteilen und zugleich zusammenfassen. Entwicklung muß zwangsläufig in verschiedene Richtungen verlaufen, um nicht aus dem Gleichgewicht zu geraten; sie hat ihren Spielraum zwischen Steigerung und Verminderung, wobei jeder der im Zeitkontinuum unendlich vielen Entwicklungsmomente ein Gepräge von eigener Qualität hat.

Die in der vorangegangenen Kapitelfolge gleichrangig angeordneten Entwicklungsprinzipien spiegeln so sicherlich nicht die Komplexität von Entwicklung. Zwar lassen sich die Entwicklung einzelner Verhaltensbereiche und auch die Gesamtentwicklung mit den hier diskutierten formalen Begriffen beschreiben, zeigen die Verlaufsprofile doch Erweiterung, Anstieg, Senkung, Verengung, Unterteilung und Zusammenschluß – aber alles dies geschieht, wie im folgenden Kapitel zu zeigen sein wird, in mehrdimensionaler Synchronizität.

Dem inneren Zusammenhang der Prinzipien kann man sich von verschiedenen Seiten nähern. So kann Wachstum im nichtmetrisierten Sinne als übergreifendes Prinzip angesehen werden, da in der psychischen und physischen Funktionsoptimierung ein Sinn von Entwicklung liegt. In welcher Form dieser Prozeß verläuft, ob linear oder zyklisch aufstrebend oder in der Mikrostruktur auch Negativwachstum oder Schachtelung beinhaltend – darüber sagt der Begriff zunächst nichts aus. Erst der stillschweigende interpretatorische Konsens, ihn nur bei additiven Steigerungsraten einzusetzen und andere Veränderungsreihen auszublenden, macht ihn für die Pädagogik so gefährlich. Prinzipiell aber kann Wachstum als allgemeines Entwicklungskriterium die anderen Prinzipien beinhalten.

Andererseits kann aber auch Differenzierung und Integration ein Grundprinzip sein, in dem die anderen aufgehen: zunehmende Binnengliederung bringt neben quantitativer Zunahme der Unterteilungen qualitatives Wachstum hervor, wenn Ausprägung und Anordnung der Teileinheiten koordiniert und zentriert verlaufen und das dynamische Prinzip der Fluktuation innerhalb der Gesamtstruktur erhalten bleibt.

Durch das Zusammenwirken der besprochenen Prinzipien läßt sich Entwicklung als Wachstum mit bzw. durch Differenzierung und Integration beschreiben, als prozessuales Geschehen von unterschiedlichen Strebetendenzen, das Wandlung durch Strukturierung, Umstrukturierung und Neuorganisation hervorbringt.

3.2 Biomechanische Gestaltungsvorgänge

Die Frage, auf welchen Kräften Entwicklung in der oben dargelegten komplexen Erscheinung der Hauptprinzipien Wachstum sowie Differenzierung und Integration[1] beruht, führt uns zu fundamentalen Gestaltungsvorgängen innerhalb der organismischen Genese. Das, was sich als Entwicklung manifestiert, basiert auf speziellen Wirkungsweisen biomechanischer Kräfte, die neben ihrer physiologischen Bedeutung auch als Ursachen frühester indivueller Erfahrung von dynamischen Gestaltungsvorgängen angesehen werden können. Gleichzeitig bildet dieses Kraftfeld eine universelle Erfahrungsgrundlage, da die grundlegenden Formungsprinzipien des menschlichen Organismus überindividueller Natur sind.

Wir werden die im folgenden dargestellten biomechanischen Gestaltungsvorgänge später auf das psychosoziale Feld transferieren, das seinerseits ein dynamisches ist (vgl. Kap. 3.3), und – als Spezialfall davon – auf Unterricht (vgl. Kap. 10), der dadurch, daß er mit frühest erfahrenen (biologischen) Gestaltungsprozessen in Beziehung steht, ein individuell und universell als sinnvoll erlebtes Verlaufsprofil erhält.

Die innere Ursache von Entwicklung findet sich in Stoffwechselvorgängen des Organismus, der als ein Stoffwechselfeld mit räumlich geordneten Stoffwechselbewegungen (vgl. Blechschmidt 1982, S. 45) beschreibbar ist. Durch verschiedene Stoffwechselbedingungen und verschiedene Wachstumsgeschwindigkeiten in Teilbereichen des Gesamtfeldes entstehen Gefälle, die mechanische Kraftwirkungen verursachen. Stoffwechselbewegungen werden zu Entwicklungsbewegungen, wobei die charakteristische Dynamik und das Zueinander der biomechanischen Kräfte den menschlichen Organismus in seine typische Form ‚hineindrängen'.

Die Forschungsergebnisse des Embryologen Erich Blechschmidt geben Aufschluß darüber, wie sich der menschliche Organismus im vorgeburtlichen Stadium gestaltet. Blechschmidt geht von dem Grundsatz aus, daß der Mensch sich nicht *zum*

---

1 Die Termini Wachstum sowie Differenzierung und Integration werden im folgenden im Bewußtsein der Interdependenz der Entwicklungstrends gebraucht. Daß die in Kapitel 3.1 beschriebenen Prinzipien aufeinander bezogen sind und ineinander aufgehen können, wird nicht immer wieder neu betont.

Menschen, sondern *als* Mensch entwickelt (ebd. S. 21): „Der Mensch kann ... nicht als eine Summe von Teilen aufgefaßt werden, bei der eine seelisch-geistige Komponente als Akzidens irgendwann einmal in der Ontogenese durch Einwirkung von außen hinzugefügt würde. Vielmehr ist das menschliche Lebewesen von Anfang an, mit der Befruchtung, eine geistige leib-seelische Einheit" (ebd. S. 10). Blechschmidt weist nach, daß die embryonale Entwicklung nicht Rekapitulation von Formen oder Zuständen verschiedener Spezies der phylogenetischen Reihe ist, sondern daß sie von Anfang an ihren Sinn für die Morphologie des *menschlichen* Organismus in sich trägt. Darüber hinaus manifestiert sich die geistige, leib-seelische Einheit des Menschen auch in einer Entsprechung von embryonaler Entwicklungstätigkeit und postnataler Funktionstüchtigkeit: „Die Hände gewinnen ihre erste Formung bereits in tastend-fühlend-greifenden Bewegungen zur begegnenden Umgebung. Die Aufrichtung des Ganges wird in verschiedenen frühen Bewegungen gewissermaßen geprobt und vorweggenommen. Alles im Embryo ‚weiß', daß es einem Menschen zugehört, während es gleichzeitig nur dem Spannungs- und Bewegungsgefüge der jeweiligen Stufe folgt, ohne abstrakt Entwicklungsziele zu verfolgen" (zur Lippe/Blechschmidt 1987, S. 184).

Folgende embryonale Entwicklungsbewegungen bestimmen die Differenzierungsprozesse in verschiedenen Stoffwechselfeldern (vgl. hierzu zur Lippe/Blechschmidt 1987, S. 195 ff):

1. *Sog.* Sog entsteht infolge unterschiedlicher Wachstumstempi von Zellverbänden in Dehnungsfeldern. Die Sogfelder nehmen Flüssigkeit aus der Umgebung auf, wodurch sich der Zellverband auflockert. Die Zellen werden entsprechend den im Sogfeld wirkenden biomechanischen Kräften geformt und für ihre spätere Funktion als Drüse vorbereitet: „Ihre Funktion übersetzt die Vorgänge des Sogs in ein Organ, dessen Struktur den Gestus des Saugens in den der Drüsentätigkeit differenziert" (ebd. S. 195).
2. *Pressung.* Bei diesem Vorgang werden Zellen so aneinandergedrückt, daß sie aufgrund mangelnder Nahrungszufuhr absterben. Dadurch eröffnet sich jedoch eine Verbindung für die mit Wasser gefüllten Hohlräume, die vorher durch die Zellschichten voneinander getrennt waren. So wird der Weg bereitet für die Bildung des Gefäßsystems.
3. *Verdichtung.* Wenn in bestimmten Stoffwechselfeldern besonders forciertes Wachstum stattfindet – vorrangig an der Peripherie – geben andere Felder dorthin Nahrung und Flüssigkeit ab. Sie entwickeln sich zu sogenannten Densationsfeldern, weil aufgrund der geringen Flüssigkeitsmenge die Zellen dichter aneinandergeraten. Zellverdichtung durch Abzug von Interzellularsubstanz ist Voraussetzung der Knorpel- und schließlich der Skelettbildung.
4. *Stauchung.* Auch dieses Gestaltungsprinzip beruht auf unterschiedlichen Wachstumsgeschwindigkeiten von Zellverbänden. Wenn die in den Verdichtungsfeldern entstehenden vorknorpeligen Skelettanlagen rasch wachsen, stoßen sie auf Widerstände, wodurch sie gestaucht und in eine tellerartig flache Form gedrängt werden. Ein Widerstand geht von den Muskelzellen neben der Skelettanlage aus;

sie haben ein geringeres Wachstumstempo und halten die Knorpelzellen in ihrem Längenwachstum zurück.

5. *Dehnung.* Unterschiedliche Wachstumsintensitäten führen – komplementär zur Stauchung – auch zu Dehnungsvorgängen. Durch erhöhte Aktivität in der knorpeligen Skelettanlage werden die umliegenden Zellverbände mit geringerer Wachstumsgeschwindigkeit passiv gedehnt. Es sind dies die Entstehungsfelder der Muskulatur, die durch die Dehnung ihre charakteristische Spindelform erhält. Dehnung ist die Voraussetzung für die spätere Tätigkeit der Muskeln, zu kontrahieren. „Der Unterschied in Grad und Geschwindigkeit der Dehnung führt zu den lokal verschiedenen Strukturierungen, aus denen sich später verschiedene Kontraktionsweisen ergeben: Es bilden sich jetzt die Funktionen, später die Formen der glatten und der willkürlichen Muskulatur“ (ebd. S. 198).
6. *Quellung.* Verdichtung zwischen den Zellen führt zu einer Stoffwechselveränderung in den Zellen selbst: können die Abbauprodukte nicht mehr an die Umgebung abgegeben werden, stauen sie sich in den Zellen, wodurch der osmotische Druck erhöht wird. Osmotischer Druck strebt nach Ausgleich, der dadurch erreicht wird, daß Wasser in die Zellen aufgenommen wird. Der Entzug von Wasser aus der Interzellularsubstanz läßt einerseits die Verdichtung weiter voranschreiten, andererseits aber die Zellen dieses Feldes aufquellen und dadurch einen ‚Quellungsdruck‘ auf die Umgebung ausüben.
7. *Zurückhaltung.* Diese Gestaltungsbewegung ist ursächlich an der Entstehung von Bändern und Sehnen beteiligt, die schon im embryonalen Stadium eine Haltefunktion ausüben. Die zugehörigen Zellverbände sind ebenso wie die der Muskeln in den Dehnungsfeldern um die knorpelige Skelettanlage angesiedelt; Zusätzlich zur Dehnung in Längsrichtung wirkt aber ein Druck in Querrichtung auf sie ein, der Wachstum zurückhält. Dieser ‚Zugwiderstand‘ wiederum wirkt sich auch zurückhaltend auf das Knorpelwachstum aus. Dadurch, daß die seitlichen Kompressionskräfte den Dehnungsvorgang drosseln, entsteht hier – anders als in den Muskelzellen – keine Kontraktionsfähigkeit, dafür ist aber die seilartige Haltefunktion gewährleistet.
8. *Richtung durch Reibung.* Dieser Bewegungsvorgang führt durch Flüssigkeitsentzug wiederum zur Verdichtung von Zellverbänden, einer Voraussetzung der Knorpel- bzw. Skelettbildung. Im Gegensatz zu den ‚richtungslosen‘ Vorgängen in den Densationsfeldern wirken hier die Gleitbewegungen der Zellen als gerichtete Druckkräfte auf diese selbst ein. „Es handelt sich um eine von Anfang an gerichtete Verdichtung, die durch die Richtung des Drucks beim Gleiten der Zelle bedingt wird“ (ebd. S. 199).

Die Gestaltungskräfte der menschlichen Entwicklung machen noch einmal deutlich, wie eng Wachstum und Differenzierung miteinander zusammenarbeiten. Entwicklung besteht für Blechschmidt u.a. darin, wachsen zu können. „Wachstum ist ein äußerst komplizierter Vorgang. Er ist bei allen Lebewesen morphologisch nicht nur durch Größerwerden im Sinne einer räumlichen Ausdehnung des bereits Vorhandenen gekennzeichnet, sondern durch ein sehr eindrückliches Größerwerden mit

Zunahme von Komplexität" (Blechschmidt 1982, S. 44). Die biodynamischen Gestaltungskräfte bewirken komplementär sowohl Erweiterung (Dehnung, Quellung) als auch Verringerung (Pressung, Verdichtung, Stauchung) der innerorganismischen Räume und Substanzen; beide Faktoren stehen in einer dynamischen Wechselbeziehung und zeigen eindringlich, daß die Entwicklungsbewegungen bei der (Neu-) organisation von Materie in verschiedenen Richtungen synchron arbeiten: vorwärts und rückwärts bzw. auf- und abwärts, aufeinander zu und voneinander weg. Der Vorstoß in neue Räume wird gegenläufig beantwortet mit zunehmender Stabilisierung der sich verdichtenden Areale, ebenso wie hohes Wachstumstempo von zügelnden Kräften begleitet ist. Die Entwicklungsbewegungen bilden ein Kraftfeld aus Zug und Druck, in dem Zellverbände je nach ihrer Art und Lage in die charakteristischen Formen und Funktionen hineingestaltet werden.

Wesentlichen Anteil an der Strukturierung der menschlichen Funktionen hat von Anfang an die Gestaltung der Hirnanlage, die *Cerebralisation;* das Gehin führt schon in frühem vorgeburtlichem Entwicklungsstadium Integrationsleistungen aus, indem es Differenzierungen an der Peripherie, die ihm über Nervenleitungen zugespielt werden, registriert und reguliert. „Diese Integrationstätigkeit ist gleichsam der Ansatz der späteren höheren geistigen Tätigkeit des Menschen, die ja auch ein Vermerken und Integrieren von leiblich-seelisch geistigen Prozessen ist" (ebd. S. 87). Die Hauptleistung des embryonalen Gehirns liegt darin, die Vorgänge im biomechanischen Kraftfeld so zu koordinieren, daß die Funktionen für ihren späteren Einsatz bereitgestellt werden: so ist beispielsweise die spezifische Fähigkeit des Menschen, mit Sprache umzugehen, bereits durch die charakteristische Art der Zungenentwicklung morphologisch abgesichert: „Bezeichnend für die menschliche Zunge ist ihre diffizile Beweglichkeit. Hier ist folgende komplexe Differenzierung nachweisbar. Mit dem Vornüberbeugen des Embryos wird der Kopfdarm gekrümmt. Im Zusammenhang mit seiner Krümmung wird bei einem 7 mm großen Keimling die dem Gehirn benachbarte Wand des Kopfdarms im Flächenwachstum dünn (gedehnt). Das Epithel im Bereich des Mundbodens dagegen wird im Flächenwachstum behindert und zur epithelialen Zungenanlage verdickt. Je größer der Kopfdarm wird, desto größer wird die Zungenanlage. Das verdickte Epithel der Zungenanlage wird schon frühzeitig intensiv sensibel innerviert. Eine dichte Innervation versorgt auch die wachsende Muskulatur der Zunge. Sie entsteht aus Binnengewebszellen unter dem hochgewölbten Zungenepithel. Diese Zellen werden (im Inneren der Zunge) mit dem Längenwachstum der Zungenanlage längs gedehnt. Danach werden jüngere Zellen mit dem Breitenwachstum des Kopfdarms und der Zunge quer zur Längsrichtung der Zunge dilatiert, und noch später werden dann Zellen allmählich senkrecht zu diesen beiden Systemen gedehnt. Alle dilatierten Zellen zusammen bilden das Gitterwerk der Zungenmuskulatur. Wegen der Vielzahl ihrer sensiblen und motorischen Nervenfasern wird die Zunge zu einem besonders ‚nervösen' Organ. Sie wird zu einem besonderen Wirkungsfeld des Gehirns. Die Fähigkeit zu hochgradig cerebral gesteuerter Tätigkeit der Zungenmuskulatur ist eine der frühesten Äußerungen der menschlichen Cerebralisation. Nur der Mensch ist zu einer hochgradig differenzierten Sprache befähigt. Schon die Entwicklung der Zunge ist eine Voraussetzung und Einleitung der späteren Sprechtätigkeit. Mit ihrer Funktionsentwicklung wird das Sprechen morphologisch erkennbar vorbereitet. Das Sprechenlernen macht nur komplett, was schon durch die Frühentwicklung angebahnt wurde" (ebd. S. 84 f).

Mit der Gesichts- und Zungenentwicklung geht die Entwicklung der oberen Extremitäten einher; dabei vollführt der Embryo Greifbewegungen – Blechschmidt nennt es das sogenannte ‚Wachstumsgreifen' (er spricht außerdem auch von Wachstumsatmen und Wachstumsstrampeln) (ebd. S. 71).

Infolge der Armkrümmung, die sich durch ein – verglichen mit den umliegenden Zellverbänden – verlangsamtes Längenwachstum des in den Arm vom Herzen her einwachsenden Gefäßes ergibt, werden die Hände dicht vor den Mund und damit auch in unmittelbarer Nähe zu Augen und Gehirn gehalten. Be-greifen, Er-fassen, Auf-fassen, Wahr-nehmen sind dem handsensorischen und -motorischen Bereich entlehnte Synonyma geistiger Aktivität; das embryonale Wachstumsgreifen, das in engster räumlicher und funktioneller Beziehung zur Entwicklung des ‚Denkapparates' stattfindet, ist deren früheste Ausprägung. „Was wir beim Erwachsenen Tätigkeit im Sinne von geistiger Tätigkeit nennen, ist also nicht eigentlich etwas Neues, sondern nur die Verdeutlichung einer geistigen Tätigkeit, die schon in den Anfängen der Entwicklung verwurzelt ist" (ebd. S. 87).

Träger bzw. Initiator des Entwicklungsgeschehens ist nach Blechschmidt nicht ein genetisches Programm, das seinen Bauplan aus eigener Aktivität heraus realisiert. Genetische Information muß abgerufen, von perigenetischer Substanz aktiviert werden; Gene „stellen nur Möglichkeiten, Materialbereitstellung dar, deren sich der Stoffwechsel bedient, um je individualspezifische chemische Reaktionen auszuführen" (ebd. S. 43). Der embryonale Entwicklungsprozeß mit seinen die Morphologie und Funktionalität des menschlichen Organismus ausdifferenzierenden Gestaltungskräften vollzieht sich in erster Linie nicht nach genetischen, sondern nach biomechanischen Gesetzmäßigkeiten. Differenzierung ist nach Blechschmidt ein gerichteter Vorgang, der immer von *außen nach innen verläuft* (vgl. ebd. S. 51). Damit untermauert er die These, daß die genetische Information im Zellkern nicht die ‚innere' Ursache von Differenzierungsleistungen ist, sondern daß es die Wachstumsbewegungen sind, die sich von der Zellmembran über das Zellplasma in den Zellkern fortsetzen, um dort durch Stoffwechselaktivität Reaktionen zu provozieren. Erst dann wird das genetische Potential als Information genutzt. Gemäß der Regel, daß Differenzierung von außen nach innen verläuft, ist vermehrte Stoffwechselaktivität immer zunächst an der Oberfläche des Embryos zu beobachten. Diese bedingt dort ein Flächenwachstum, das dann Strukturierungen im Inneren nach sich zieht.

Als Beispiel dieses Entwicklungsgrundsatzes sei die Extremitätenentwicklung genannt: Extremitäten entstehen aus sich durch Oberflächenerweiterung bildenden Hautfalten, die zunächst flach und dünn sind und eine abgeplattete Anlage zeigen. Dann wird flüssigkeitsreiches Bindegewebe aus der Rumpfwand nachgezogen, „so daß eine Extremitätenanlage zu Beginn der 5. Woche aus Oberhaut und Bindegewebe besteht. Dann wachsen Blutgefäße ein, denn mit dem intensiven Flächenwachstum der Oberhaut entsteht ein Stoffwechselgefälle, das die Blutgefäße zum Sprossen veranlaßt. Die erste Entwicklungsarbeit bei der Differenzierung der Extremitäten wird also vom Ektoderm geleistet" (ebd. S. 53). Arbeitsleistungen des Embryos sind ein wesentliches Merkmal der Entwicklungsdynamik, da Entwicklungsbewegungen immer gegen Widerstände ablaufen: „Sie sind lebendige Leistungen, u.a. auch im Sinne physikalischer Arbeit, z.B. wenn ein junger Keim Membranwiderstände oder hydrostatischen Druck überwindet oder bei Volumenvergrößerungen" (zur Lippe/Blechschmidt 1987, S. 192). Aufgrund der hohen Arbeitsleistung ist Entwicklung auch als Selbstgestaltung zu bezeichnen. Blechschmidts These, daß spätere Leistungen nicht eigentlich neu entstehen, sondern Wandlungen und Verdeutlichungen frühester menschlicher Funktionsentwicklungen sind, kann dahingehend erweitert werden, *daß die entwicklungstreibenden Gestaltungskräfte lebenslang wirksam sind,* und zwar auch – oder später dann vor allem – in Bereichen, die nicht mehr unmittelbar die organismische Genese betreffen.

Die zeitlich unbegrenzte Bedeutung der Gestaltungskräfte eröffnet eine Tiefendimension der Entwicklung, die kein endgültig abgeschlossenes ‚System Mensch' zum Ziel hat: durch Differenzierung entstehen Gefüge wachsender Komplexität, deren Bestandteil die ursprünglichen Strukturen immer bleiben; sie sind also weiterhin wirksam, wenn auch in jeweils gewandeltem Kontext. Frühere Differenzierungen gehen in spätere ein, ohne daß ein Endpunkt dieses Prozesses zu fixieren wäre.

3.3 Die psychosoziale Entwicklung

Die These von der Einheit des Menschen als komplexem geistigem, leib-seelischem Organismus impliziert, daß die psychische Entwicklung nicht erst mit oder nach der Geburt beginnt, sondern mit der organismischen Genese Hand in Hand geht. Das Ungeborene ist zu Sinnesempfindungen fähig, es speichert, unterscheidet und ordnet Reize in seinem intrauterinen Milieu (vgl. Kap. 4.4), und es ist Einflüssen seiner sozialen Umwelt ausgesetzt, die zweifellos ihre Spuren hinterlassen. So ist alle Entwicklung von Anfang an auch psychosoziale Entwicklung. Nach der Geburt bleiben somatische und psychosoziale Entwicklung miteinander verbunden, da – wie die psychoanalytische Lehre zeigen konnte – die Organreifung bestimmte Verhaltensweisen ursächlich beeinflußt, und ferner Strukturierungsprozesse im Zentralnervensystem mit Arten des Erkennens und Erlebens in enger Wechselwirkung stehen.

Wie bereits dargelegt, verläuft Entwicklung nicht richtungs- und ziellos, sondern trägt stets einen Sinn in sich. Als zentralen Sinn der psychosozialen Entwicklung sehen wir die Identitätsbildung an, einen Prozeß, in dem der Mensch sich als individuelle Persönlichkeit gestaltet. Dieser Vorgang koppelt sich langsam von somatischen Entwicklungsprozessen ab und entwickelt eine Eigendynamik in einem psychosozialen Feld, das aus inneren und äußeren Kräften gleichermaßen gebildet wird.

Der Terminus psycho-sozial deutet auf eine komplexe Kohärenz zwischen psychischen (d.h. die emotionalen, intuitiven, rationalen und intellektuellen Kräfte der Persönlichkeit umfassenden) und sozialen (d.h. der Umwelt zugehörigen) Faktoren, die nicht auflösbar ist.

Zur Herausbildung bzw. Verdeutlichung der eigenen Identität ist der Mensch darauf angewiesen, möglichst viele Ich-Informationen zu sammeln, indem er sich auf verschiedenen Ebenen in Bezug zu seiner sozialen Umwelt stellt und die Art und Qualität dieser Bezüge für sich selbst auswertet. Nach Erikson bedeutet Ich-Identität „mehr als die bloße Tatsache des Existierens, vermittelt durch persönliche Identität; es ist die Ich-Qualität dieser Existenz“ (Erikson 1966, S. 18).

Die psychosoziale Entwicklung ist ein kontinuierlicher Differenzierungsprozeß, der im Wortsinn des lateinischen ‚differe‘ darin besteht, daß der Mensch ‚auseinanderträgt‘, unterscheidet bzw. sich auseinandersetzt, sich unterscheidet, verschieden ist. In der Verschiedenartigkeit liegt die Einzigartigkeit, die Individualität. Lateinisch ‚individuus‘ heißt unteilbar, unzertrennlich. Differenzierungs- bzw. Unterscheidungsvorgänge in der psychosozialen Entwicklung sind von dem Bedürfnis geleitet, die Einheit, die Unteilbarkeit der eigenen Person zu erleben und dadurch mit sich selbst identisch zu werden. In diesem Sinne sehen wir Identitäts- und Persönlichkeitsbildung als Synonyma an.

Der Psychoanalytiker Erik H. Erikson schildert die Persönlichkeitsentwicklung des Menschen als eine Sequenz von Krisenlösungen, aber er relativiert das zeitliche Nacheinander dadurch, daß seiner Meinung nach „jedes Problem in irgendeiner Form schon existiert, bevor es normalerweise in seine entscheidende, kritische Zeit eintritt“ (Erikson 1966, S. 59). Nach Erikson beinhaltet die psychosoziale Entwicklung folgende acht Konfliktkonstellationen, deren jeweilige Lösungen wesentliche Auswirkungen auf den weiteren Fortgang der Entwicklung haben (vgl. Erikson 1950/1984, S. 241 ff):

- Urvertrauen gegen Urmißtrauen
- Autonomie gegen Scham und Zweifel
- Initiative gegen Schuldgefühl
- Leistung/Werksinn gegen Minderwertigkeitsgefühl
- Identität gegen Rollenkonfusion
- Intimität gegen Isolierung
- Generativität gegen Stagnation
- Integrität gegen Verzweiflung.

Die Krisenlösungen sind gleichbedeutend mit Identifikationen, in denen das Individuum ein Selbstbild erwirbt. Obwohl Erikson die acht Kategorien in einer epigenetischen Tabelle zeitlich nacheinander anordnet, kann man die Abfolge der acht Kategorien auch relativieren. Die Entwicklungsanforderungen lassen sich wohl verschiedenen Lebensabschnitten großzügig zuordnen, aber ebenso ist eine von Anfang an bestehende Gleichzeitigkeit der Entwicklungsthemen wahrscheinlich. Sie können dann an verschiedenen, jeweils altersgemäßen Inhalten erfahren und ausgelebt werden. Aufgrund alterstypischer Konstellationen im Person-Umwelt-Bezug, die wesentlich durch Institutionen und gesellschaftliche Erwartungshaltungen beeinflußt sind, können einzelne Konflikte direkter in das Blickfeld geraten als andere; das schließt aber die latente Präsenz der anderen Konfliktkategorien nicht aus. So kann man jede psychosoziale Entwicklungsanforderung als schlaglichtartigen Ausschnitt aus dem mehrkategorialen Gefüge von identitätsprägenden Konfliktsituationen auffassen. Dafür spricht auch, daß ‚Identität gegen Rollenkonfusion' in Eriksons Modell die zentrale Kategorie bildet; diese kann sowohl Oberbegriff als auch Dreh- und Angelpunkt der gesamten psychosozialen Entwicklung sein. In Eriksons achtstufigem Modell soll mit dem Begriff Identität „ein spezifischer Zuwachs an Persönlichkeitsreife angedeutet werden, den das Individuum am Ende der Adoleszenz der Fülle seiner Kindheitserfahrungen entnommen haben muß, um für die Aufgaben des erwachsenen Lebens gerüstet zu sein" (Erikson 1966, S. 123). Damit spricht Erikson die innere Verbundenheit seiner acht psychosozialen Entwicklungsthemen an, ferner die Scharnierfunktion der fünften Kategorie. Deutlich altersunspezifische Anteile hat das Gefühl von Identität auch insofern, als es auf der Wahrnehmung der eigenen Gleichheit und Kontinuität in der Zeit basiert, und darauf, daß andere diese Gleichheit und Kontinuität ebenso wahrnehmen (vgl. ebd. S. 18).

3.3.1 Gestaltungskräfte in der psychosozialen Entwicklung

Die folgenden Ausführungen basieren auf der Hypothese, daß auch in der nachgeburtlichen Entwicklung die vorgeburtlich aktivierten und erfahrenen Gestaltungskräfte weiterhin der Motor der Veränderungsprozesse bleiben. Die biomechanischen Kräfte bestehen im Bereich der Persönlichkeitsentwicklung fort als „Gestaltungen, die Sein und Werden des Neugeborenen und Kleinkindes prägen, die der heranwachsende und der erwachsene Mensch lebenslang als gestaltende Individualkräfte zu nützen imstande ist" (Jungmair 1992, S. 142). Die in frühesten Seinsformen erfahrenen Gestaltungsmöglichkeiten stehen weiterhin zur Verfügung, um die dort bereitgestellten physischen und psychischen Funktionen in Wechselwirkung mit der sozialen Umwelt weiter auszuarbeiten. So entsteht ein psychosoziales Feld, auf das Lewins Definition des Feldbegriffs als „Gesamtheit gleichzeitiger Tatsachen, die als gegenseitig von einander abhängig begriffen werden" durchaus anwendbar ist. (Lewin 1946/1982, S. 377). Die Zusammengehörigkeit der Person-Umwelt-Faktoren in diesem Feld, das er als Lebensraum bezeichnet (vgl. Kap. 3.1.4), drückt er in folgender Formel aus:

$$V = f(P, U) = f(L)$$

d. h.: Verhalten ist eine Funktion einer interdependenten Person-Umwelt-Konstellation, die gleichbedeutend ist mit dem Lebensraum dieser Person. Damit ist Verhalten abhängig vom Lebensraum bzw. vom jeweiligen psychosozialen Feld, das sich für jeden Menschen und jedes Alter unterschiedlich darstellt (vgl. ebd. S. 376 ff).

Das psychosoziale Feld hat dynamische Eigenschaften, da es in ihm – ähnlich wie im organismischen Stoffwechselfeld – zu wechselnden Spannungszuständen bzw. -gefällen zwischen innerpersonalen Regionen sowie zwischen psychischen Bedürfnissen und sozialen Erfordernissen kommt. Damit Entwicklung stattfinden kann, bedarf es auch der simultanen Wirksamkeit komplementärer Kräfte. Im Zuge der Persönlichkeits- bzw. Identitätsbildung balanciert das Individuum seine notwendigerweise ambivalente Befindlichkeit zwischen Autonomie und Abhängigkeit aus. Das Kräftespiel dieses Vorgangs ist in Tabelle 1 (s. S. 62) wiedergegeben, wo der Versuch unternommen wird, die psychosoziale Dynamik mit den biomechanischen Gestaltungsbewegungen zu verknüpfen. Dabei repräsentiert die Vertikale das persönlichkeitsinterne Kraftfeld individueller Gestaltungskräfte zwischen Aktion und Reaktion, zwischen Selbstbestimmung und Anpassung. Die Gleichzeitigkeit von Bewegung, Mitbewegung und Gegenbewegung verhindert eine einseitige Ausnutzung des Kraftfeldes, was die individuelle Selbstgestaltung entweder minimieren oder hypertrophieren würde; beides steht im Widerspruch zu den biomechanischen Gestaltungsvorgängen, in denen immer gegenläufige Bewegungsrichtungen ein gemeinsames Wirkungsgefüge bilden. Ebenso enthält das externe Kraftfeld des Lebensraums Polaritäten, da in ihm öffnende und einschränkende, lenkende und Unterstützung gewährende Tendenzen gleichermaßen vorhanden sind.

Die Transformation biomechanischer Gestaltungsbewegungen in ein psychosoziales Kräftespiel bringt es mit sich, daß jeder Vorgang in zwei Komponenten aufgefächert wird: die Gestaltungskräfte können vom Individuum ausgehend auf die aktive Auseinandersetzung mit der Umwelt gerichtet sein oder von dort aus auf das Individuum einwirken. Im Rahmen eines anthropologisch orientierten pädagogischen Ansatzes ist die Tabelle inhaltlich so zu verstehen, daß externe Impulse immer im Dienste interner Prozesse zu stehen haben: die äußeren Bedingungen sind so zu arrangieren, daß sie inneren Motiven Form und Inhalt verleihen.

Aber auch wenn die Verlaufsdynamik innerer und äußerer Kräfte nicht so harmonisch aufeinander abgestimmt ist, ist das Individuum nicht zwangsläufig in seiner Identitätsbildung bzw. Persönlichkeitsentwicklung gefährdet, da auch ein Spannungsgefälle zwischen horizontalen Kategorien der Tabelle Entwicklung stimulieren kann. Hier stoßen wir aber auf Grenzen: Neugierverhalten, Phantasie- und Ideenproduktion ohne Anregung und Materialangebot, Drosselung selbstbezogener Strebungen ohne sinnvollen Bezug auf einen sozialen Kontext – all dieses ist Menschen im frühen Stadium der Persönlichkeitsentwicklung wohl kaum möglich, ebensowenig Menschen aller Altersstufen, die nie das Gefühl von Eingebundensein in einen Sicherheit spendenden sozialen Rahmen erfahren haben und die ersten großen Krisenlösungen ihres Lebens (s. S. 59) für sich auf der Negativseite verbuchen mußten. In beiden Dimensionen der Tabelle bestimmt das Ausmaß der Spannungsgefälle, ob Diskrepanzerlebnisse als Impulse zur Integration verschiedener Strebetendenzen innerhalb der Persönlichkeit oder zur Verselbständigung von Teilbereichen genutzt werden.

Tabelle 1

Biomechanische Gestaltungsbewegungen	Psychosoziale Gestaltungskräfte	
	interne Prozesse	**externe Impulse**
SOG	Neugier, Aufnahme- und Faszinationsbereitschaft aktivieren	motivierende Anregungskonstellation
PRESSUNG	aktiv vorstoßen, sich etwas erarbeiten wollen	Zielangebote, Orientierungen
VERDICHTUNG	erkennen, üben, sichern	Hilfsangebote, Stabilisierung, Verstärkung, Zusammenfassung
STAUCHUNG	sich/etwas gegen Widerstand durchsetzen, Widerstand bieten, Schwierigkeiten erleben	Einschränkung, Begrenzung
DEHNUNG	erleben, erkennen, Phantasietätigkeit als psychische Erweiterung wahrnehmen	erlebnisorientierte, strukturierte Situationen
QUELLUNG	Ideen entwickeln, phantasieren	vielfältiges, offenes Angebot
ZURÜCKHALTUNG	ausbalancieren, verbinden	Anbindungsmöglichkeiten
RICHTUNG DURCH REIBUNG	sich führen lassen, reagieren, sich eingliedern, eingliedern	Kanalisierung, Anpassungsforderung im sozialen Kontext

3.3.2 Die psychosoziale Entwicklungsdynamik

Wie schon am Beispiel von Eriksons Entwicklungstheorie erwähnt, ist es denkbar, daß bei Erhaltung des psychosozialen Gesamtfeldes sich je nach Entwicklungsverlauf und Lebensabschnitt verschiedene Kräfte als dominant in der Auseinandersetzung zwischen Individuum und Gesellschaft erweisen. Entwicklungsanforderungen können die psychosozialen Gestaltungskräfte in verschiedener Gewichtung aktivieren, ohne deren funktionelle Einheit prinzipiell anzutasten. Zusammenfassend lassen sich folgende Merkmale des psychosozialen Feldes anführen:

- Synchronizität grundsätzlicher Entwicklungsthemen in jedem Lebensabschnitt, deshalb
- ständige Präsenz aller in Tabelle 1 genannten Gestaltungskräfte, die in einem dynamischen Verhältnis zueinander stehen;
- unterschiedliche Konfiguration der Gestaltungskräfte durch Vorrangstellung einzelner Entwicklungsthemen in bestimmten Lebensabschnitten. Diese ergibt sich u.a. aus dem Verlauf der psychischen Entwicklung sowie aus soziokulturell bedingten Erwartungshaltungen.

Auf diese Konzeption eines dynamischen Modells werden wir in Kapitel 6.1.5 im Zusammenhang mit den Zielen Elementarer Musikpädagogik zurückgreifen.

3.4 Didaktische Grundsätze I

1. Ein anthropologisch ausgerichteter didaktischer Ansatz muß an die Wurzeln des physischen, psychischen und sozialen Entwicklungsprozesses zurückgehen und dort seine Orientierungspunkte sammeln.
2. Vorgänge, Eindrücke, Handlungen, die der Mensch als entwicklungsfördernd erlebt oder erlebt hat, werden immer wieder angestrebt. Insofern bleiben biomechanische und die Ich-Identität verdeutlichende psychosoziale Gestaltungskräfte lebenslang Motivationsquellen, die auch die aneignende Auseinandersetzung mit Lerninhalten bestimmen können.
3. Lern- und Entwicklungsprozesse gestalten sich um so erlebnisintensiver und sinnvoller für das Individuum, je mehr sie in Aufbau und Dynamik primären Wirkkräften folgen.
4. Musikerziehung kann sich in das psychosoziale Lebensfeld eingliedern und der ambivalenten Situation des Individuums zwischen Autonomie und Abhängigkeit Rechnung tragen. Musikalische Handlungs- und Interaktionsformen sollen individuell und interindividuell relevante Themen von Entwicklung und Beziehungsbildung widerspiegeln. Diese lassen sich auf folgende Polaritäten zurückführen:

   Aktion – Reaktion
   Erweiterung – Einschränkung
   Freiheit – Bindung
   Selbstbestimmung – Anpassung
   Aufnehmen – Abgeben.

   In musikbezogenen Handlungen kommen sowohl individuelle als auch gruppenbezogene, soziale Strebungen zum Ausdruck, so daß Musikerziehung der Identitätsbildung und damit der Persönlichkeitsentwicklung dient (vgl. auch Kap. 5.1.1-5.1.5 und 7.2.2).
5. Das Prinzip der Differenzierung von außen nach innen besagt als didaktisches Prinzip, daß in einer intentional gestalteten Unterrichtsituation ein äußerer Rahmen, ein ‚Raum' geschaffen werden muß, in den hinein der Mensch gestalten kann, wobei er immer auch sich selbst gestaltet: äußere Differenzierung führt zu innerer Strukturierung bzw. äußere Strukturierung führt zu innerer Differenzierung.
6. Ein wichtiges Merkmal von Differenzierungsprozessen ist, daß sie von Anfang an die Grundsubstanz dessen enthalten, worauf sie zusteuern. So hat auch Elementare Musikpädagogik von Qualitätskriterien auszugehen, die denen einer künstlerischen Gestaltung entlehnt sind. Elementarer Umgang mit Musik ist auf die Gestaltungsmöglichkeiten des musikalischen Materials bezogen. Deshalb sind Klangschattierung, dynamische Differenzierung, Artikulation, Phrasierung, affektive Darstellung etc. nicht nur/erst Accessoires eines im Detail beherrschten musikalischen Textes, sondern Kernpunkte einer von Anfang an adäquaten Korrespondenz zwischen Mensch und Musik.

7. Klangsinn, Verlaufs- und Abstufungsempfinden, Strukturierungsfähigkeit, emotionale Beweglichkeit und Ausdruckswillen sind Grundlagen musikalischer Gestaltungsprozesse jenseits motorischer Spezialfertigkeiten. Die entsprechenden psychischen Grundlagen sind an frühe Erlebnisse (vgl. auch Kap. 4.4 und 4.5) gebunden, die mit den biomechanischen Gestaltungskräften, die gleichzeitig auch psychosoziale sind, in Verbindung stehen.
8. Musikalisches Verhalten setzt kein Spezialtraining in einem ‚klassischen' Instrumentalfach voraus. In der Elementaren Musikpädagogik werden akustische Strukturen mit körpernahen, jedem Menschen unmittelbar zur Verfügung stehenen Mitteln erzeugt und im sozialen Kontext verarbeitet.

Literatur

Abel-Struth, Sigrid: Ziele des Musik-Lernens. Teil I: Beitrag zur Entwicklung ihrer Theorie (Musikpädagogoik, Forschung und Lehre Band 12). Mainz 1978

Bergius, Rudolf: Entwicklung als Stufenfolge. In: Thomae, Hans (Hrsg.): Entwicklungspsychologie (Handbuch der Psychologie Band 3). Göttingen 1959/1972, S. 104-195.

Blechschmidt, Erich: Sein und Werden. Die menschliche Frühentwicklung. Stuttgart 1982

Bollnow, Otto Friedrich: Anthropologische Pädagogik. Bern 1983

Bühler, Charlotte: Der menschliche Lebenslauf als psychologisches Problem. Göttingen 1959

Busemann, Adolf: Krisenjahre im Ablauf der menschlichen Jugend. Ratingen 1959

Elkind, David: Wenn Eltern zuviel fordern. Die Risiken einer leistungsorientierten Früherziehung. Hamburg 1989

Erikson, Erik H.: Kindheit und Gesellschaft (1950). Stuttgart 1984/9. Auflage

Erikson, Erik H.: Identität und Lebenszyklus. Frankfurt 1966

Gesell, Arnold: Körperseelische Entwicklung in der frühen Kindheit. Halle a. S. 1931

Gesell, Arnold: Säugling und Kleinkind in der Kultur der Gegenwart (1943). Bad Nauheim 1965/ 5. Auflage

Hofstätter, Peter R.: Psychologie. Frankfurt a.M. 1957/1972

Jungmair, Ulrike E.: Das Elementare. Zur Musik- und Bewegungserziehung im Sinne Carl Orffs. Mainz 1992

Lehr, Ursula: Entwicklung und Periodizität. In: Thomae, Hans (Hrsg.): Entwicklungspsychologie (Handbuch der Psychologie Band 3). Göttingen 1959/1972, S. 196-219

Lewin, Kurt: Regression, Retrogression und Entwicklung (1941/1963). In: Psychologie der Entwicklung und Erziehung (Kurt-Lewin-Werkausgabe Band 6, hg. von Franz E. Weinert und Horst Gundlach). Bern/Stuttgart 1982, S. 293-336

Lewin, Kurt: Verhalten und Entwicklung als Funktion der Gesamtsituation (1946/1963). In: Psychologie der Entwicklung und Erziehung (Kurt-Lewin-Werkausgabe Band 6, hg. von Franz E. Weinert und Horst Gundlach). Bern/Stuttgart 1982, S. 375-448

zur Lippe, Rudolf: Sinnenbewußtsein. Grundlegung einer anthropologischen Ästhetik. Hamburg 1987. Darin zusammen mit Erich Blechschmidt: Die Tiefendimension des Ästhetischen – Embryologische Grundlagen. S. 183-231

Nickel, Horst: Entwicklungspsychologie des Kindes- und Jugendalters. Band 1 und 2. Bern 1972 und 1975
Novak, Felix et al.: Psychologie 2. München 1977
Oerter Rolf/Montada, Leo: Entwicklungspsychologie München 1982
Ribke, Juliane: Große Kinder und ihre kleinen Erwachsenen. In NMZ 4/1992, S. 68-69
Ribke, Juliane: Musikalische Früherziehung. In: Richter, Christoph (Hrsg.): Instrumental- und Vokalpädagogik 2: Einzelfächer. (Handbuch der Musikpädagogik Band 3). Kassel 1995, S. 94-125
Schneider, Reinhard (Hrsg.): Anthropologie der Musik und der Musikerziehung. (Musik im Diskurs Band 4). Regensburg 1987
Schraml, Walter J.: Einführung in die moderne Entwicklungspsychologie für Pädagogen und Sozialpädagogen. Frankfurt 1980/5. Auflage
Thomae, Hans: Entwicklungsbegriff und Entwicklungstheorie. In: Thomae, Hans (Hrsg.): Entwicklungspsychologie (Handbuch der Psychologie Band 3). Göttingen 1959/1972, S. 3-20
Trautner, Hanns Martin: Lehrbuch der Entwicklungspsychologie Band 1. Göttingen 1978
Werner, Heinz: Einführung in die Entwicklungspsychologie. München 1953
Zimmer, Katharina: Das Leben vor dem Leben. Die seelische und körperliche Entwicklung im Mutterleib. München 1984

4. Die Sinnessysteme

Bei der Auseinandersetzung mit der Welt und sich selbst ist der Mensch auf seine Sinne angewiesen, sie bilden die Brücke zwischen innen und außen: sie dienen der Orientierung, nehmen Reize, die als Informationen ausgewertet werden, auf; über sie teilen wir uns anderen mit, nehmen aber auch unseren eigenen Zustand wahr. Sinnestätigkeit ermöglicht den unmittelbaren Welt- und Selbstbezug, sie vermittelt dem Menschen, daß er ein empfindendes Subjekt ist, eingebunden in eine Welt, die vielfältig wahrnehmbar und gleichzeitig offen für Erfahrungen des eigenen Seins ist. „In der Welt der Wahrnehmung ist die Gegenwart unendlich, die einzige Autorität bin Ich, der Wahrnehmende. Die Zukunft können wir nicht kennen und von der Gegenwart nur sehr wenig. Wenn wir aber die Luft der nächtlichen Wälder atmen und ihre Formen und fast unhörbaren Geräusche in uns einlassen, oder wenn wir schweigend im Sonnenlicht stehen, das auf Felsen und Blätter und Stadtgebäude niederbrennt, und wenn wir vielleicht fühlen, wie die Erde uns stützt, dann wissen wir, daß wir wahrhaft existieren, umgeben von vielen andern Lebewesen, die auch existieren. Brauchen wir mehr?“ (Feudel zit. nach Reichel 1988, S. 79).

Sinneswahrnehmungen und ihre subjektiv-emotionalen Auswertungen sind persönlicher, innerer Besitz des Wahrnehmenden, sie sind Beurteilungen und Kontrollen durch andere nicht zugänglich. Gerade dadurch erhalten sie in unserem Konzept persönlichkeitsbildender Musikerziehung eine Schlüsselposition: Sensorische Differenzierungsprozesse werden meist durch äußere Reizkonstellationen provoziert. Das wertungsmäßig nicht skalierte Handlungsfeld kann vom Individuum als Selbstexploration genutzt werden, wobei Freiheit von Bewertung und Kontrolle eine Voraussetzung dafür ist, daß die persönlichkeitsbildenden Implikationen sensorischer Aktivität wirksam werden. Wache Sinnessysteme eröffnen die Möglichkeit, die Selbstwahrnehmung des Individuums und damit einhergehend seine Aufmerksamkeit gegenüber Vereinnahmung und Fremdbestimmung zu erhöhen. Darüber hinaus führt sensorische Sensibilität den Wahrnehmenden an subjektiv bedeutsame Erlebens- und Verhaltensweisen heran, die wir als Grundlage einer musikalischen Lernzieldiskussion ansehen.

4.1 Beanspruchung der Sinne

Die sensorischen Systeme sind ständiger Reizzufuhr ausgesetzt, aber nicht alles, was registriert wird, ist dem Bewußtsein zugänglich. Zwischen unfreiwilligem Beanspruchtwerden und aktiver Erkundung gibt es verschiedene Intensitäten von Ich-Beteiligung des Wahrnehmenden im Reizfeld, verschiedene Aufmerksamkeitsgrade, die zwischen passivem Geschehenlassen oder gezieltem Aufsuchen liegen. Art und

Qualität der Reizwirkung sind von der Motivationslage, von den jeweiligen Bedürfnissen des Individuums abhängig, ferner von seiner Wachheit, Vorerfahrung und Differenzierungsfähigkeit. Ebenso wie es ein Bedürfnis des Organismus nach Stimulation gibt, verfügt er auch über die Fähigkeit, sich vor unerwünschten, störenden oder nicht zu bewältigenden Reizeinwirkungen zu schützen, indem diese nicht an die Rindenbezirke des Großhirns weitergeleitet werden, sondern in subkortikalen Leitungsschleifen verbleiben (wodurch sie in ihren psychischen Auswirkungen jedoch keinesfalls neutralisiert sind). Überreizung hat für das Individuum ebenso schwerwiegende negative Folgen wie Reizarmut oder im schlimmsten Falle Reizdeprivation – in beiden Fällen ist mit Abstumpfung, beeinträchtigten Sinnesleistungen, Reizbarkeit und Unruhe zu rechnen (vgl. Keller 1981, S. 240). Aufnehmen, Verarbeiten, Differenzieren einerseits und Abwehren andererseits scheinen in einem ähnlichen Verhältnis zur Reizmenge zu stehen wie das sog. ‚sensation seeking' und Angst zum Grad der Neuigkeit von Reizen. Zuckerman stellt den Zusammenhang zwischen sensation seeking, Angst, Annäherung und Rückzug als glockenförmige Funktion dar, deren Gipfel ein optimales Aktivierungsniveau im Mittelfeld von übermäßiger und zu geringer Vertrautheit repräsentiert (vgl. ebd. S. 245).

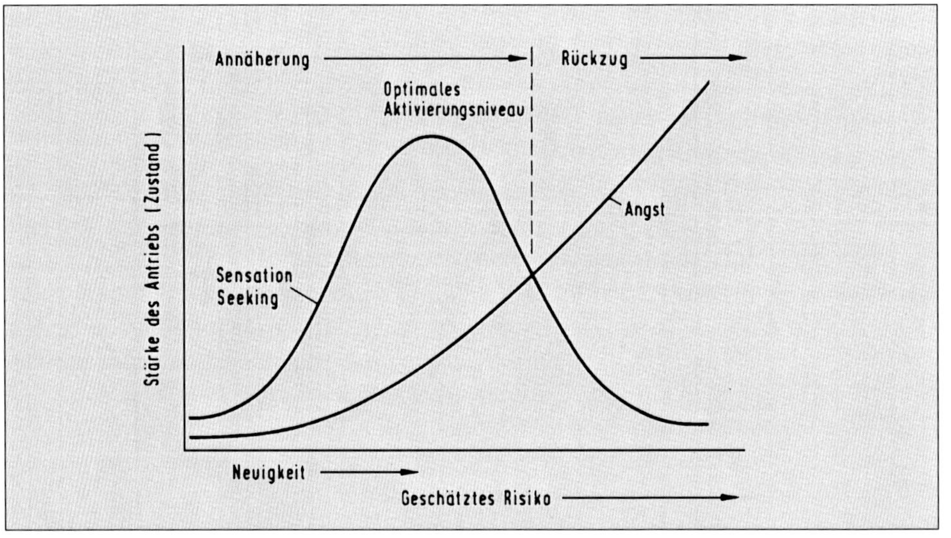

Abb. 9: Reizsuche und Angstentwicklung als Determinanten des Verhaltens zwischen Annäherung und Rückzug in neuartigen Situationen

In ähnlicher Weise erreicht vermutlich die Differenzierungsfähigkeit des Sensoriums ihre maximale Ausprägung, wenn im Mittelfeld zwischen Unter- und Überbeanspruchung sowie zwischen hochredundanten und völlig unerwarteten Reizen aufmerksame Unterscheidung (Differenzierung) stattfinden kann.

Die sorgsame Hütung der Unterscheidungsfähigkeit ist jedoch heute überlebensstrategisch gesehen gar nicht mehr notwendig: „Sinnliche Informationen sind für uns nicht mehr so lebenswichtig wie für unsere Vorfahren. Es ist nicht mehr nötig, über den Gehörsinn feinste Geräusche wahrzunehmen, die etwa das Anschleichen gefährlicher Tiere oder Feinde ankündigen. Es ist nicht nötig, über den Tastsinn die Luftbeschaffenheit, Feuchtigkeit und Windrichtung zu erspüren, um Ernte und Anbau zum richtigen Zeitpunkt zu planen“ (Reichel 1988, S. 79). Vielleicht ist sensorische Sensibilität in unserer Umwelt sogar hinderlich. So zwingen z.B. großstädtische Lebensbedingungen unsere Sinne dazu, einen erheblichen ‚Normalpegel‘ an Reizen wahrnehmungsmäßig auszublenden – hier treten wieder die organismusinternen psychischen Schutzmaßnahmen inkraft. Unterscheidungs- und bewußte Wahrnehmungsleistungen beschränken sich dann nur noch auf Grobkategorien unter- oder überwertiger Reize. Dabei ist jedoch die Adaption an einen sehr hohen Normalpegel heute so weit fortgeschritten, daß – im Gegensatz zur Grafik (Abb. 9) – eher die unterwertigen Reizsitutationen (z.B. Stille) mit Angst beantwortet werden als die überwertigen (extremer Lärm).

Die Problematik sensorischer Stimulation liegt unter den gegebenen technischen und gesellschaftlichen Umständen nicht nur in überbordender Quantität und Intensität des Reizangebots, sondern in dessen fataler Einseitigkeit. Einige Sinne werden im Übermaß belastet, während andere fast der Verkümmerung preisgegeben sind. In ihrer Allgegenwärtigkeit bombardieren die Medien den Menschen mit einer Bilderflut, die den visuellen Sinn derart überfrachtet, daß die natürliche Schutzfunktion des Rückzugs weitgehend außer Kraft gesetzt und immer weiter nach Reizverstärkung gesucht wird. Dasselbe gilt für den auditiven Sinn, der sich noch schwerer als der visuelle gegen Überflutung schützen kann. Überflutung läßt keine Differenzierung zu, sie verschüttet, schwemmt Verfeinertes fort und ebnet Vorstrukturiertes ein.

So sehr die Fernsinne überbeansprucht – besser: fehlbeansprucht – sind, so sehr sind Nahsinne wie Haut- bzw. Berührungssinn und kinästhetischer Sinn, unterwertig stimuliert. Ihnen wird weder in Alltagssituationen noch in Erziehungs- und Lernprozessen in einem auf schnelle Progression abstrakt-kognitiver Funktionen bedachten gesellschaftlichen Umfeld angemessene Beachtung geschenkt. Ganz besonders bedenklich ist die Vernachlässigung cutaner Stimulation: wird das Bedürfnis nach Hautkontakt nicht in frühestem Alter befriedigt, ist die Entwicklung des Urvertrauens (vgl. Kap. 3.3) gefährdet und damit die erste positive Weichenstellung beim Erwerb bzw. der Verdichtung von Ich-Identität vertan. „Insbesondere der für das psychische Befinden und die psychische Entwicklung so wichtige Hautkontakt läuft immer mehr Gefahr, zu kurz zu kommen, obwohl die Größe der für taktile Reize bestimmten Gehirnregion auf eine Vielfalt von Funktionen und eine große Wichtigkeit dieses Bereichs schließen läßt“ (Reichel 1988, S. 80). Zahlreiche Anzeichen einer inneren Problematik wie etwa Konzentrationsschwäche, Aggressionsbereitschaft und Unruhe haben ihre Ursache in der Entbehrung von Berührung, von Körperkontakt; es sind Deprivationserscheinungen, entstanden durch Verleugnung einer Sinnesmodalität, die wie keine andere dazu angetan ist, uns ein Gefühl von Sicherheit, Geborgenheit, ‚Richtigkeit‘ zu vermitteln. Jean Liedloff interpretiert den Verlust von Wohlbefinden und Selbstwertgefühl als unmittelbare Folge des

Nichtaufgehobenseins im wörtlichen Sinne, d.h. als Folge davon, daß in unserer Zivilisation die Kinder nicht getragen werden und dadurch erhebliche sensorische Defizite erleiden. Das Mitbewegtwerden ist nachgeburtlich fast auf Null reduziert, und so reduziert sich auch die Möglichkeit anderer sensorischer Aktivität wie etwa die Wahrnehmung verschiedener Temperaturen, Gerüche, Helligkeiten, Farben, Geräusche etc.

Sensorische Bedürfnisse werden ihrer Meinung nach auch am Lebensanfang nur minimal und global befriedigt: „Die einzige brauchbare Erfahrung, die stattfindet, ist die Zuteilung von wenigen Minuten täglichen Getragenwerdens und ab und zu einige Bröckchen mehr, die für seine verschiedenen Bedürfnisse annehmbar sind und, zusammengerechnet, einen Teil davon erfüllen" (Liedloff 1980, S. 89). Meist wird das Tragen, Wippen, Wiegen, Beklopfen nur im Notfall vorgenommen, zur Beruhigung des schreienden, offensichtlich unzufriedenen, Mangel leidenden Kindes; diese Maßnahmen sind Ausnahmezuständen vorbehalten, wenn es heftig danach verlangt. „Auch rüttelnde Kinderwagen oder Wiegen, die sich schaukeln lassen, kommen dem Verlangen des Kindes nahe. Solche Bewegung jedoch stellt einen so armseligen und plumpen Ersatz für die des Getragenwerdens dar, daß sie nur wenig dazu beiträgt, das Verlangen des vereinsamten Säuglings zu stillen" (ebd. S. 90).

Generell ist festzustellen, daß das Sensorium äußerst heiklen Bedingungen zwischen Anregungs- und Schutzbedürftigkeit unterworfen ist, deren Nichtbeachtung sich jedoch nicht direkt am Organ sondern als psychische Notsituation symptomatisiert.

4.2 Sinnesmodalitäten

Das sensorische System kann in sechs Sinnesbereiche eingeteilt werden; diese Systematik ergibt sich aus fünf grundsätzlichen Arten sensorischer Informationsgewinnung (horchen, berühren/betasten, schauen, riechen, kosten), denen ein gemeinsames Orientierungssystem zugrundeliegt: „Grundlage aller Sinnestätigkeiten ist die Haltung und Stellung des Körpers, seine Orientierung zur Schwerkraft und zum umgebenden Raum, sein allgemeiner Zustand der Wachheit und seine Fähigkeit zur Bewegung" (Schaefer 1992, S. 82). Bei dem grundlegenden Orientierungssystem handelt es sich um den kinästhetischen Sinn, unter dem wir Bewegungs-, Gleichgewichts-, Stellungs- und Muskelsinn zusammenfassen wollen. Er ist den anderen Sinnesmodalitäten – sozusagen als ‚innere Instanz' – zentral verbunden. Der kinästhetische Sinn ist propriozeptiv, d.h. er registriert die aus dem eigenen Körper stammenden Reize. Auditiver, cutaner (taktiler, haptischer; vgl. S. 73), visueller, olfaktorischer und gustatorischer Sinn hingegen sind exterozeptiv, d.h. sie werden durch Reize außerhalb des Individuums stimuliert, bedürfen aber dann zur Ausrichtung der Aufmerksamkeit im Wahrnehmungsvorgang und zur Reaktionsbildung der kinästhetischen Sensorik. Das propriozeptive System spielt auch unter psychologischem Aspekt eine besondere Rolle für die Selbstwahrnehmung des Individuums: „Das Gefühl von Identität wurzelt im Gefühl, zum eigenen Körper Kontakt zu haben. Um zu wissen, wer man ist, muß über die eigenen Gefühle Klarheit bestehen. Der Mensch muß mit seinem eigenen Gesichtsausdruck, seiner Körperhaltung und seinen Bewegungen vertraut sein" (Alexander Lowen zit. nach Holle 1988, S. 114). Durch seine zentrale Funktion innerhalb des Sensoriums aber eröffnet der propriozeptive Sinn den exterozeptiven Systemen die Möglichkeit der Selbstwahrnehmung in der Fremdwahrnehmung.

Obwohl für die Elementare Musikpädagogik das Primat ganzheitlicher Förderung der Persönlichkeit gilt, schätzen wir doch für den Bezug Mensch – Musik die sechs Sinnesmodalitäten nicht als gleichrangig ein; so spiegelt die Reihenfolge der unten stehenden Kurzdarstellungen eine Rangfolge ihrer Wichtigkeit im musikalischen Handlungsfeld.

Da Musik eine Kunstäußerung ist, die über das Ohr aufgenommen wird und Horchen bzw. aufmerksames Hören als Grundverhalten verlangt, ist der auditive Sinn zuoberst aufgeführt. Der kinästhetische Sinn ist für die Bewegungssteuerung beim instrumentalen Musizieren zuständig, ferner für die körperlich-motorische Einstellung auf das auditiv Wahrgenommene bei Bewegungen zur Musik. Empfindung, Beschreibung und Interpretation des musikalischen Verlaufs analog zu körperlichen Bewegungsvorgängen zeigen die innere Verbundenheit von musikalischen und kinetischen Vorgängen. Taktile und haptische Sensibilität ist notwendig für einen in der Klangerzeugung differenzierten Umgang mit Materialien und Instrumenten, aber auch im intermodalen Transfer für die Empfindung und Gestaltung von Klangfarben, deren verbale Beschreibungen weitgehend aus dem Bereich des taktil Wahrnehmbaren stammen. Diese drei Sinne – den auditiven, kinästhetischen und cutanen – wollen wir als die musikalischen Kernsinne bezeichnen, da primär über sie der Mensch einen Bezug zur Musik aufbauen und fortlaufend differenzieren kann.

Der visuelle Sinn führt im musikalischen Handlungsfeld den Lesevorgang an, er ist nicht genuin der Klangmaterie verbunden, sondern erfüllt eine Hilfsfunktion beim Umsetzen von Zeichen in Klanghandlungen. Darüber hinaus aber sind gezieltes Schauen und peripheres Sehen für Kommunikationsprozesse beim Musizieren in der Gruppe oder bei der Bewegungsbegleitung notwendig.

Die beiden verbleibenden Sinnesbereiche, der olfaktorische und der gustatorische, haben für musikalisches Verhalten keine direkte Bedeutung, außer daß real oder in Phantasiebildern eine Anregung stattfinden kann, die durch ihre eher atmosphärische Wirkung die Intensität der anderen Sinneswahrnehmungen verstärkt.

Die folgende knappe Darstellung der einzelnen Sinne verfolgt jeweils den Vorgang von der Stimulation des Empfangsorgans durch physikalische oder chemische Veränderung innerhalb einer Reizsituation bis hin zur Informationsgewinnung, in der neuronale Erregungsmuster psychische Bedeutung erlangen. Die schematische Auflistung der Sinnesleistungen und -leitungen kann leicht wie ein Rückfall ins mechanistische Weltbild anmuten, wenn man die fortwährende autonome Aktivität des Nervensystems übersieht. So „sind die Nervenzellen eines ruhenden Individuums nicht passiv und untätig. In jeder lebenden Nervenzelle treten verstreute und spontane (‚spontan' deshalb, weil wir ihre äußere Ursache nicht kennen) Nervenimpulse auf; und manche große Zellgruppen erhalten auch ohne spezifische Reize eine organisierte Aktivität aufrecht. ... Es ist deshalb richtiger, sich vorzustellen, daß ein Reiz gewisse im Nervensystem ablaufende Prozesse eher verändert als sie in Gang setzt" (Krech und Crutchfield 1985 Bd. 1, S. 124).

1. *Der auditive Sinn/Gehörsinn*

Reiz: Luftschwingungen (molekulare Bewegungen der Luft), Schallwellen
Empfangsorgan: Ohr
Rezeptoren[1]: akustisches Sinnesepithel auf der Basilarmembran im Cochleariskanal: Haarzellen des Cortischen Organs
Transformation mechanischer Luftbewegung in Trommelfellschwingungen, in Flüssigkeitsbewegungen bzw. Druckwellen im Innenohr, in elektrische Potentiale bzw. neuronale Erregungsmuster
kortikales Projektionsareal[2]: Temporallappen/Schläfenlappen; Kreuzung der Nervenbahnen, dadurch Projektion eines linksseitig empfangenen Hörreizes auf die rechte Hemisphäre und umgekehrt
Aktivität des Individuums: hören, horchen, lauschen
Information: Ort und Art der Schallquelle, Klangfarbe, Lautstärke, Tonhöhe, Dauer, Zeitfolge, Rhythmus

2. *Der kinästhetische Sinn/Bewegungs-, Gleichgewichts-, Stellungs- und Muskelsinn*

Reiz: Stellung und Bewegung der Körperglieder, Muskeln und Gelenke
Empfangsorgan: Innenohr, Vestibularapparat
Rezeptoren: Zellkörper in Muskelspindeln, Gelenkkapseln und Bändern
Transformation mechanischer Reizung in elektrische Impulsmuster
kortikales Projektionsareal: motorisches und somästhetisches Areal an der vorderen und hinteren Zentralwindung (stirn- und rückwärts der Zentralfurche) im Frontal- und Parietallappen/Stirn- und Scheitellappen; Kleinhirn bei Automatisierung und Koordination von Bewegungsabläufen; Reizleitung über das Spinalganglion außer bei Reizen in der Kopfregion; Kreuzung der Nervenbahnen
Aktivität des Individuums: sich orientieren, halten, bewegen, positionieren, spüren
Information: Körperpositionen, Körperbewegungen, Anspannungsgrade der Muskulatur, Körperteilstellungen und ihre Bezogenheit aufeinander, Gleichgewichtszustände

---

1 Rezeptoren sind Zellen in Sinnesorganen, die auf eine bestimmte Art von Reizen reagieren. Sie wandeln die auftreffende Reizenergie in neuronale Impulse um.

2 Als kortikales Projektionsareal wird ein spezifisches Feld der Großhirnrinde bezeichnet, das durch den jeweiligen Sinneseindruck in elektrische Aktivität versetzt wird und für die bewußte Dekodierung sowie die bewußtseinsmäßige Repräsentation des Reizes zuständig ist. Trotz holistischer Funktionsweise des Zentralnervensystems ist durchaus von „sensorischen Lokalisationen" in der Großhirnrinde zu sprechen (vgl. Krech und Crutchfield 1985 Bd. 1, S. 133).

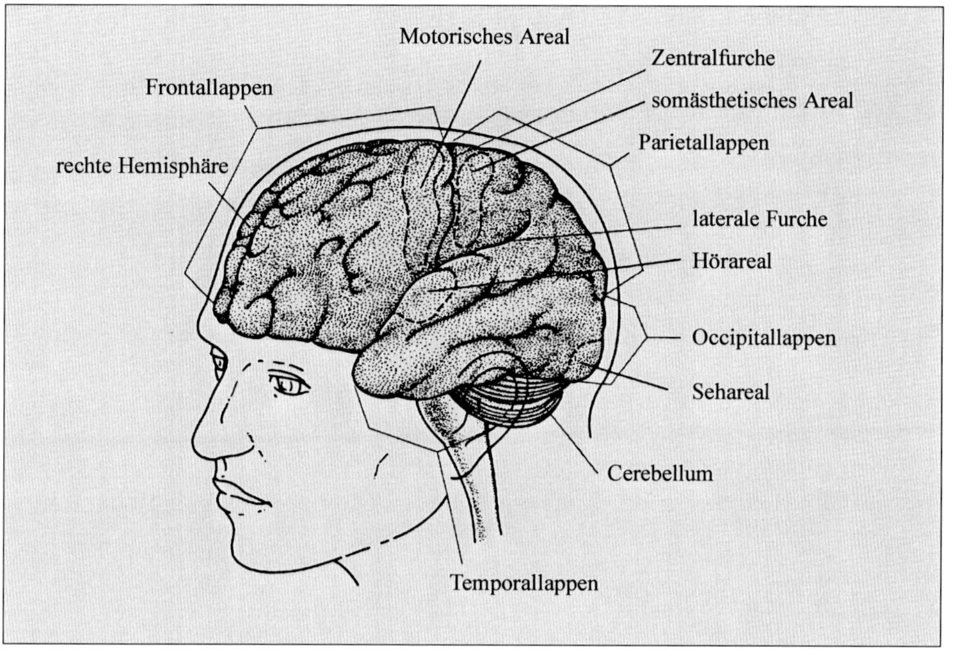

Abb. 10: Topographie der Hirnrinde in Seitenansicht. Gekennzeichnet sind die auf die Verarbeitung sensorischer Informationen spezialisierten Areale, ferner die wichtigsten Hirnlappen – Frontal-/Stirnlappen, Parietal-/Scheitellappen, Occipital-/Hinterhauptlappen, Temporal-/Schläfenlappen – sowie die größten Fissuren/Furchen.

3. *Der cutane (taktile, haptische) Sinn/Haut-, Tast-, Berührungssinn*

Wir unterteilen das cutane Sinnessystem in taktilen und haptischen Sinn; sie unterscheiden sich durch die Intensität, mit der Reize auf die Haut einwirken: wir beziehen den taktilen Sinn auf die Oberflächensensibilität der Haut, den haptischen auf die Tiefensensibilität. Taktil und haptisch sind nicht als Synonyma anzusehen. Während die lateinische Wortbedeutung eher das Zarte, Gleitende der Berührung akzentuiert, enthält die griechische vor allem das druck- und kraftvolle Be-greifen mit erhöhter muskulärer Aktivität.

Reiz: Druck, Berührung, Dehnung, Deformation von Haut und Muskelfasern, Temperatur

Empfangsorgan: Haut

Rezeptoren: freie Nervenendungen oder Nervenendungen auf Haarfollikeln unter der Oberhaut in unterschiedlicher Dichte über den Körper verteilt (z.B. verfügen Zunge, Lippen, Fingerkuppen, Fußsohlen und Körpervorderseite über eine erheblich größere Rezeptorendichte als die Körperrückseite und die Extremitäten); Sinneszellen in tieferen Gewebsschichten und Muskeln

Transformation mechanischer und thermischer Reizung in elektrische Impulsmuster

kortikales Projektionsareal: somatosensorisches bzw. somästhetisches Areal des Parietallappens an der hinteren Zentralwindung; Kreuzung der Nervenbahnen

Aktivität des Individuums: berühren, tasten, fühlen, anfassen, begreifen, Druck ausüben und empfangen, Berührung spüren
Information: Beschaffenheit von Objekten, Materialien, Körpern und Körperteilen; Form, Konsistenz, Stofflichkeit, Materialart, Temperatur, Gewicht

4. *Der visuelle Sinn/Gesichtssinn*

Reiz: Lichtstrahlen
Empfangsorgan: Auge
Rezeptoren: Stäbchen und Zapfen auf der Retina
Transformation optischer Reize in fotochemische Vorgänge, in elektrische Impulsmuster
kortikales Projektionsareal: Sehareal im Okzipital-/Hinterhauptlappen; Kreuzung der Sehnerven
Aktivität des Individuums: sehen, schauen, betrachten
Information: Helligkeitsgrad, Farbe, Farbsättigung, Form, Aufbau, Struktur, Raumlagen

5. *Der olfaktorische Sinn/Geruchssinn*

Reiz: molekulare Beschaffenheit von Substanzen, wasserlösliche Gaspartikel
Empfangsorgan: Nase
Rezeptoren: Riechepithele in der Schleimhaut der oberen Nasenhöhle
Transformation chemischer Reizung in elektrische Impulsmuster
kortikales Projektionsareal: Rhinenzephalon im unteren Teil des Vorderhirns; keine Kreuzung der Nervenbahnen
Aktivität des Individuums: einatmen, riechen, schnuppern, (schmecken)
Information: Ort und Art der Geruchsquelle; Zusammensetzung von Substanzen; Duftstoffe

6. *Gustatorischer Sinn/Geschmackssinn*

Reiz: molekulare Beschaffenheit von Substanzen, chemische Substanzen in der Nahrung
Empfangsorgan: Mund
Rezeptoren: Geschmacksknospen auf der Zunge, bei Kindern auch in Wangen und Gaumen
Transformation chemischer und mechanischer Reizung in elektrische Impulsmuster
kortikales Projektionsareal: Areale um den temporal gelegenen unteren Teil der Zentralfurche
Aktivität des Individuums: schmecken, kosten, (riechen)
Information: Zusammensetzung von Substanzen, Art der Substanz; Unterscheidung von vier Grundqualitäten: süß, sauer, salzig, bitter

4.3 Zur sinnesphysiologischen Funktionalität

Über die Rezeptoren in den Sinnesorganen wird die neuronale Erregungsleitung von der Körperoberfläche bis zur Großhirnrinde in Aktivität versetzt. Sie läßt sich als elektro-chemischer Vorgang zwischen Neuronen folgendermaßen beschreiben: Im synaptischen Spalt zwischen Axonende eines Neurons und dendritischer Zone eines anderen werden aus synaptischen Bläschen in den Endköpfchen des Axons Transmittersubstanzen, die u.a. Kalziumionen enthalten, freigesetzt. Dadurch wird eine Veränderung der elektrischen Ladung der postsynaptischen Zelle bewirkt, die in Ruhestellung an ihrer Außenseite positiv und im Zellinneren negativ geladen ist. Wird diese Zelle durch chemische Einwirkung von Transmittersubstanzen gereizt, öffnen sich an ihrer Membran Kanäle, die einen Zustrom von positiv geladenen Natriumionen ins Zellinnere ermöglichen. Durch diese elektrische Veränderung wird das Ruhepotential des postsynaptischen Neurons in ein Aktionspotential umgewandelt und ein Nervenimpuls ausgelöst.

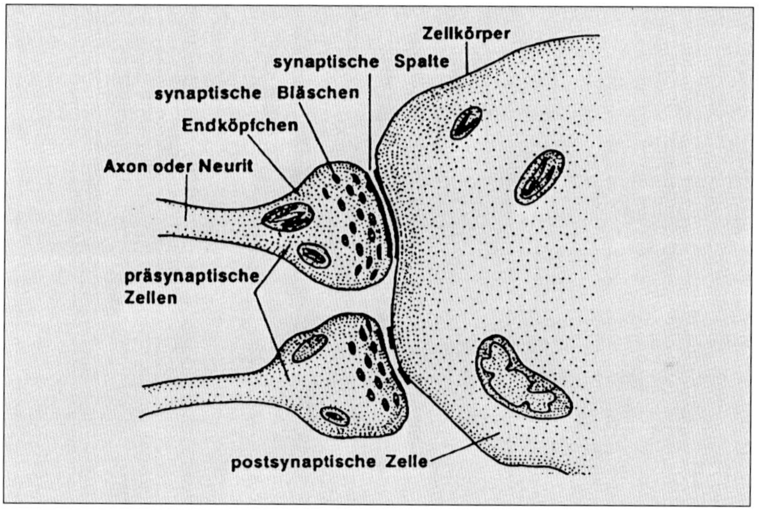

Abb. 11: Darstellung einer Synapse (Kontaktstelle zwischen Nervenzellen) mit synaptischem Spalt sowie prä- und postsynaptischen Nervenzellen. Hier nähert sich der Axon (langer, fadenähnlicher Fortsatz einer Nervenzelle, der sich am Ende zum Endköpfchen verdickt) eines Neurons der Zellmembran des nächsten Neurons. In den Endköpfchen befinden sich synaptische Bläschen, die Transmittersubstanzen enthalten. Bei Erregung des präsynaptischen Neurons werden Transmittersubstanzen freigesetzt, die dann den synaptischen Spalt überqueren, um die Aktivität der dendritischen Zone (fein verästelte Region der Zellmembran, die besonders reizempfänglich ist) des postsynaptischen Neurons so zu verändern, daß durch chemische Reaktionen ein elektrischer Impuls ausgelöst wird.

Psychische Konstrukte wie Sensibilität oder Gewöhnung materialisieren sich in der Art der neuronalen Impulsübertragung. Gewöhnung läßt die Anzahl freier Kalziumionen in den Endköpfchen sensorischer Neuronen absinken, bis die Überträgermenge so minimiert wird, daß keine Impulsleitung mehr stattfindet. Bei Sensibilisierung hingegen schalten sich fördernde Interneuronen ein, die den Neurotransmitter Serotonin freisetzen. Dieser übt eine fördernde Wirkung auf das vor dem synaptischen

Spalt liegende Neuron aus, indem er enzymatische Verbindungen hervorruft, die dafür sorgen, daß sich die Anzahl von Kalziumkanälen vergrößert und vermehrt Kalziumionen in das Endköpfchen einströmen können. Damit steht sensibilisierten Neuronen ein höheres Potential an Transmittersubstanzen zur Weiterleitung von Nervenimpulsen zur Verfügung. Sensibilisierung ist biochemisch als Steigerung des Kalziumgehalts im Endköpfchen des präsynaptischen Neurons durch indirekte Einwirkung von Serotonin zu beschreiben (vgl. Kandel 1988, S. 84 f).

Die Wirkungsweise von Impulsen hängt also stark vom Grad der Sensibilisierung sensorischer Nervenzellen ab. Ebenso hängt auch der qualitative Funktionsstandard in den kortikalen Sinnesarealen davon ab, denn ein System ist immer nur so gut wie die Nutzung, die es erfährt. Die sensorischen Felder im Gehirn besitzen ein extrem gutes Auflösungsvermögen für Informationen aus den ihnen zugeordneten Organen; so richtet sich z.B. das ‚Interesse' der Zellen, die im somatosensorischen Rindenfeld erreicht werden, jeweils einzig auf einen Quadratmillimeter Haut (vgl. Nauta/ Feirtag 1988, S. 93). Für den gezielten Umgang mit Reizen sind primäre sensorische Nervenzellen zuständig. Jedes Neuron dieser Art verfügt über Fasern, die sich spalten und in zwei Richtungen verlaufen: zur Körperoberfläche, wo die Reize aufgenommen werden und zum Zentralnervensystem, wo sie sich synaptisch mit sekundären Nervenzellen verbinden. Diese sind bereits eine höhere Instanz, bleiben aber auf die Weiterleitung von Signalen aus bestimmten Sinnessystemen spezialisiert. Fasern dieser Neuronen können direkt ins Kleinhirn (zuständig für Automatisierung von Bewegungen und deren Koordination) und in das nahegelegene Hinterhirn (Regulation der vegetativen Funktionen) gelangen, oder sie enden im Thalamus, der wichtigsten Schaltstelle auf dem Weg zum Kortex. Dort übertragen sie ihre Signale auf Nervenzellen, deren Fasern dann den direkten Weg zur Großhirnrinde nehmen. Neben derartigen Durchgangsleitungen gibt es Bahnen, über die sich die Topografie der Organe nicht so exakt reproduziert. Sie leiten topografisch vermischte Botschaften eines Sinnesorgans weiter oder sind gleichmaßen für Botschaften verschiedener Sinnesorgane zuständig (vgl. ebd. S. 93). Solche Mischbotschaften machen außerhalb von Labor- oder anderen wahrnehmungsmäßigen Extremsituationen vermutlich den größten Teil des sensorischen Inputs aus, so daß man in höheren Instanzen der Reizleitung von einer großen Aktivierungsrate multimodaler bzw. multisensorischer Neuronen ausgehen kann.

John Eccles beschreibt die neuronale Signalübertragung im Kortex als wellenförmige Massenbewegungen, die gegen die eher linearen Verlaufsrichtungen auf den Durchgangsleitungen abzugrenzen sind. Die Massenbewegungen erzeugen dadurch Wellenfronten, daß jedes Neuron viele synaptische Kontakte zu anderen Neuronen eingeht, die ihrerseits wiederum mit einer Vielzahl weiterer Neuronen kommunizieren. Eine Front würde nach Eccles „über hunderttausend Neuronen innerhalb einer Sekunde überfluten. Eine sich fortpflanzende Front würde sich auch hin und wieder teilen – oft ohne Folgen – oder sich mit anderen Fronten verbinden, so daß ein komplexes räumlich-zeitliches Muster entsteht" (Eccles 1975, S. 26). Abbildung 12 stellt die Komplexität der als räumlich-zeitliches Muster verlaufenden Erregungsausbreitung dar.

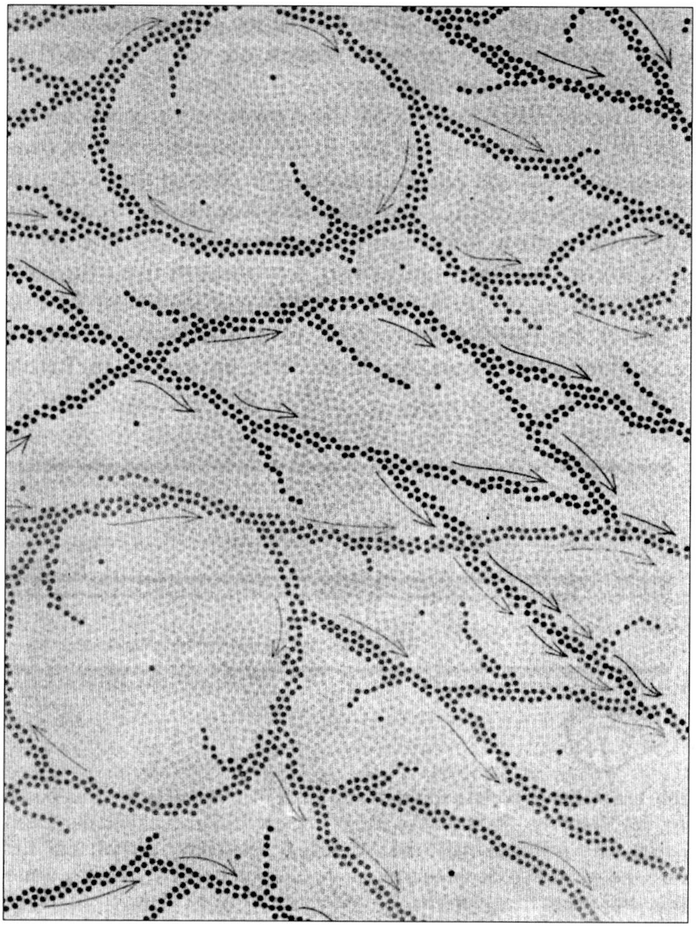

Abb. 12: „Die Pfeile geben die Fortpflanzungsrichtung für zwei verschiedene Fortpflanzungsmuster an (schwarz und dunkelgrau). Beachte, daß das schwarze und das graue Muster an zwei Stellen verschmilzt und sich dann in einer einzigen Welle fortpflanzt. Das würde einer integrativen Verschmelzung verschiedener sensorischer Impulse entsprechen, die zu einer gewissen Wahrnehmungssynthese führt." (ebd. S. 30)

Durch diese Art der Aktivitätspotenzierung sind auch einzelne gezielte sensorische Reize durchaus in der Lage, unser zentralnervöses System in erhebliche Aktivität zu versetzen. Trotz Spezialisierung der Aufnahmeorgane und gewisser Durchgangsleitungen betreffen die dort stattfindenden Veränderungen immer das Gesamtsystem, wobei unter Dominanz bestimmter Rindenbezirke gleichzeitig Effekte in anderen erzielt werden.

Die sensorischen Felder sind realtiv gleichmäßig über das Gehirn verteilt (vgl. Abb. 10, S. 73), jedoch in ihrer Ausdehnung begrenzt. Den flächenmäßig größeren Teil nehmen die sog. Assoziationsfelder ein, die zwischen den spezifischen Arealen vermitteln und Übertragungen ermöglichen. Die Assoziationsfelder – auch als sekundäre sensorische Felder bezeichnet – bewirken in Zusammenarbeit mit den primären Projektionsfeldern eine Weiterverarbeitung der Information in höheren psychischen Funktionskreisen. Sie bestehen aus einem dichten Netzwerk von Assoziationsfasern, das uns eine Erklärung für Miterregungen in anderen Sinnesbereichen bzw. ganzheitliche Reaktionsweisen bietet. Der assoziative Bezug zwischen verschiedenen Hirnteilen beginnt jedoch nicht erst in der obersten Verarbeitungsinstanz: „Diese Vermischungen beginnen schon im Thalamus, wo z.B. das akustische Feld mit Feldern für das Sehen und Fühlen kommuniziert. Die Nervenbahnen für Hautinformationen sind nicht nur mit den Bereichen der Körperfühlsphäre verschaltet, sondern auch mit dem optischen Feld" (Rexrodt 1981, S. 111).

Nachdem wir die neuronale Erregungsleitung, ihre Art der Musterbildung und die holistische Arbeitsweise der Hirnfunktionen betrachtet haben, wenden wir uns detaillierter dem Zuleitungssystem zu, das weitere Aspekte funktioneller Verbundenheit eröffnet.

Generell wird eine Zweiteilung des Nervensystems in *zentrales* und *peripheres* Nervensystem vorgenommen. Letzteres scheidet sich in vegetatives bzw. autonomes und willkürliches Nervensystem. Das vegetative Nervensystem arbeitet unbeeinflußt vom menschlichen Willen in nervöser und hormonaler Steuerung der Organe. Hingegen findet über das willkürliche Nervensystem eine bewußte Steuerung der Bewegungs- und Wahrnehmungsvorgänge statt; es steht also in engem Zusammenhang mit höheren Funktionen der zentralnervösen Instanz. Die Zuleitungsfunktion entfällt auf das sensorische System, es besteht aus afferenten Nervenbahnen, die über das Rückenmark zum Gehirn führen (bei Reizen aus der Kopfregion entfällt selbstverständlich eine Rückenmarksbeteiligung), während das motorische System über efferente Bahnen verfügt, die von den cerebralen Entscheidungszentren über das Rückenmark in alle Körperregionen verlaufen und in sog. Effektoren (Muskeln, Gelenken, Organen) enden. Das Zentralnervensystem besteht aus Gehirn und Rückenmark; es koordiniert die Daten, die über das periphere Nervensystem aus allen Körperregionen eintreffen, und es trifft Entscheidungen, die wiederum über das periphere Nervensystem motorisch umgesetzt werden.

Im folgenden beschränken wir uns auf die Beschreibung der für Verlauf und Wirkungsweise des sensorischen und motorischen Systems wichtigsten Hirnstationen. Die Reizleitung verläuft zunächst – außer im olfaktorischen System, das über eine Direktleitung zum tief im Vorderhin gelegenen Riechhirn verfügt – über Rückenmark und Hirnstamm, wo der Retikularformation eine wichtige Rolle für die allgemeine Aktivierung zukommt, da sie Wachheit und Erregungsniveau des Organismus reguliert. Unspezifische Bahnen erregen die Formatio reticularis, die ihrerseits „koordinierende motorische Programme (Angriff, Flucht, Abwehr) durchschaltbar bereithält sowie zum Teil vegetative Begleitvorgänge steuert, so daß nahezu alle Organe mit einbezogen sind" (Spreng 1988, S. 125).

Im oberen Stammhirnbereich ist der Thalamus die Hauptschaltstelle für sensorische Informationen auf dem Wege zum Kortex, denn hier enden die meisten der von den Sinnesrezeptoren hirnführenden, afferenten Nervenbahnen; gleichzeitig aber führt aus dem Thalamus ein enges Verbindungsnetz in Richtung der kortikalen

Empfangsfelder heraus. Der Thalamus ist als Umschaltstation ein wichtiges Verbindungsglied zwischen älteren und neueren Hirnteilen. Hier werden aus der Menge der einströmenden Impulse Informationen ausgewählt und dem Bewußtsein zugeführt, während andere ausgeblendet werden. Neben der Filterung des Informationsstromes liegt die psychologische Bedeutung des Thalamus darin, daß die dort eintreffenden Botschaften gefühlsmäßig eingefärbt werden, indem sie auf der Empfindungsskala zwischen Lust und Unlust bewertet werden. „Diese Bewertung besitzt ihren tieferen Sinn in der Verbesserung der Überlebenschancen eines Individuums. Wenn wir nur an den biologischen Sinn des Schmerzes denken, wird uns dies sofort verständlich" (Rexrodt 1981, S. 100). Demnach dringt nichts in unser Bewußtsein, das nicht bereits schon eine subjektive Gefühlstönung enthält – eine neutrale, objektive Registrierung ist aufgrund der psychophysiologischen Zusammenhänge nicht möglich.

Dem Thalamus untergeordnet ist der Hypothalamus, das Regulationszentrum des vegetativen Nervensystems auf hormoneller Funktionsebene. In ähnlicher Weise wie beim Thalamus findet auch hier eine Verschaltung von Neuronen älterer und neuerer Hirnteile statt. Ihm kommt aber neben der Steuerung der vegetativen Abläufe auch eine wichtige verhaltensbestimmende Funktion zu, allerdings „erhält auch der Hypothalamus normalerweise erst nach der Entscheidung in der ‚Chefetage' des Gehirns entsprechende Anweisungen für dieses oder jenes Verhaltensmuster" (ebd. S. 103). Die hypothalamischen Kerne stehen in enger Verbindung zum Limbischen System, einem entwicklungsgeschichtlich sehr alten Teil des Gehirns (Archikortex), das mit den Hauptregionen Hippocampus und Amygdala (Mandelkern) als schmaler Saum zwischen Hirnstamm und Großhirn liegt. Hier befindet sich das eigentliche Affektzentrum, wobei der Hippocampus eine Art Generalspeicher für Eindrücke, Erlebnisse und Erfahrungen ist. Dieser ist die Basis für Bewertungen eintreffender Informationen durch Analyse, Vergleich und Assoziation. Rexrodt bezeichnet die ‚Rechenergebnisse' des Hippocampus als „Grundlage unserer Wesens- und Verhaltenskontinuität" (ebd. S. 114). Da das Limbische System dem Hypothalamus übergeordnet ist, hat es auch Einfluß auf die Regulation der vegetativen, endokrinen und verhaltenseffektiven Funktionen, aber auch auf den Thalamus, der als bedeutendste subkortikale Station Zugriff zum Gefühlsspeicher erhält und seine Bewertungen entsprechend den dort eingespeisten Daten vornimmt. Was in den Kortex gelangt ist also nicht mehr ‚Wahrnehmung pur', sondern das Endprodukt eines Übermittlungsprozesses, der vegetative Einflüsse und emotionale Ladung in sich aufgesogen hat. Ebenso ist jede Verhaltensäußerung affektiv eingefärbt und von vegetativen Reaktionen begleitet.

Abbildung 13 (s. nächste Seite) zeigt zwei neurophysiologische Verarbeitungsketten auditiv-sensorischer Information:

1. Eine synapsenarme direktere und spezifischere Bahn verläuft über den Cochleariskern (n.c. = nucleus cochlearis) sofort zum hinteren Vierhügelpaar (c.i.= colliculus inferior). Dabei werden Thalamus, Hypothalamus und Limbisches System unmittelbar miterregt, so daß trotz des direkten, blitzschnellen Leitungswegs die emotionale Wirksamkeit dieser Funktionsbereiche nicht umgangen wird.

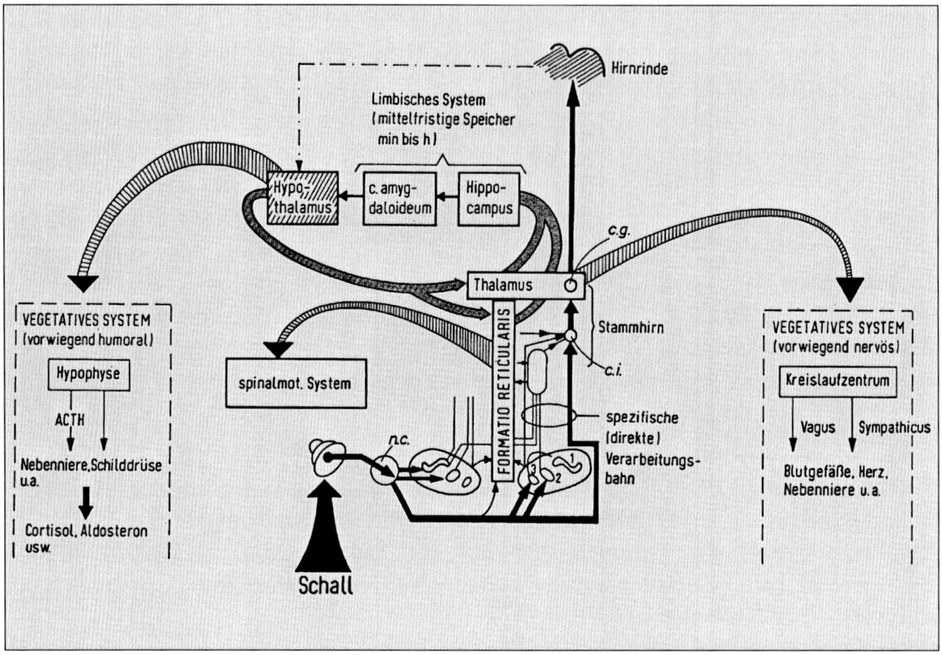

Abb. 13: Sensorische Reizleitung vom Rezeptor zur Hirnrinde am Beispiel des auditiven Funktionssystems

2. Die langsamere, unspezifische Aktivierung längs der Formatio reticularis beansprucht das Limbische System jedoch in nachhaltigerer Weise. Es erfüllt nach Spreng bei der Reizleitung „mit großer Wahrscheinlichkeit Aufgaben bezüglich mittelfristiger Speicherung über Zeitbereiche von Minuten bis Stunden. Dies ist von besonderer Bedeutung hinsichtlich einer Erregungsspeicherung und Aufschaukelung von Erregungsvorgängen“ (Spreng 1988, S. 126).

Dieser Minimalausschnitt aus dem Bereich hochkomplexer physiologischer Zusammenhänge soll zeigen, daß die Verarbeitung sensorischer Reize und die motorische Reaktionsbildung, die ihrerseits auf sensorischer Aktivität basiert (Sensomotorik), die Funktionsweisen unseres Nervensystems in holistischer Weise nutzen, verläuft die Reizleitung doch unter Beteiligung vegetativ-emotionaler Steuerungszentren selektierend und neu organisierend in Rindenbezirke, die für Wahrnehmungs-, Denk- und Lernprozesse verantwortlich sind. Wir stimulieren bei sensorischer Sensibilisierung das gesamte Nervensystem und ermöglichen dem Individuum intensiven Zugang zu emotionalen Tiefenschichten. Diese werden im sensomotorischen Aktionsfeld nicht – wie z.B. in Aufgaben mit ausschließlich intellektueller Anforderung – als konzentrationsmindernde Störfaktoren in der thalamischen Region ausgeblendet. Wenn wir den Menschen in seiner Ganzheit ansprechen und fördern wollen, dann ist der pädagogische Ansatzpunkt in der Öffnung und Nutzung der Sinnessysteme zu wählen.

4.4 Sensorische Grundmuster

Die Selektivität der Sinneswahrnehmungen ist ebenso wie deren intermodale Kommunikationsfähigkeit aus vorgeburtlichen Entwicklungsbedingungen erklärbar. Mehrfache Funktionszusammenhänge, die die Sinnestätigkeiten untereinander, ferner den senso- und psychomotorischen Bereich und das Zusammenspiel emotionaler und kognitiver Funktionen betreffen, sind aus der Tatsache einer gemeinsamen Ursprungsregion erklärbar.

Bereits in der zweiten Woche des intrauterinen Lebens entsteht am Rückenteil des Ektoderms die Neuralplatte, die der Ursprung des gesamten Nervensystems ist. Sie senkt sich ab zur Neuralrinne, an deren Rändern sich durch eine heftige Wachstumsbewegung des Ektoderms Wülste bilden, die sich dann zum Neuralrohr zusammenschließen (vgl. Abbildungen bei Blechschmidt 1982, S. 25 und Cowan 1988, S. 102). Aus dem Neuralrohr entwickelt sich das Zentralnervensystem; ca. vier Wochen nach der Empfängnis schwillt der Vorderteil des Neuralrohrs zu drei Bläschen an, die sich in Vorder-, Mittel- und Hinterhirn ausdifferenzieren. Das Vorderhirnbläschen zeigt das höchste Wachstumstempo, es teilt sich in zwei Kammern – die Hemisphären – und bildet sich zum Großhirn aus, das sich helmartig über den anderen Hirnteilen ausbreitet. Die intensive Zellvermehrung im Kopfteil des Neuralrohrs führt auch zur Entstehung von Plakoden. Plakoden sind Ursprungszonen bestimmter Sinnesbereiche, also Grundanlagen der Sinnesorgane. Für Gehör-, Gesichts-, Geruchs- und Geschmackssinn gibt es im Kopfteil des Neuralrohrs lokalisierbare Plakoden, während der Hautsinn weniger lokalisiert dem Entwicklungsgang des Ektoderms, aus dem sich die Haut entwickelt, folgt. Bedenkt man die gemeinsame Basis von zentralem und peripherem Nervensystem und daraus hervorgehend den gemeinsamen Ursprung der Sinnessysteme im Neuralrohr, so sind wir an der Wurzel der Einheit von Sinneswahrnehmung, Körperbewegung und geistig-seelischen Vorgängen angelangt. Das erst im Entstehen begriffene Nervensystem erlaubt jedoch schon Differenzierung und Speicherung von Informationen. So werden schon lange vor der endgültigen Gestaltung und Funktionstüchtigkeit des Gesamtsystems grundlegende Wahrnehmungsmuster geprägt, die in engem Zusammenhang mit den pränatalen Milieubedingungen stehen.

„Die Beobachtung der allerfrühesten Bewegungsmuster und -automatismen zeigt, was man noch vor einigen Jahren für unmöglich hielt: daß Funktionen schon da sind, bevor das Zentralnervensystem ausgereift ist. Das gleiche gilt für die Wahrnehmungsfähigkeit“ (Zimmer 1984, S.45).

Der Tiefenpsychologe Stanislav Grof bezeichnet die prä- und perinatal geprägten Strukturen als Matrizen, weil in ihnen spätere Erlebnisverarbeitung und Welterfahrung vorgeprägt sind (vgl. Janus 1991, S. 81). Vorgeburtlich ausgebildete sensorische Urmatrizen sind die Basis des menschlichen Wahrnehmungs-, Empfindungs- und Denkvermögens. Sie haben einen relativ hohen Universalitätsgrad, da sie vermutlich weniger als nachgeburtlich geprägtes Verhalten von unterschiedlichen Umweltbedingungen beeinflußt sind.

Die Entstehung und Stabilisierung von Urmatrizen wird dadurch begünstigt, daß sich bereits ab der siebten Woche pränataler Existenz Synapsen bilden. Diese sensationelle Erkenntnis, die die Tatsache einer Weiterleitung, Verarbeitung und Speicherung von Wahrnehmungsdaten im embryonalen Stadium erklären hilft, wurde von Jeannie-Claudie Larroche, der Forschungsleiterin des Pariser Centre de Recherches de Biologie Foetale, vorgelegt (vgl. Zimmer 1984, S.25).

Alle Sinnesfunktionen reifen – wenn auch zu verschiedenen Zeiten und in unterschiedlichen Tempi – vorgeburtlich aus und sind bereits in ihren ‚Hauptleitungen' myelinisiert. Mit Myelinisierung bezeichnet man die Umhüllung des Nervenstrangs mit einer Isolierschicht aus Fett und Eiweiß. Sie dient der gezielten und effektiven Reizleitung und ist für das Gesamtsystem erst um die Lebensmitte herum beendet. Die Myelinisierung des für den Bewegungs- und Gleichgewichtssinn zuständigen vestibulären Systems ist am ehesten abgeschlossen, was für unseren Zusammenhang von besonderem Interesse ist, da seine Rezeptoren im Labyrinth des Innenohrs angesiedelt sind und eine für die Empfangsauswertung und Weiterleitung sehr wichtige Schaltstelle im Hirnstamm – die vestibulären Kerne – mit allen anderen Sinnessystemen und den höheren cerebralen Funktionen in engster Verbindung stehen (vgl. Ayres 1984, S. 97 ff). Ähnliche entwicklungsbiologische Forschungsergebnisse liegen der Theorie des französischen Arzts Alfred Tomatis zugrunde, die das Ohr in seiner statoakustischen Doppelfunktion als eine Art ‚Leitsinn' für die menschliche Entwicklung in den Mittelpunkt stellt. Die psychophysiologischen Implikationen dieser Theorie sollen im folgenden kurz dargestellt werden, da sie möglicherweise auch Aufschluß über früheste Grundrasterungen der Urmatrizen geben können.

Das Ungeborene ist einer Vielzahl von Sinnesreizen ausgesetzt, aber es scheint zumindest bei auditiven Eindrücken bereits zwischen wichtig und unwichtig unterscheiden zu können. Trotz der Fülle von zum Teil sehr heftigen Geräuschen differenziert es vermutlich zwischen sinntragenden, subjektiv bedeutsamen Informationen und der vegetativen Geräuschkulisse im Mutterleib. Nach Alfred Tomatis ist schon das Ungeborene in der Lage, seine Wahrnehmung auf das auszurichten, was für es von Bedeutung ist – und das ist die Stimme der Mutter. Er widmete seine jahrzehntelange Forschungstätigkeit dem Zusammenhang von vorgeburtlicher Hörfähigkeit des Menschen, Klang der Mutterstimme und individuellen psychischen Auswirkungen davon im nachgeburtlichen Leben. Den gerichteten Hörvorgang im Mutterleib beschreibt er folgendermaßen: „Während alle durch neurovegetative Prozesse der Mutter hervorgerufenen Geräusche von Geweben weitergeleitet werden, auf die Gebärmutterwand treffen und den Fetus über das Fruchtwasser erreichen, gelangt die Stimme der Mutter aller Wahrscheinlichkeit nach über die Wirbelsäule, also durch eine als Filter wirkende Knochenleitung, in den Uterus und an das Ohr des Fetus. Hinter der vegetativen Geräuschkulisse der Mutter vernimmt der Fetus von fern diese Stimme, die den Dialog beginnt, die die affektive Botschaft übermittelt" (Tomatis 1987, S. 189). Es werden Klangfarbe und Rhythmus der Mutterstimme erlauscht, sie erkennt der Säugling nach der Geburt in der veränderten Schallumwelt sofort wieder. Die affektive Bedeutsamkeit ist das Motiv, das Sinneswahrnehmungen zu Differenzierungsleistungen wie Erkennen von Invarianzen und Unterschieden werden läßt.

In Tomatis' Theorie ist das Ohr mehr als ein Empfangsorgan, das physikalische Reize registriert und weiterleitet; die anatomische und physiologische Entwicklung ist entscheidend mitgeprägt von dem Wunsch des Menschen, das Chaos der Eindrücke zu strukturieren, „Laute zu empfangen, sie zu sammeln, sie miteinander zu verknüpfen, sie zu speichern, sie zu integrieren. Diese Dimension ist das Merkmal des Horchens, bei dem das Wollen eine entscheidende Rolle spielt" (ebd. S. 170 f). Die sinngebende Funktion steht hinter der Entwicklungslogik des Ohres, das – wie oben bereits erwähnt – als statoakustisches System über zwei Funktionsebenen verfügt. Die zweite Funktionsebene neben der vestibulären ist die cochleäre, die Empfangsstation für akustische Stimuli. Das vestibuläre System ist bereits im frühen Embryonalstadium ausgebildet (vgl. auch Zimmer 1984, S.50 f), während das cochleäre sich etwas später ausdifferenziert, jedoch auch schon mit Eintritt in das Fetalstadium im vierten Monat funktionsfähig wird. Die anatomische Entwicklung von Innenohr und Mittelohr ist dann abgeschlossen, der Gehörnerv ist bereits myelinisiert, und der Fetus zeigt Bewegungsreaktionen auf äußere Reize.

Das bedeutet nach Tomatis, der den Embryo als „vestibulär" und den Fetus als „cochleär" (vgl. Tomatis 1987, S. 220) bezeichnet, jedoch nicht, daß auditive Eindrücke im vorangegangenen Entwicklungsstadium verlorengehen oder wirkungslos bleiben. Entsprechend der zentralen Rolle, die der Vestibularapparat in der Frühphase der neuralen Entwicklung spielt, wirkt er wie ein „Basisgehirn" (vgl. ebd. S. 219), das zahllose zulaufende Informationen zu speichern imstande ist: „Er engrammiert, er bereitet die aktive Phase mit ihren Muskelreaktionen vor" (ebd. S. 62). Die Entflechtung des vestibulär gespeicherten Materials findet dann nach und nach statt, wenn Cochlea und Hirnrinde zunehmend funktionsfähig werden. Tomatis' These lautet nun, „daß eine aktivierte Sinneszelle für sich allein *in situ* die Information bewahren kann, bevor sie sie weitergibt" (ebd. S. 87). Dann würden Informationen, die in einer wenig differenzierten Gehirnanlage ihren eigentlichen Empfangs- oder Auswertungsort noch nicht erreichen können, nicht verlorengehen. Sie ‚graben' sich im zentralen vestibulären Speicher ein und werden mit zunehmender Differenzierung des Gesamtsystems an spezifischere Orte weitergeleitet und erhalten damit prinzipiell den Status der Bewußtseinsfähigkeit. „So macht sich das Bewußtsein diese ältesten Erwerbungen zunutze, indem es die primitiv gespeicherten Erinnerungsreste auf diese Ebene hebt" (ebd. S. 191).

Jedes Organ, das seine Tätigkeit aufnimmt, beginnt in seinen Nervenzellen Informationen zu speichern: „So entwickelt sich ein tiefreichendes nicht weitergeleitetes, nicht entwickeltes und deshalb auch nicht analysiertes Vorgedächtnis, ein Zellengedächtnis. Diese ‚Gedächtnisorte' bewahren folglich ihren isolierten, fast punktuellen Charakter und vergrößern sich allmählich" (ebd. S. 206). Das Zellengedächtnis hortet die ältesten Eindrücke, die durch Reizeinwirkungen und aktives Erkunden des intrauterinen Milieus gesammelt werden. Die umfangreiche sensorische Erfahrung des Ungeborenen insbesondere im Bereich der auditiven, kinästhetischen und cutanen Sinnessysteme ist bereits entweder cerebral repräsentiert oder noch punktuell in der Peripherie engrammiert. Über die Reihenfolge in der Funktionsreifung herrschen verschiedene Auffassungen in der embryologischen Forschung. Alfred Tomatis geht davon aus, daß der Entwicklungsimpuls vom Rezeptororgan ausgeht, weil den Menschen alles zum Hören als Voraussetzung seiner späteren Sprachfähigkeit drängt. Die Entwicklung höherer ‚Bewußtseinsstockwerke' ist eine unmittelbar damit zusammenhängende Erscheinung, aber für Tomatis, der die höheren Hirnrindenfunktionen meint, doch eher eine Folgeerscheinung. Eine Gegenposition nimmt A. H. Riesen ein, wenn er behauptet, daß die cerebrale Verarbeitung von Reizen einen Entwicklungsvorsprung gegenüber dem Rezeptororgan besitzt (vgl. Seewald 1992, S. 262 f). Und wir erinnern daran, daß Blechschmidt der Cerebralisation schon für die frühembryonale Entwicklung eine zentrale, integrative Funktion zuschreibt (vgl. Kap. 3.2). Nun ist unter Cerebralisation eher die generelle ‚Hirnwerdung' zu verstehen; dabei „darf man allerdings das Gehirn nicht mit dem Neokortex identifizieren, sondern man muß seine subkortikalen und peripheren Teile mitberücksichtigen" (Seewald 1992, S. 263). Blechschmidt beschreibt in seiner biologischen Entwicklungstheorie die Selbstgestaltungskräfte als organismische Eigenaktivität, und diese Aktivität schafft sich höhere Verarbeitungsmöglichkeiten. „Es war nötig, daß wir als Fötus etwas hörten, denn nur so konnte sich im Kortex ein ‚Hörzentrum' entwickeln, es war notwendig, daß wir die Arme bewegten, denn nur so konnte sich ein Zentrum für die Steuerung der Arme herausbilden" (Krüll zit. nach Seewaldt 1992, S. 263). Also begünstigt der aktive Gebrauch der Sinnesorgane deren cerebrale Repräsentation, während andererseits diese die Voraussetzung dafür liefert, daß sensorische Information psychisches Verarbeitungsniveau erlangt. Als Erklärungsversuch für die Tatsache, daß der Embryo bereits Sinnesdaten registrieren kann, ist Tomatis' Engrammierungstheorie jedoch höchst interessant, weil sie davon ausgeht, daß der noch rudimentäre Zustand des Systems dessen Arbeitsfähigkeit nicht grundsätzlich beeinträchtigt. Zur Veranschaulichung greift auch er auf die beliebte Metapher des Hauses zurück; dabei wird recht deutlich, daß Tomatis die Entstehung der ‚Bewußtseinsstockwerke' nicht als stufenartig organisierten Reifungsprozeß ansieht: „Nie darf ... [das] Fundament vergessen werden, wenn sich die Aufmerksamkeit auch mit Vorliebe auf das höchste Stockwerk richtet. Diese höchste Ebene wird umso stabiler sein, je besser und fester die unteren Stockwerke gefügt sind. Allerdings ist es bei jedem Bau möglich, die oberen Stockwerke zu beginnen, bevor noch die unteren fertiggestellt sind. Ferner können wichtige Elemente fehlen, etwa die Treppe oder der Fahrstuhl, die meist erst zum Schluß eingebaut werden. Die erforderlichen Bauteile können auf anderen Wegen herbeigeschafft werden, von der Außenseite z.B. mit Hilfe von Baugerüsten oder Kränen" (Tomatis 1987, S. 197 f).

Unabhängig von divergierenden Vorstellungen über Prioritäten in der Genese von Rezeptions- und Verarbeitungszonen bleibt festzuhalten, daß die Sinnesorgane im vorgeburtlichen Stadium bereits hohe Funktionstüchtigkeit erlangen und Erlebnisspuren – Seewald spricht sehr treffend von *Gelebtheitsspuren* (vgl. Seewald 1992, S. 259) – hinterlassen. „Wir wissen, daß das Kind im Mutterleib hört ... Wir wissen auch, daß es seine enge Umwelt in vielfältiger Weise wahrnimmt. Daß es wirkliche Erinnerungen an diese Zeit gibt, bleibt zwar nach dem neuesten Wissensstand immer noch unerklärlich, wird aber durch viele Indizien nahegelegt. Sicher ist jedoch, daß im letzten Entwicklungsdrittel vor der Geburt das Zentralnervensystem schon soweit ausgereift ist, daß wir von echtem Erleben sprechen können" (Zimmer 1984, S. 61). Die vorgeburtlichen Eindrücke werden im Milieu einer symbiotischen Beziehung von absoluter Geborgenheit gemacht, im Schutzraum, der ganz auf die Bedürfnisse des Individuums eingestellt ist. Diesen Zustand wiederherzustellen – danach strebt der Mensch im nachgeburtlichen Leben, indem er sensorische Stimuli aufsucht, die unbewußt als Erinnerungsbrücke dienen.

4.4.1 Auditive Urmatrix

Wir können zwei Kategorien von Schallreizen unterscheiden, die vom Ungeborenen registriert werden: eine besteht aus Reizen, denen es ausgesetzt ist, die sich ihm aufdrängen, während die andere Kategorie diejenigen beinhaltet, auf die sich das aktive, feine Horchen richtet. In der ersten Reizkategorie dominiert die vegetative Geräuschkulisse der Mutter, die vor allem von Herzschlag, Geräuschen von Blutkreislauf und Verdauungssystem gebildet wird. Hier bieten sich Unterscheidungsmöglichkeiten für dynamische und zeitliche Erscheinungsformen akustischer Stimuli: das akustische Feld im Körperinneren ist gekennzeichnet sowohl von unterschiedlicher Dauer punktueller oder eher kontinuierlicher Schallereignisse als auch von verschiedenen Tempi relativ gleichmäßiger Impulsfolgen, die sich untereinander und im Bezug zum Herzschlag des Ungeborenen zu rhythmischen Mustern verbinden. Hinzu kommen Geräusche der Außenwelt, die ähnliche Parameter aufweisen wie die leiblichen, jedoch insgesamt unberechenbarer sind. So sind fetale Schreckreaktionen auf laute Umweltgeräusche unabhängig vom vegetativen Befinden der Mutter zu registrieren, ebenso wie beruhigende Wirkungen einer nicht extremen Schallumwelt, die sich durch Kontinuität auszeichnet.

In der zweiten Kategorie ist vor allem die Mutterstimme zu nennen, die nach Tomatis über die Wirbelsäule an die Uteruswand gelangt und dann über Fruchtwasserbewegungen das Ohr des Embryos bzw. Fetus erreicht (s. S. 82). Diese Art der Schall-Leitung begünstigt die Übertragung hoher Töne. Tomatis schreibt hochfrequenten Schallereignissen als Träger unserer frühesten Beziehungserfahrung eine aktivierende, die Hirnrinde energetisierende Wirkung zu (vgl. Tomatis 1987, S. 19). Mit der psychischen Bedeutsamkeit der Hochtonwahrnehmung korrespondiert die physiologische Tatsache, daß der cochleäre Empfangsbereich für hohe Frequenzen über mehr Sinneszellen verfügt als der für tiefe (vgl. ebd. S. 18).

Die von Tomatis konstatierte Bedeutung hoher Töne für die psychische Stabilität und geistige Wachheit des Menschen spiegelt sich auch im Entwicklungsverlauf des Rezeptororgans: die Basis der schneckenförmig gewundenen Cochlea reagiert auf hohe Frequenzen; hier ist die Organisation eher abgeschlossen und somit frühere Funktionsfähigkeit gewährleistet als an der Spitze, dem Rezeptionsareal tiefer Frequenzen. Erinnern wir uns daran, daß die auf der Basilarmembran der Cochlea sich befindenden Cortizellen die eigentlichen Rezeptoren der Schallinformationen sind (s. S. 72). Hier werden die Druckwellenimpulse der Innenohrflüssigkeit in elektrische Impulse umgewandelt. Tomatis stellt nun die kühne Hypothese auf, daß die hochsensible Aufnahmefähigkeit der Cortizellen es diesen ermöglicht, „das Leben selbst, das sie durchdringt, auch wahrzunehmen" (ebd. S. 177). Das Pulsationsgeräusch des Lebens ist wie das Rauschen einer Muschel vorzustellen, das man vernehmen kann, wenn man in ihre Öffnung hineinhorcht. „Eine solche Wahrnehmung fällt in einem flüssigen Milieu leichter, ganz besonders im Fruchtwasser, dem Milieu, dem meine Untersuchung gilt. Dort gelingt es den Corti- und den anderen Haarzellen buchstäblich, sich leben zu hören" (ebd. S. 179). Wir begegnen hier einer Urform der Selbstwahrnehmung, des Vernehmens von Identität. Daß die Sehnsucht danach sich zu einem Lebensthema auswachsen kann, liegt daran, daß der ‚Klang des Lebens' verschwindet, je mehr Energie der Mensch für seine Daseinsbehauptung aufwenden muß. Nöte und Probleme bei der Auseinandersetzung mit einer Umwelt, die nicht mehr die symbiotische Schutzfunktion erfüllen kann, verdrängen die Fähigkeit des feinen Horchens und damit die Quelle existentieller Grunderfahrung.

4.4.2 Kinästhetische Urmatrix

Obwohl die Bewegungsaktivität des Fetus für die Mutter erst ab dem fünften Schwangerschaftsmonat zu spüren ist, sind schon vorher Eigenbewegungen vorhanden. Die eigene Pulsation ist ein heftiger Bewegungsreiz, der sich bis in die Extremitäten auswirkt: „Wenn wir beobachten, daß im zweiten Monat die Händchen dem Herzen und die Beinchen der Nabelschur direkt anliegen, und berücksichtigen, daß Nabelschnur und Herz intensiv pulsieren ..., dann dürfen wir folgern, daß Füßchen und Händchen sich schon jetzt mit dem pulsierenden Herzen intensiv bewegen" (Blechschmidt 1982, S. 61). Diese Mitbewegungen fördern im Zusammenwirken mit den biomechanischen Gestaltungsbewegungen die Gelenkbildung, die eine wichtige Voraussetzung für körperliche Eigenaktivität darstellt. Ab der zehnten Woche kann das Ungeborene die oberen Extremitäten, die einen Entwicklungsvorsprung gegenüber den unteren haben, erstaunlich differenziert bewegen: Ellenbogen und Handgelenke können schon unabhängig voneinander bewegt werden, ebenso wie der Daumen unabhängig von den anderen Fingern (vgl. Zimmer 1984, S. 48). Im dritten Monat sind dann die neuromuskulären Bedingungen für den Ablauf von Reflexaktivitäten gegeben, bei entsprechender Reizung können Hand- und Fußflexionen erfolgen. Spätestens ab dem vierten Monat können durch cutane Stimulation an beliebigen Körperstellen Bewegungsreaktionen ausgelöst werden (vgl. Seewald 1992, S. 262).

Aber schon bevor der Mensch selbst bewegungsfähig wird, nimmt er Bewegungen wahr; dies wird ihm u.a. ermöglicht durch eine frühe Myelinisierung der hinteren Spinalnerven, die propriozeptive und über die Haut empfangene Reize weiterleiten (vgl. ebd.). Aufgrund der bereits erwähnten überragenden Bedeutung des Vestibularapparats für die embryonale Entwicklung ist frühzeitige Erfahrungsspeicherung durch die Leistungsfähigkeit des kinästhetischen Sinnesorgans sehr wahrscheinlich. Das Ungeborene wird bewegt, und zwar unaufhörlich durch die willkürlichen und unwillkürlichen – inklusive vegetativen – Bewegungen des mütterlichen Körpers. Es wird getragen, gewiegt und umspült in einer Umgebung, die – auch aufgrund seines geringen Eigengewichts – die Wirkung der Gravitationskraft mildert und ihm in einem quasi schwebenden Zustand der Schwerelosigkeit freies Spiel mit der Schwerkraft erlaubt. Und es erfährt auf wahrhaft ganzkörperliche Weise die Unterschiede zwischen ruhigeren und heftigeren Aktivitätsphasen, es erfährt Gleichmäßigkeit z.B. über Atembewegungen der Mutter, Rhythmus durch verschieden metrisierte Gleichmäßigkeiten und deren Zueinander, aber natürlich auch durch die Zeitstruktur in den Bewegungsmustern der Mutter. Die tragenden Säulen menschlichen Bewegungsverhaltens sind uns also bereits als intrauterine Sinneseindrücke vermittelt worden. Sie haben wesentlichen Anteil daran, daß der Mensch sich gut aufgehoben fühlt, daß er sich selbst spürt und im rhythmisch durchpulsten Milieu ein Grundgefühl von sich selbst entwickelt. Dieser Zustand wird mit der Geburt beendet, und das Kind muß Versagungen in der Befriedigung des Urgefühls ertragen lernen, die es immer weiter von diesem entfernen, es sei denn, sein Bedürfnis nach körperlicher rhythmischer Stimulation wird durch einen sicheren Platz in den Armen der Mutter so gut wie möglich befriedigt (s. S. 70).

4.4.3 Cutane Urmatrix

Das Ektoderm als Entstehungsregion der Haut sowie des zentralen und peripheren Nervensystems – und damit auch der Sinnesorgane – ist im frühesten vorgeburtlichen Stadium gemäß dem Differenzierungsprinzip von außen nach innen eine Zone mit reger Stoffwechselaktivität und Zellvermehrung. So ist eine frühe vorgeburtliche Ausprägung der Hautsensibilität, die in engster Beziehung zur Gehirnorganisation steht, wahrscheinlich. Janus gibt für Reifungsvorgänge der Hautsensorik die siebte Woche an, und auch nach Zimmer ist die sogenannte Taktilität einer der ersten funktionsbereiten Sinne, da schon vor Ende des zweiten Monats die Mundregion empfindlich für Berührungsreize ist (vgl. Zimmer 1984, S. 25). Sie folgt damit Jean Ayres, die der Berührung und dem Tastempfinden eine wichtige, entwicklungstreibende Funktion zuspricht. So „ist der Berührungsreiz von großer Bedeutung für die gesamte nervale Organisation. Ohne ausreichende taktile Stimulierung tendiert das Nervensystem dazu, aus dem ‚Gleichgewicht' zu kommen" (Ayres 1984, S. 47).

Die mit sensorischen Rezeptoren in besonderem Maße ausgestatteten Handflächen und Fingerbeeren sammeln bzw. engrammieren im intrauterinen Milieu eine Fülle von Eindrücken; der Zustand des vergleichsweise schwerelosen Treibens im stoßdämpfenden Fruchtwasser ermöglicht sanfte Berührungen der Gebärmutterwand, der Nabelschnur und des eigenen Körpers. Bezüglich der Oberflächenstimulation der Haut ist das Bewegt-, Gewiegt-, Umspültwerden im flüssigen Milieu von nachhaltiger Bedeutung. Im letzten Stadium des pränatalen Lebens wird es eng im Uterus, es erhöht sich der Druck auf die Haut, insbesondere auf den Rücken, wodurch die Tiefensensibilität entscheidend stimuliert wird. Das Kind wird zwar in seinen Eigenbewegungen eingeschränkt, es erhält jedoch durch die Bewegungen der Mutter verstärkte cutane Reizzufuhr. Die Kontaktstellen zum Uterus „vermitteln erste Erfahrungen des Widerstandes und der Grenzen sowie – verbunden damit – des Umschlossen- und Gehaltenseins" (Seewald 1992, S. 267). Die wohltuende und beruhigende Wirkung, die flächige Druckeinwirkung insbesondere im Rückenbereich auf Menschen aller Altersstufen hat, ist ein Nachhall cutaner Tiefensensibilisierung in vorgeburtlicher Geborgenheit.

4.4.4 Zusammenfassung

Im vorgeburtlichen Leben sammelt der Mensch eine Fülle sensorischer Eindrücke, die er bereits zu speichern imstande ist. Aus dem Wohlgefühl hochgradiger Geborgenheit im genau auf die Bedürfnisse des Individuums zugeschnittenen intrauterinen Milieu erklärt sich der lebenslange Wunsch des Menschen, dieses Lebensgefühl durch Wiedererweckung der dort empfangenen Eindrücke wiederherzustellen.

Dazu ist das nachgeburtliche Milieu nur sehr bedingt in der Lage. Der Mensch findet zwar quantitativ unendlich viele Reize vor, davon jedoch qualitativ nur wenige, die ihn an die Wurzeln seiner Existenz und seiner Identität zurückführen. Deshalb ist er unablässig auf der Suche nach bedeutsamen Erfahrungen und in ständiger Unruhe mit unzähligen Kompensationen beschäftigt – das Freizeitverhalten Jugendlicher und Erwachsener legt davon ein beredtes Zeugnis ab und wäre daraufhin zu untersuchen, inwieweit es ein verzweifelter Versuch der Reaktivierung von sensorischen Urmatrizen und Ausdruck kontinuierlicher Nichtbefriedigung von Basisbedürfnissen ist.

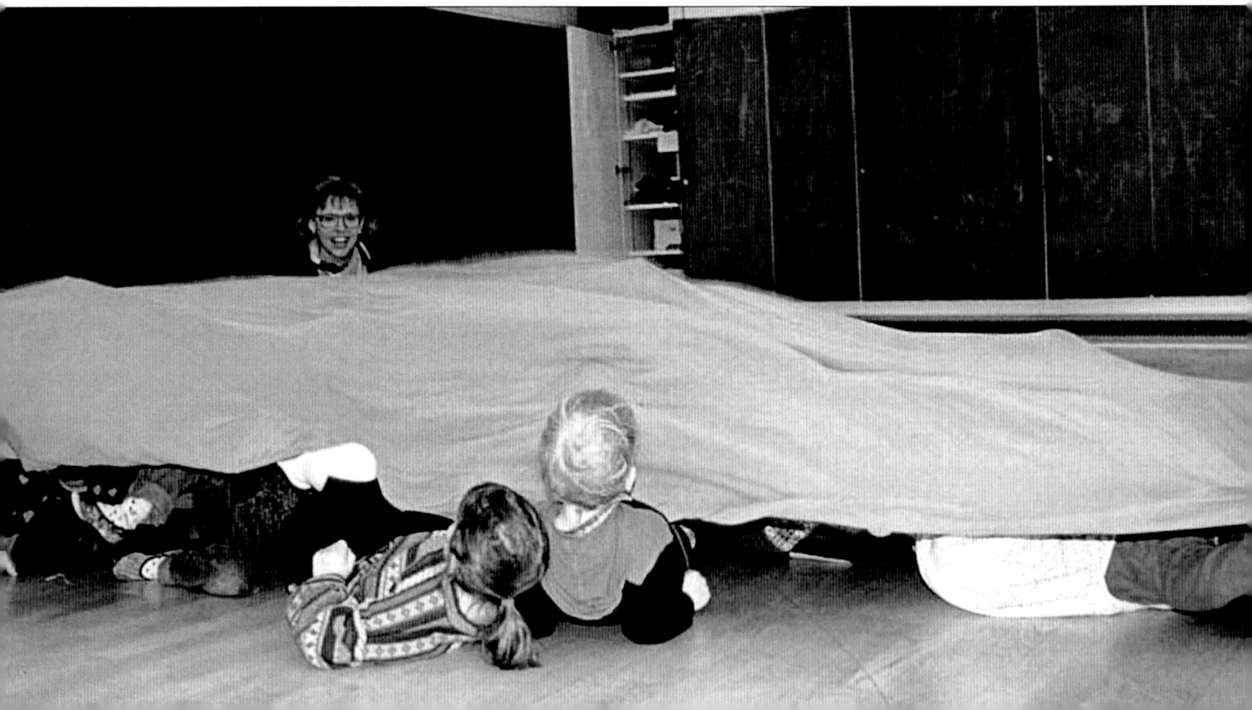

Neben dem Wunsch nach Wiederherstellung des positiv Erlebten spielt auch die Verarbeitung von Negativerlebnissen, die vermutlich in der perinatalen Phase am nachhaltigsten auf das Kind einwirken, eine wichtige, verhaltenssteuernde Rolle im nachgeburtlichen Leben. Sie findet vor allem im Spiel statt, das von sehr ambivalenten Gefühlen unterschiedlicher Spannungspegel getragen ist, ferner im willentlichen Aufsuchen risikoreicher und angsteinflößender Situationen, die beherrscht und bewältigt sein wollen.

Was wir wann und in welchem Maße über unsere früh funktionsfähigen Sinnesorgane vernommen haben, ist individuell sehr verschieden und vom Verhalten, von der Befindlichkeit, vegetativen Reaktionslage und Lebensumwelt der Mutter entscheidend abhängig, aber *daß* wir pränatal sensorische Reize verarbeitet und gespeichert haben, ist als Tatsache anzusehen.

In Tabelle 2 sind die drei musikalischen Kernsinne mit den wesentlichen vorgeburtlichen Eindrücken, Differenzierungsleistungen und Erlebnisspuren noch einmal zusammengefaßt. In der mittleren Spalte finden sich früheste Strukturierungsleistungen, die wesentliche Schemata musikalischen Verhaltens präformieren und die Inhalte Elementarer Musik- und Bewegungspädagogik in weiten Teilen abdecken. In der rechten Spalte der Tabelle versuchen wir, die anthropologisch bedeutsamen Grunderfahrungen herauszuarbeiten, die sich postnatal als Bedürfnisse artikulieren und als unbewußte Mechanismen der Verhaltenssteuerung erhalten bleiben. Selbstverständlich sind die Differenzierungsleistungen nicht kognitiv-kategorial, ebensowenig wie die Erlebnisqualitäten auf reflektierten Beziehungsmustern beruhen. Aber wir versuchen hier, das Urmaterial zu beschreiben, aus dem die grundsätzlichen Unterscheidungen und ihre Gefühlstönungen bestehen, bzw. die Engramme zu interpretieren, die im postnatalen Leben nach inhaltlicher Anbindung suchen.

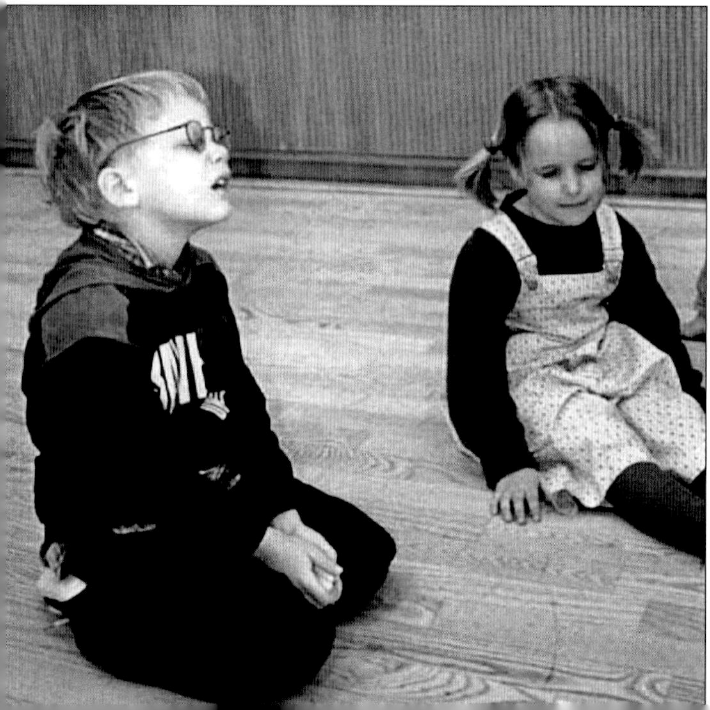

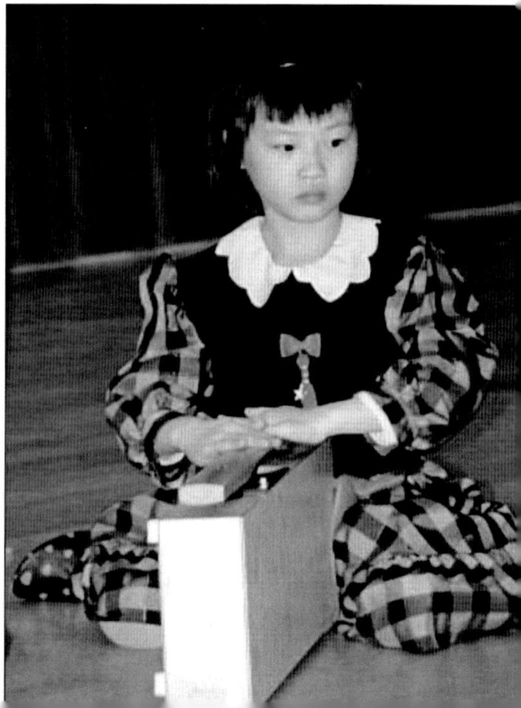

Tabelle 2

	vorgeburtliche Sinneseindrücke	**Wahrnehmungs-, Differenzierungsleistungen**	**Erlebnis-, Gelebtheitsspuren**
auditiver Sinn	Vegetative Geräuschkulisse der Mutter, insbesondere Herzschlag, Rauschen des Blutkreislaufs, Geräusche des Verdauungstrakts. Stimme der Mutter. Eigenresonanzen im Cortischen Organ: Dominanz der Hochtonwahrnehmung. Laute Geräusche der Außenwelt.	Unterscheidung von Klängen, Klangvordergrund und -hintergrund, Lautstärken, Tonhelligkeiten. Selektive Wahrnehmung. Wahrnehmung von Dauern punktueller und kontinuierlicher Qualität. Wahrnehmung von Metren und Rhythmen.	Subjektive Bedeutung von Klängen. Sozial-affektiver Bezug, vermittelt über Klänge. Selbstwahrnehmung. Abwehr, Angst, Beruhigung.
kinästhetischer Sinn	Pulsieren der nabelschnurnahen Extremitäten. Getragen, gehalten, bewegt, gewiegt, geschaukelt, ‚geschubst' werden. Schwereloses Schweben. Umschlossen, zusammengedrängt sein. Eigenbewegungen.	Unterscheidung von Bewegung und Ruhe. Wahrnehmung von Vibrationen. Bewegungsdynamik, -tempi, -artikulationen, -rhythmen. Wahrnehmung des Bewegungsraums. Anstoßen/abfedern.	Geborgenheit, Aufgehobensein. Selbstbezug in symbiotischer Beziehung. Auftrieb, Leichtigkeit. Weite/Begrenzung. Beklemmung.
cutaner (taktiler, haptischer) Sinn	Umspült werden. Berührungen an verschiedenen Körperzonen. Eigenberührungen. Milieuberührungen. Reibung. Druck.	Intensitätsunterschiede im Berühren und Berührtwerden. Verschiedene Empfindlichkeit der Körperzonen. Unterscheidung verschiedener Konsistenzen, Dichte- und Flexibilitätsgrade: flüssig/fest, nachgebend/standhaltend. Widerstände, Grenzen.	Flüchtige und intensive Kontakte. Selbstwahrnehmung durch sanfte Berührung und druckvolles Berührtwerden. Objektbezug.

4.5 Psychische Urmatrix

Das Ungeborene baut in einer Welt distanzlosen Erlebens mit seinem bereits funktionstüchtigen Sensorium Grundmuster späterer Wahrnehmungs-, Interpretations- und Erkenntnisprozesse auf. Auch wenn vorgeburtliche Erfahrungen nicht in einem verbalisierbaren Erinnerungsspeicher repräsentiert sind, weben sich Gelebtheitsspuren dieser Phase in die spätere bewußte Erfassung der Welt ein. „Was es [das Kind] fühlt, ehe es denken kann, ist ein mächtiger Bestimmungsfaktor dafür, woran es denkt, wenn Denken möglich wird" (Liedloff 1980, S. 55). Psychotherapeutische Verfahren wie Psychoanalyse, Hypnose, Primär- und Regressionstherapie sowie die Auswertung von LSD-Erfahrungen zeigen, daß das vorgeburtliche Erleben in uns lebendig bleibt, auch wenn der Zugang dazu schwer, zuweilen verstellt und im the-

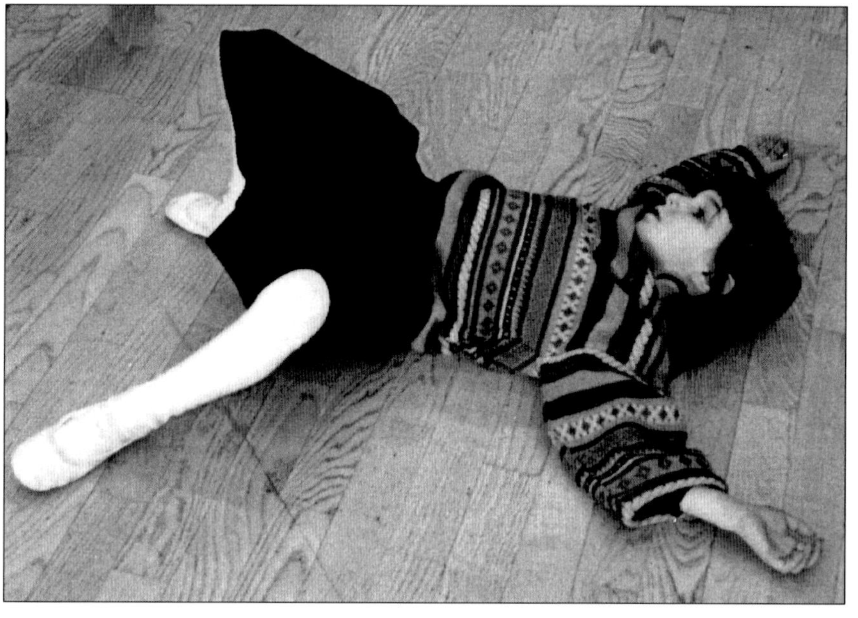

rapeutischen Rahmen oft schmerzhaft ist. In den genannten Therapieformen können prä- und perinatale Ereignisse als starke emotionale Bilder auftauchen und Konflikte der Gegenwart erklären und ggf. lösen helfen. Ludwig Janus folgert daraus: „Jede Entwicklungsebene ist eine komplexe Lebens- und Erlebniswelt, die in die Dynamik der nächsten Lebensebene hineingenommen und transformiert wird. Nach aller Erfahrung geht im Lebensprozeß nichts verloren. Wir erleben unsere Gegenwart im Spiegel unserer Erfahrung, im Spiegel der Erfahrung auf unseren früheren Lebensebenen" (Janus 1991, S. 59).

Gemäß der Verlaufslogik des Entwicklungsprinzips Differenzierung und Integration bleiben die frühesten Erfahrungen konstitutive Faktoren von Strukturen höherer Komplexität, sie formieren diese fundamental und gehen in sie ein (vgl. Kap. 3.2). Sinnenhafte Erfahrung wird zur Grundvoraussetzung höherer psychischer Funktionalität, wobei wir unter ‚psychisch' die aufeinander bezogene Gesamtheit der seelisch-geistigen Kräfte, also der emotionalen, intuitiven, rationalen und intellektuellen Möglichkeiten eines Individuums zusammenfassen. Vergegenwärtigen wir uns die Doppelnatur der Wortbedeutung von ‚Sinn': zum einen werden damit die Bestandteile unserer physiologischen Ausstattung bezeichnet, die Welt- und Selbstbezug ermöglichen; zum anderen ist Sinnestätigkeit eine *gerichtete* Tätigkeit, da sie der Orientierung und Informationsgewinnung dient. Jeder Sinn hat also einen Sinn: „Und vergessen wir nicht, was es bedeutet, wenn wir einem Phänomen Sinn geben: es sagt aus, daß wir es richten. Diese Bedeutung kommt im Deutschen noch in der Formulierung ‚im Uhrzeigersinn' zum Ausdruck; stärker jedoch in anderen europäischen Sprachen; denn ‚in diesem Sinne' hat das Wort ‚sens' noch heute die Doppelbedeutung von ‚Sinn' und ‚Richtung', und das gleiche gilt für das Englische, Italienische und Spanische" (Gebser 1949/1992, S. 134).

Die sensorischen Urmatrizen entwickeln sich zu psychischen Sinnträgern, die uns im nachgeburtlichen Leben die Richtung weisen für das, was als erstrebenswert, angenehm, bedeutsam empfunden und mit hoher Ich-Beteiligung wahrgenommen und verarbeitet wird. Die folgenden vier Punkte sollen zeigen, in welcher Form sich vorgeburtlich Erworbenes auf die psychische Realität des nachgeburtlichen Lebens auswirkt.

1. An erster Stelle ist das *Streben nach Geborgenheit* zu nennen, das auf die über den Bewegungs- und Berührungssinn registrierten pränatalen Wahrnehmungen zurückzuführen ist (vgl. Tab. 2). Es manifestiert sich auch nachgeburtlich darin, sich sicher gehalten zu fühlen, umschlossen und beschützt. Der Drang der Kinder, sich in Kauerhaltung in enge Räume, Höhlen, Kisten und unter Tische zurückzuziehen, ist eine unbewußte Resonanz vorgeburtlicher Erfahrungen. „In Märchen haftet Höhlen stets etwas Magisches an. Die Analogie zum weiblichen Uterus ist naheliegend, denn Höhlen sind in ihrem Inneren dunkel, moosig, feucht" (Tietze 1985, S. 265). Auch die Vorliebe für weiche, umhüllende Materialien wie Decken und Tücher schließt an die intrauterine Lebensform an, es sind „Verschmelzungs- und Geborgenheitsphantasien, die hier überwiegen und die sich auch in den *Raumstrukturen* wiederfinden" (Seewald 1992, S. 305 [Kursivdruck im Original]).

2. Der vorgeburtlich gegebene Zustand symbiotischer Geborgenheit wirkt fort in dem *Bestreben, sich anderen Menschen zugehörig zu fühlen,* mit ihnen Gemeinsamkeiten zu haben und eine Gemeinschaft zu bilden. Diese frühe Gelebtheitsspur kann als Antrieb für manche Menschen lebensbeherrschend werden – ein Thema, das sozialpsychologisch weiter zu verfolgen wäre. Wir beschränken uns darauf, als nachgeburtliches Handlungsmotiv dieses Urzustandes das Bedürfnis nach intensivem Kontakt zu wichtigen Bezugspersonen anzuführen. Je jünger die Kinder sind, desto geringer ist die Anzahl der Personen, zu denen sie eine Beziehung aufbauen, indem sie ihnen größtmögliche individuelle physische und psychische Zuwendung abfordern. Diese wird ihnen natürlich in erster Linie von Erwachsenen zuteil, so daß sich die pränatale biologische Relation zunächst in einer postnatalen

sozialen weiterführen ließe. Die Regulation der eigenen Geborgenheits- und Verschmelzungswünsche mit denen eines anderen Gleichaltrigen ist Grundbestandteil einer ausgeglichenen partnerschaftlichen Beziehung, die nur aus der psychischen Urmatrix herausreifen kann, wenn sich das symbiotische Grundgefühl mit einer individuellen Existenzerfahrung verbindet, die sich identitätsbildend auswirkt. Der Balanceakt zwischen Symbiose und Autonomie kann in entwicklungsfördernden interaktiven Spielprozessen Gestalt gewinnen (vgl. Kap. 7.2.2). Das bedingungslose Aufgehen des Einzelnen in einer Gruppe ist eine verhältnismäßig späte Manifestation des symbiotischen Urgefühls, wobei unterschieden werden muß zwischen dem Zusammengehörigkeitsgefühl von prinzipiell autonomen Individuen mit sozialer Kompetenz (Team) und dem ‚Eins-Sein' einer Gemeinschaft, in der der einzelne sich nicht mehr gegen die Gruppe abgrenzen kann. Hier droht eine symbiotische Sackgasse, da die individuelle Selbstgestaltung als wichtigste nachgeburtliche Entwicklungsanforderung nicht realisiert wird. Situationen, die atmosphärisch so arrangiert sind, daß der einzelne mit der Gruppe verschmilzt, da er in ihr seine emotionalen und sozialen Wünsche erfüllt sieht, haben nicht selten manipulativen Charakter. Dabei wird Selbst-Bewußtsein als Regulativ ausgeschaltet und die Sehnsucht nach Symbiose funktionalisiert. Undifferenziertes und nicht von Abgrenzungswünschen relativiertes Symbiosestreben wird so zur politischen Gefahr.

3. Ein weiterer – vielleicht der selbstverständlichste – Punkt, in dem frühe sensorische Eindrücke psychisch fortwirken, ist der Wunsch nach *Kontinuität sinnenhafter Erfahrung.* Klangwahrnehmung und -produktion, Bewegtwerden, Sich-Bewegen, Berührtwerden und Berühren setzen psychische Aktivität frei, weil die Resonanz sensorischer Urmatrizen als positiv empfunden wird. Musik und Bewegung bzw. Tanz sind nonverbale, präverbale (besser: nicht an die Bezeichnungsfunktion der Sprache gebundene) Erfahrungsbereiche, so daß mit ihnen an die rhythmisch pulsierenden, klanglich vielfältigen, ‚bewegenden' und bewegungsauslösenden Grundbedingungen der frühest erfahrenen Seinsform unter veränderten Bedingungen angeknüpft werden kann.

4. Die Transformation frühester Erfahrungen zu psychischen Bedeutungsinhalten verläuft über die *Symbolbildung.* Aber auch schon die Existenzform des Ungeborenen ist symboltheoretisch interpretierbar: nach Seewald lebt es in einer präsentativen Welt, in der Zeichen und Bezeichnetes ungeschieden und die Wahrnehmungen nicht diskursiv repräsentiert sind: „Das Fehlen der Repräsentation bedeutet, daß es noch keine Wahrnehmungen geben kann, die im Gedächtnis haften bleiben. Wohl aber kann es bleibende Erinnerungen geben, die wir sind" (Seewald 1992, S. 270). In Anlehnung an Lou Andreas-Salomé unterscheidet er zwischen „einem *Gedächtnis*, das wir *haben* und der *Erinnerung*, die wir *sind*" (ebd. [Kursivdruck im Original]). Die Erinnerung wurzelt in der Distanzlosigkeit der pränatalen Existenzform, die eine Trennung zwischen Ich und Welt und begriffliche Vermittlung nicht kennt. „Diese Existenzform ist symboltheoretisch am weitesten von sprachlich-symbolischen [d.h. diskursiven] und damit auch rationalen Bedeutungen entfernt" (ebd. S. 271). Die Gelebtheitsspuren dieses Seinsmodus wirken fort in einer besonderen

Affinität des Menschen zu Darstellungsformen präsentativer Symbolik, zu denen Mythos, Ritus, Märchen, Bilder, Gesten, Musik, Tanz und Traum zu rechnen sind. Nach Susanne Langer zeichnet sich präsentative Symbolik dadurch aus, „daß eine Vielzahl von Begriffen in einen einzigen totalen Ausdruck zusammengezogen werden kann, ohne daß diesen einzelnen Begriffen durch die den Gesamtausdruck konstituierenden Teile jeweils entsprochen wird" (Langer 1965, S. 191). Präsentative Symbolik bildet das Leben weder fotografisch ab noch übersetzt sie mit intellektueller Akribie ein System in ein anderes, sondern sie verdichtet Erfahrungen zu Entitäten, die sich dann nicht mehr in ihre Bestandteile zurückführen lassen, bzw. die nicht mehr der Analyse im naturwissenschaftlichen Sinne zugänglich sind. Daraus, daß symbolische Verdichtungen Transformationen frühester Existenzerfahrungen sind, erklärt sich die universelle Wirkung präsentativer Symbolik. Auch Alfred Tomatis konstatiert, daß alle Menschen über ähnliche Grunderfahrungen verfügen: „Ihr intrauterines Dasein versorgt sie mit ähnlichen Erfahrungen, aufgrund derer sich später gleiche Symbole entwickeln" (Tomatis 1987, S. 199).

Die Wortbedeutung von ‚präsentativ' weist auf Gegenwärtiges, auf ein Gerinnen der linearen Zeitperspektive zu einem Kreis, in dem Vergangenes und Zukünftiges gleichermaßen präsent sind. So liegt die psychische Bedeutung präsentativer Symbolik nicht nur in der Resonanz früher Gelebtheitsspuren, sondern auch im Erahnen zukünftiger Entwicklungsmöglichkeiten. In Jean Gebsers Theorie der Bewußtseinsmutationen balanciert Präsentatives die Zeitrichtungen dadurch aus, „daß ein wirkliches Gegenwärtigsein jede Art von zukunftsgerichteter Finalität als Widerspruch zu sich selbst ausschließt, da des Gegenwärtigseins verlustig geht, wer einseitig in bloße Erinnerung oder in bloße, womöglich voluntaristisch geprägte Hoffnung verfällt" (Gebser 1949/1992, S. 81). Am deutlichsten vereinigen sich Vergangenheit und Zukunft in Phänomenen von rhythmisch-periodischer Gesetzmäßigkeit, da jede Einzelerscheinung in der Gegenwart ihre eigene zeitunabhängige Gültigkeit reflektiert. „Das ewige Gleichmaß der Natur, die Himmelsbewegungen, der Wechsel von Tag und Nacht, die Gezeiten des Meeres – dieses sind ... die eindringlichsten sich wiederholenden Formen und zugleich die sinnfälligsten Metaphern für die dämmernde Erkenntnis der Lebensfunktionen – Geburt, Wachstum, Verfall, Tod" (Langer 1965, S. 190 f).

Die kulturelle Verarbeitung pränataler Erfahrungen findet in Kult- und Kunstformen sowie in philosophischem Gedankengut statt, das die Frage nach Ursprung und Erneuerung, Quelle und Wandlung der Existenz stellt. Kulturelle Äußerungen mit hohem ursprungsbezogenem Symbolgehalt sind u.a. Märchen und Mythen. Ihnen ist nach Janus die Sehnsucht nach dem Ursprung, nach Wiedererweckung und Neubeginn gemeinsam (vgl. Janus 1991, S. 143).

Märchen können mit dem paradoxen Begriff ‚Reifungsregression' charakterisiert werden, da die Wanderung des Helden/der Heldin durch eine Gegenwelt (in der Art einer Jenseitsreise), die als pränatale zu interpretieren ist, Kompetenzsteigerung, Entwicklung, Vitalisierung und – oft durch Überwindung von Bedrohlichem oder Erlösung eines gegengeschlechtlichen Parts – Identitätsbildung bewirkt (vgl.

Kap. 9.1). Der Mythos ist eine gefühlshafte Imagination ursprünglicher Erfahrung, die sich zu Bildern einer ‚Weltordnung' verdichten kann: Der Lebensbaum ist ein mythologisches Thema vieler Kulturen, „er garantiert den Bestand der Welt, er verbindet die Erdmitte mit dem Himmel und gibt die ‚Speise des Lebens'" (ebd. S. 162). In dieser Deutung gilt er als Projektion erlebter plazentarer Funktionen. Über Raum- (‚heiliger Ort', Höhle), Wasser- und Lebensbaumphantasien gestalten sich pränatale Gelebtheitsspuren zu kulturellen Symbolen unmittelbarer Welterfahrung. Als intellektuell hochstehende Geistesübung ist die Philosophie bestrebt, sich vom emotionalen Welterfassen abzuheben, wobei sie „gleichzeitig jedoch im Glauben an die Allmacht des Denkens einen neuen Mythos ausbildet, der bei Platon die Gestalt des vor der Geburt liegenden symbolischen Reichs der Ideen hat. Diese umfassende Bewußtheit vor dem irdischen Sein gilt es nach Platon wiederzugewinnen. Letztlich läuft dies auch auf die urmenschliche Vorstellung einer Ganzheit hinaus, die durch eine Verbindung von vorgeburtlicher und nachgeburtlicher Existenz erreicht werden soll" (ebd. S. 185). Diese Verbindung ist durch die symbolische Transformation der psychischen Urmatrix in präsentative Darstellungsformen gegeben; früheste sensorische Vorgänge und die damit assoziierten Befindlichkeiten werden wachgerufen, Kontinuität und Wiederkehr erlebt und latentes Entwicklungspotential unbewußt vorstrukturiert.

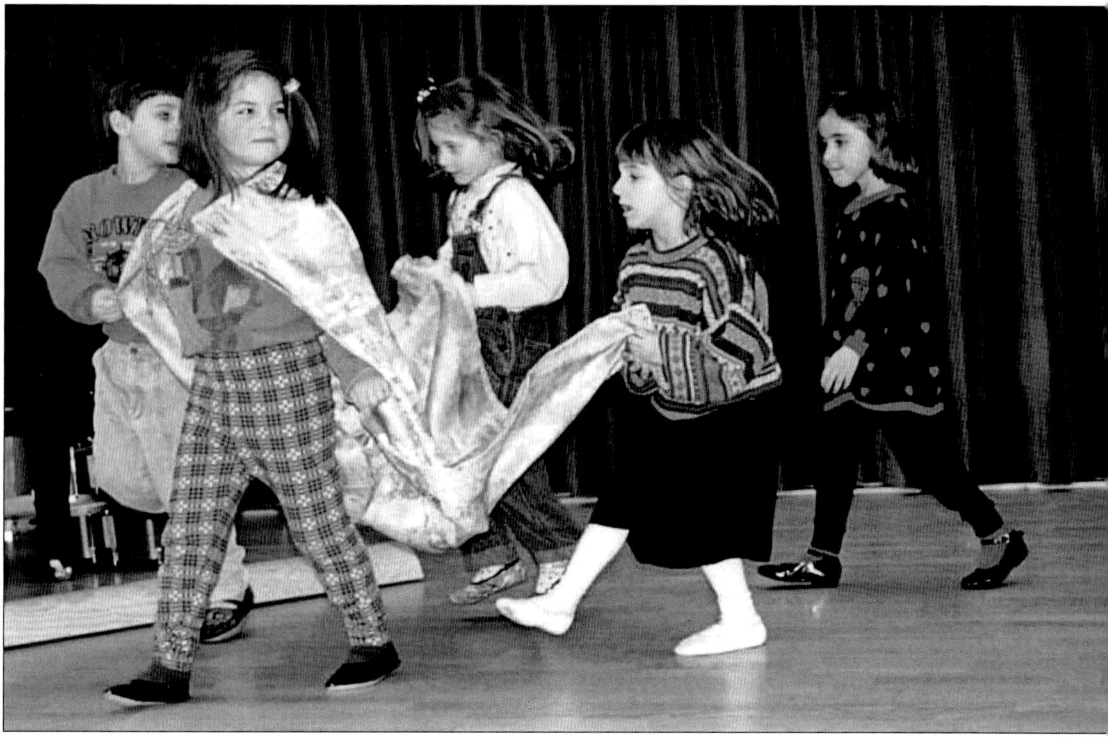

4.6 Didaktische Grundsätze II

1. Sinnenhafte Erfahrung hat ihren Sinn (= Richtung, Wegweisung) als Ausgangspunkt, Grundlage, Fundament und als Ressource der sensomotorischen, psychischen, künstlerischen und kreativen Funktionen des Menschen.
2. Der Mensch strebt danach, früheste Eindrücke, die er im Zustand maximaler Geborgenheit empfangen hat, wiederzuerwecken, zu wiederholen (vgl. Didaktischer Grundsatz = DG I/2). Differenzierte vorgeburtliche Sinneswahrnehmungen gibt es vor allem in den auditiven, kinästhetischen und cutanen Systemen. Diese drei musikalischen Kernsinne sind geeignet, den Menschen an seine Urmatrizen von Wahrnehmung und Empfindung zurückzuführen; deshalb ist ihrer Sensibilisierung und Differenzierung in einer anthropologisch orientierten Musikerziehung, die sich als Hilfe zur Identitätsbildung versteht, zentrale Aufmerksamkeit zu schenken (vgl. DG I/3).
3. Musikerziehung verbindet sich mit dem, was innen bereits klingt oder geklungen hat, und dem, was in Bewegung ist oder war. Eine Vielzahl von Bewegungs- und Klangeindrücken ist ebenso wie metrisch-rhythmische Empfindungen und Parametererfahrung pränatal vorstrukturiert und damit im Grundsatz vorhanden. Die musikpädagogische Anknüpfungsmöglichkeit besteht nun nicht in einer Umlenkung der Urerfahrungen in ein abstraktes, begrifflich-diskursives Kategoriensystem, sondern in der Bewahrung ihres präsentativen Charakters. So entsteht Resonanz von existentieller Bedeutung.
4. Die Verknüpfung von Musikerziehung mit frühesten Gelebtheitsspuren eröffnet einen weiteren Geltungsbereich des Differenzierungsprinzips von außen nach innen: unsere frühesten Erfahrungen bestehen aus Horchen auf etwas, Bewegt-, Gewiegt-, Getragenwerden, aus Berühren und Berührtwerden. Diese Außenreize wirken innen fort, und erst über die Verinnerlichung werden aktive Gestaltungskräfte freigesetzt. In der Begegnung von Mensch und Musik rangiert Wahrnehmung vor Aktion – erst recht vor Aktionismus; auch das Kind soll nicht ‚außer sich' bleiben, sondern durch ein sorgfältig ausgewähltes Reizangebot auf sich selbst zurückgeführt werden, damit es seine Aktivität als sinnvoll ansehen kann.

Literatur

Ayres, Jean A.: Bausteine der kindlichen Entwicklung. Heidelberg 1984

Blechschmidt, Erich: Sein und Werden. Die menschliche Frühentwicklung. Stuttgart 1982

Cowan, W. Maxwell: Die Entwicklung des Gehirns. In: Gehirn und Nervensystem (Spektrum der Wissenschaft). Heidelberg 1988, S. 100-110

Eccles, John C.: Gehirn und Seele. Erkenntnisse der Neurophysiologie. Berlin 1975

Gebser, Jean: Ursprung und Gegenwart. Teil 1: Die Fundamente der aperspektivischen Welt. Stuttgart 1949 und 1953; 1992/4. Auflage

Holle, Britta: Die motorische und perzeptuelle Entwicklung des Kindes. München 1988

Janus, Ludwig: Wie die Seele entsteht. Unser psychisches Leben vor und nach der Geburt. Hamburg 1991

Kandel, Eric R.: Kleine Verbände von Nervenzellen. In: Gehirn und Nervensystem (Spektrum der Wissenschaft). Heidelberg 1988, S. 76-85
Keller, Josef A.: Grundlagen der Motivation. München 1981
Krech, David/Crutchfield, Richard S. et al.: Grundlagen der Psychologie. Band 1: Theoretische Grundlagen und Entwicklungspsychologie. Band 2: Wahrnehmungspsychologie. Weinheim 1985
Langer, Susanne K.: Philosophie auf neuem Wege. Das Symbol im Denken, im Ritus und in der Kunst. Frankfurt a. M. 1965
Liedloff, Jean: Auf der Suche nach dem verlorenen Glück. Gegen die Zerstörung unserer Glücksfähigkeit in der frühen Kindheit. München 1980
Liedtke, Rüdiger: Die Vertreibung der Stille. Wie uns das Leben unter der akustischen Glocke um unsere Sinne bringt. München 1985
Nauta, Walle J. H./Feirtag, Michael: Die Architektur des Gehirns. In: Gehirn und Nervensystem (Spektrum der Wissenschaft) Heidelberg 1988, S. 88-98
Reichel, Gusti: Lebendig statt brav. Münster 1988
Rexrodt, Friedrich Wilhelm: Gehirn und Psyche. Hirnforschung und Psychologie in ihren Zusammenhängen erklärt. Stuttgart 1981
Schaefer, Gudrun: Rhythmik als interaktionspädagogisches Konzept. Solingen 1992
Seewald, Jürgen: Leib und Symbol. Ein sinnverstehender Zugang zur kindlichen Entwicklung. München 1992
Spreng, Manfred: Schallwirkungen und Lärmbeurteilung aus physiologischer Sicht. In: Fortschritte der Akustik DAGA '88, S. 125-143
Tietze, Henry G.: Imagination und Symboldeutung. Wie innere Bilder heilen und vorbeugen helfen. Genf 1985
Tomatis, Alfred: Der Klang des Lebens. Vorgeburtliche Kommunikation – die Anfänge der seelischen Entwicklung. Hamburg 1987
Tomatis, Alfred: Klangwelt Mutterleib. Die Anfänge der Kommunikation zwischen Mutter und Kind. München 1994
Zimmer, Katharina: Das Leben vor dem Leben. Die seelische und körperliche Entwicklung im Mutterleib. München 1984

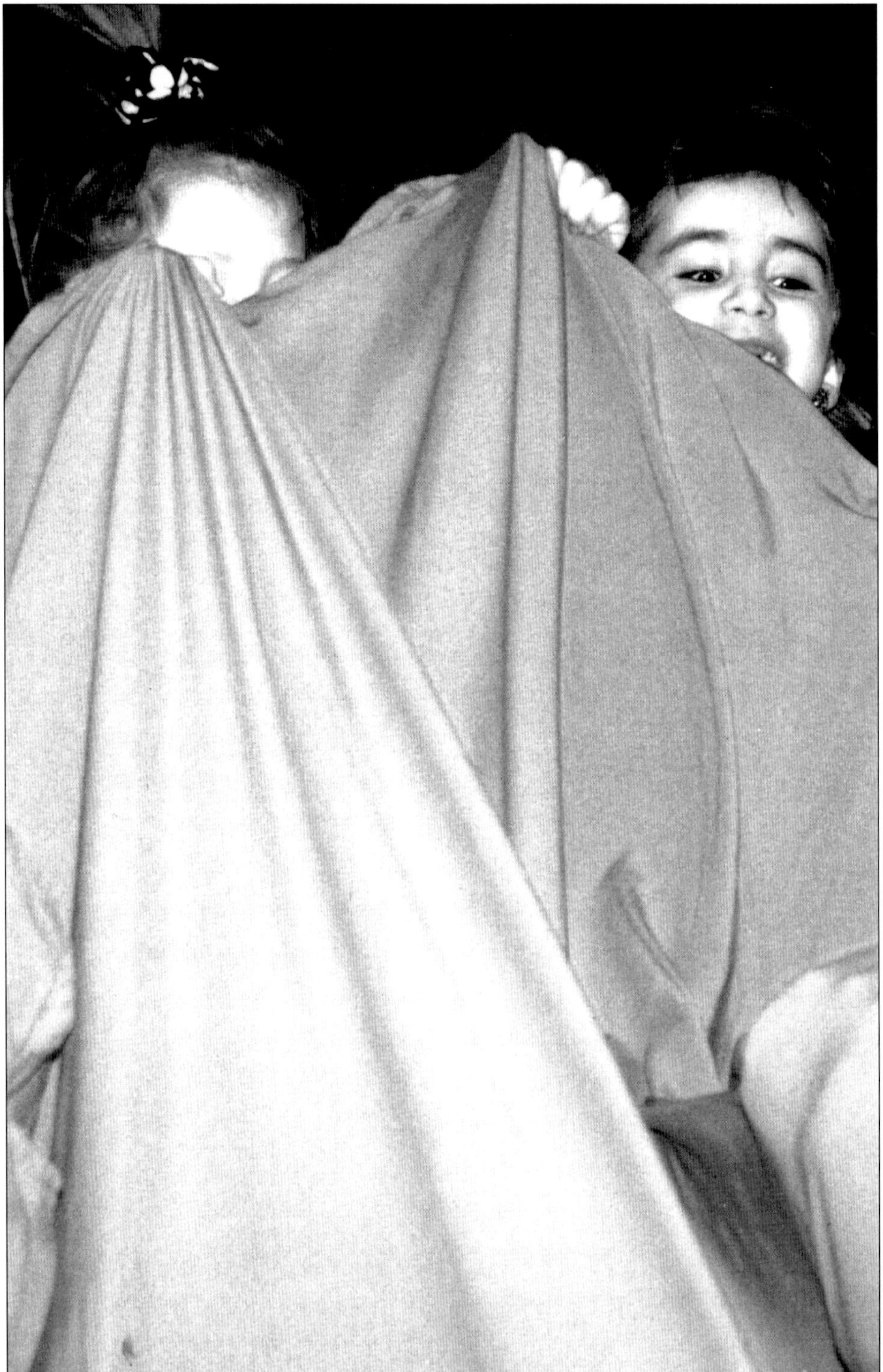

5. Sensorische Sensibilisierung in der Elementaren Musikpädagogik

Durch Resonanz, Perpetuierung und individuelle Ausfüllung sensorischer und psychischer Urmatrizen erschließt sich der Zugang zum Musizieren mit hoher Ich-Beteiligung, einer zentralen Verhaltensqualität von Musikalität. Sensorische Sensibilisierung erschöpft sich nicht in einer propädeutischen Funktion, sondern ist Träger des gesamten Musikalisierungsprozesses und als solcher sowohl zielführend als auch zielimmanent. Differenzierte Sinnestätigkeit und emotionale Beteiligung sind in jedem der in Kapitel 6.2 aufgeführten Ziele als Voraussetzung und Bestandteil gleichermaßen impliziert, weil wir mechanische, unsensible und ohne innere Anteilnahme ausgeführte Handlungen im Zielbereich Elementarer Musikpädagogik nicht gelten lassen wollen.

5.1 Sensibilisierungsspiele

Die folgende Sammlung von Sensibilisierungsspielen ist nach Sinnesbereichen geordnet. Obwohl in jedem Falle multisensorisch stimuliert wird, sind Spiele zur Sensibilisierung des auditiven, kinästhetischen und cutanen Sinnes spartenweise beschrieben. Damit soll lediglich die Fokussierung auf jeweils *ein* Sinnessystem verdeutlicht werden, ohne jedoch die Mitwirkung anderer Systeme zu negieren. Während in multisensorischen und sinnesspezifischen Spielen die subjektive Verarbeitung der Reize im Vordergrund steht, wird in den Spielen zur sozialen Sensibilisierung gruppenbezogenem Verhalten, das verstärktes Einfühlungsvermögen in andere Individuen bis hin zur Entwicklung von Teamgeist erfordert, besondere Aufmerksamkeit geschenkt.

Spiele zur Aktivierung und Differenzierung der Sinne sind nicht an eine bestimmte Unterrichtsphase gebunden, sondern können prinzipiell in jeder Phase auftauchen, also als motivationsfördernder Einstieg, zur Übung, Vertiefung, Erinnerung, Entwicklung von Assoziationen, zur Entspannung oder zum Spannungsaufbau. Ihr Sinn liegt in der

- Differenzierung der Wahrnehmung
- Differenzierung der Senso- und Psychomotorik
- konzentrativen Sammlung
- Beruhigung
- Rückführung auf elementare Gelebtheitsspuren
- Entwicklung innerer Aktivität
- Steigerung der Selbstwahrnehmung.

Um den spielerischen Charakter zu gewährleisten, ist es notwendig, daß die Sensibilisierung in einem Rahmen stattfindet, der frei von Bedrohung und Bewertung ist, der über eine Spielregel definiert ist und in dem hierarchische Verhältnisse umkehrbar sind, d.h. Rollentausch möglich ist, – und in einem Rahmen, der sich produktiv auf die Phantasieentwicklung auswirkt. Insofern dürfen die folgenden Spielvorschläge nicht als Lernaufgaben im herkömmlichen Sinn ausgelegt werden, denn auch das äußerlich aktionslose Wahrnehmen *ohne* eine nach Kriterien wie richtig und falsch zu bewertende Antwortabgabe hat hierbei einen hohen Stellenwert ebenso wie das Geschehenlassen oder Sich-seinen-eigenen-Empfindungen-Überlassen.

Der Spielesammlung sollen einige kurze Erläuterungen vorangestellt werden:

1. Es werden folgende Abkürzungen verwendet:
   AP = Ausgangsposition
   AF = Aktionsform
   AS = Aktivierte Sinnessysteme
   SW = Sinneswahrnehmungen
   VB = Vorstellungsbilder
   VA = Varianten
   L = Lehrer
   T = ein Teilnehmer
   TT = die Teilnehmer

2. Die bei den multisensorischen und auditiven Sensibilisierungsspielen aufgeführten Kategorien AS und SW beziehen sich auf sensorische Aktivitäten, die sich vermutlich bei den (meist) mit geschlossenen Augen Lauschenden einstellen.

3. Die zu jedem Spiel genannten Vorstellungsbilder sind persönliche Assoziationen der Autorin, entwickelt aus Vorstellungshilfen, die in konkreten Unterrichtssituationen für Kinder und Erwachsene gegeben wurden. Sie sind völlig unverbindlich und können je nach Situation modifiziert werden, ohne daß die Grundform des Spiels verlorengeht. Aufgrund der Vielfalt von Vorstellungsmöglichkeiten kann ein Spiel immer wieder in verschiedenem Kontext auftreten, wodurch dem Prozeßcharakter der Sensibilisierung und auch der Genußfunktion derartiger Spiele Rechnung getragen werden kann.
   Die Vorstellungsbilder sind als Titel, als ein Motto formuliert, das über einer bestimmten Situation, die als Bestandteil eines gesamten Stundenbildes gedacht ist, stehen könnte. Die subjektiven Vorstellungen sind nicht weiter ausgeführt oder durch Angaben zur Rollenverteilung spezifiziert, damit der Leser seine eigene Imaginationsfähigkeit nutzte.

4. Die Spiele sind innerhalb jeder Sinneskategorie in grober Einschätzung ihres Schwierigkeitsgrades angeordnet; aber auch innerhalb jeder einzelnen Spielform wäre durch Anreicherung des Reizfeldes und immer feinere Stimulusdifferenzen der Schwierigkeitsgrad steigerbar.

5.1.1 Spiele zur multisensorischen Sensibilisierung

Um mich herum

AP: TT sitzen mit geschlossenen Augen am Boden, gleichmäßig im Raum verteilt. L oder T ist bereit zur Fortbewegung.

AF: L oder T bewegt sich gehend, laufend, gleitend zwischen den Sitzenden und um Einzelne herum frei im Raum.

AS: auditiver, cutaner, kinästhetischer, olfaktorischer Sinn (ggf. auch optischer, wenn der Raumweg als inneres Bild mitvollzogen wird)

SW: Geräusche von L oder T, Intensität, Richtung, Nähe/Entfernung; Luftzug; Bodenvibration; Geruch

VB: Blumenwiese im Nachtwind; Dünenlandschaft im Wind; Kiesel im Flußbett; Vogelflug zwischen den Stadttürmen; Fisch im Korallenriff ...

VA: a) Mehrere TT bewegen sich um die ‚Ruhenden' herum.
b) Die ‚Ruhenden' werden sporadisch sanft berührt.
c) Die Umhergehenden bewegen sich mit Tüchern.

Das unsichtbare Band

AP: s.o.

AF: s.o., die sitzenden TT führen bzw. neigen, ohne ihre Position zu verändern, Rumpf und Kopf in die Richtung des umherschweifenden L oder T, vollziehen also dessen Weg bewegungsaktiv mit.

AS: s.o.

SW: s.o.

VB: Magnet; Zauberkompaß; Malstifte zeichnen die Flugbahn auf ...

Ich klinge mit

AP: s.o.

AF: s.o., die sitzenden TT vollziehen die verschiedenen Fortbewegungstempi oder ggf. -rhythmen von L oder T durch Patschen oder Fingertippen mit.

AS: s.o.

SW: s.o.

VB: Schlafwagen; Transsibirische Eisenbahn ...

Kreisnachbarn

AP: TT stehen in einem relativ engen Kreis und haben die Augen geschlossen.

AF: ein T macht einen Schritt in Richtung Kreismittelpunkt, daraufhin schließt sich der rechte Nachbar an u.s.w., bis alle einen um eine Schrittlänge verkleinerten Kreis bilden. Dann treten nacheinander alle wieder einen Schritt zurück und erreichen ihre Ausgangsposition.

AS: s.o.

SW: s.o.

VB: Trabanten um den Planeten; Spiel mit der Perlenschnur; Steine am Brunnenrand ...

5.1.2 Spiele zur auditiven Sensibilisierung

Ein Klang für mich

AP: TT sitzen mit geschlossenen Augen im Kreis oder verteilt im Raum; L ist bereit zur Fortbewegung.

AF: L geht herum und macht am Ohr jedes T ein leises Geräusch (z.B. schnipsen, Hände reiben, klatschen) oder spielt einen Instrumentalklang.

SW: Klang in verschiedenen Entfernungen, Klang im persönlichen Nahraum (Schritte und Geräusche des Gehenden)

VB: Ein Vogel fliegt von Ast zu Ast, von Baum zu Baum; Die Biene sammelt Nektar an den Blüten; Ein Klanggeschenk für jeden ...

VA: a) Jeder T bekommt ein individuelles, d.h. von den anderen verschiedenes ‚Klanggeschenk'.
b) Mehrere TT verteilen gleichzeitig verschiedene Klanggeschenke an die anderen.

Ein Klangraum für mich

AP: Ein T sitzt oder liegt mit geschlossenen Augen in der Raummitte, die anderen TT stehen mit Instrumenten[1] im Raum verteilt.

AF: TT bewegen sich mit Körper-, Stimm- und/oder Instrumentalklängen um den aktionslos lauschenden T herum.

SW: Vielfalt von Klängen im Raum, Richtungen, Entfernungen, Verschmelzungen, Kontraste

VB: Ein Traum; Nacht im alten Schloß; Ein Vogeljunges im Nest ...

VA: Der T kann sich, bevor die Aktion beginnt, eine Klangcharakteristik wünschen, z.B.: einen schönen Traum, Gewittersturm im Schloßpark, sanftes Blätterrauschen um das Vogelnest ...

Klangwelle

AP: TT sitzen mit geschlossenen Augen in einem nicht zu engen Kreis am Boden. L hält ein hängendes Becken.

AF: L geht außen um den Kreis herum und umhüllt die TT mit dem klingenden Instrument, indem er es von einer Kopfseite über den Oberkopf zur anderen Seite führt.

SW: Klangnähe und -entfernung, Veränderung von Klangfarbe und Dynamik im Nahraum des Kopfes

VB: Segelflug über den Berggipfeln; Eine Woge auf der Meeresoberfläche ...

Ein Klang im Raum

AP: TT sitzen mit geschlossenen Augen im Raum verteilt; ein T (oder L) ist mit einem Instrument bereit zur Fortbewegung.

AF: T bewegt sich zwischen den Sitzenden durch den Raum und schlägt sein Instrument wiederholt an, so daß der Klang nicht abreißt. Falls Reaktionen der

1 Es sind bei allen Spielen dieser Sammlung leicht tragbare Instrumente des kleinen Schlagwerks gemeint.

TT erwünscht sind, kann der Weg des Klanges mit dem Rumpf oder einem Arm mitzeigend verfolgt werden.

SW: Richtung, Entfernung des Klanges, Klangimpuls (Anschlag) und ‚Klangschweif' (Ausklingphase des Instruments)

VB: Ein Adler schwingt sich durch die Luft; Ein Flugobjekt gleitet durch den Weltraum; s. auch *Um mich herum* und *Das unsichtbare Band ...*

VA: a) Der Instrumentalklang ist nicht kontinuierlich zu hören, er reißt ab und taucht an einem anderen Raumpunkt wieder auf.
b) Dasselbe mit zwei Klängen.

Klangwege im Klangraum

AP: Die Hälfte der Gruppe sitzt mit geschlossenen Augen im Raum verteilt am Boden, die andere Hälfte ist mit verschiedenen Instrumenten ausgestattet bereit zur Fortbewegung.

AF: Die Instrumentalspieler bewegen sich zwischen den Sitzenden frei im Raum. Jeder Sitzende konzentriert sich auf einen Instrumentalklang, dessen Raumweg er innerlich oder als Mitbewegung des Oberkörpers oder zeigend mitvollzieht.

SW: Verschiedene Klänge in unterschiedlichen Entfernungen und Richtungen, Klangvordergrund (Instrumentalklang, auf den sich die persönliche Aufmerksamkeit richtet) und Klanghintergrund (übrige Instrumentalklänge), Verschwinden und Auftauchen von Klängen in der Klangwolke

VB: Ein Vogel im Schwarm; Ein Blatt im wirbelnden Laub; Ein Stern im Sonnensystem; Ein Stein in der Geröll-Lawine ...

Klangformation

AP: TT stehen, jeder ein Instrument haltend, im Raum verteilt, ein T steht ohne Instrument in der Raummitte.

AF: T nennt ein oder zwei Instrumente und schließt die Augen; TT bilden einen Kreis um T und spielen dann gleichzeitig ihre Instrumente. T zeigt auf das oder die vorher genannten Instrumente. Der Instrumentalkreis spielt so lange weiter, bis T die gewählten Instrumente identifiziert hat.

SW: Zusammenklang vieler Instrumente, spezielle Klangfarben, s. auch *Klangrund*

VB: Eine Klangwolke braut sich zusammen: der Regentropfen in der Wolke; Ein Schneeball wird geformt: eine Schneeflocke im Schneeball; Eine Perle in der Kette ...

Klangrund

AP: TT stehen im Kreis, jeder mit einem Instrument; ein T ohne Instrument steht mit geschlossenen Augen in der Kreismitte.

AF: TT spielen gleichzeitig ihre Instrumente; T in der Kreismitte zeigt mit rechtem und linkem Arm auf zwei Instrumente seiner Wahl. TT wechseln rasch ihre Plätze auf der Kreisbahn und lassen ihre Instrumente erneut erklingen. Der ‚Mittelpunkt' zeigt auf die beiden gewählten Instrumente.

SW: Instrumentalklänge verschiedener Ähnlichkeitsgrade, räumliche Anordnung der Klänge, s. auch *Klangformation*
VB: Ziffern und Zeiger einer Zauberuhr; Die Klangkobolde; Der Klangdetektiv ...

Klanghülle
AP: TT sind paarweise im Raum verteilt; ein Partner kauert bzw. kniet mit geschlossenen Augen am Boden, der andere steht bei ihm mit einem Instrument.
AF: Der Instrumentalist spielt Klänge auf seinem Instrument und führt es dabei um den Partner herum bzw. bewegt sich mit dem Instrument um ihn herum. Der kniende Partner folgt dem Instrumentalklang mit einem Körperteil (z.B Arm, Kopf, flach aneinandergelegten Händen, Ellenbogen) in Seit-, Vor-Rück- und Hoch-Tief-Bewegungen, ohne die Grundposition wesentlich zu verändern.
SW: Klangveränderungen, Richtungen und verschiedene Grade der Nähe eines Klanges
VB: Schlangenbeschwörung; Die Pflanze und der Sonnenstrahl; Das klingende Magnetfeld ...
VA: *Fliegen fangen:* der Kniende klatscht oder schnipst dort, wo er den Anschlag des Instruments vernimmt.

Der Klang weist den Weg
AP: TT stehen paarweise im Raum verteilt; ein Partner hat ein Instrument, der andere hat die Augen geschlossen.
AF: Der Partner mit Instrument führt den anderen mit dem Klang durch den Raum.
SW: Entfernung, Richtung von Klängen, Klangfarben, Klangvordergrund und -hintergrund, informativer Klang und Störschall
VB: Lotsen im Nebel; Glühwürmchen in der Nacht; Wegweiser im alten Schloß; Der Gang durch den Tunnel; Der Weg durch die Höhle ...

Das Klangdickicht
AP: TT stehen verteilt im Raum, jeder mit einem Instrument; ein Paar mit einem deutlich von den anderen zu unterscheidenden Instrument befindet sich am Rande. Ein T des Paares schließt die Augen.
AF: TT spielen ihre Instrumente, während der Instrumentalpartner des Paares den ‚Blinden‘ durch das Klangfeld führt.
SW: s.o. *Der Klang weist den Weg*
VB: Der Gang durch den Zauberwald; s. auch *Der Klang weist den Weg ...*

Klangsaum
AP: TT stehen einander paarweise gegenüber wie Bäume einer Allee, die leicht kurvig angelegt sein kann. Die beiden Partner eines Paares haben jeweils gleiche Instrumente. Am Anfang der Allee (Gasse) steht ein T mit geschlossenen Augen.
AF: T geht die durch Klangallee, wobei die Instrumentalpaare nacheinander einsetzen und ihr Spiel beenden, wenn der Wanderer an ihnen vorbeigezogen ist.
SW: Entsprechungen, Entfernungen, Richtungen von Klängen

VB: Wanderung auf der Klangallee; Ein Schiff in der Fahrrinne; Der Weg in die Höhle ...
VA: Alle Instrumente begleiten die ganze Wanderung.

Klangsignale
AP: TT stehen im Raum verteilt, jeder mit einem Instrument; ein T ist ohne Instrument, hat die Augen geschlossen und ist bereit zur Fortbewegung.
AF: T geht durch das TT-Feld; die Instrumentalisten beginnen zu spielen, wenn T mit ihnen zusammenzustoßen droht. Der Klang fordert zur Richtungsänderung auf.
SW: Nähe und Richtung von Klängen
VB: Der Gang durch den Klangwald; Wanderung in der Tropfsteinhöhle; Gang durch die nächtliche Stadt; Das Schiff im Labyrinth der Bojen ...

Klangimpulse
AP: Die Hälfte der Gruppe befindet sich mit klanglich gut unterscheidbaren Instrumenten in lockerer Verteilung am Rande des Aktionsfeldes; die andere Hälfte ist bewegungsbereit. Spieler und Tänzer sind einander paarweise zugeordnet, sollten aber keinen Blickkontakt haben.
AF: Sobald der Instrumentalist zu spielen beginnt, bewegt sich der dazugehörige Partner im Raum. Stoppt der Spieler, verharrt der Tänzer.
SW: Klangfeld, Klangvordergrund und -hintergrund, persönlich bedeutsame und unbedeutende Klänge, Anwesenheit und Abwesenheit des persönlich bedeutsamen Klanges im Klangfeld
VB: Die Puppenspieler; Der Herbstwind und das Blatt; Sommervergnügen und Winterschlaf ...
VA: Der Instrumentalist spielt verschiedene Tempi, die vom Tänzer übernommen werden.

Der Klang meiner Wahl
AP: Wie bei *Klangimpulse,* aber keine abgesprochene Paarbildung.
AF: Die Instrumentalisten beginnen zu spielen; jeder Tänzer entscheidet sich spontan, welchem Instrumentalklang er seine Aktionen anpassen möchte.
SW: s.o. *Klangimpulse*
VB: s.o. *Klangimpulse*
Anmerkung: Wenn nach Spielende geklärt wird, wer sich zu wessen Musik bewegt hat, ist es sehr wahrscheinlich, daß einige Instrumentalisten mehrfach gewählt wurden, während andere ohne Resonanz in der Bewegungsgruppe blieben. Da das sehr bitter sein kann, sollte L abwägen, ob es ratsam ist, vorher zu verabreden, wer sich zu wessen Klängen bewegt.

Klangverlockungen
AP: s.o. *Klangsignale*
AF: T bewegt sich im TT-Feld, wobei er von Instrumentalisten, die in nicht abgesprochener Reihenfolge solistisch ihr Instrument spielen, bald in diese, bald in jene Richtung gelenkt wird. T bewegt sich immer dorthin, wo ein Klang ertönt. Wenn er irgendwo anzustoßen droht, gibt das Tutti Alarm.

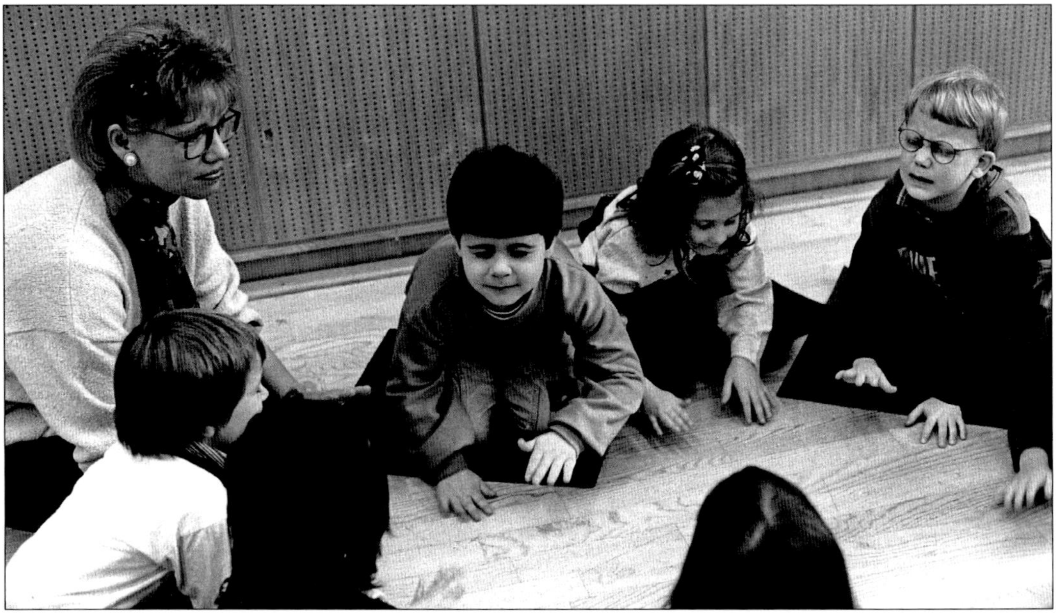

SW: Richtung und Entfernung von Klängen
VB: Lockrufe der Sirenen; Der alte Mann/Die alte Frau auf dem Basar; Der Traum vom Jahrmarkt ...
VA: Alle Instrumentalisten bilden einen gedämpften Klangteppich, von dem sich das jeweils lockende Instrument dynamisch abhebt.

Klangwechsel
AP: TT sitzen in einem engen Kreis und haben die Augen geschlossen.
AF: L (oder T) führt verschiedene Aktionen mit Körperklängen, Klanggesten, Mund-, Stimmgeräuschen u.ä. aus, wobei jede Aktion eine Zeitlang beibehalten und dann gewechselt wird. Die Aktionen müssen gut unterscheidbar und dynamisch kontrolliert sein, da TT die Aktionen und Aktionswechsel am eigenen Leibe simultan mitvollziehen sollen.
SW: Unterschiedliche Klangfarben
VB: Klingende Schatten; In der Klangwerkstatt; Spukschule für kleine Gespenster ...

5.1.3 Spiele zur kinästhetischen Sensibilisierung

Vorbemerkung: Die Sinneswahrnehmungen sind im folgenden nicht mehr einzeln aufgeführt, da sie sich weitgehend aus der Aktionsform ergeben. Es wird mit verschiedenen Spannungszuständen gespielt, ferner mit Krafteinsatz, Balance, Geschicklichkeit. Körperteildifferenzierung und Bewegungsführung, die in den Spielen für andere Sinnessysteme eine eher begleitende Rolle einnehmen, werden hier stärker ins Blickfeld gerückt.

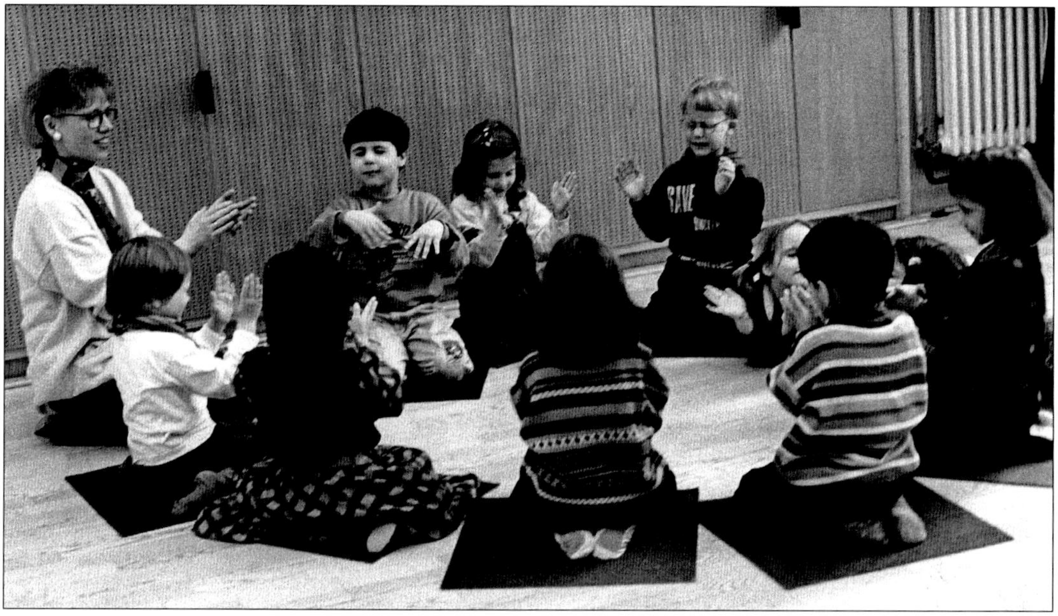

Begegnungen

AP: TT stehen frei im Raum verteilt.

AF: Auf Ansage (oder Anzeigen) des L oder eines T führt jeder T zwei seiner Körperteile aneinander (z.B. Knie und Ellenbogen, Hand und Schulter).

VB: Magnete; Körperteilbegrüßung; Stippvisite; Akrobaten-Vorschule ...

VA: a) Die Körperteile werden in Zeitlupe zueinander geführt.
b) Nach der Berührung federn die Köperteile voneinander ab.
c) Es wird der kürzeste Weg oder ein Umweg bei der Begegnung der Körperteile gewählt.

Anmerkung: Es ist darauf zu achten, daß jeweils beide Körperteile in Bewegung gesetzt werden und zueinander kommen.

Spannungen

AP: TT sitzen frei im Raum verteilt am Boden.

AF: Auf ein (Klang-)Signal hin kauert sich jeder T in maximaler Körperanspannung zusammen; auf ein anderes Signal oder Berührung durch L hin sinkt er unter kontinuierlichem Abbau von Körperspannung zu Boden. Danach wird die Spannung schlagartig oder kontinuierlich wieder aufgebaut.

VB: Der Schneeball schmilzt; Erbsen, Körner, Linsen einweichen; Dem Ball geht die Luft aus ...

Anmerkung: Kinder lieben es, wenn L herumgeht und bei jedem einzelnen den jeweiligen Spannungszustand ‚prüft'.

Positionen

AP: TT stehen paarweise im Raum verteilt.

AF: Ein Partner formt aus dem anderen eine Statue. Die ‚Bildhauer' gehen dann im Raum umher und betrachten die Kunstwerke, während die Statuen so lange verharren, bis ihr Künstler wieder bei ihnen angekommen ist.

VB: In der Kunstgalerie; Im prächtigen Schloßpark; Die Bilderhauerwerkstatt ...

VA: a) Nach der Fertigstellung sinken die Statuen zusammen, um dann schlagartig oder langsam hineinwachsend ihre alte Position wieder einzunehmen.

b) Der Künstler setzt seine Statue in Bewegung und bringt sie zu einem anderen Ausstellungsort, wobei die Körperform möglichst erhalten bleiben soll.

Auflagen

AP: Jeder T erhält ein Objekt, das er auf einem vereinbarten Körperteil plaziert.

AF: TT balancieren den Gegenstand, während sie sich durch den Raum bewegen. Wird dieses mit Musik begleitet, kann bei Unterbrechungen der Musik ein neuer Auflagepunkt für die nächste Balancierübung genannt oder gezeigt werden.

VB: Transporte ...

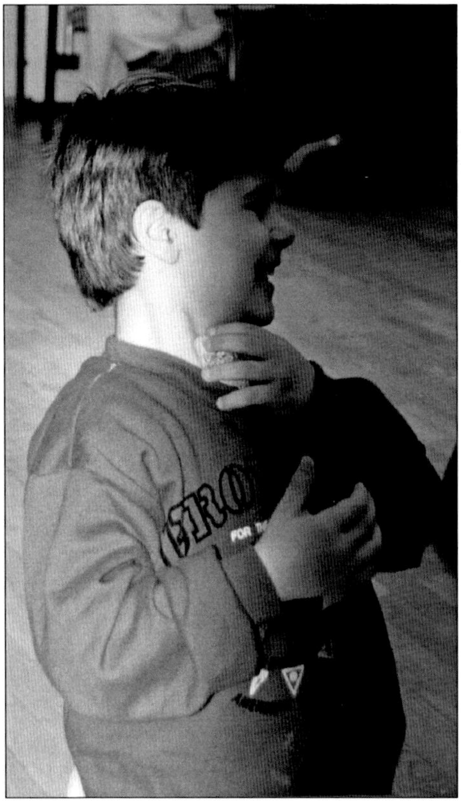

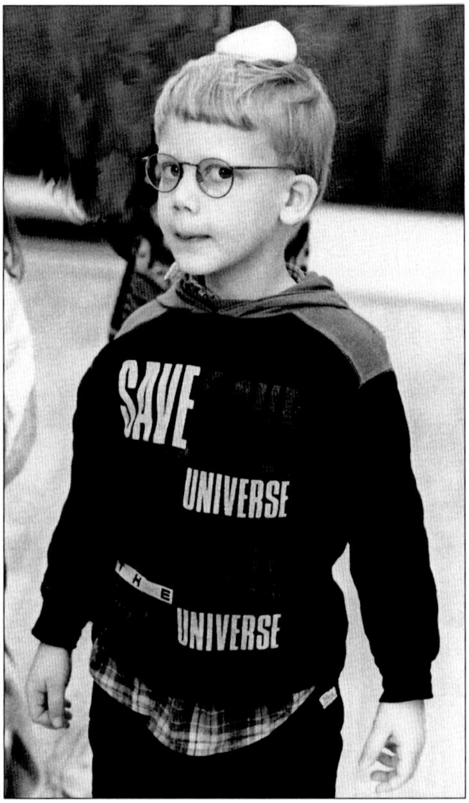

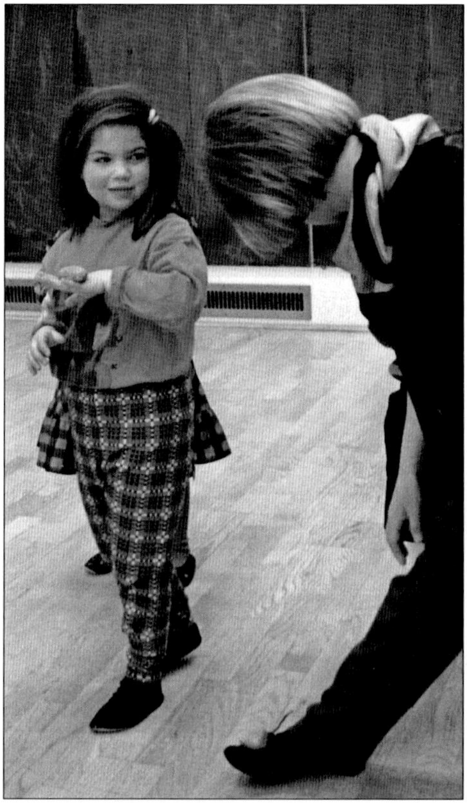

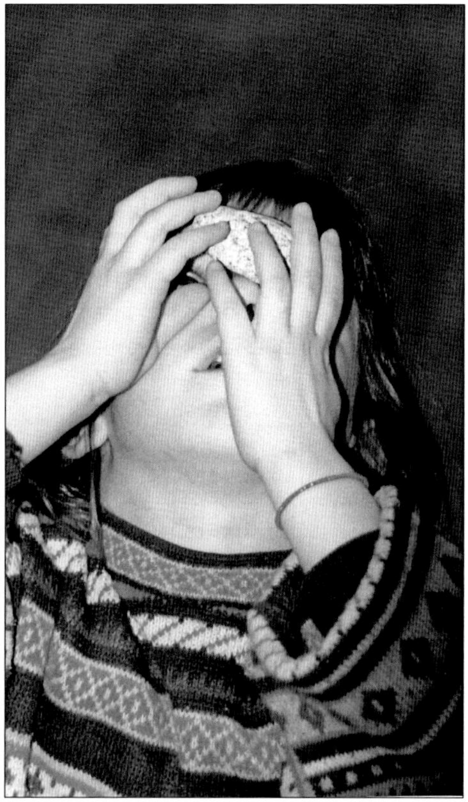

Vorsicht

AP: Jeder T hat ein Instrument, das schwer ‚ruhig' zu halten ist (z.B. Schellen, Glöckchen, Rasseln). TT stehen vor einer markierten Gasse.

AF: TT gehen einzeln durch die Gasse, wobei sie sich so vorsichtig bewegen müssen, daß das Instrument möglichst keinen Klang von sich gibt. Am Ende der Gasse spielen bereits angekommene TT für jeden Neuankömmling eine Begrüßungsmusik.

VB: Die Bannmeile vor dem Orchester; Die Ruhe vor dem Sturm; Die Straße der Stille ...

Abwerfen – Auffangen

AP: TT stehen verteilt im Raum, jeder mit einem Sandsäckchen in der Hand.

AF: Jeder T spielt mit seinem Sandsäckchen, indem er es hochwirft und auf einem bestimmten Körperteil landen läßt. Dann wird das Säckchen wieder in die Hand genommen, hochgeworfen und mit einem anderen Körperteil aufgefangen.

VB: Im Zirkus; Kunststücke machen ...

VA: Dieses Spiel wird wesentlich schwieriger, wenn die Säckchen nicht immer wieder in die Hand genommen, sondern von dem Körperteil, mit dem sie gefangen wurden, auch wieder abgeworfen werden.

Zuspielen

AP: TT stehen im Kreis.

AF: TT werfen einander einen imaginären Ball zu. Dabei soll der Fänger seine Fangbewegung auf die Art der Abwurfbewegung dessen, der ihn anspielt, abstimmen.

VB: Spiele mit Objekten (Bällen, Luftballons, Federn etc.) verschiedener Größe und verschiedenen Gewichts.

Geben – Nehmen

AP: TT stehen im Kreis.

AF: L gibt ein geheimnisvolles, imaginäres Objekt in die Hände eines T; dieser kann das unsichtbare ‚Ding' in einer Pantomime dehnen, stauchen, auseinanderfalten, deformieren etc. und in neuer Form an seinen Nachbarn weiterreichen, der seinerseits das Empfangene gestisch-pantomimisch umdeutet.

VB: Der Inhalt der Wundertüte; Luftzaubereien; Ein Geschenk für dich; Eine Zaubermasse in Form bringen ...

Balanceakt

AP: TT stehen am Anfang eines kurvig im Raum ausgelegten langen Seils.

AF: TT balancieren nacheinander über das Seil.

VB: Die Seiltänzerin; Gefährliche Bergwanderung; Artistenschule; Am Rande des Kraters ...

VA: a) TT bilden Paare, in denen ein Partner dem anderen Halt bietet, während dieser mit geschlossenen Augen das Seil überwindet.
b) Jeder T balanciert ohne Stütze mit geschlossenen Augen über das Seil.

Seilzug

AP: TT stehen paarweise im Raum verteilt, jedes Paar hat ein (nicht zu langes) Seil. Ein Partner hält die Seilenden, hinter ihm steht der andere, in Taillenhöhe in das Seil gelehnt.

AF: Der vordere Partner läuft in geraden und kurvigen Wegen und mit Tempovarianten durch den Raum, der hintere nimmt die Fortbewegung leicht ins Seil gelehnt, das immer straff bleiben soll, auf.

VB: Die Reise im Eselskarren; Der müde Jockey im Sulky; Ausflugsfahrt bergauf und bergab ...

VA: Der Partner im Seil hat die Augen geschlossen.

Klang-Körper

AP: TT stehen frei im Raum verteilt. Mehrere Instrumente liegen gut sichtbar im Raum verteilt.

AF: Jeder T bildet mit seinen köperlichen Möglichkeiten die Form eines Instruments nach. L (oder T) geht herum und schlägt jedes ‚Instrument' in der für dieses charakteristischen Spielart pantomimisch an. Das ‚Instrument' gerät in Schwingung und kommt wieder zur Ruhe.

VB: Das außerordentliche Orchester; Instrumentenfasching; Das Instrumentenmuseum ...

VA: a) Das Spiel wird ausgeführt, ohne daß Instrumente zur Ansicht ausgelegt sind.
b) Die körperliche Darstellung findet in Kleingruppen (3-4 TT) statt.
c) Zu den körperlichen Darstellungen finden stimmliche Imitationen des jeweiligen Instrumentalklangs statt, entweder von den jeweils in Schwingung Versetzten selbst oder unterstützend von der Gruppe.

5.1.4 Spiele zur cutanen Sensibilisierung

Vorbemerkung: Inhaltlicher Schwerpunkt dieser Spiele sind Berührung und Druck auf der Haut, um die Oberflächen- und Tiefensensibilität zu fördern. Dieses Sinnessystem ist dem kinästhetischen Sinn besonders eng verbunden, da sich durch die cutane Stimulation bestimmter Körperregionen das Körperschema verbessert und Körperbewußtsein gefördert wird. In Spielen mit Materialangebot stehen Tasteindrücke zur Wahrnehmung von Beschaffenheit und Konsistenz verschiedener Materialien sowie Erfahrungen mit Formen im Vordergrund.

Klänge spüren

AP: Ein großer Gong steht im Raum, TT stehen in mittlerem Abstand um ihn herum.

AF: TT treten einzeln nacheinander nah an den Gong heran und stellen sich frontal vor ihm auf; L schlägt den Gong an; T spürt die Vibrationen.

VB: Der Eingang in die Berghöhle; Donnergrollen; Der Fels erbebt ...

Umwogt werden

AP: Ein großes Stofftuch ist im Raum ausgebreitet. In der Mitte des Tuchs liegt ein T mit geschlossenen Augen, die anderen TT knien am Boden und fassen das Tuch mit beiden Händen.

AF: TT bewegen das Tuch in sanften und heftigeren Wellen.

VB: Eine Muschel im Ozean; Der schlafende Seestern; Die Nixe träumt ...

Winde wehen

AP: TT sind paarweise im Raum verteilt; ein Partner sitzt mit geschlossenen Augen am Boden, der andere hält ein Chiffontuch.

AF: Der Partner mit dem Tuch befächelt den Sitzenden mit dem Tuch, spendet ihm mehr oder minder heftigen Wind.

VB: Rast bei der Wüstenwanderung; Das laue Lüftchen; Die erfrischende Meeresbrise ...

Den Rücken stärken

AP: TT kauern frei im Raum verteilt am Boden.

AF: L geht herum und führt druckvolle Bewegungen auf dem Rücken jedes Ts aus (Rückenmassage).

VB: Im Garten: Blumenzwiebeln ins Beet graben, Sandhäufchen formen; In der Küche: Kuchenteig kneten, Kekse backen ...
VA: Dasselbe ist auch in Partnerarbeit möglich.

Eindrücke
AP: TT sind paarweise im Raum verteilt, wobei jeweils ein Partner auf dem Bauch liegt, während der andere neben ihm kniet.
AF: Der kniende T legt seine Hände druckvoll auf verschiedene Orte der Körperrückseite des Liegenden. Er verharrt einige Zeit an den jeweiligen Auflagepunkten, bevor er einen oder beide wechselt.
VB: Der Gärtner pflanzt ein Blumenbeet; Steine auf dem weichen Meeresboden; Muscheln graben sich ins Watt ...
VA: Die Körperrückseite des Liegenden wird mit einigen Sandsäckchen belegt, die auch umplaziert werden können.

Verstreichen
AP: TT stehen im Raum verteilt, jedoch durch räumliche Nähe oder Verabredung auf spätere Paarbildung vorbereitet.
AF: Jedes Kind streicht sich mehrfach in druckvoller Bewegung über Gesicht, Rumpf und Extremitäten. Für den Rücken muß ein Partner gefunden werden, der diesen bestreicht.
VB: Eincremen vor dem Sonnenbad; Abtrocknen nach dem Duschbad; Der Körperanstrich ...
VA: Klopfer: statt der streichenden Bewegung werden der eigene Körper und die Körperrückseite des Partners beklopft.

Druckpunkte
AP: TT sind paarweise im Raum verteilt. Partner A sitzt am Boden, Partner B erhält mehrere Sandsäckchen.
AF: B verteilt hinter dem Rücken von A mehrere Sandsäckchen am Boden; A legt sich zurück und spürt den Druck der Sandsäckchen an verschiedenen Körperpunkten.
VB: Die Prinzessin auf den Erbsen; Der tapfere Fakir; Maulwurfshaufen auf der Wiese ...
VA: Ein ‚Riesenspinnennetz' aus Seilen liegt am Boden. TT laufen, hüpfen, springen zur Musik in den Zwischenräumen der Seile herum. Wenn die Musik stoppt, legen sich alle auf das Spinnennetz und spüren die Seile sowie deren Kreuzungen und Knoten an der Körperrückseite.

Druckrolle
AP: Sandsäckchen liegen auf einer markierten oder imaginären ‚Straße' verteilt im Raum; TT befinden sich in einer Schlange am Anfang der Straße.
AF: TT rollen sich nacheinander langsam durch die Sandkissenstraße.
VB: Ein Ball auf bemoostem Kopfsteinpflaster; Der Rosinenteig wird ausgerollt ...

Gewichtiges

AP: TT sind paarweise im Raum verteilt; die Partner stehen einander gegenüber, bei jedem Paar liegen mehrere Sandsäckchen.

AF: Ein Partner formt den anderen z.B. zu einem Bäumchen und legt verschiedene Sandsäckchen auf die sich anbietenden Auflageflächen. Der ‚Belegte' spürt das Gewicht der Säckchen und wirft dann eines nach dem anderen vorsichtig ab. Dann nimmt er noch einmal die Bäumchen-Position ein und schickt seine Aufmerksamkeit dorthin, wo die Säckchen aufgelegen haben. Sein Partner ‚erlöst' ihn mit einem Klatscher.

VB: Ein Bäumchen schmücken; Der Obstbaum; Im herbstlichen Obstgarten; Das Lastenregal; Im Speicher ...

Fußwege

AP: Sandkissen oder Säckchen mit unterschiedlicher Füllung liegen im Schrittabstand im Raum; TT stehen barfuß in einer Schlange davor.

AF: TT gehen nacheinander langsam über die Säckchen, wobei sie den Fuß jedesmal intensiv in die Unterlage ‚hineinkneten'.

VB: Auf dem Waldweg; Der Weg durchs Moor; Die Brücke über die Klippen ...

VA: Der Weg kann auch mit geschlossenen Augen allein oder auf einen seitlich mitgehenden, sehenden Partner gestützt zurückgelegt werden.

Tastplatte

AP: Unter einem großen Tuch sind mehrere Papp-Platten oder Holzbrettchen verborgen, die mit Textilien verschiedener Härte- und Rauhigkeitsgrade beklebt sind; TT sitzen um das Tuch herum.

AF: Die Finger/Fingerkuppen/Handflächen der TT gleiten über die Tastplatten; jeder T nennt eine Fühlqualität (weich, rauh, haarig ...), die dann von allen auf den Platten aufgesucht wird.

VB: Die geheimnisvolle Landkarte; Das versunkene Landschaftsbild; das Fell des Zaubertiers ...

Tastband

AP: TT sind paarweise im Raum verteilt; ein Partner hat die Augen geschlossen und beide Hände zu einem ‚Handtunnel', d.h. einer lockeren, nicht ganz geschlossenen Faust geformt. Der andere hat ein ‚Textilobjekt', das aus verschiedenen aneinandergeknoteten Teilen wie z.B. Seil, Satinband, Chiffontuch, Samtstreifen, Gummiband etc. besteht.

AF: Der Partner mit dem Tastband fädelt dieses in den Handtunnel ein und zieht es langsam durch.

VB: Die verkleidete Schlange; Der Riesenfaden im Nadelöhr ...

Tastobjekte

AP: TT sind paarweise im Raum verteilt; ein Partner hat die Augen geschlossen.

AF: Der Sehende führt seinen Partner zu einem Objekt im Raum (Möbelstück, Instrument, Fenster, Gardine, Heizung, Boden etc.) und legt dessen Hände darauf ab. Der Partner mit den geschlossenen Augen tastet das Objekt sorgsam ab. Nach mehreren Durchgängen mit Rollenwechseln kann sich eine instrumentale/vokale Improvisation anschließen, in der die erfühlten Qualitäten klanglich verarbeitet werden.

VB: Die nächtliche Entdeckungsreise; Klänge suchen; Fremde Objekte auf einem anderen Stern ...

Anmerkung: Es muß vor Beginn des Spiels klargestellt werden, daß es nicht darum geht, den ertasteten Gegenstand vordergründig zu identifizieren, sondern darum, Details und seine Beschaffenheit zu er-fahren oder den Gegenstand im Rahmen eines Phantasiebildes seiner ertasteten Materialeigenschaft gemäß umzudeuten.

Rückenpartner

AP: TT sind paarweise im Raum verteilt; die Partner sitzen Rücken an Rücken.

AF: Die Partner bringen soviel Rückenfläche wie möglich aneinander; dann rollen sie langsam und gleichmäßig die Wirbelsäule ab und wieder auf.

VB: Doppelantennen werden ein- und ausgefahren; Das geheimnisvolle U-Boot ...

Tastzwilling

AP: Jeder T erhält einen Schlägel, der sich in Material, Größe und Form möglichst von denen der anderen TT unterscheiden sollte. Jeder T betastet seinen Schlägel ausführlich, legt ihn neben sich ab und schließt die Augen.

AF: L geht mit einer großen Schlägelsammlung von T zu T. Jeder sucht sich – die Schlägel ‚blind' abtastend – den zu seinem passenden zweiten heraus.

VB: Der Schlägelstrauß; Ein besonderer Blumenstrauß ...

VA: a) Diese Spielform läßt sich auch gut mit kleinen Stoffkissen oder -säckchen durchführen, die unterschiedliche, aber jeweils zweifach vorhandene Füllungen haben.

b) Der erste Schlägel wird bereits mit geschlossenen Augen abgetastet; danach wird die Schlägelsammlung angeschaut und der Schlägelzwilling ohne Berührung identifiziert.

c) Dieses Spiel ist auch mit kleinen Gegenständen aller Art möglich, die ‚blind' aus einem Säckchen gefischt, dann abgetastet und weggelegt werden. TT erkennen die ihrem Tasteindruck entsprechenden Gegenstände optisch aus einem großen Haufen verschiedener Objekte wieder.

Suchobjekt

AP: TT erhalten verschiedene Erscheinungsformen einer Objekt- bzw. Materialklasse (z.B. Schlägel, gefüllte Kissen, Stoffreste, Steine).

AF: Jeder betastet seinen Gegenstand, wirft ihn in einen großen Sack, den L dann unter einem großen Tuch auskippt. TT versammeln sich um das Tuch und finden aus den nun darunter liegenden Gegenständen den ihrigen heraus.

VB: Der verlorene Stein; „Du entgehst mir nicht!"; Der/Die ... kehrt heim; Die Erinnerung an ...

VA: Das Spiel kann auch mit geschlossenen Augen durchgeführt werden.

Er-fahrung

AP: TT sind paarweise im Raum verteilt; die Partner A und B eines Paares sitzen einander gegenüber am Boden. Jeder T hat ein Seil, ein Partner (A) hat die Augen geschlossen.

AF: B legt mit seinem Seil eine Form, die A abtastet. B entfernt das Seil, A öffnet die Augen und legt die ertastete Form mit seinem Seil nach.

VB: Kopie der geheimen Landkarte; Die verworrene Reling; Nächtliche Wegweiser ...

VA: Statt mit Seilen können auch mit Schlägeln oder Holzstäbchen Formen gelegt werden, die aufgrund des gradlinigen Zueinanders der Teile leichter zu identifizieren sind.

Rückengemälde

AP: TT sind paarweise im Raum verteilt; ein Partner steht hinter dem anderen.

AF: Der hintere Partner malt dem vorderen ein einfaches Muster oder eine Kombination von Punkten und Strichen auf den Rücken; der ‚Vordermann' malt das Empfangene vor sich in die Luft.

VB: Der Schatten des Dirigenten; Signale aus der Gemäldegalerie; Geheime Nachrichtenübermittlung ...

VA: a) Der vordere Partner gibt die auf dem Rücken empfangenen Eindrücke nicht als Luftmuster, sondern als Raumweg wieder.

b) TT stehen in einer Schlange und geben die Rückengemälde an den Vordermann weiter. Der Schlangenkopf hat eine andere Umsetzungsebene, also ein Luft- oder Raummuster oder eine Instrumentalaktion.

Anmerkung: Es ist darauf zu achten, daß einfachste, klare Informationen, die Grobunterscheidungen zulassen, auf den Rücken geklopft bzw. gestrichen werden (symmetrische, geometrische Formen; lineare oder wellenförmige Gebilde; Punkte und Striche; entfernte und dichte, flächige und gebündelte Ereignisse).

5.1.5 Spiele zur sozialen Sensibilisierung

Vorbemerkung: Hier handelt es sich nicht um einen in unserer physiologischen Ausstattung verankerten Sinn, sondern um die psychische Bereitschaft, andere Menschen wahrzunehmen, sich auf sie einzustellen und empathische Fähigkeiten zu entwickeln. Da die Sinnessysteme die Kontaktstellen zwischen Mensch und (Um-)Welt sind, ist eine differenzierte Sinnestätigkeit auch Voraussetzung sozialer Sensibilität. Die vorgenannten auditiven, kinästhetischen und cutanen Sensibilisierungsspiele finden im sozialen Kontext statt; die meisten von ihnen leben davon, daß die Partner in wechselseitiger Stimulation und Rezeption, im Geben und Nehmen miteinander interagieren. Insofern ist die Förderung des sozialen Sinns anderen sensorischen Differenzierungsleistungen innerlich verbunden. Obwohl Sinnessensibilisierung fast immer im sozialen Miteinander stattfindet und obwohl das Thema Interaktion ausführlich in Kap. 7.2 behandelt und mit Unterrichtsbeispielen versehen ist, werden im folgenden doch noch einige Spielformen geschildert, in denen eine feine Antenne für andere und die Regulierung des eigenen Verhaltens zugunsten eines Gruppen- bzw. Teamgeistes gefordert ist.

Zueinander

AP: TT stehen frei im Raum verteilt.

AF: TT bewegen sich zur Musik im Raum. Stoppt die Musik, nennt L (oder T) ein Körperteil, das als Kontaktstelle bei der Berührung der TT untereinander dient. Pro Durchgang begegnet jeder T möglichst vielen anderen TT, mit denen er die aufgerufenen Körperteile aneinanderführt.

VB: Begrüßungen; Begegnungen; Nachrichtenübermittlung ...

Nacheinander

AP: TT sitzen oder stehen im Kreis, jeder mit einem möglichst lang klingenden Instrument.

AF: TT schlagen nacheinander je einmal ihr Instrument an, jedoch erst, wenn der Klang des vorhergehenden Instruments vollständig verklungen ist.

VB: Glöckchen verklingen; Klingende Sternschnuppen; Klangtupfen verlöschen; Jedes Instrument verabschiedet sich ...

VA: Dasselbe mit geschlossenen Augen.

Aneinander

AP: TT stehen paarweise verteilt im Raum.

AF: Jedes Paar findet verschiedene Möglichkeiten, Zug und Druck so einzusetzen, daß die Partner nur gemeinsam die Balance halten können.

VB: s.o. „Positionen“

Miteinander

AP: TT bilden Kleingruppen von ca. vier Personen; jede Kleingruppe steht um einen Reifen herum.

AF: Jede Kleingruppe trägt ihren Reifen ohne Absprache der Richtung an einen anderen Ort und legt ihn dort ab.

VB: Brunnen verlagern; Moorlöcher befestigen; Die Krater des Vulkans ...

VA: Jede Kleingruppe hat ein Seil, das in eine verschlungene Form gelegt oder in eine bizarre Form geworfen und dann möglichst unter Beibehaltung der Form an einen anderen Platz getragen wird.

Beieinander

AP: TT sitzen im Kreis, jeder mit einem Instrument.

AF: TT führen gemeinsame Auf- und Abbauprozesse in einem musikalischen Parameter durch, ohne daß detaillierte Absprachen über die Dauer der Abschnitte getroffen wurden. Sie müssen horchend beieinander bleibend die Klangstrekken gemeinsam durchmessen.

VB: Je nach Phantasierahmen: jemand (etwas) wird schneller, langsamer; lauter, leiser; verdichtet, verstreut sich; wird höher, tiefer etc. ...

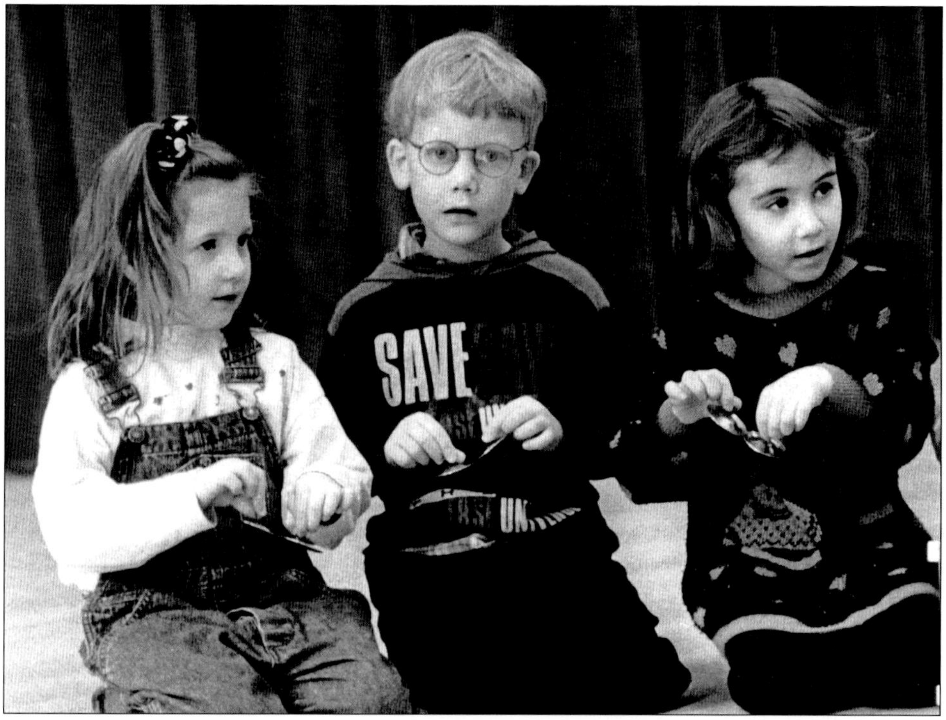
SAVE

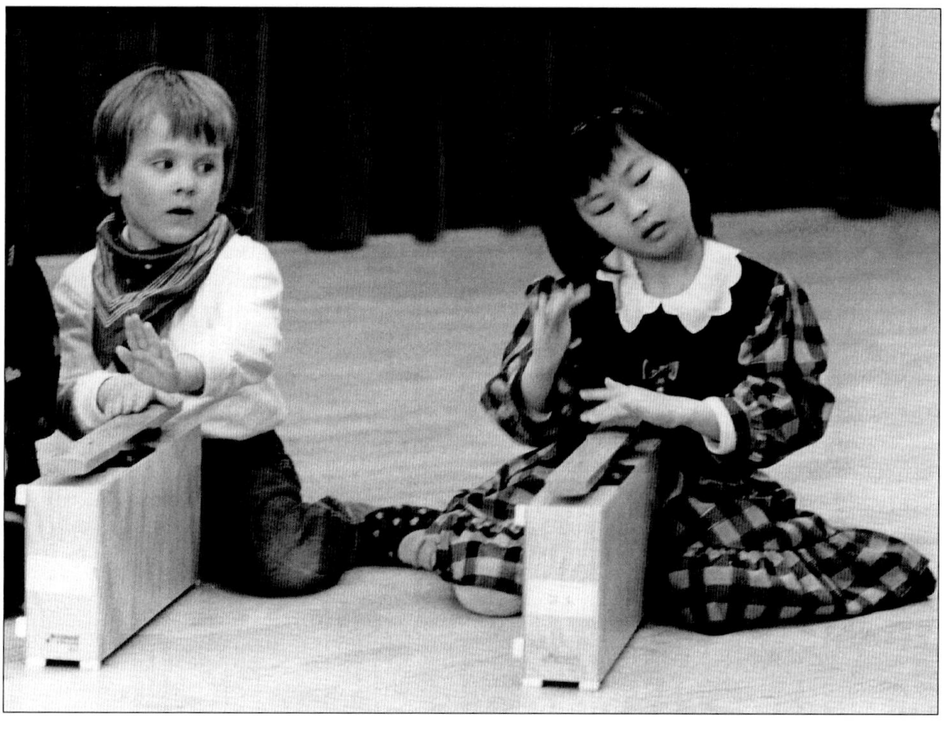

Abgeben

AP: TT stehen im Kreis, jeder mit einem Instrument.

AF: Ein T führt jeweils eine Klangaktion von selbstgewählter Länge aus, wobei er sich gegen Ende der Aktion seinem Nachbarn zuwendet und diesem gestisch, mimisch und klanglich verdeutlicht, wann er übernehmen möge. Es sollte zwischen den Aktionen zweier TT möglichst kein Bruch entstehen.

VB: Sich einen Klangball zuspielen; Klangkette; Verschiedene Muster eines eng geknüpften Klangbandes ...

VA: Der T, der eine Klangaktion durchführt, spielt den ‚Klangball' nicht seinem Nachbarn zu, sondern einem frei gewählten T im Kreis.

Abpassen

AP: TT stehen oder sitzen verteilt vor einer Bodenmarkierung, die z.B. einen schmalen Steg darstellen soll.

AF: Ohne daß eine Reihenfolge benannt oder angezeigt wird, überqueren die Kinder einzeln die Markierung. Sie sollen dabei von ihrem Platz aus starten, d.h. sich nicht hintereinander vor der Markierung aufstellen.

VB: Eine schmale Brücke überqueren; Einen gefährlichen Fluß durchschwimmen; aus einem Flugzeug oder einem Schiff aussteigen (oder in dasselbe einsteigen) ...

VA: TT haben Instrumente. Es darf immer nur einer zur Zeit spielen, wobei offen ist, wer der nächste Spieler ist.

Ausgleichen

AP: TT stehen gleichmäßig im Raum verteilt.

AF: Sie laufen umher, müssen jedoch darauf achten, daß die Verteilung der Gruppe im Raum gleichmäßig bleibt und sich nirgends Ballungen oder Lükken bilden.

VB: Gemeinsam eine gläserne Platte, die auf einer Kugel im Raummittelpunkt aufliegt (oder Tischplatte, die auf einer Mittelsäule ruht) in der Horizontale halten; Die große Raumwaagschale; Das wirbelnde Pünktchenmuster ...

Zusammenhalten

AP: TT stehen im Kreis und vereinbaren – je nach Schwierigkeitsgrad – zwei bis vier Klangereignisse, z.B. Klanggesten.

AF: TT führen eine gemeinsame Improvisation durch, in der jeder T eine Klanggeste wählen darf. Die Klanggeste kann im Laufe der Improvisation beliebig oft gewechselt werden, wobei jedoch darauf zu achten ist, daß die Anteile der verabredeten Ereignisse am Gruppenklang gleichbleiben, so daß kein Ungleichgewicht entsteht.

VB: Den Klangschatz bewahren; Die Klangwaage; Nichts geht verloren; Gleichgewicht ...

5.2 Stundenbeispiel

Die folgende Unterrichtseinheit besteht aus zwei inhaltlich zusammenhängenden Abschnitten, in denen vor allem Spiele zur kinästhetischen, cutanen und sozialen Sensibilisierung eine tragende Rolle spielen. Diese werden in eine Spielsituation eingebunden, die durch das Lied vorgegeben ist; das Lied ist handlungsauslösend und handlungsbegleitend und zieht sich als roter Faden durch die Stunde(n). Im ersten Teil der Einheit (Reisevorbereitung) ist die Liedeinstudierung mit Sorgfalt vorzunehmen, so daß die zweite Strophe des Liedes im zweiten Teil (Reise und Abenteuer) als Bindeglied zwischen den Episoden variantenreich gestaltet werden kann. Da es dann den Kindern schon sehr vertraut ist, können Neugier, Spannung und erhöhte Konzentrationsbereitschaft in die Aktionen mit Seil, Partner und Gruppe eingebracht werden.

Das Seil ist als Objekt im Unterricht mit Vorschulkindern nicht unproblematisch. Sein hoher Flexibilitätsgrad und Assoziationen zu sportlichen Betätigungen bringen häufig Unruhe und Unaufmerksamkeit für unkonventionellere, sanftere und damit sensiblisierende Umgangsweisen mit diesem Gerät. Wir wählten für die hier dargestellte Stunde 2,5 m lange farbige Baumwoll-Litzenseile, die vorstellungsmäßig nicht so stark besetzt sind wie ‚Springtau'-Hanfseile. Trotzdem kommt das beliebte Tauziehen am Anfang der Einheit vor, paßt es doch sehr in das Bild eines ‚störrischen Esels'.

Sehr viele Übungen der Einheit werden in Partnerarbeit durchgeführt. Am Anfang der Stunde bilden sich die Paare, die dann die ganze Einheit aufeinander bezogen bleiben, im wesentlichen nach dem Zufallsprinzip (die Kinder kommen nacheinander in den mit Seilen ausgelegten Raum, setzen sich an ein Seilende und bilden mit dem Kind am anderen Seilende ein Paar). Die Lehrkraft sollte auf Unmutsäußerungen der Kinder über die jeweilige Paarbildung eingehen und darauf achten, daß der paarinterne Kontakt gut, d.h. freundschaftlich ist; deshalb sind unter sozialem Aspekt Umgruppierungen möglich.

Die beiden zur Debatte stehenden Rollen (Esel und Bergdorfbewohner) werden infolge des häufigen Rollentauschs im Laufe des Unterrichts von allen Kindern gespielt. Durch diese geringe Fixierung erweitert sich der Erfahrungsradius jedes einzelnen Kindes. Ein Spiel mit Rollentausch erscheint Kindern nicht – wie vielleicht Erwachsenen – unlogisch, es harmoniert vielmehr mit ihrer nicht abspaltenden, ganzheitlichen Wahrnehmungsfähigkeit und mit der trotz starken und zuweilen auch beharrlichen Identifikationen vorhandenen hohen Fluktuation von Phantasievorstellungen.

Bei den in Partnerarbeit zu bewältigenden ‚Reiseabenteuern' des zweiten Teils sollte möglichst immer ein Wechsel vorgenommen werden, so daß zunächst entweder der Bergdorfbewohner oder der Esel und dann der andere die Aufgabe erfüllen. Hier handelt es sich also nicht um einen Rollentausch, sondern um eine Spielwiederholung mit Aktionswechsel.

Gefährliche Reise

Unterrichtseinheit für die Musikalische Früherziehung

(In allen Stundenbeispielen werden folgende Abkürzungen benutzt: L = Lehrer, K = Kind, KK = Kinder)

I.

In der Anzahl der halben Gruppenstärke sind im Raum Seile ausgelegt.

- L zieht KK nacheinander mit einem Seil – in ‚Tauziehmanier' – in den Raum, wobei jedes K angesprochen und begrüßt wird.
- Jedes K setzt sich an ein Seilende, bis schließlich jedes Seil zwischen einem Kinderpaar liegt.
- KK spielen mit dem Seil, probieren Möglichkeiten, sich damit zu zweit fortzubewegen, und versuchen, einander über die (evtl. markierte) Raumdiagonale zu ziehen.
- Die Aktion endet, wenn L jeweils einem K jedes Paares ein Sandsäckchen auf Schulter oder Kopf legt. Damit definieren sich die Rollen: der Sandsäckchenträger ist ein lastentragender Esel, der Partner ein Bergdorfbewohner.
- L spricht mehrmals den ersten Teil des Liedes „Kleiner Esel" von Thomas Holland-Moritz (s. nebenstehende Seite): „Esel, kleiner Esel sei nicht störrisch, denn wir wollen auf die große Reise geh'n, uns gut versteh'n ... Esel, kleiner Esel ...", dem Liedrhythmus entsprechend und durch Stimmhebung und -senkung den Tonhöhenverlauf andeutend. Bei den langen Notenwerten wird die metrische Pulsation durch Klang- oder Körpergesten hör- bzw. sichtbar gemacht.
- KK sprechen den Liedtext nach bzw. mit. Dabei zieht der Bergdorfbewohner den störrischen Esel, der seine Last nicht verlieren darf, zu sich herüber. Die Rollen werden gewechselt, indem der vormalige Esel dem Partner das Sandsäckchen auflegt und seinerseits zu ziehen beginnt. Mehrfacher Wechsel, dann legen die Esel ihre Last (in einer Raumecke) ab.
- KK legen gemeinsam mit ihren Seilen einen Kreis, der den Dorfplatz darstellt. Dort beginnen die Reisevorbereitungen: jeder Bergdorfbewohner putzt und striegelt seinen Esel, er streicht ihm sorgfältig, langsam und druckvoll über Rücken, Arme und Beine. Da auf der vermutlich anstrengenden Reise die Esel auch ausgewechselt werden müssen, wird jedes K als Esel reisefertig gemacht: Rollenwechsel.
- Alle setzen sich im Kreis auf den Dorfplatz und wiederholen den ersten Liedteil und lernen den zweiten, wobei L den pulsierenden ‚drive' verdeutlichen sowie den Melodieverlauf als Luftkurve mitzeichnen sollte.
- Am Abend sinnieren Bergdorfbewohner und Esel (explizite Rollenzuweisung ist hierbei nicht notwendig) über die bevorstehende Reise: „Ist es auch beschwerlich wird es dann und wann gefährlich, etwas Glück bringt uns zurück!" Die Paare lehnen stehend oder sitzend so aneinander, daß sie gemeinsam die Balance halten. Positionswechsel bei jeder Wiederholung der Liedzeile.
- Bei Tagesanbruch traben sich alle ein: L spielt das Lied auf dem Klavier, so daß KK das Achtelmetrum als Bewegungstempo aufnehmen können.

Kleiner Esel

Text und Melodie: Thomas Holland-Moritz

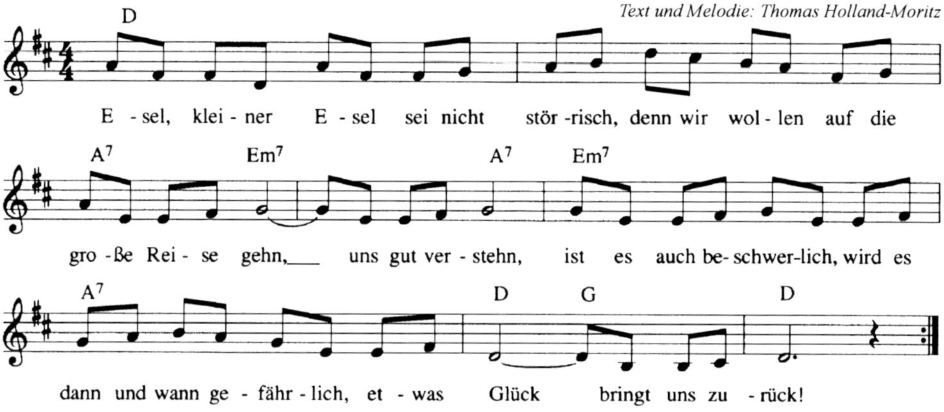

2. Lockt dich nicht das Abenteuer?
Viele Dinge ungeheuer, die noch nie zuvor
ein Mensch gesehn,
laß nun länger uns nicht warten,
wenn wir stets zusammenhalten,
kann uns nichts geschehn!

3. Uns're lange Reise geht zu Ende:
Auf!, wir fahrn zurück ins alte Heimatland,
uns wohlbekannt,
du und ich ein wenig müde
aber glücklich und zufrieden
sind wir nun zu Haus'.

– Die Paare finden sich wieder als Bergdorfbewohner und Esel zusammen, nehmen ihr Seil und stellen sich hintereinander auf. Der vordere Partner (Esel) hält die Seilenden, der hintere Partner (Bergdorfbewohner) steht in das Seil gelehnt. Nun beginnt die Probefahrt.

– KK laufen, das Lied zur Klaviermusik singend, durch den Raum, wobei das Seil straff gespannt bleiben sollte.
Am Schluß des Liedes sind die Eselskarren wieder am Aufbruchsort angekommen, die Rollen wechseln und die Fahrt beginnt von neuem.
Je nachdem, ob der Weg bergauf, bergab oder eben verläuft, wird das Lied in unterschiedlichen Tempi und Ausdruckscharakteren gesungen. Diesen wird die Fortbewegung angepaßt.

– Wenn die Klaviermusik endet, bleiben alle am jeweiligen Raumort stehen und gehen paarweise nacheinander – ohne Absprache der Reihenfolge – in selbstgewähltem Tempo und Ausdruck aus dem Raum (wenn die Stunde hier enden soll) oder versammeln sich auf dem Dorfplatz, um nach einer Rast gemeinsam zur großen Reise aufzubrechen.

II.

– KK lernen die zweite Strophe des Eselliedes.

– Die Reise beginnt: Die Bergdorfbewohner steigen in die Eselskarren, und die Esel ziehen los. Alle singen zur Klaviermusik die zweite Strophe des Eselliedes, das damit zum Reiselied wird.

– Es wird Nacht, der Weg ist schmal, alle müssen anhalten: jedes Paar legt sein Seil am Boden aus; ein K balanciert mit geschlossenen Augen über das Seil, während der Partner mit offenen Augen neben dem Seil geht und seine Schulter als Stütze anbietet. Wechsel.

- Weiterreise im Eselskarren, dabei mehrmaliges Singen des Reiseliedes mit Tempo- und Ausdrucksvarianten.
- Es ist wieder Tag und die Reisenden sind im Tal der Schlangen angekommen: Das Seil wird zur Schlange; ein Partner jedes Paares schlägt Schlangenlinien mit dem Seil, der andere springt darüber. Dann laufen und springen die KK ohne Seil durch das Schlangental, möglichst ohne die Seile zu berühren. Wechsel.
- Die Schlangen werden gezähmt, indem ein Partner dem anderen, der mit geschlossenen Augen am Boden sitzt, das Seil senkrecht durch die zur losen Faust geformten Hand (‚Handtunnel‘) gleiten läßt. Wechsel.
- Weiterreise im Eselskarren, dabei mehrmaliges Singen des Reiseliedes mit Tempo- und Ausdrucksvarianten.
- Die nächste Nacht verbringen alle im Schutze eines großen Baumes, der aus Seilen gelegt wird. KK bilden einen Kreis mit etwas Abstand zwischen den Kreisnachbarn. Zum Schlafen müssen alle etwas näher aneinanderrücken: mit geschlossenen Augen machen KK nacheinander je einen Schritt zur Kreismitte, bis der Kreis um eine Schrittlänge verkleinert ist. Dann treten alle wieder einen Schritt zurück und erreichen ihre Ausgangspostion. KK öffnen die Augen: es ist wieder Tag geworden.
- Weiterreise im Eselskarren, dabei mehrmaliges Singen des Reiseliedes mit Tempo- und Ausdrucksvarianten.
- Die Reisenden gelangen an ein Riesenspinnennetz: KK legen mit ihren Seilen auf dem Boden ein Netz und rollen sich nacheinander vorsichtig hindurch, ohne die Form des empfindlichen Spinnennetzes zu zerstören.
- Weiterreise im Eselskarren, dabei mehrmaliges Singen des Reiseliedes mit Tempo- und Ausdrucksvarianten.
- Die dritte Nacht verbringen die Reisenden im Wald. Da der Boden sehr feucht ist, müssen sie auf Baumwurzeln schlafen: KK legen die Seile am Boden aus, ein Partner jedes Paares legt sich in Längsrichtung auf das Seil, das als Markierung und Fortsetzung der senkrechten Körperachse empfunden werden kann. Der andere Partner hält Wache, er bewegt sich vorsichtig und leise durch den Raum und stößt ab und zu ein vorher innerhalb des Paares verabredetes Warnsignal aus (oder ruft leise den Namen des ‚Schlafenden‘). Hört der Partner den Warnruf, schreckt er hoch, setzt sich auf und rollt langsam wieder auf seine ‚Baumwurzel‘ ab, um seinen Schlaf bis zum nächsten für ihn bestimmten Signal fortzusetzen. Wechsel.
- Die Reise geht zu Ende, KK lernen die dritte Strophe des Eselliedes und machen sich damit auf den Rückweg.
- Die Karren halten an, die Bergdorfbewohner steigen aus, recken und strecken sich; sie belohnen ihre Esel mit Streicheln und Beklopfen. KK legen wieder einen Seilkreis als Dorfplatz, auf dem sich alle zur Verabschiedung versammeln.

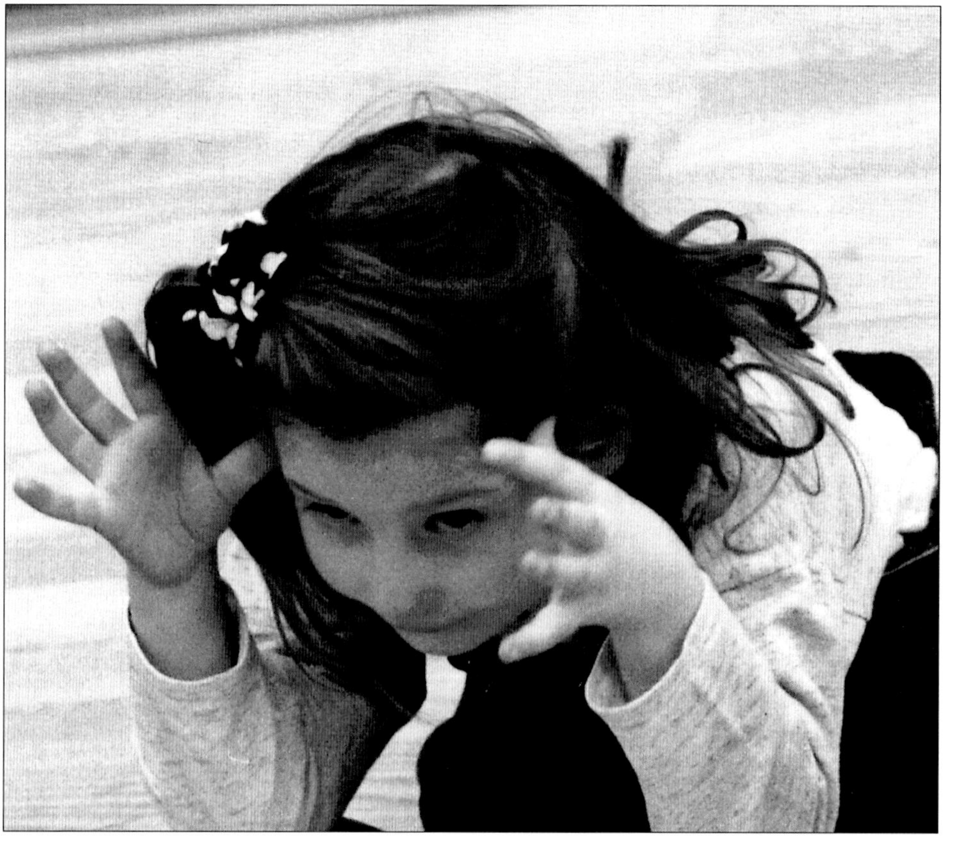

Literatur

Auerbach, Lore: Hören lernen – Musik erleben. 100 Spiele und Beschäftigungen zur Vermittlung musikalischer Grundfertigkeiten. Wolfenbüttel 1972

Beck, Johannes/Wellershoff, Heide: SinnesWandel. Die Sinne und die Dinge im Unterricht. Frankfurt a. M. 1989

Geißler, Uli: Tausendfüßlers Taschentuch. Spiele mit Seilen und Tüchern. Münster 1991

Manteufel, Eva/Seeger, Norbert: Selbsterfahrung mit Kindern und Jugendlichen. München 1992

Mönkemeyer, Karin: Spiele für alle fünf Sinne. Hören, riechen, schmecken, sehen, greifen: wie Babys und kleine Kinder spielend lernen. Hamburg 1988

Reichel, Gusti/Rabenstein, Reinhold/Thanhoffer, Michael: Bewegung für die Gruppe. Münster 1987

Reichel, Gusti: Lebendig statt brav. Münster 1988

Schaefer, Gudrun: Rhythmik als interaktionspädagogisches Konzept. Solingen 1992.

Vopel, Klaus: Interaktionsspiele für Kinder. Teil 1: Kontakt – Wahrnehmung – Identität (Lebendiges Lernen und Lehren Band 10). Hamburg 1977

Vopel, Klaus: Bewegung im Schneckentempo (Kinder ohne Streß Band 1). Hamburg 1989

Teil II

Didaktik persönlichkeitsbildender Musikerziehung

6. Ziele der Elementaren Musikpädagogik

Der in diesem Kapitel vorgestellte Zielkatalog ist aus der praktischen Arbeit mit Vorschulkindern entstanden. Unterrichtshospitationen und -praktika sind an der Hochschule für Musik und Theater in Hamburg Bestandteil der Diplom-Musiklehrer-Ausbildung in der Studienrichtung Allgemeine Musikerziehung. Es wird hier zu einer didaktischen Theorie gebündelt, was sich aus Analysen der Unterrichtspraxis ergab und bereits in zahlreichen Erprobungen in die Praxis zurückgeflossen ist.

Da unsere Zielentwicklung auf der musikalischen Arbeit mit Vorschulkindern basiert, handelt es sich hier zunächst einmal um einen Zielkatalog Musikalischer Früherziehung als Bereich Elementarer Musikpädagogik. Wir unterscheiden vier Zielebenen, die simultan im Unterricht vertreten sind: die psychologische, soziale, motorische und musikalische Ebene. Die Ziele jeder Ebene sind progressiv angeordnet. Die Progression soll klären helfen, welche Verhaltensweise bzw. Befindlichkeit zunächst abgesichert sein muß, um die nachfolgende Anforderung als Differenzierung oder Steigerung des Vorhergehenden einzubringen. Ein Unterrichtsinhalt kann erst zum Übegegenstand werden, wenn die Schüler über ausreichend Vorerfahrung verfügen; bei ungenügender Absicherung und plötzlich an sie gestellten Könnens-Erwartungen – auch im psychologischen und sozialen Bereich! – ist die Gefahr gegeben, daß sie die Situation als äußerst unbefriedigend empfinden und mit Vermeidung reagieren.

Mittlerweile haben im Rahmen der AME-Ausbildung an der Hamburger Musikhochschule auch Unterrichtsprojekte mit Grundschulkindern und Erwachsenen stattgefunden, deren Ergebnisse es erlauben, die Ziele nicht allein als solche der MFE, sondern als Ziele der Elementaren Musikpädagogik allgemein anzusehen. Obwohl wir noch nicht zu einer abschließenden Einschätzung gelangt sind, deutet sich in einem noch laufenden Forschungsprojekt zur Evaluierung einer altersunabhängigen Konzeption Elementarer Musikpädagogik in der Unterrichtspraxis an, daß bei der Arbeit mit Erwachsenen manche Ziele zusammengefaßt oder in der Anordnung modifiziert werden müssen. Es bilden sich eher selbständige musikalische Zielfelder heraus, die jeweils Abschnitte des Lernzielkatalogs bündeln: Klangerfahrung und Verlaufsgestaltung (vgl. Kap. 6.2.3, Nr. 2-6), Parameterdifferenzierung (Nr. 6-8), metrisch-rhythmische Strukturierung (Nr. 9-10), Schlagwerkspiel (Nr. 9-10), Umgang mit der Stimme (Nr. 11), Bewegung und Volkstanz (vgl. Kap. 6.2.2). Hier können Arbeitsschwerpunkte gesetzt und je nach Vorerfahrungen und Wünschen der erwachsenen Teilnehmer die Inhalte gewichtet und gesteigert werden. Wohl bleibt innerhalb jedes Zielfeldes die Forderung nach sachlogischer Progression, wie sie aus der Feinstruktur des Zielkatalogs hervorgeht, bestehen, aber eine Reihenfolge der Felder untereinander ist unseren Beobachtungen zufolge nicht zwangsläufig gegeben. So wären bei Erwachsenen andere Anknüpfungspunkte und andere Annäherungen an elementar-musikalische Verhaltensweisen zu wählen, die inhaltlich jedoch nicht neu definiert zu werden brauchen.

Der Zielkatalog steht in engem Bezug zu dem vorne entwickelten Elementarrad-Modell, er baut auf den didaktischen Grundsätzen eines anthropologisch begründeten Ansatzes auf und nennt auf der Sachebene Primärkategorien im Umgang mit Musik (vgl. Kap. 2.1 und 2.3). Deshalb ist es wahrscheinlich, daß er altersunspezifische Ziele Elementarer Musikpädagogik beinhaltet. Zunächst aber soll in fünf Punkten die Konzeption näher erläutert werden.

6.1 Didaktische Orientierung

6.1.1 Berücksichtigung von Grundbedürfnissen

Die Ziele orientieren sich an den Grundbedürfnissen, die im physischen, psychischen und sozialen Bereich als Resonanz sensorischer und psychischer Urmatrizen bestehen (vgl. Kap. 4.4 und 4.5). Wir formulieren die unbewußt handlungssteuernden Grundbedürfnisse noch einmal als ,Wunschzettel' eines fiktiven, altersmäßig nicht definierten Schülers an die für seine Lernumwelt Verantwortlichen: Ich möchte in einem Milieu agieren, das weitgehend auf meine Bedürfnisse abgestimmt ist. Ich möchte Geborgenheit, Schutz, Beachtung, Akzeptanz, Stimulation erfahren. Ich möchte meine Existenz spüren, indem ich meine Sinne einsetze, meinen Körper in der Bewegung wahrnehme, indem ich mit Gegenständen experimentiere und manipuliere und indem ich in Beziehung zu anderen Menschen trete. Ich möchte meine Phantasie einsetzen und innerlich berührt werden. Ich möchte in dem, was ich tue, einen Sinn sehen, der mit mir in Verbindung steht. Ich möchte mir meine Welt erklären, Ordnungen und Zusammenhänge erkennen, um Zufall und Sinnlosigkeit als Handlungs- oder gar Existenzgrundlage auszuschalten. Ich möchte aber mehr als nur intellektuell gefordert werden und den Spielraum für Anmutungen und Emotionen ausfüllen dürfen.

Obwohl diese Aussagen sehr subjektiv aufgeladen sind, bewegen sie sich doch in einem überindividuellen Rahmen, der für jeden einzelnen durch persönliche biographische Erfahrungen seine konkrete inhaltliche Ausfüllung erhält. Universell ist die Existenz von Grundbedürfnissen sensorischer, motorischer, psychischer und sozialer Art, die sich alle aus den übergreifenden Motiven Selbstwahrnehmung und Identitätsbildung ableiten lassen und sich deshalb zentral überschneiden. Sensorische Bedürfnisse verlangen nach differenzierter Stimulation und nach Stimulusdifferenzierung im Wahrnehmungsfeld zur Abstimmung mit vorgeburtlich geprägten sensorischen Urmatrizen und Wiedererweckung frühester Gelebtheitsspuren; motorische Bedürfnisse drängen zur Bewegungswahrnehmung und zum Genuß von Vitalität, Funktionstüchtigkeit, Geschicklichkeit und Ausdrucksmöglichkeit; psychische Bedürfnisse lassen sich auffächern in diejenigen, die die Beachtung, Achtung, die Verhaltensvielfalt und Empfindungsfähigkeit der eigenen Pesönlichkeit sowie den Wunsch nach geistiger Sinngebung betreffen; aus sozialen Bedürfnissen schließlich ergibt sich die Notwendigkeit, mit anderen Menschen in Kontakt zu treten, um über den Außenbezug das Selbstbild zu verdichten und zu regulieren.

Dem Zielkatalog liegt der Gedanke zugrunde, daß ein für die Persönlichkeit bedeutsamer und die Identitätsbildung fördernder Umgang mit Musik nur dann möglich wird, wenn den Grundbedürfnissen Rechnung getragen wird. Folgende Grafik siedelt diesen musikpädagogischen Standort im Schnittpunkt von vier Bedürfniskategorien an:

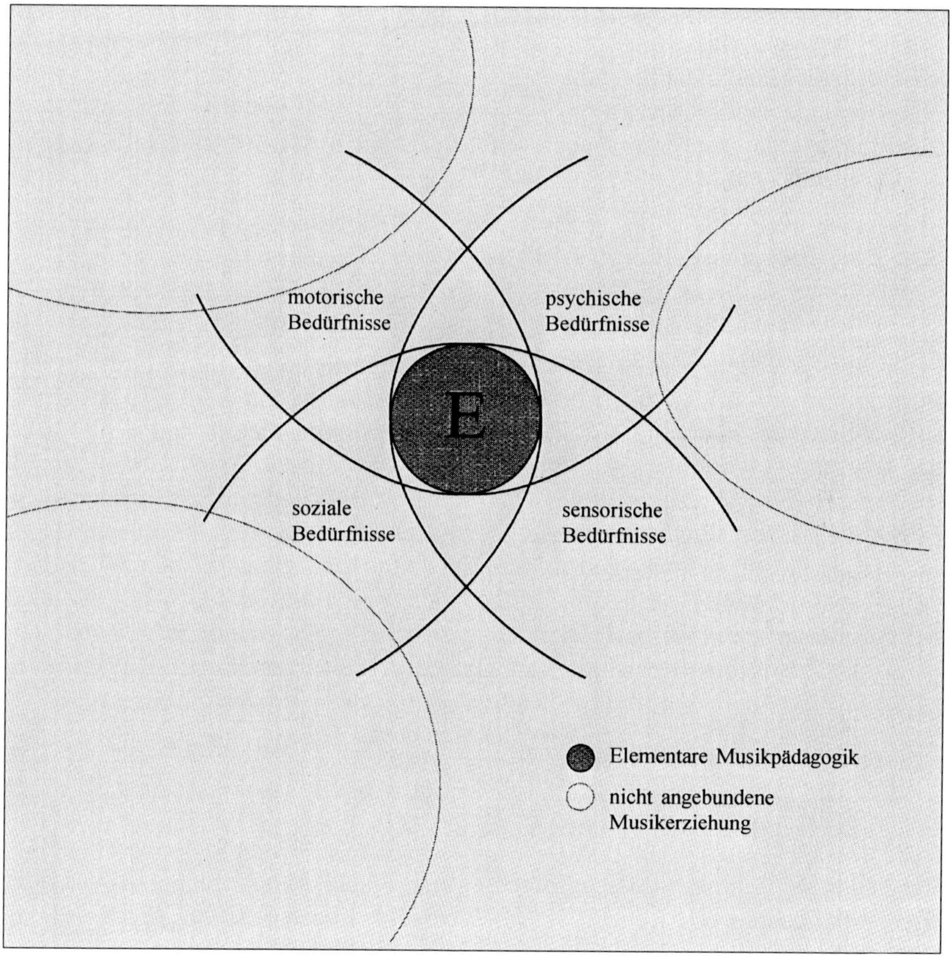

Abb. 14: Elementare Musikpädagogik im Schnittpunkt sensorischer, psychischer, motorischer und sozialer Bedürfnisse

6.1.2 Überschreitung der Sachzielebene

Der Zielkatalog geht über die Auflistung von materialimmanenten Sachzielen, die sich aus der Analyse des Objektbereiches Musik ergeben, hinaus. Allgemeinerzieherische Ziele nehmen einen breiten Raum ein; psychologische, soziale und motorische Ziele sind ausdrücklich formuliert. Damit soll zum Ausdruck gebracht werden, daß

- musikalisches Verhalten kein isolierter Bereich der menschlichen Persönlichkeit ist
- musikalisches Verhalten hohe Anteile in materialungebundener psychischer Aktivität besitzt
- persönlichkeitsbildende Prozesse – besonders im frühen Kindesalter – nicht über Spezialbereiche oder über Spezialfertigkeiten und -fähigkeiten zu erschließen sind
- ganzheitliche, allgemeine Förderung große motivationale Kraft für spätere Differenzierungen besitzt und
- Differenzierung vom Allgemeinen zum Besonderen, vom Weiten zum Unterteilt-Begrenzten verläuft.

Andererseits aber sind allgemeinerzieherische Ziele besonders gut durch den Umgang mit Musik zu realisieren, da Musik wie kein anderes Medium geeignet ist, Sinne, Körper, Emotion, Phantasie und Verstand gleichermaßen anzusprechen, und zwar in Rezeption und Aktion sowie in verschiedenen Interaktionsmodi.

Die persönlichkeitsbildenden Aufgaben Elementarer Musikpädagogik sollen zum expliziten Bestandteil einer didaktischen Theorie werden und damit aus der Grauzone auftauchen, in der sie, meist nur von Lippenbekenntnissen und Hoffnungen der Unterrichtsplaner begleitet, unterhalb des sachzielgebundenen Unterrichtsgeschehens ein unstrukturiertes Eigenleben führen. Um zu zeigen, in welchem Maße sie mit der Elementaren Musikpädagogik zusammenhängen, sind die musikpädagogischen ‚Zielexoten‘ der psychosozialen Ebene mit Unterrichtsbeispielen versehen (vgl. Kap. 6.2.1). Alle außerhalb der Sachebene aufgeführten Ziele sind inhaltlich mit musikbezogenen Aktionen zu füllen; gerade die Zielvorstellungen, die dem allgemeinerzieherischen Bereich entstammen, sorgen für einen kreativen und im sozialen Interaktionsfeld prozeßhaften Umgang mit Musik, der wesentliche qualitative Kriterien musikalischen Verhaltens in sich birgt.

6.1.3 Differenzierungsrichtungen

Obwohl in der Realität alle Zielebenen eng zusammenwirken, ist doch in der analytischen Betrachtung die Reihenfolge der Ebenen A bis D (psychologische, soziale, motorische und musikalische Ebenen) wieder gemäß dem Prinzip der Differenzierung von außen nach innen vorgenommen worden: die Ebenen A und B bestehen weitgehend aus allgemeinerzieherischen Zielen, denn der Lehrer muß sich gemäß DG I/5 zunächst mit der Frage auseinandersetzen, wie er den Rahmen, die Dramaturgie zu gestalten hat, welche Aufgaben- bzw. Spielmöglichkeiten dafür sorgen, daß für jeden Teilnehmer ‚das Milieu stimmt' und er im Prozeß der Ich-Stabilisierung unterstützt wird. Ebene C beinhaltet mit der motorischen Förderung den Überlappungsbereich von Bewegungs- und Musikerziehung, während die Ebene D spezifischen musikerzieherischen Zielen vorbehalten bleibt. Wir nähern uns also wieder über verschiedene Formen des Außenbezugs, in denen besonders den an den Grundbedürfnissen orientierten psychosozialen Interaktionen ein hoher Stellenwert eingeräumt wird, der körpernahen und schließlich der weitgehend innere Prozesse betreffenden musikalischen Inhalts- und Verarbeitungsebene. Musikalische Erziehungsziele verwirklichen sich im anthropologischen Ansatz nur im Verbund mit psychischen, sozialen und motorischen Erziehungszielen, sie sind kein Selbstzweck und stehen nicht für sich allein in einer vom Menschen isolierten Sachlichkeit.

Andererseits blendet sich hier – besonders in bezug auf die Arbeit mit Kindern – gleichzeitig eine weitere, gegenläufige Differenzierungsrichtung ein: aus der Bezeichnung der Ebenen wird klar, daß wir beim Individuum beginnen und es über den sozialen Bezug zum Sachbezug führen, aus dieser Sicht also von innen nach außen, von nah nach fern. Wir haben zu unterscheiden zwischen einem didaktischen Ansatz, der die großformatige Entwicklungsrichtung von außen nach innen konzipiert, und zwischen dem konkreten Handlungsfeld des Kindes, das zunächst im individuellen Nahbereich ausgefüllt werden kann und sich langsam auf soziale oder sachgebundene Fernbereiche mit höherem objektivem Anspruchsniveau ausweitet. So gehen unsere musikalischen Lernziele (Ebene D) vom subjektiven Klangerlebnis aus, vom Horchen und der Phantasieentwicklung; der relationale Bereich der Parametererfahrung stellt sich in Wahrnehmungs- und Handlungsmöglichkeit unterschiedlich dar; er konsolidiert sich dann in metrisch-rhythmischer und melodisch konturierter Aktivität, wobei aber stets auf die Körpererfahrung im individuellen Nahbereich zurückgegriffen wird.

Hingegen sind Erwachsene es gewohnt, eher distanziert mit ‚Lernstoff' umzugehen, sie haben oftmals zu phantasiebetonter und experimenteller Aneignung weniger Zutrauen als zur Übernahme festgefügter Strukturen. So wäre hier ggf. als Erschließungsrichtung eines differenzierten musikalischen Handlungsraumes die von der Distanz zur Nähe zu wählen, von der Sachorientierung zur persönlichen Ausformung, zur spielerischen, improvisatorischen Freiheit und zum Erleben individueller Ausdrucksmöglichkeiten.

Innerhalb der anderen Zielebenen können wir den Nah-Fern-Bezug bzw. die Differenzierungsrichtung von innen nach außen altersunabhängig konstatieren, wenn wir davon ausgehen, daß die Grundbedürfnisse nach Selbstwahrnehmung, individueller Akzeptanz und sozialen Beziehungen jenseits zahlloser Kompensationsmechanismen lebenslang wirksam sind. Da der Erwachsene über mehr Mittel der Selbstbeherrschung verfügt, wirkt sich mangelnde Befriedigung in den Basisbedürfnissen nicht immer so offenkundig aus wie bei Kindern, aber wenn wir im musikalischen Aktionsfeld Formen innerer Beteiligung und sozialen Austauschs anstreben, die über

Fassadenhaftigkeit und unverbindliche Höflichkeit hinausgehen, dann müssen wir die psychologischen und sozialen Voraussetzungen dafür immer wieder Schritt für Schritt aufbauen.

Auf der Ebene A heißt der Nah-Fern-Bezug, daß der Mensch zunächst zu sich selbst Kontakt aufnehmen muß, bevor er bereit ist, etwas von sich zu präsentieren und mit einem Partner oder der Gruppe zu interagieren. Auf der Ebene B steht die Wahrnehmung des/der anderen vor der Akzeptierung anderer Ideen, vor Rücksichtnahme und dem Gefühl von Mitverantwortung. Ebene C entwickelt aus der unmittelbar verständlichen präverbalen Körpergestik verschiedene Bewegungsformen und -qualitäten, die dann in Sozial- und Raumbezüge gestellt und mit fremdgesetztem Zeitmaß verbunden werden.

Die gegenläufigen Differenzierungsrichtungen kollidieren jedoch nicht, da sie auf verschiedenen Sinnebenen angesiedelt sind: der Außen-Innen-Bezug appelliert an die pädagogische Verantwortung, das Umfeld der Lernprozesse in einer der menschlichen Psyche adäquaten Form zu gestalten (vgl. DG I/5 u. Kap. 7), der Nah-Fern-Bezug bedeutet die sukzessive Ausweitung der Handlungskompetenz, die sich im Zusammenwirken mit externen Impulsen aus dem Individuum heraus entwikkeln muß, um dann in zunehmend planvollen Außengestaltungen Ausdruck zu finden. So können echte Sachinteressen entstehen bzw. individuelle Bedürfnisse an Sachbereiche angebunden werden.

6.1.4 Zur Operationalisierungsproblematik

Die für den Menschen und seine Beziehung zur Musik wesentlichen Lernziele sind nicht als definitive Könnens- und Wissensziele formulierbar, ihr Erreichen oder Nichterreichen ist kaum kontrollierbar und schon gar nicht in Bewertungskategorien zu erfassen. Trotzdem sprechen wir von ‚Zielen' – aber nicht als Endprodukten eines wie auch immer gearteten Lernprozesses, die sich als meßbare Schülerleistungen darstellen, sondern als Orientierungspunkten für den Lehrer, der, geleitet von Warum-, Für-wen-, Was-, Wann-Fragen, den Unterricht schülerzentriert planen sollte. Viele der unten aufgeführten Ziele müssen Prozeßcharakter haben, da wir Entwicklung und Lernen als lebenslangen Differenzierungsprozeß ansehen, in dem ein angestrebtes Verhalten nie eine Endstation, sondern immer nur ein Kristallisationspunkt zwischen Vergangenheit und Zukunft ist.

Die Forderung nach Operationalisierung ist in unserem Ansatz eine zu vernachlässigende Größe, da sie die Formalisierung von Inhalten und Verhalten voraussetzt und somit dem materialen Lernzielbereich verhaftet ist, dem hier – zumindest für die Elementare Musikpädagogik mit Kindern – kein von allgemeinen Erziehungszielen abgekoppelter, eigenständiger oder gar dominanter Platz eingeräumt wird. Wir sehen im musikalischen Lernfeld die Überbetonung objektivierbarer Verhaltensformen als eine unzulässige Verkürzung und Verarmung des musikalisch-ästhetischen Bezugs an. Außerdem entstammen Zielformulierungen mit intersubjektiv überprüfbarem Verhalten weitgehend dem Bereich der Materialkenntnis, der vor allem das diskursive Symbol- bzw. Zeichensystem betrifft (vgl. Kap. 4.5, Punkt 4 und Kap. 7.4.1). Damit befinden wir uns aber für den Umgang mit Musik im falschen Bezugssystem, denn die Erscheinungsform der Musik ist präsentativer und nicht diskursiver Art; auch im pädagogischen Feld darf diese Tatsache nicht zugunsten leichterer Anwendungsmöglichkeit didaktischen Handwerkszeugs ignoriert werden.

6.1.5 Dynamisierung des Zielfeldes

Sowohl die Ziele einer Ebene als auch die aller vier Ebenen sind interdependent. Besonders starke Abhängigkeiten bestehen zwischen den Ebenen A und B insofern, als die sozialen Ziele der Elementarerziehung die auf den Partner oder die Gruppe bezogenen Komplementärgrößen der individuell-psychologischen Prozesse sind. Sie werden in *einem* Kapitel behandelt, da psychische und soziale Strebungen sich im Zuge der Identitätsbildung weitgehend zu einer Einheit zusammenfügen müssen.

Die Struktur dieses Zielkatalogs ließe sich in einer Gittermatrix abbilden, die die vertikale Dimension (Anordnung der Ziele einer Kategorie) und die horizontale (Verknüpfung der Zielebenen) angemessen berücksichtigt. Die Interdependenz ist damit jedoch noch nicht erfaßt. Wir versuchen, diese in einem dreidimensionalen Modell abzubilden (s. Abb. 15). In Anlehnung an die psychosoziale Entwicklung können wir die Zusammengehörigkeit aller Zielkategorien als ein dynamisches Feld interpretieren (vgl. Kap. 3.3.2): Alle Ziele bilden das Gesamtfeld Elementarer Musikpädagogik, sie sind potentiell ständig präsent und unabhängig von speziellen Leistungsstufen gleichzeitig zu verwirklichen. In jedem Ziel können alle anderen jeweils in verschiedenen Stärkegraden mit enthalten sein. Darüber hinaus treten einzelne Ziele als Differenzierung der Vorerfahrung als besonders bearbeitungswürdig hervor, und dann ist die Reihenfolge als progressiv angeordnetes Inhaltsverzeichnis Elementarer Musikpädagogik zu lesen. Hinzu kommt, daß jedes Ziel für sich unabhängig von den nächstfolgenden im Schwierigkeitsgrad beliebig steigerbar ist, so daß wir insgesamt das nebenstehende dynamische musikdidaktische Modell vorliegen haben:

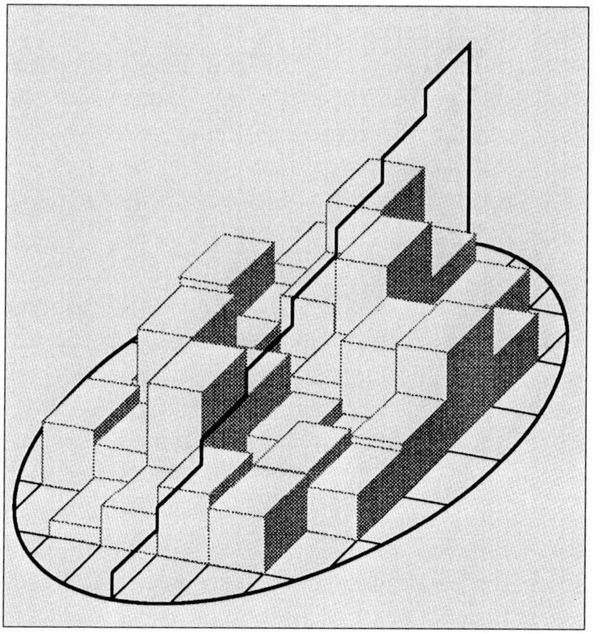

Abb. 15: Modell eines dynamischen Zielfeldes Elementarer Musikpädagogik

6.2 Die Zielebenen

6.2.1 Psychosoziale Ziele

Ebene A: Psychologische Ziele
Ebene B: Soziale Ziele

Ebene A: Psychologische Ziele
Allgemeines Erziehungsziel und Ziel der Elementaren Musikpädagogik ist, daß die Teilnehmer ...

1. ... Geborgenheit erfahren, sich sicher fühlen.
2. ... in der Selbstwahrnehmung gefördert werden.
3. ... durch Identifikationsprozesse mit verschiedenen Lebewesen, Naturerscheinungen und unbelebten Objekten Ich-Erweiterung erfahren.
4. ... Ideen entwickeln.
5. ... persönlich herausgefordert werden, sich präsentieren, Unsicherheiten bestehen.
6. ... Spannung aushalten, Durchhaltevermögen steigern, Befriedigungsaufschub ertragen.
7. ... Initiative ergreifen, Entscheidungen fällen.
8. ... Beziehungen zur Gruppe, zum Partner aufbauen.
9. ... zurücktreten, verzichten können, Selbstkontrolle ausüben.

Da diese Ziele sich nicht in einem objektiv ablesbaren Endverhalten operationalisieren lassen, sollen sie hier durch Aufgabenstellungen bzw. Unterrichtssituationen, die im Dienste ihrer kontinuierlichen Verwirklichung stehen, erläutert werden:

zu 1) Gefühle wie Geborgenheit, Schutz und Sicherheit stellen sich ein, wenn wir in vertrautem Rahmen agieren. Dazu muß der Rahmen Gewohntes, Vorhersagbares, Kontinuität bieten oder zumindest die Möglichkeit, sich mit der Situation, dem Lehrer, der Gruppe, dem Raum soweit vertraut zu machen, daß sich Gewohnheiten bilden können. Begrüßungs- und Unterrichtsrituale, eine klare Gruppen- und Raumordnung sind Grundbedingungen eines Geborgenheit vermittelnden Rahmens.

Aber auch dessen qualitative Ausfüllung ist bereits durch dieses erste Ziel mitbestimmt: damit sich jeder Teilnehmer wahrgenommen und beachtet fühlt, soll – in variantenreiche Spiele eingebunden – der Name eines jeden häufig genannt werden (und zwar nicht immer nur bei der Regulierung unerwünschten Verhaltens), z.B. im Begrüßungskreis oder bei Materialverteilung bzw. -einsammlung oder bei der evtl. in Versform gekleideten und sich stets wiederholenden Aufforderung zu Einzelaktionen.

Ebenso vermitteln sensorische Sensibilisierungsspiele, aufgebaut auf Horchen, taktiler Exploration, Gehalten-, Gewiegt- und Berührtwerden in unbewußter Erinnerung an das ehemalige optimale Milieu das Gefühl von Schutz und Geborgenheit.

zu 2) Selbstwahrnehmung ist ein Zielbereich, der ebenfalls mit sensorischer Sensibilisierung in engem Zusammenhang steht. Durch die Brückenfunktion der Sinne ist in jeder Außenwahrnehmung auch Selbstwahrnehmung und in jeder Selbstwahrnehmung auch Außenwahrnehmung enthalten. Ähnliches finden wir auch beim Musikhören, wenn die Wahrnehmung von Klanggestalten eine als persönliches Gefühl wahrgenommene innere Resonanz hervorruft, die aber an Verlaufsform und Gestus der musikalischen Struktur gebunden ist.

Förderung der Selbstwahrnehmung findet in der Elementaren Musikpädagogik auch in psychomotorischen Aktionen mit oder ohne Material statt (vgl. Kap. 7.3). Ganzkörperliche Bewegungen und Bewegungen mit verschiedenen Körperteilen sowie Kraft- und Schnelligkeitsdosierung schaffen die Möglichkeit, Bewegungsempfindung und Selbstwahrnehmung zu korrelieren. Unter der Bedingung, daß wir unser Körper sind und ihn nicht haben wie eine Hülle oder bei Bedarf einzusetzende Maschinerie, ist jedwede bewegungsmäßige Aktivität untrennbar mit Selbstwahrnehmung verknüpft. Das ist auch beim Instrumentalspiel der Fall, wenn Körpereinsatz, Klangresultat und Klangempfindung miteinander in Verbindung gebracht werden.

Unter dem Ziel der Förderung von Selbstwahrnehmung sind auch Aktionen in den Unterricht einzubringen, in denen die Stimme als ‚zu mir gehörig‘ erlebt werden kann, wenn Atem, Tonproduktion, Klang und Resonanz gespürt und als individuelle Ausdrucksmöglichkeit empfunden werden.

zu 3) Die beiden ersten Ziele sind stark auf das Ich gerichtet und als solche Voraussetzung des dritten, das Expansion anstrebt. Rollenspiele oder die Verarbeitung von Materialqualitäten als selbstgefühlter Körperzustand (z.B. sich zusammenballen und härten wie ein Stein, fließen wie eine Welle etc.) eröffnen den Teilnehmern die Möglichkeit, Verhaltensweisen bzw. Persönlichkeitsanteile zu aktualisieren, mit denen sie im stereotypen Funktionalismus des Alltags kaum in Berührung kommen und die sie selten als zu sich gehörig erlebt haben.

zu 4) Kontaktaufnahme zu sich selbst geschieht durch Rückführung auf die Basisbedürfnisse und durch Expansion der Phantasiekräfte gleichermaßen. In diesem bipolaren Kraftfeld entstehen kreative Prozesse. Die Entwicklung eigener Ideen ist ein zentrales Anliegen persönlichkeitsbildender Erziehung. Im Musikunterricht wird die Ideenproduktion durch Materialangebot, durch Aufgaben zum Auffüllen, Ergänzen sowie durch (wirklich!) offene Situationen, die Raum zum individuellen Ausgestalten lassen, stimuliert. Wichtig ist, daß die Ideen der Teilnehmer ernstgenommen werden, indem sie z.B. in den weiteren Verlauf des Unterrichts eingebunden werden oder dessen konstitutive Elemente bilden. Das ist z.B. der Fall, wenn aus pantomimischen Bewegungen zu einem bestimmten Thema oder aus spontanen Bewegungen mit einem Gerät oder Material eine Bewegungsfolge bzw. ein Tanz entwickelt wird. Oder wenn die in einer Instrumentenexploration entwickelten Ideen Bestandteile eines kontrastreich gestalteten musikalischen Ablaufs werden.

zu 5) Nach den in den vorgenannten Zielen ausgiebig eröffneten Gelegenheiten zur (Selbst-)Exploration im Schutz der Gruppe, wobei der einzelne aber nicht anonymisiert sondern individuell angesprochen wird, ist die Präsentation nun keine Überforderung mehr, auf die einzelne zuweilen mit Übertreibung oder völliger Zurücknahme reagieren. Wenn die Teilnehmer ihre Ideen einzeln der Gruppe vorstellen, bedeutet das zunächst, einen Moment der Unsicherheit zu überwinden, an den sich dann aber durchaus Genuß des solistischen Status' anschließen kann. Um dieser für die Persönlichkeitsentwicklung immens wichtigen Zielvorstellung nahezukommen, sollte es sich selbstverständlich um unbewertete Aktionen handeln, die auch von der Gruppe imitiert werden, damit der Solist Echo und Akzeptanz erfährt; für die soziale Entwicklung der anderen Gruppenmitglieder realisieren sich dabei gleichzeitig die Ziele 1 bis 3 der Ebene B (s. nächste Seite). Die persönliche Herausforderung kann in Improvisationsaufgaben verschiedenen Anspruchsniveaus beliebig gesteigert werden.

zu 6) Nun wird die unter Punkt 5 zeitlich relativ kurz dimensionierte psychische Verlaufskurve von Spannung und Entspannung auf den großen Bogen einer Unterrichtseinheit ausgeweitet. So ist diese Zielvorstellung u.a. zu realisieren in Aufgaben, in denen etwas abgewartet werden muß, oder durch eine Unterrichtsdramaturgie mit erlebnisorientierten Aufgabenstellungen, in denen z.B. etwas gefunden, wiederhergestellt, zusammengesetzt, erfüllt werden soll, in denen ‚Abenteuer' und ‚Gefahren' zu bestehen sind, woraus sich dann eine Kompetenzsteigerung ergibt (vgl. Kap. 10).

zu 7) Die Teilnehmer werden zunehmend selbst initiativ und führen einzeln und selbstverantwortlich die Gruppe im Rahmen differenzierender Aufgabenstellungen an. In diese Kategorie fallen auch Dirigieraktionen, in denen der Dirigent über den klanglichen Verlauf entscheiden kann, indem er z.B. freie Wahl in der Zusammensetzung von Instrumentengruppen oder in der Gestaltung eines Parameters hat. Weitere Beispiele innerhalb dieser Zielkategorie sind Aufgaben, in denen etwas verändert oder weitergesponnen werden muß. Immer dann, wenn ein Teilnehmer die Initiative ergreift, sind für den Rest der Gruppe Verhaltensweisen im Sinne der Ziele 1-5 von Ebene B anzustreben.

zu 8) Interaktive Fähigkeiten treten jetzt immer stärker in den Vordergrund. Partner- oder Gruppenaktionen, in denen sensibel aufeinander reagiert werden muß und in denen Verantwortungsbewußtsein und Vertrauen eine Einheit bilden, fördern die bereits implizit in den vorangegangenen Zielen enthaltene Beziehungsfähigkeit. Bewegungsmäßige und klangliche Spiegel- und Schattenspiele bis hin zum unmerklichen Wechsel von Aktion und Reaktion (vgl. Kap. 7.2.2), Bewegungsspiele mit sanftem oder ‚eindrücklichem' Berührungskontakt, Erstellen von Gruppenbildern, Gruppenformen und gemeinschaftlichen Klangbildern – alle diese Aufgabenstellungen sind auf dieses psychologisch wie sozial gleichermaßen bedeutsame Ziel bezogen, in dem auch die Ziele 4-6 der Ebene B aufgehen.

zu 9) Das Ziel ‚Selbstkontrolle' hat eine wichtige Brückenfunktion zur Ebene B, es ist aber auch – insbesondere in einem auf den Gruppenunterricht zugeschnittenen Zielkatalog – in den vorgenannten Kategorien latent vorhanden, jedoch ohne die vorangegangenen, stark an den personenbezogenen Grundbedürfnissen orientierten Erfahrungen kaum realisierbar. Hier wird gewissermaßen Triebverzicht geübt, der einzelne ordnet sich z.B. einem per Gruppenkonsens gefundenen oder von der Struktur eines Sujets (Geschichte, Gedicht, Bild, Naturerscheinung, Phantasieprodukt) vorgegebenen Verlaufsplan unter. Offensichtlich korrespondiert dieses Ziel mit den Kategorien 5-8 der Ebene B.

Ebene B: Soziale Ziele

Allgemeines Erziehungsziel und Ziel der Elementaren Musikpädagogik ist, daß die Teilnehmer ...

1. ... den/die anderen wahrnehmen.
2. ... abwarten, eine Reihenfolge einhalten.
3. ... die Ideen anderer akzeptieren.
4. ... aufeinander reagieren, in Kommunikation zueinander treten.
5. ... aufeinander Rücksicht nehmen.
6. ... sich mitverantwortlich fühlen.
7. ... sich als Gruppe Regeln setzen.
8. ... ein Gruppengefühl entwickeln.

Es ist kaum eine Unterrichtssituation vorstellbar, in der nicht Ziele der Ebenen A und B gleichzeitig verfolgt werden: so bieten Begrüßungsrituale, die primär dazu dienen, daß sich jeder ‚angenommen' fühlt, die Chance, andere wahrzunehmen, ebenso wie Sensibilisierungsspiele als Bestandteile der Ziele A 1, 2, 3, 8 auch B 1, 4, 5, 6 mit abdecken, wenn sie im Partner- oder Gruppenbezug durchgeführt werden. Weitere Überlappungen der beiden Zielebenen sind bereits in den vorangegangenen Zielerläuterungen genannt. Wir haben es also mit einem Netzwerk von Zielen zu tun, das je nach Unterrichtssituation und interaktivem Bezug unterschiedlich gespurt werden kann. Aber die Verbindungen funktionieren reibungsloser, wenn die Wege vorgespurt sind. Deshalb ist die Reihenfolge von Bedeutung.

Da die Zielebenen A und B in so großem Maße aufeinander angewiesen sind, ist es legitim, sie nach der analytischen Betrachtung zu überblenden und damit zu einem untrennbaren Ganzen zusammenzufügen. Dann bildet sich ein ‚Superziel' heraus, nämlich:

> I. Ziel der allgemeinen Erziehung und der Elementaren Musikpädagogik ist, daß die Teilnehmer durch die Entwicklung von Selbstwahrnehmung und sozialer Beziehungsfähigkeit zunehmend Ich-Identität ausbilden.

Dieses psychosoziale Kernziel ist allen anderen der Ebenen A und B übergeordnet, es bildet gewissermaßen die ‚Zentralstation', von der die Unterrichtskonzeption ausgeht und auf die alle Unterrichtshandlungen zusteuern. Auch wenn unter einem spezifischen Zielaspekt gearbeitet wird, muß immer der Kontakt zu dem Kernziel gewahrt bleiben:

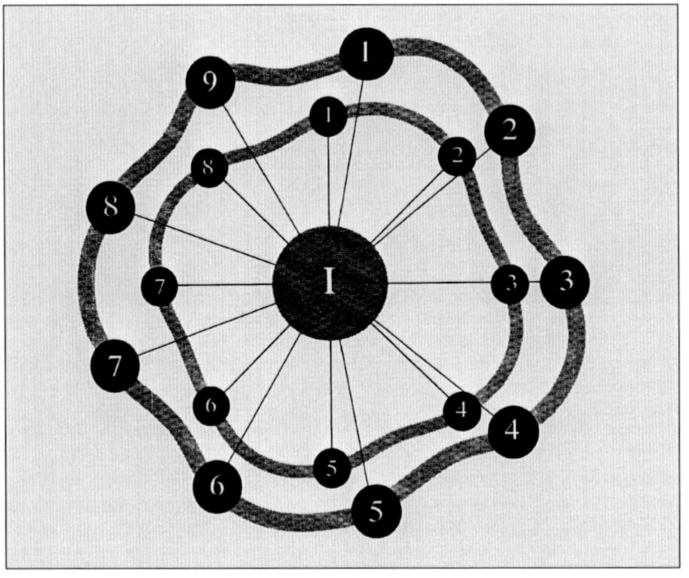

Abb. 16: Die Teilziele der psychologischen und sozialen Ebenen sind miteinander verwoben und um ein gemeinsames psychosoziales Kernziel gruppiert.

6.2.2 Motorische Ziele

Ebene C: Motorische Ziele
Ziel Elementarer Bewegungspädagogik und Elementarer Musikpädagogik ist, daß die Teilnehmer ...

I. ... sich ihre Bewegungsfreude erhalten oder ihre Bewegungsfreude wiederentdecken.
II. ... die kinästhetischen und cutanen Sinnessysteme differenzieren.
III. ... das Körperschema festigen und über ein gutes Körperbewußtsein verfügen.

Diesen Kernzielen sind die folgenden Ziele zugeordnet:
Ziel Elementarer Bewegungserziehung und Elementarer Musikpädagogik ist, daß die Teilnehmer ...

1. ... sich gestisch und pantomimisch äußern.
2. ... Körperteile differenziert wahrnehmen.
3. ... motorische Grundfunktionen ausdifferenzieren:
   3.1 in der Fortbewegung: laufen, drehen, springen, gehen (vorwärts, rückwärts, seitwärts), hüpfen, anstellen (seitwärts, vorwärts, rückwärts),
   3.2 in Balance- und Geschicklichkeitsübungen,
   3.3 in der Feinmotorik: Hand-, Finger-, Fußmotorik.
4. ... Körperspannung aufbauen.

5. ... den ganzen Körper oder verschiedene Körperteile mit Intensitätsvarianten einsetzen (Kraft- und Schnelligkeitsdosierung).

6. ... zwischen verschiedenen Bewegungsqualitäten umschalten:
   6.1 zwischen Bewegung und Ruhe (Aktion – Inhibition),
   6.2 zwischen spontanen/freien/improvisatorischen und verbindlichen/vereinbarten/erarbeiteten Bewegungen,
   6.3 zwischen zwei oder mehreren erarbeiteten Bewegungsformen.

7. ... koordinierte Bewegungen in folgenden Handlungsbereichen ausführen:
   7.1 Ich – Ich: Körperteilkoordination,
   7.2 Ich – Objekt: mit einem Material, einem Gerät, einem Instrument,
   7.3 Ich – Ihr (= Massen-Du)/Du: vor der Gruppe, mit einem Partner, z.B. in Spiegel- und Schattenspielen,
   7.4 Ich – Wir: mit der Gruppe, z.B. in leichten Kinder- und Volkstänzen.

8. ... Strukturen in Bewegung umsetzen über
   8.1 selbstproduzierte Stimmaktionen:
      8.1.1 experimentelle Aktionen,
      8.1.2 Verse,
      8.1.3 Lieder;
   8.2 akustische Impulse:
      8.2.1 instrumentale Bewegungstimulation,
      8.2.2 live-Bewegungsmusiken,
      8.2.3 Bewegungsmusiken von Tonträgern;
   8.3 optische Impulse:
      8.3.1 grafische, bildliche Darstellungen,
      8.3.2 Raumbezüge,
      8.3.3 soziale Bezüge in den Relationen Einzelner, Gruppe, Partner.

9. ... metrische Bewegungen ausführen
   9.1 in geradem und ungeradem Takt,
   9.2 in wechselnden Taktarten.

10. ... Bewegungen artikulieren.

11. ... Bewegungsfluß spüren, Bewegungen fließend miteinander verbinden.

6.2.3 Musikalische Ziele

Ebene D: Musikalische Ziele

Ziel der Elementaren Musikpädagogik ist, daß die Teilnehmer ...

I. ... die Musik als ein Medium erleben, das Ausdruck ihrer physischen und psychischen Energien ist.

II. ... den auditiven Sinn differenzieren, aktiv lauschen, konzentriert hören/horchen.

III. ... über differenzierte Handlungsmöglichkeiten im Bereich von Stimme, Instrument und Körper verfügen.

Diesen Kernzielen sind folgende Ziele zugeordnet: Ziel der Elementaren Musikpädagogik ist, daß die Teilnehmer ...

1\. ... Freude an neuen und bekannten musikalischen Aktionen haben, daß sie Neugier, Begeisterung und Faszination als Handlungsmotive erleben. Damit erschließen sie sich folgende Handlungsfelder:
  1.1 Stimme
    1.1.1 variantenreicher Einsatz der Sprache,
    1.1.2 rhythmisches Sprechen,
    1.1.3 experimenteller, lautmalerischer Umgang mit dem Vokalapparat,
    1.1.4 intoniertes Singen;
  1.2 Instrumentalspiel
    1.2.1 experimentelle Klangaktionen,
    1.2.2 metrisch gebundene Aktionen,
    1.2.3 rhythmische Muster, Ostinati,
    1.2.4 melodische Gestalten.

2\. ... auditive Sensibilität entwickeln, indem sie
  2.1 horchen, hinhören,
  2.2 Klänge im Raum wahrnehmen,
  2.3 Instrumentalklänge unterscheiden,
  2.4 musikalische Schwerpunkte empfinden,
  2.5 musikalische Gestalten erfassen.

3\. ... vielfältige Klangerfahrung sammeln, Klangdifferenzierung vornehmen.

4\. ... Klangvorstellung und -phantasie entwickeln, und zwar
  4.1 von außen nach innen: Empfindung eines musikalischen Ausdruckgehalts; ein musikalischer Impuls löst eine innere Vorstellung aus;
  4.2 von innen nach außen: eine innere Vorstellung wird musikalisch umgesetzt.

5\. ... Musik interpretieren. Dabei können die Teilnehmer
  5.1 zur Musik malen,
  5.2 sich zur Musik bewegen,
  5.3 Geschichten zur Musik erfinden,
  5.4 Musik instrumental begleiten.

6\. ... Klangverläufe strukturieren, indem sie mit musikalischen Formprinzipien (z.B. Wiederholung, Kontrast, Rondo, Variation) umgehen.

7\. ... musikalische Spannungsverläufe mitvollziehen.

8\. ... musikalische Parameter darstellen, fortschreitend von den Extremen zum mittleren Abstufungsbereich, von relativen zu absoluten Verhältnissen. Diese Kompetenz entwickelt sich fortschreitend in folgenden Bereichen:
  8.1 die Wahrnehmung betreffend in Bezug auf
    8.1.1 Klangfarbe (in der Wahrnehmung eine Funktion von Dynamik, Tonhöhe, Artikulation),
    8.1.2 Tempo,
    8.1.3 Dauer;

8.2 die Ausführung betreffend in Bezug auf
- 8.2.1 Dynamik,
- 8.2.2 Tempo,
- 8.2.3 Dauer,
- 8.2.4 Artikulation,
- 8.2.5 Klangfarbe (differenzierter Umgang mit den Klangmöglichkeiten eines Instruments),
- 8.2.6 Tonhöhe.

9. ... metrische Stabilität und Flexibilität (z.B. bei Tempo- oder Taktwechsel) zeigen bei

9.1 klanggestischer, instrumentaler, bewegungsmäßiger Begleitung von
- 9.1.1 wortgebundenen Schwerpunkten,
- 9.1.2 Versen,
- 9.1.3 Liedern,
- 9.1.4 nicht sprachgebundenen musikalischen Strukturen;

9.2 Körperperkussion, Klanggesten:
- 9.2.1 Patschen,
- 9.2.2 Klatschen,
- 9.2.3 Stampfen,
- 9.2.4 Schnipsen;

9.3 Schlagwerkspiel:
- 9.3.1 Fellinstrumente,
- 9.3.2 Holz- und Metallinstrumente des kleinen Schlagwerks,
- 9.3.3 Stabspiele;

9.4 Körperbewegung, Fortbewegung im Raum.

10. ... rhythmische Muster wiedergeben über

10.1 Sprache:
- 10.1.1 Reime, Sprüche, Verse,
- 10.1.2 Nonsensverse,
- 10.1.3 Rhythmussprache (Kodály-System);

10.2 Körperperkussion, Klanggesten:
- 10.2.1-10.2.4 vgl. 9.2.1-9.2.4;

10.3 Schlagwerk:
- 10.3.1-10.3.3 vgl. 9.3.1-9.3.3.

11. ... unbefangen mit der eigenen Singstimme umgehen in

11.1 solmisierten melodischen Mustern,
11.2 aktionsbegleiteten Spiel- bzw. Tanzliedern,
11.3 strukturell organisierten stimmexperimentellen Verläufen.

12. ... durch ein geschultes musikalisches Gedächtnis ein Repertoire erwerben, bestehend aus

12.1 Reimen, Sprüchen, Versen,
12.2 Liedern,
12.3 Tänzen,
12.4 instrumentalen Begleitmustern/Ostinati.

6.2.4 Interdependenzen

Die Zielebenen müssen zwangsläufig interdependent sein, da sie eine gemeinsame Basis haben, nämlich die zentrale Position der Elementaren Musikpädagogik im Schnittpunkt sensorischer, motorischer, psychischer und sozialer Bedürfnisse (vgl. Abb. 14, S. 129).

Die Vernetzung der drei großen Zielebenen gestaltet sich wie folgt:

1. Musikalische Zielsetzungen werden im Zusammenwirken mit bewegungsdifferenzierenden und sensomotorischen Übungen sowie Maßnahmen zur Förderung der inneren Präsenz und sozialen Interaktionsfähigkeit angestrebt. Diese durchziehen das schwerpunktmäßig erlebnis- und gestaltungsorientierte musikalische Handlungsfeld. Die darin stattfindenden aktiven Aneignungsprozesse leben von einer durch psychosoziale und körperliche Erfahrungswerte erweiterten musikalischen Kompetenz.
2. Intra- und interpersonal beziehungsbildende Prozesse sind über nonverbale Klangphänomene besonders förderbar, da diese aufgrund ihres präsentativen Darstellungsmodus' subjektive psychische Bedeutungsträger von ursprünglich affektivkommunikativem Charakter sind. Dabei spielt die Motorik eine wichtige Rolle, da die Beziehungsbildung im musikalisch-klanglichen Kontext einer differenzierten Spielbewegung und die im sozialen Kontext einer gestischen, mimischen und fortbewegungsmäßigen Ausrichtung bedarf.
3. Bewegungen und ihr Gestus korrespondieren mit musikalischen Sachverhalten, sie ‚verkörpern' diese und verdeutlichen deren qualitative Implikationen. So können sich musikalische Erkenntnisse über Bewegungsaktionen einstellen. Gleichzeitig sind diese auch auf ein reales oder fiktives Gegenüber gerichtet und individueller Ausdruck der Person, die sie hervorbringt. Motorische Differenzierungsprozesse sind für die psychosoziale Entwicklung von Bedeutung, da sie das Wechselspiel von Eindruck und Ausdruck verfeinern. Und sie bieten sensorische Erfahrungsgrundlagen für die Möglichkeiten, Bewegungsvollzüge ästhetisch zu transformieren und mit musikalischen Mitteln darzustellen. Dann können innere Bewegtheit, äußere Bewegung und musikalische Bewegungsverläufe in einem stimmigen Verhältnis zueinander stehen.

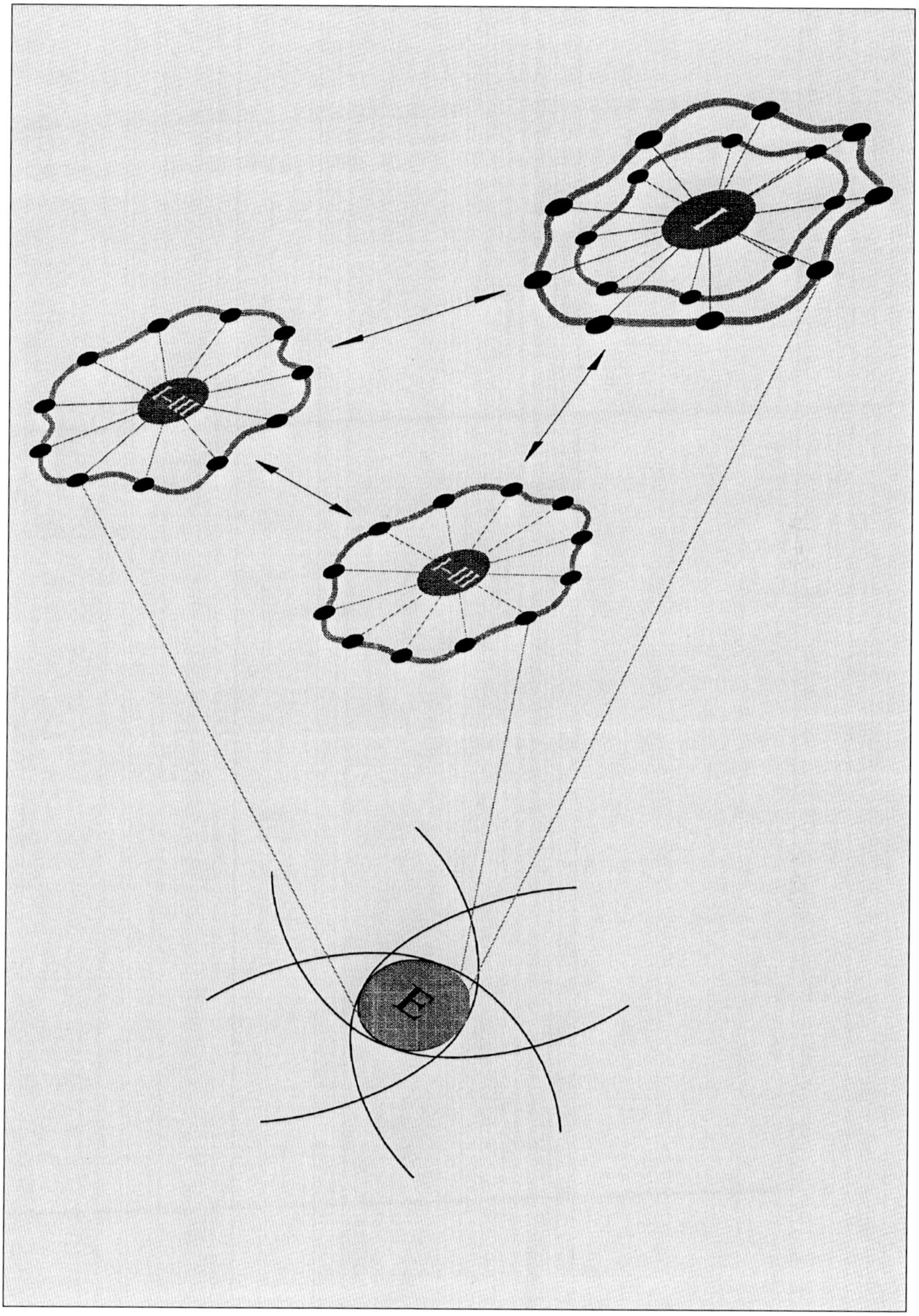

Abb. 17: Das Gefüge der Zielebenen, abgeleitet aus der Position Elementarer Musikpädagogik im Zentrum der menschlichen Bedürfnisstruktur (vgl. Abb. 14)

7. Didaktische Strukturierungsebenen

In diesem Kapitel werden verschiedene Ebenen des Unterrichts analysiert, auf denen sich für die Schüler Handlungsbezüge herstellen lassen. Aufgabe des Lehrers ist, die Handlungsebenen so durchzustrukturieren, daß sie dem Schüler Erfahrungsmöglichkeiten bieten, die mit den Kernzielen der Ebenen A-D in Verbindung stehen. Dabei setzt sich der Schüler mit den Angeboten seiner im Unterricht intentional gestalteten Umwelt auseinander. Hier begegnet er verbalen und nonverbalen Kommunikationsformen sowie Gestaltungsmaterialien und -medien, hier tritt er in Beziehung zu einzelnen Menschen, zur Gruppe, zu Objekten und zur Musik. ‚Erfahrung' bedeutet aktive Bewegung, Fortbewegung auf einem Weg, dessen Ziel möglicherweise noch unbekannt ist, eine Entdeckungsreise, die mit Neuem oder neuen, d.h. vertiefenden, ergänzenden, verändernden Blickwinkeln konfrontiert, wobei die Bewegungsrichtung von außen nach innen und von innen nach außen wiederum doppelsinnig angelegt ist. Und zwar insofern, als auf äußere Eindrücke, die eine verstärkte Innenresonanz hervorrufen, mit erhöhter, intensiverer Handlungsbereitschaft expansiv geantwortet wird oder aber innere Bewegung (E-motion) zur Motivation für Außengestaltungen wird, die dann ihrerseits Inneres zurückspiegeln.

7.1 Unterrichtssituation

Als Unterrichtssituation bezeichnen wir das Vorstellungsbild, unter dem sich das Unterrichtsgeschehen dramaturgisch entwickelt und in das die konkreten Aktionen der Teilnehmer eingebettet sind.

Die Gestaltung des äußeren Rahmens ist ein wesentlicher Faktor bei der Initiierung musikalischer Entwicklungsprozesse, wenn das Individuum seine von dem Bedürfnis nach Eindruck und Ausdruck, nach emotionaler Anmutung, Spiel- und Darstellungsfreude, Symbolverständnis, Erklärung, Spannung und Lösung getragene Psyche an das immaterielle Phänomen Musik anbinden soll.

Die oberste Forderung an Unterricht soll sein, daß die Lernenden Freude am Umgang mit den jeweils zur Debatte stehenden Inhalten haben. Freude stellt sich ein über ein Gefühl des Angeregtseins, wenn im Lernprozeß den o.g. Bedürfnissen Rechnung getragen wird oder wenn Erwartungen in Erfüllung gehen, wenn etwas als innere Bereicherung empfunden wird, wenn etwas gemeinsam ausgetragen wird, sich der Einsatz gelohnt hat und wenn man etwas kann. Bei Erwachsenen ist diese Befindlichkeit durch ein inhaltlich und methodisch gut strukturiertes musikalisches Angebot und die Vermittlung von leistbaren Handlungsmöglichkeiten sicherlich erreichbar, so daß über eine weitergehende Rahmengestaltung von Unterricht vielleicht nicht so nachhaltig reflektiert zu werden braucht. Allerdings haben wir es auch bei der musikalischen Arbeit mit Erwachsenen immer wieder erlebt, daß Stimmungsbilder und Vorstellungshilfen als Phantasieanregung und Anbindungsmöglichkeit vor allem für freie, improvisatorische Spielformen, für pantomimische Aktionen, Bewegungserfahrungen und experimentelle Stimmaktionen dankbar aufgegriffen werden. Gerade diese Bereiche sind eng dem individuellen Erleben, der Selbstgestaltung und damit der Persönlichkeitsentwicklung verbunden; zumindest im persönlichkeitsnahen Umgang mit Musik und Bewegung sollte durchaus auch Erwachsenen ein szenisches, atmosphärisches und die Imaginationsfähigkeit aktivierendes Angebot gemacht werden, das sie leichter und unverstellter mit ihrem ungenutzten Potential umgehen läßt.

Bei der Arbeit mit Kindern müssen wir berücksichtigen, daß sich deren emotionale Befindlichkeit – und damit auch die Aufnahme- und Handlungsbereitschaft – nicht so sehr aus den objektiven Eigenschaften des Lerngegenstandes ableitet, sondern aus ihrem Gefühl von Eingebundensein in die Gesamtinszenierung von Unterricht. Sie nehmen vorrangig die Situation, die Atmosphäre, die ‚Szene' wahr – von diesen Bedingungen hängt es ab, ob sie sich angesprochen, angesteckt, affiziert fühlen. Freude und Genuß richten sich im Früherziehungsunterricht nicht auf ein außerichlich empfundenes Kulturobjekt, das Gegenstand distanzierter Betrachtung ist, sondern auf ein breites ästhetisches Handlungs- und Erlebnisfeld, an dem die musikalische Aktion teilhat.

Elementare Musikpädagogik ist ästhetische Erziehung, nicht nur, weil sie um den ästhetischen Bereich ‚Musik' kreist, sondern weil Unterricht insgesamt als intentionale Gestaltung einer Zeiteinheit ein ästhetisches, ein künstlerisches Phänomen sein kann. Die „Affiziertheit des Ich" (vgl. Kaiser 1992, S. 101) ist sowohl Ziel als auch Ausgangspunkt von Unterricht. Ohne sie ist ein ästhetischer Prozeß nicht denkbar – ein ästhetischer Prozeß, dessen wesentliche Bestandteile Freude und Genuß sind: „Aufnahme, Hingabe, Ichzentriertheit sind immer noch nicht der Genuß selbst. Der Genuß selbst ist dasjenige, was sich anschließt an alle diese Momente – es ist eine bestimmte Art der Affiziertheit, der Erregtheit des Ich, mit der das Ich auf das Einstrahlende reagiert." (Geiger zit. nach Kaiser 1992, S. 101). Durch die Ich-Affiziertheit wird ästhetischer Genuß zum „Selbstgenuß", zu „Selbstgenuß im Fremdgenuß" (vgl. ebd. S. 102). Diese Aussagen decken sich mit unseren Thesen, daß eine Auswertung der interaktiven Bezugssysteme unter dem Aspekt der Selbstexploration erfolgt und Außengestaltungen, die Innenresonanz bewirken, auch Selbstgestaltungen sind.

Die folgenden Gedanken richten sich darauf, wie im Bemühen um Ich-Affizierung Unterrichtssituationen gestaltet werden können.

Eine wichtige Rolle spielt dabei der Entwurf eines Vorstellungsbildes als Bezugsrahmen für alle Unterrichtsaktionen und als Identifikationsangebot für die Teilnehmer.

Dafür eignen sich u.a.:

- Naturbilder bzw. Landschaftsformen: Berg, Fluß, Meer, Garten, Moor, Wüste, Oase ...
- die vier Elemente: Wasser, Feuer, Luft, Erde
- die vier Jahreszeiten
- Reisen, Besuche in fremden Ländern, in Phantasieländern, im Weltraum, auf dem Meeresboden ...
- Behausungen: Schloß, Ruine, Hütte, Höhle ...
- Personen, Spielfiguren und Fabelwesen als Besucher und Berichterstatter
- vergangene Zeiten
- Ausstellungen, Museen, Märkte, Basare ...
- literarische, poetische Schilderungen.

Innerhalb einer durchgängig aufrechterhaltenen Vorstellungswelt können die Teilnehmer vielfältige musikalische und bewegungsmäßige Erfahrungen sammeln; sie können Ereignisse zu höheren Komplexitätsgraden zusammenfügen oder Kenntnisse vertiefen.

Das folgende Beispiel entstammt der Elementaren Musikpädagogik mit Kindern. Es soll zeigen, daß eine bestimmte Unterrichtsidee – in diesem Falle die Reise mit einem fliegenden Segel – unterschiedlich ausgestaltet werden kann, je nachdem, welche Unterrichtsziele man anstrebt.

1. Sammlung vielfältiger Erfahrungen: Das Segel bringt die Kinder in verschiedene Länder, wo sie an den Volksfesten teilnehmen dürfen, die jeweils landesüblich mit Gesang, mit Tanz und/oder Instrumentalspiel begangen werden.
2. Zusammenfügung: Das fliegende Segel landet in verschiedenen Dörfern, deren Kirchtürme jeweils besonderes Geläut haben, das Kinder auf klingenden Metallstäben zu Gehör bringen. Zum Schluß fliegt das Segel hoch hinauf, so daß alle Glocken gleichzeitig zu hören sind (mehrstimmiger Schlagsatz).
3. Vertiefung von Kenntnissen: Die Kinder bilden ein Orchester, das mit dem fliegenden Segel auf Tournee geht. Sie haben schon viel Erfahrung im Umgang mit elementaren Instrumenten, sei es in klangexperimenteller, ametrischer oder in metrisch-rhythmischer Form. An jedem Spielort hat die Truppe einen anderen Dirigenten, der Varianten der gemeinschaftlichen Klangdarstellung in verschiedenen musikalischen Parametern bestimmt. Entweder behält jeder Musiker während der ganzen Tournee sein Instrument bei, oder es wird während des Segelflugs ein Instrumententausch vorgenommen.

Durch räumliche Gliederung, den Einsatz von Requisiten und einen immer wiederkehrenden ‚Flug-Teil' (Lied, Spruch, Bewegungsform, Geräuschsequenz) wird auch der Segelflug selbst zu einem wesentlichen Teil der Stunde, die somit in Rondoform gestaltet ist. In Verbindung mit dem Vorstellungsbild ist die Gesamtstruktur einer Stunde von großer Bedeutung: die Rondoform beispielsweise birgt in sich eine ideale

Balance von Wiederkehr, Sicherheit, Entspannung einerseits und Neuigkeit, Unsicherheit, Spannung andererseits, die bestens geeignet ist, unser ambivalentes Bedürfnis sowohl nach Ritual, Stabilität und Geborgenheit als auch nach Aufbruch, Neugestaltung und Veränderung zu befriedigen. So läßt sich über einen bildhaft-plastischen, nach künstlerischem Formungsprinzipien strukturierten Unterrichtsverlauf ein Bezug zur menschlichen Psyche herstellen.

Aus diesen Überlegungen geht hervor, daß das Stundenbild nicht nur als ‚Aufhänger', als ‚Verpackung' für Lerninhalte angesehen werden darf; es ist mehr, nämlich ein Identifikationsangebot, das genutzt werden kann, um zu Erlebnissphären in Beziehung zu treten, die im Alltagsgeschehen normalerweise nicht berücksichtigt und schließlich verschüttet werden. Voraussetzung für den Entwurf und die Ausarbeitung von Stundenbildern ist, daß der Pädagoge sich selbst in sie hineinphantasiert bzw. -assoziiert, daß er Imaginationen, die sich auf Anmutungsqualitäten der o.g. Bildkategorien gründen, bei sich selbst auch zuläßt. Dann wird es gelingen, die in das Bild einzubettenden musikalischen und bewegungsmäßigen Aktionen so darauf abzustimmen, daß sich für die Teilnehmer eine Einheit aus Situation, Vorstellung, Atmosphäre, Musik- und Bewegungserlebnis ergibt.

Da Vorstellungsbilder und Gestaltungsprinzipien keine oberflächlichen Accessoires, sondern Sinnträger von Stunden sind, muß auch deren symbolischer Gehalt in die Betrachtung einbezogen werden.

7.1.1 Exkurs über den Symbolbegriff

Da in diesem Entwurf Elementarer Musikpädagogik häufig von Symbolen die Rede ist, ist ein kurzer Exkurs über den Symbolbegriff angebracht. Das Wort ‚Symbol' leitet sich ab aus dem Griechischen ‚symballein', was ‚zusammenwerfen' bedeutet. Aus dem antiken Griechenland ist überliefert, daß zwei Freunde beim Abschied eine Tonscherbe zerbrachen, die Jahre später als Erkennungszeichen dienen sollte, wenn sich die beiden Hälften wieder ineinanderfügten. Symbol als etwas Zusammengefügtes oder zur Zusammenfügung Vorbereitetes steht also als Zeichen für die Überwindung von Trennung. Aber ein Symbol ist mehr als ein vordergründiges Zeichen ‚für etwas', es verweist auf eine hintergründige ideelle Realität. Peter Biehl arbeitet sechs Charakteristika des Symbols heraus, von denen wir drei für unseren didaktischen Zusammenhang als bedeutsam ansehen:

1. Symbole haben Hinweischarakter. Die halbe Tonscherbe beispielsweise ist mehr als ihre stoffliche Erscheinung, sie verweist auf eine verborgene, tiefere Wirklichkeit – in diesem Fall die Freundschaft –, die damit nur indirekt ausgedrückt werden kann (vgl. Biehl 1989, S. 46).
2. Gleichzeitig läßt das Symbol die andere Wirklichkeit gegenwärtig sein; „es repräsentiert sie. ... das, worauf verwiesen wird, wird zugleich verkörpert und verbürgt" (ebd. S. 47). Vergegenwärtigung vollzieht sich als Erinnerung – im altgriechischen Beispiel erinnert die Tonscherbe an erlebte Freundschaft. „Das Sym-

bol kann jedoch auch Kommendes, Neues im Modus der Antizipation vergegenwärtigen. Symbole können also nicht mehr oder noch nicht Anwesendes repräsentieren" (ebd.).

3. Symbole eröffnen eine Tiefendimension der inneren Wirklichkeit und ermöglichen damit neue Umgangsweisen mit der äußeren Wirklichkeit (vgl. ebd. S. 49).

Fassen wir zusammen: Symbole verbinden zusammenfügend Inneres und Äußeres, Vergangenes und Zukünftiges, Bewußtes und Unbewußtes. In ihnen verdichtet sich Vielfältiges – auch Gegensätzliches – zu einem Sinnbild, wobei Verdichtung Bedeutungsüberschuß hervorbringt. Symbole sind in ihrer Aussage überdeterminiert und unter vielerlei Aspekten interpretierbar, aber aufgrund einer Beteiligung unbewußter Vorgänge rational nie vollständig aufklärbar. Es bleibt immer ein Rest ‚Anmutung', der die erhöhte emotionale Reaktionslage des Individuums in symbolträchtigen Situationen erklärt. Aufgrund des Bedeutungsüberschusses und der ‚Anmutungsqualitäten' von Symbolen hat jeder Mensch die Möglichkeit, jenseits eines gemeinschaftlichen Grundkonsenses seiner persönlichen psychischen – weitgehend unbewußten – Bedürfnislage entsprechend mit ihnen umzugehen. „Das Deuten von Symbolen ist mit der Person des Deuters, seinen sozialen, geographischen und kulturellen Hintergründen und seinem aktuellen Bewußtseinsstand eng verbunden, ganz besonders aber abhängig von der jeweiligen Intention des Beschauers" (Bauer/Dumotz/Golowin 1987, S. 12). Symbole haben keine feststehenden Denotationen und sind deshalb von Zeichen und Signalen abzugrenzen, die durch Übereinkunft gesetzt und in eindeutiger Weise, d.h. ohne Einbeziehung subjektiver Verarbeitungsinstanzen zu rezipieren sind.

7.1.2 Stundenbeispiel

Die im folgenden dargelegte Unterrichtsstunde basiert auf dem Vorstellungsbild *Wasser*. Wasser erweckt in uns Vorstellungen von Meer, Wellen, Strand, Wind, Tiefe, Fischen, Pflanzen, Muscheln –, diese und andere mit dem Element eng verbundenen Assoziationen sprechen als Naturbild unmittelbar an. Wasser ist immer in Bewegung und in seinem Fluktuations- und Durchdringungsvermögen nach Tietze „ein Symbol der Bewegung, der Zeit, der Veränderung, des Werdens" (Tietze 1985, S. 252). Tietze analysierte die in imaginationstherapeutischen Sitzungen auftauchenden inneren Bilder von Tagträumenden. Das Phantasiebild *Wasser* deutet er als Symbol für unbewußte psychische Energie. Ferner ist es aufgrund seiner Formlosigkeit „auch Symbol des Chaos ... und sich auflösender Formen. ... Doch andererseits erneuert sich das Wasser aus verborgenen Quellen in beständigem Kreislauf" (ebd.).

Wasser

Unterrichtsstunde für die Musikalische Früherziehung

- KK und L sitzen im Kreis am Boden. In der Mitte des Sitzkreises liegt ein großes blaues Tuch.
- L hat einen mit etwas Wasser gefüllten Luftballon als Wassertropfen. Dieses Objekt wird mit folgendem Spruch zur Begrüßung im Kreis herumgegeben:

  Einen Wassertropfen hab ich hier,
  ... nimm, ich geb ihn Dir!

  (In der zweiten Zeile wird jeweils der Name des Nachbarkindes genannt.)
  Nach dem Begrüßungsdurchgang wird der Tropfen auf das blaue Tuch gelegt, das sich damit als Wasser definiert.
- L spricht mehrfach, so daß KK bald mitsprechen können:

  Warm ist die Luft,
  trocken die Erde,
  heiß ist die Sonne,
  erfrischend das Wasser.

  Bei der letzten Verszeile, die besonders deutlich artikuliert wird (schsch und sssss), bewegen KK das Tuch zu kleinen Wellen.
- Der Sitzkreis wird aufgelöst, KK spielen frei mit dem Tuch im Raum (Exploration).
- KK stehen um das Tuch und fassen es am Rand. Sie sprechen wieder den Vers „Warm ist die Luft ...“. Zu den ersten drei Zeilen spannen sie das Tuch zunehmend, zur letzten Zeile werfen sie es hoch, legen sich schnell unter das Tuch und lassen sich von diesem bedecken.
- Nach mehreren Durchgängen wird das Tuch von einer Wand des Raumes ausgehend als großes Meer ausgebreitet. KK und L setzen sich davor und sprechen über Erscheinungsformen des Meeres bzw. des Wassers, die dann in Klang umgesetzt und in einen wiederholbaren Ablauf gebracht werden sollen, z.B.: Im unruhigen Meer türmen sich Wogen auf, die sich brechen und zu Gischt zerspringen.

  Möglichkeiten der Instrumentierung:
  Leicht bewegtes Meer, quasi als ‚Normalzustand‘: Klingende Holzstäbe (mit den Fingerkuppen oder weichen Filzschlägeln gespielt),
  Wogen: Bongos,
  Die Wellen brechen sich: Paukenschläge
  Gischt: Fingerzymbeln
- Damit kann z.B. folgender Klangablauf gestaltet werden:
  Wassermusik:

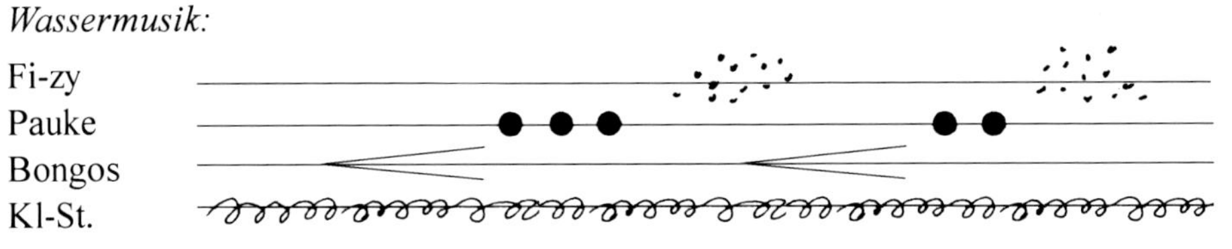

- Nachdem wir die ‚Wasseroberfläche' in Musik gesetzt haben, werden wir nun die Unterwasserwelt erforschen:
  KK setzen sich in mäßigem Abstand verstreut auf den Boden, L zieht das Tuch über sie und bestreicht jedes Kind mit dem ‚Wassertropfen', wobei KK sich nach und nach hinlegen. Zu der Aktion spricht L:

  Erfrischend das Wasser,
  das uns umspült,
  es dämpft die Geräusche,
  und alles wird ruhig.

  L entfernt das Tuch.
- KK bewegen sich auf dem Meeresboden, erkunden ihre Umgebung und teilen ihre Entdeckungen mit, z.B.: Wasserpflanzen, Delphine, Seesterne, Plattfische etc., und bewegen sich diesen Lebewesen entsprechend.
- KK tanzen zu ruhig fließender Musik (z.B. Bach, Konzert für Oboe und Violine BWV 1060, Adagio) einen Unterwassertanz. Dieser kann ein Alleintanz sein, in dem jedes Kind nach Belieben zwischen den vorher erprobten Unterwasserbewegungen wechselt, oder ein Gruppentanz, in dem KK drei oder vier verschiedene Gruppen bilden und pro Gruppe eine vereinbarte Bewegungsform die ganze Zeit beibehalten.
- KK setzen sich unter das Tuch, stehen langsam auf und entfernen das Tuch selbständig. Dann legen sie das Tuch wieder wie oben als Meer: Wir sind wieder aufgetaucht.
- Es ist Abend geworden: KK spielen im Pianissimo eine atmosphärische Klangcollage aus den Elementen der obigen Wassermusik.
- KK legen sich auf das Tuch, schließen die Augen und hören noch einmal die Musik von J. S. Bach.

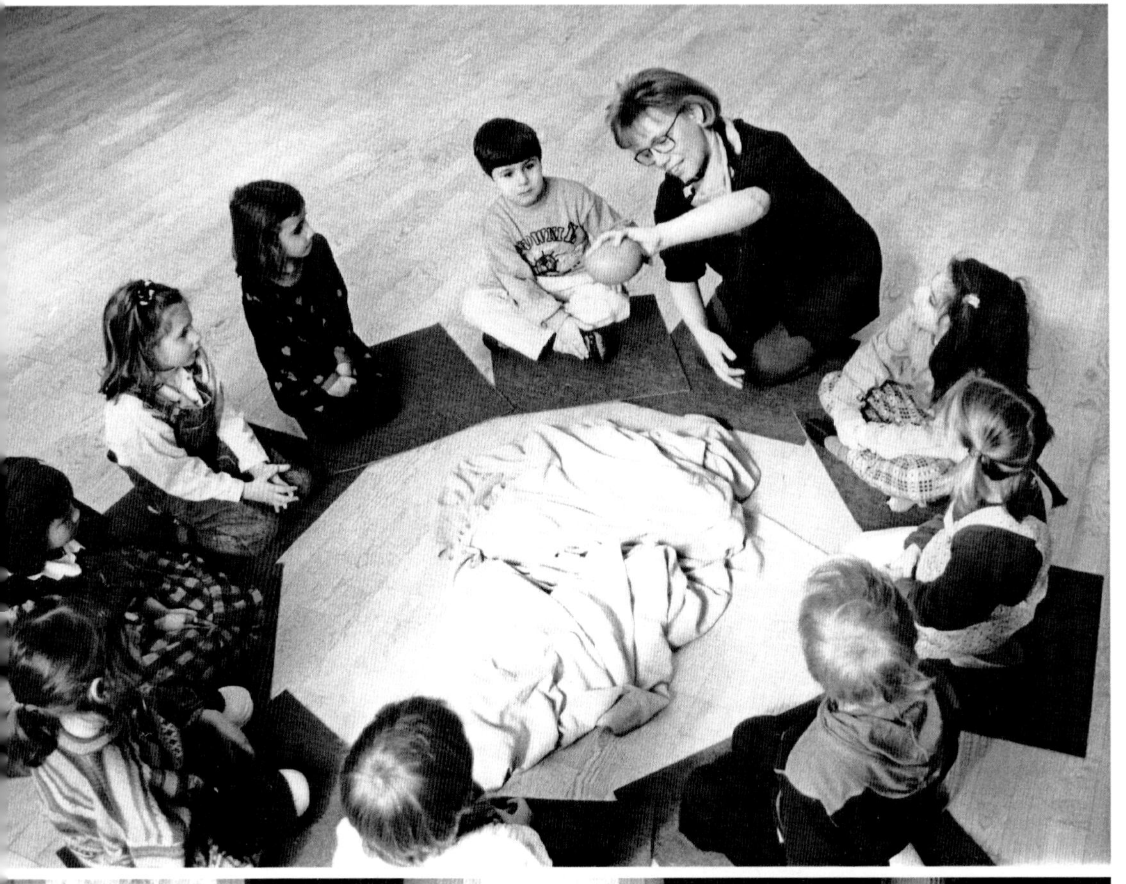

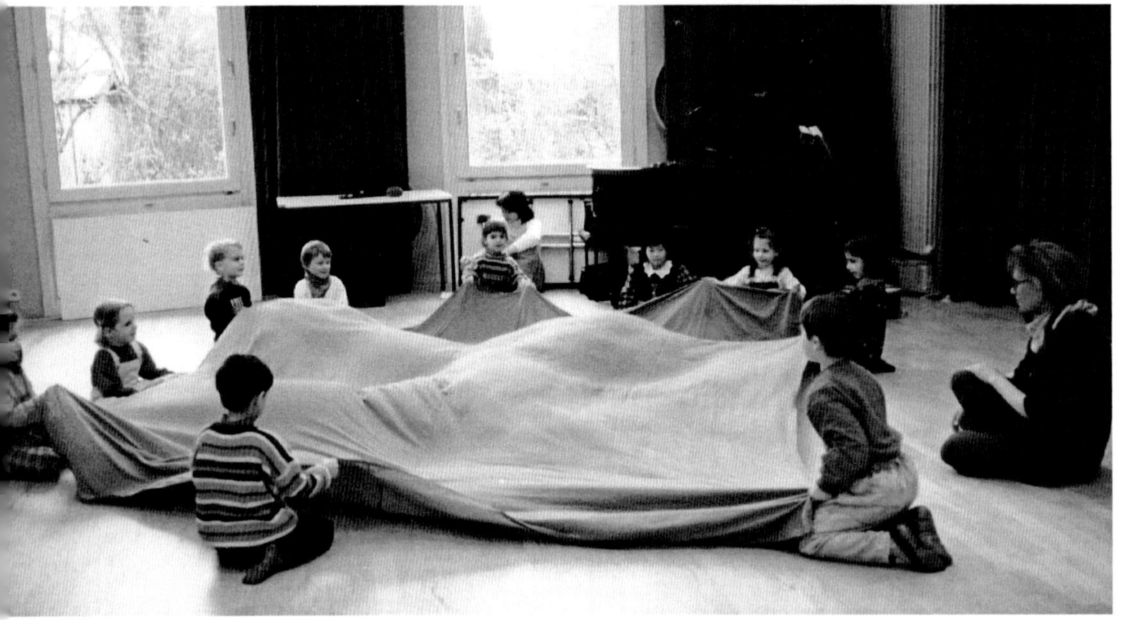

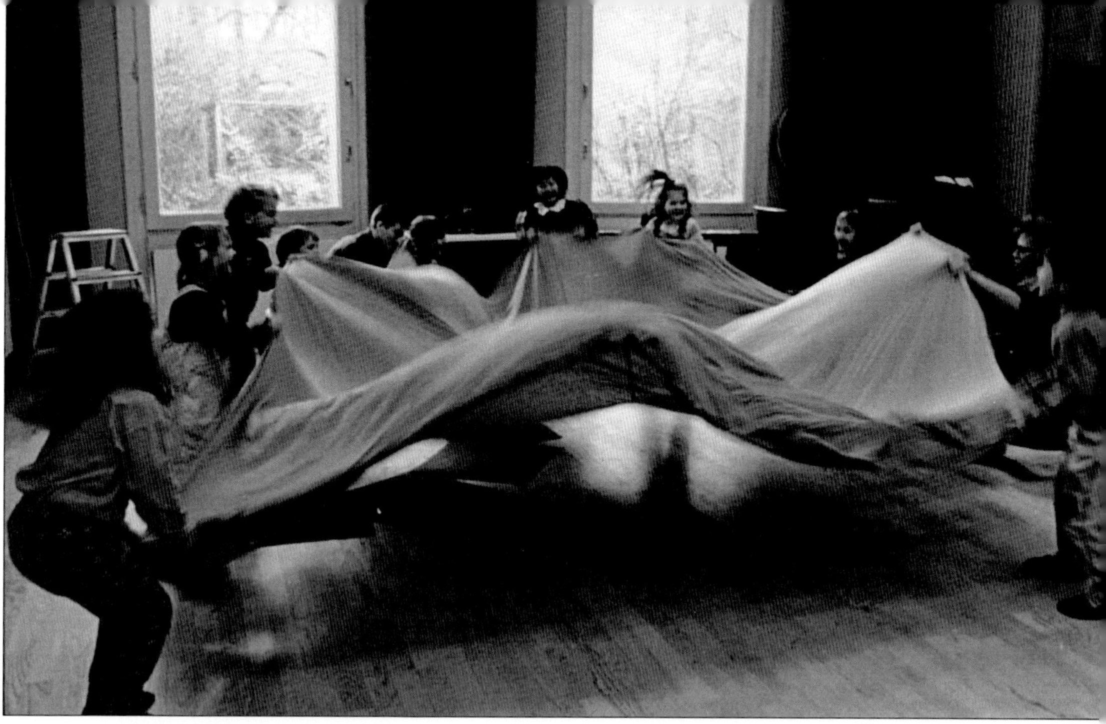

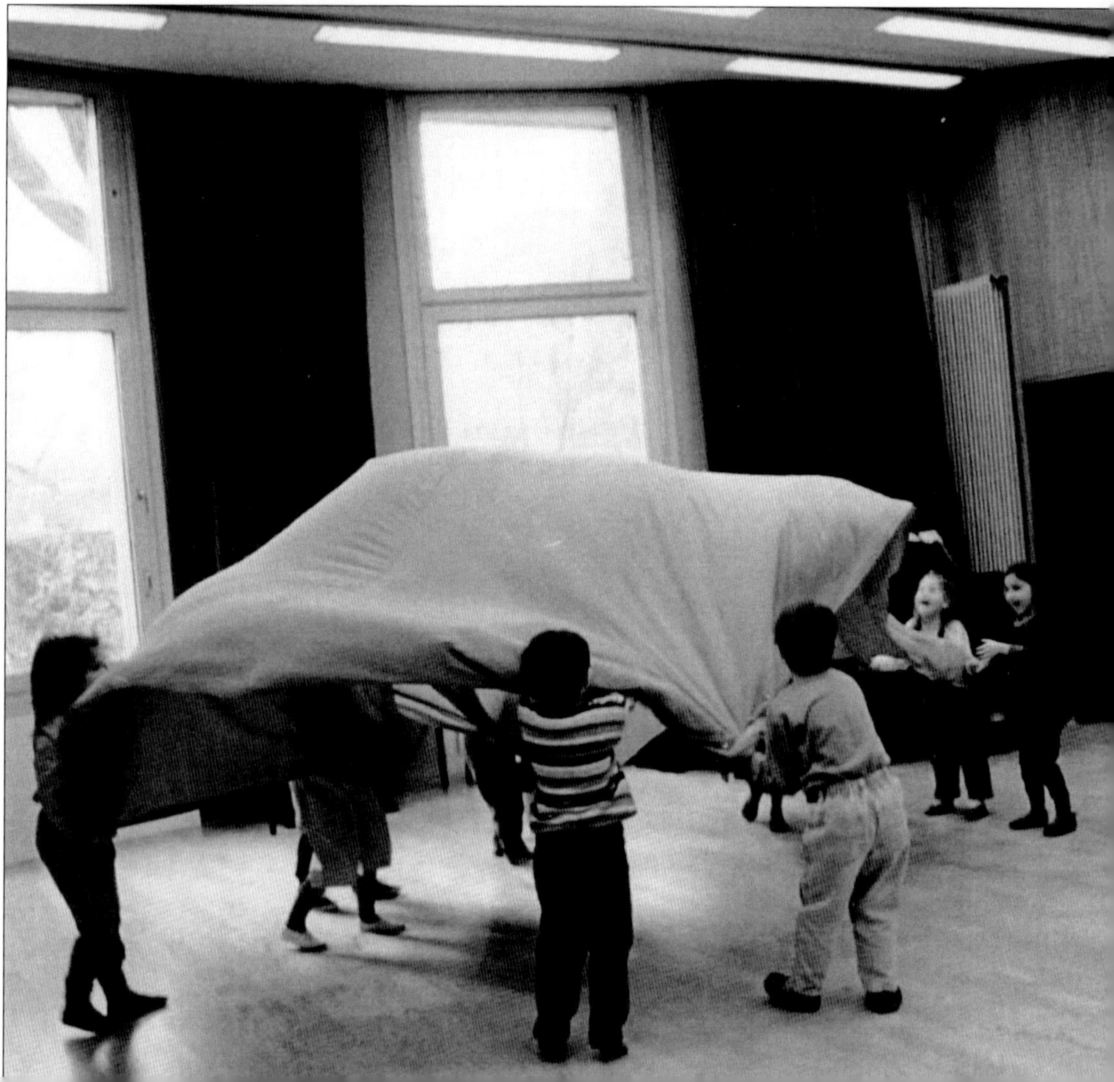

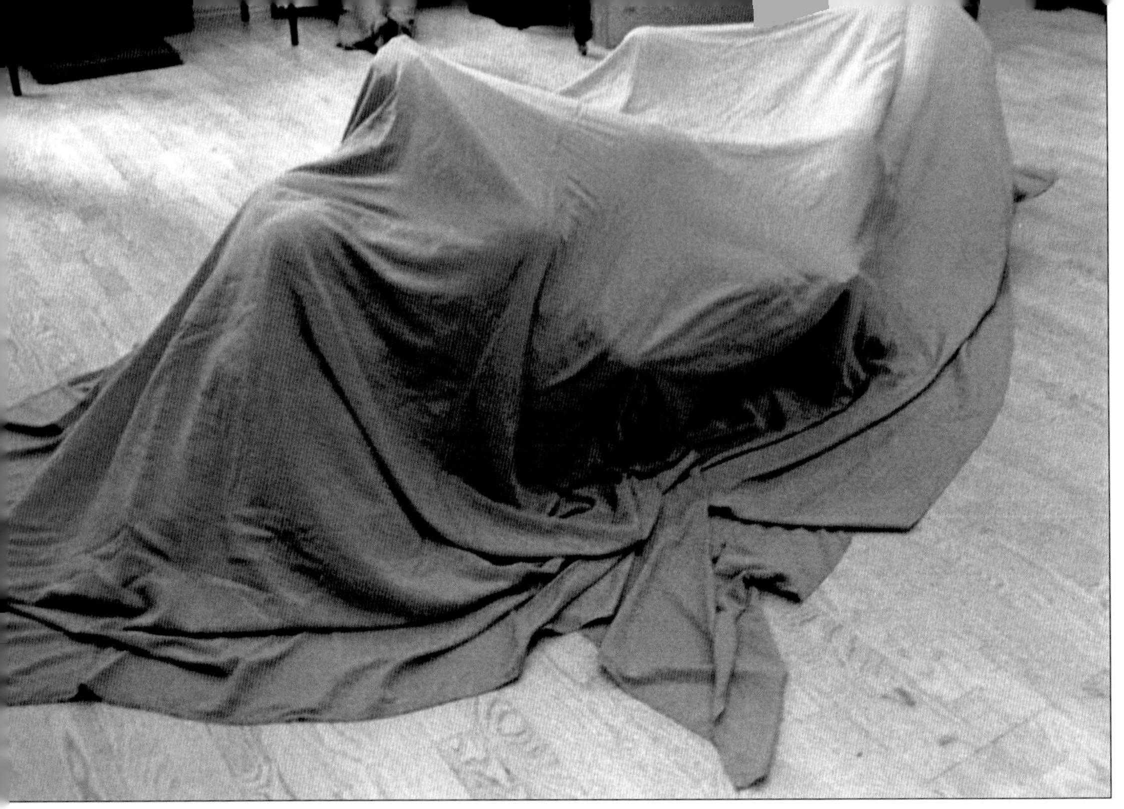

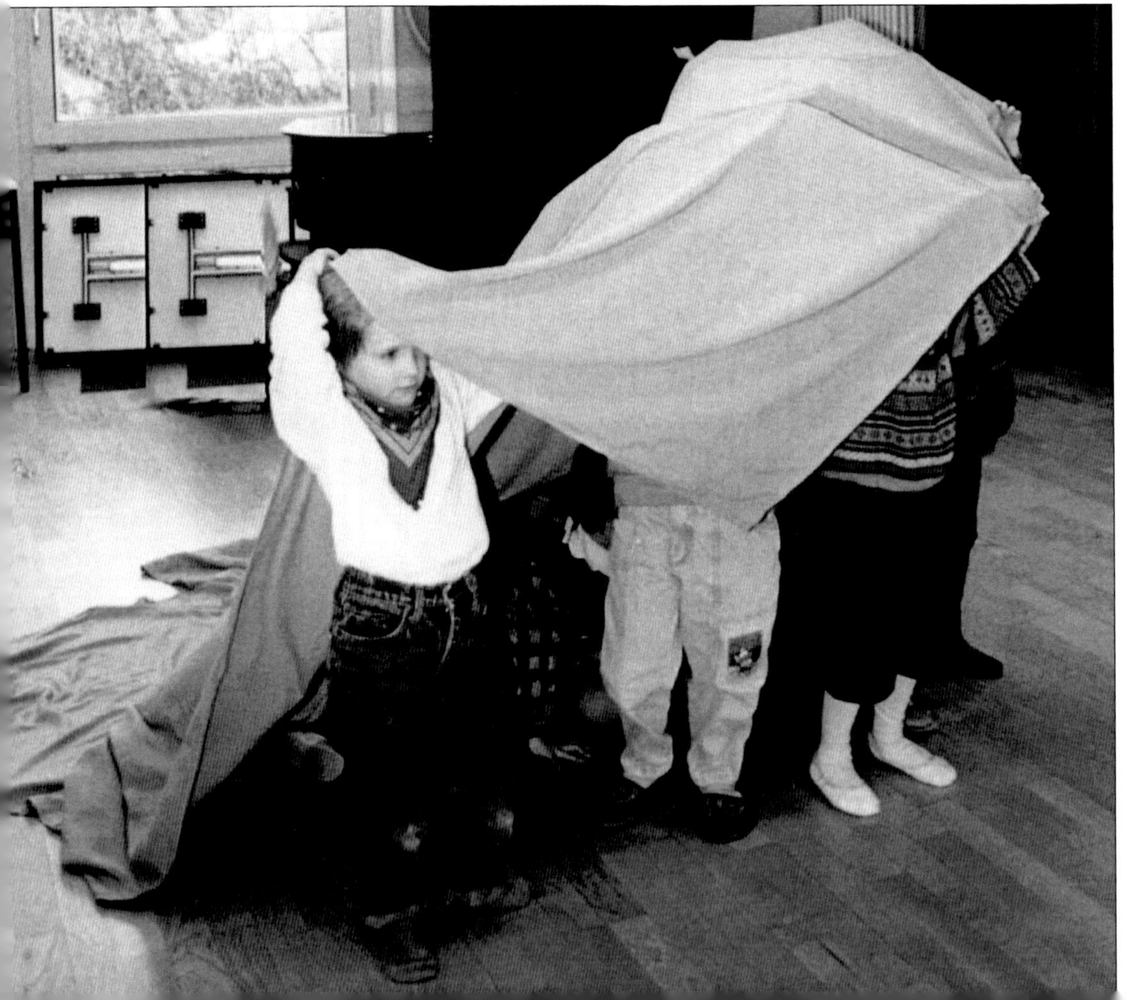

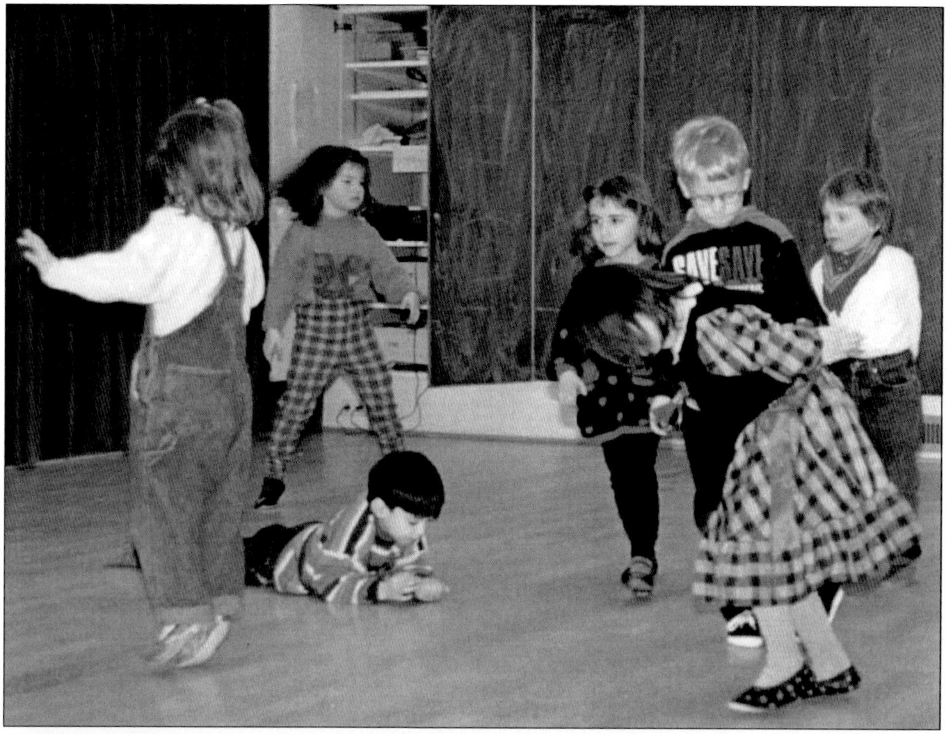

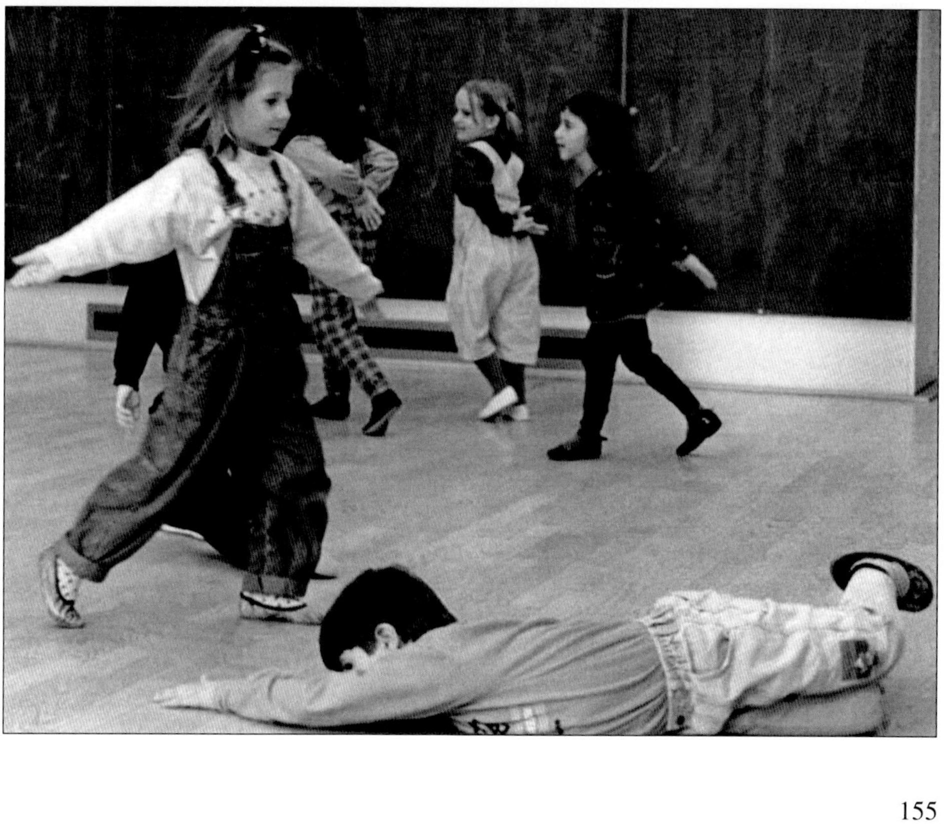

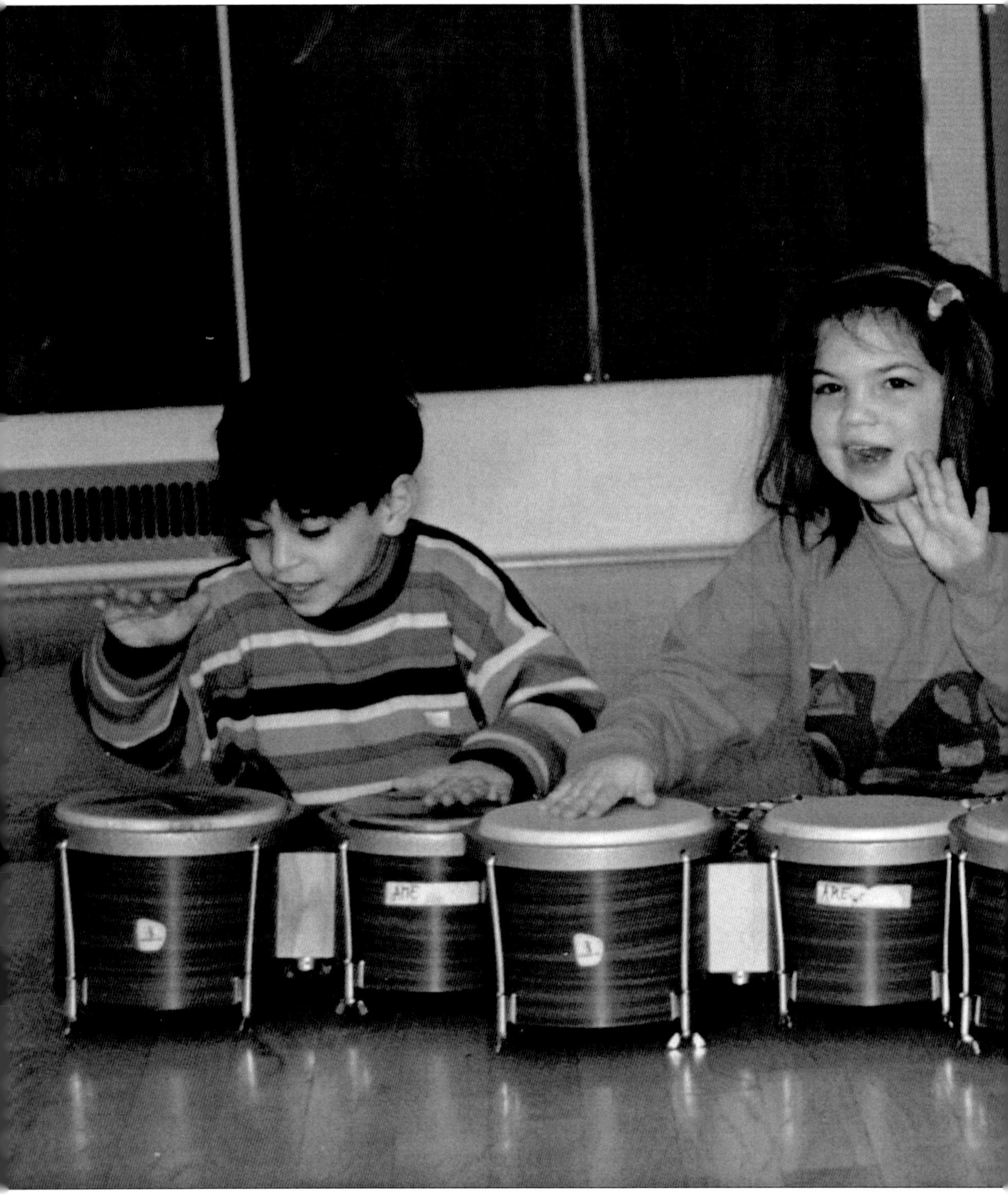

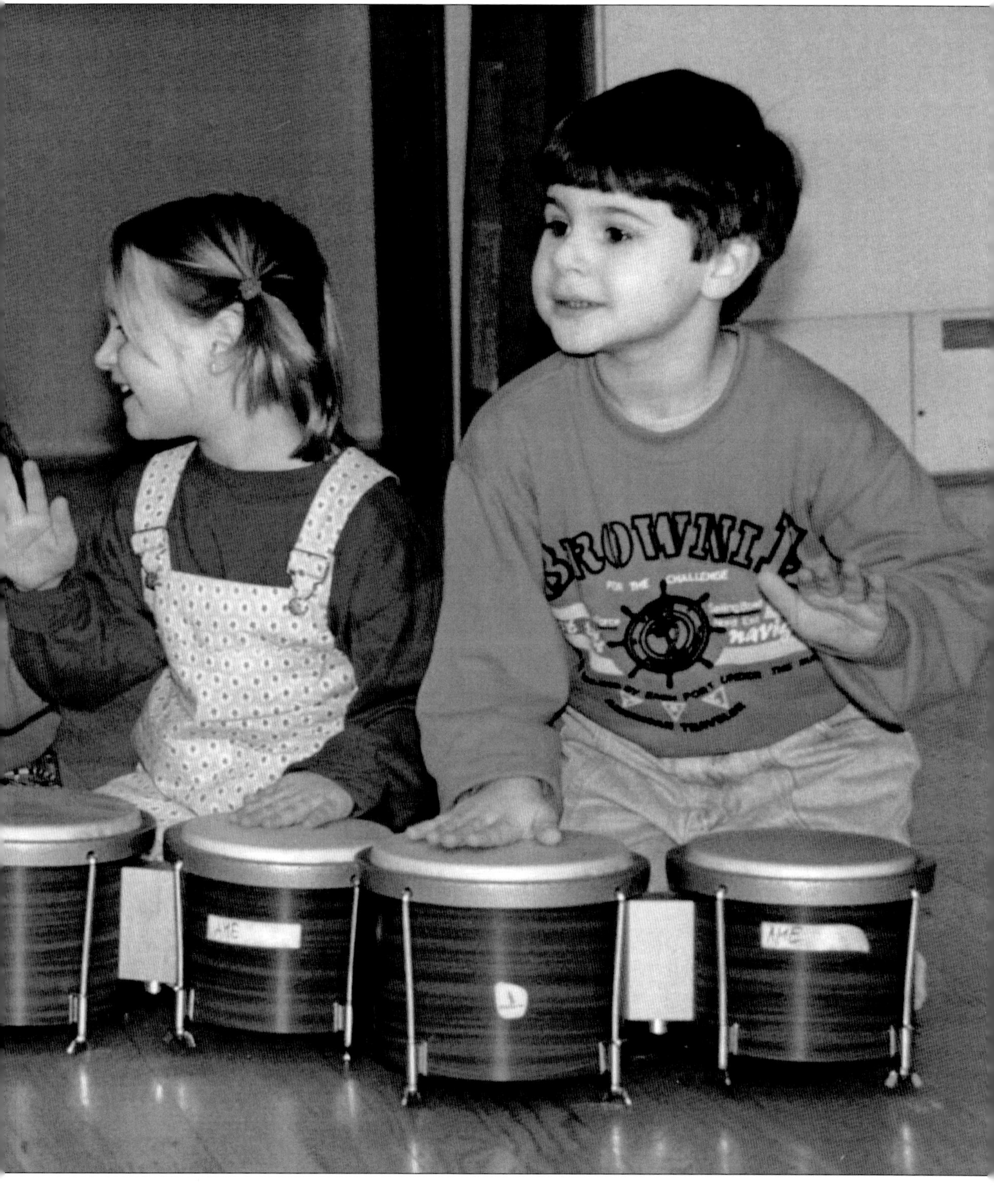

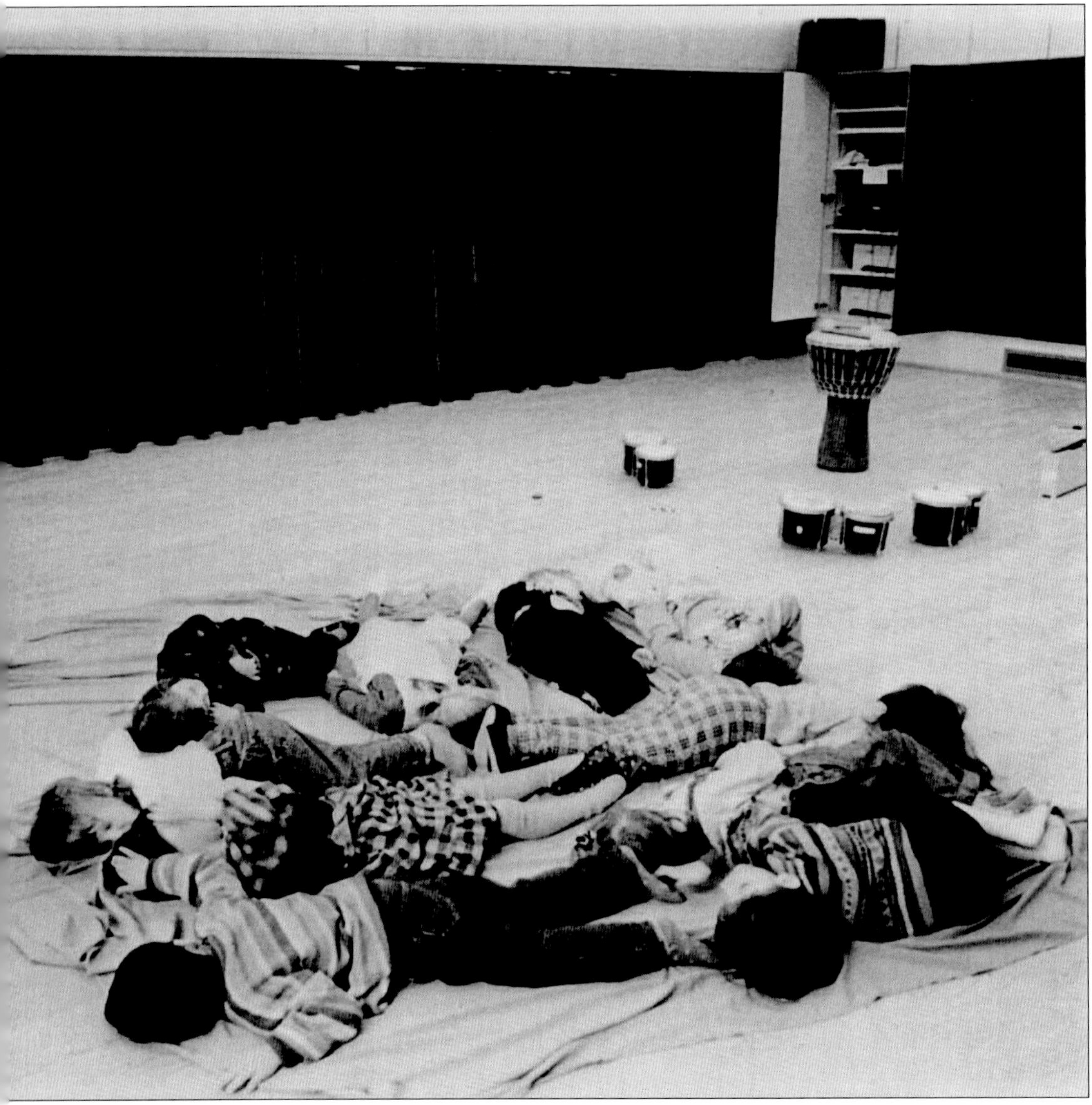

7.2 Gruppe

Unterrichtsteilnehmer bilden dann eine Gruppe, wenn zwischen ihnen ein sozialer Bezug besteht, wenn statt beziehungslosem Nebeneinander interaktives Miteinander die Kommunikationsform bestimmt. Eine Gruppe definiert sich also nicht als Summe der Anwesenden, sondern aus der Qualität des Aufeinanderbezogenseins. Die soziale Bezugsebene muß als wichtiger, zur Identitätsbildung notwendiger ‚Spielraum' vom Lehrer aktiv gestaltet werden, sie muß in den Rang eines konstitutiven Trägerelements von Erziehung und Unterricht erhoben werden, wenn persönlichkeitsbildende Ziele den didaktischen Ansatz mitbestimmen. Soziale Prozesse laufen im ‚Normalfall', d.h. im nicht intentional gestalteten pädagogischen Rahmen, häufig unbewußt oder unreflektiert ab, deshalb meist unausgewogen, polarisiert oder unvorhersehbaren Schwankungen unterworfen, so daß die Bildung von Ich-Identität, die notwendigerweise der sozialen Orientierung bedarf, gefährdet ist. Eine große Orientierungshilfe besonders für Kinder ist das Erscheinungsbild der Gruppe im Raum, also die Gruppenform, die in Korrespondenz zu den darin ausgeführten Tätigkeiten stehen sollte. Eine weitere Orientierungshilfe ist ein klar strukturierter interaktiver Bezug mit jeweils zu definierenden Rollen und Regeln.

7.2. Gruppenformen

Die Gruppenform legt fest, in welcher Anordnung die Teilnehmer im Raum agieren. Wir unterscheiden für die Elementare Musikpädagogik folgende Hauptformen:

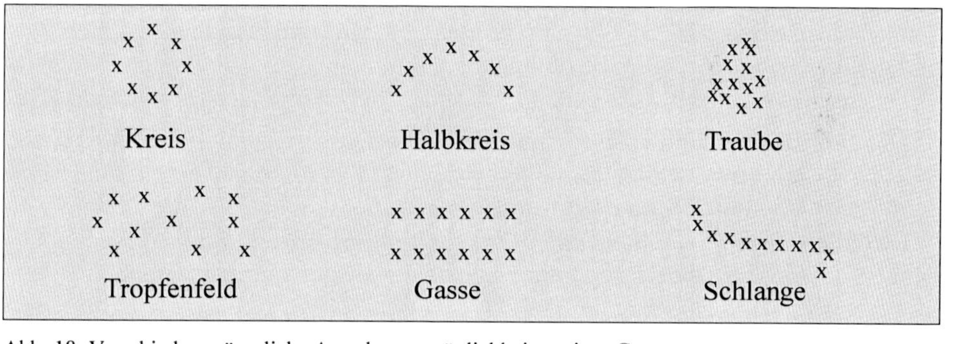

Abb. 18: Verschiedene räumliche Anordnungsmöglichkeiten einer Gruppe

Schulkindern und Erwachsenen bereitet es keine großen Schwierigkeiten, sich in eine Gruppenordnung zu begeben, sie wird sogar gesucht, wie die Probleme Erwachsener zeigen, ein Tropfenfeld nicht immer wieder in einen Kreis übergehen zu lassen.

Ganz anders verhält es sich in der Musikalischen Früherziehung, wo Bildung und Einhalten von Gruppenformen Arbeitsinhalte sind. Für Kinder sind alle Gruppenformen außer ‚Traube' sehr schwer herstellbar, da jedes Kind sich als Teil einer abstrakten Form, die es aktuell nicht vor Augen hat, einfügen muß. Deshalb ist es nötig, daß in der Früherziehung die Sitzgelegenheiten (Stühle, Teppichfliesen, Sitzwürfel etc.) zunächst vom Lehrer in die erwünschte Ordnung gebracht werden – die Kinder lieben es, dann z.B. über einen Reim namentlich angesprochen zu werden, einzeln ‚Platz zu nehmen' und so die Gruppe sich langsam formieren zu sehen. Wenn sie selbst z.B. einen Sitzkreis aus Teppichfliesen aufbauen, wird dieser zunächst nicht ganz befriedigend ausfallen, aber es ist für die Kinder ein besonderes Vergnügen, penibel auf Verbesserungen zu bestehen oder einzeln vom Lehrer auf der Fliese sitzend in die gewünschte Position gezogen zu werden. (Diese kleinen Handlungen sind sehr wichtig für die Erfüllung von Zielen der Ebene A.)

Auch Gruppenformen wie Halbkreis, Tropfenfeld oder Schlange sind durch Abhollieder, Rufformeln, durch An-die-Hand-Nehmen und Hinführen jedes einzelnen Kindes in ihrem Entstehungsvorgang sichtbar zu machen, denn gerade in der Erstellung einer Gruppenordnung für die nächste Musizier- oder Tanzaktion liegt oftmals der neuralgische Punkt des Unterrichtsgeschehens. Die schnelle Ansage „macht einen Kreis, eine Schlange, eine Gasse" stürzt Vorschulkinder in Orientierungsprobleme, deshalb darf die Bildung einer Gruppenform nicht nur als formale Voraussetzung für einen bestimmten Inhalt unterschätzt werden, sondern muß in die methodischen Überlegungen einbezogen werden. In Anbetracht der Zielebenen A und B ist es für die Kinder sehr wichtig, Gruppenformen wahrzunehmen, denn was sich als Idee eines sozialen Gefüges, in dem jedes Individuum seinen Platz hat, verinnerlichen soll, muß physisch erlebbar und anschaulich sein.

Es ist sinnvoll, über eine Verbindung von Ordnungsgefüge und Tätigkeit nachzudenken: Die *Kreisform* grenzt die Gruppe als geschlossenes Rund gegen die ‚Außenwelt' ab, sie schafft gewissermaßen eine sichtbare Repräsentanz von Innenwelt (Kreisinneres) und Außenwelt (der übrige Raum) und ist damit besonders geeignet für Momente der Konzentration und Sammlung, aber auch für geheimnisvolle, ‚magische' Aktionen wie etwa rhythmisches Sprechen, Flüstern, Summen etc.

Der *Halbkreis* öffnet den Blick nach außen, begünstigt somit die Informationsaufnahme wenn etwas vorgemacht oder gezeigt wird. Kreis und in geringerem Maße auch Halbkreis sind aufgrund des Blickkontakts, der allen Mitgliedern untereinander möglich ist, kommunikationsfördernde Gruppenformen, und in diesem Sinne sind sie auch aufzusuchen, wenn der Unterricht interaktive Spielformen ohne Fortbewegung der Partner beinhaltet.

Einen ganz anderen, nicht auf soziale Kommunikation angelegten Charakter kann die Gruppierung haben, wenn etwas erzählt oder vorgelesen wird. Kinder bilden hier automatisch eine *Traube*, d.h. sie drängen sich um den Lehrer und sind eng aneinandergelehnt in ‚Kuschelhaltung', wenn sie einer Geschichte lauschen; dann signalisieren sie die wohlig-regressive Bereitschaft, in eine Phantasiewelt einzutauchen. Sie suchen Nähe, Enge und Umschlossenheit, um sich einem ganz persönlichen Genuß hinzugeben. Hier wird augenscheinlich die Selbstkommunikation gesucht.

Räumliche Vereinzelung in Form eines *Tropfenfeldes* ist für die individuelle Beschäftigung mit einem Material, Gerät oder Instrument angemessen oder für Fortbewegungen einzelner im Feld zwischen den Teilnehmern. Das fluktuierende Tropfenfeld ist die Hauptform, in dem quasi unbeobachtet Bewegungsfreude ausagiert werden kann, es ist auch der Einstieg zum Kindertanz, der zunächst vom Kind aus gesehen Alleintanz ist. In der beidhändigen Fassung (Tropfenfeld aus Paaren) mit einem Partner ist dann das frontale Zueinander gegeben, das z.B. für Spiegelspiele nötig ist und die sonst nur schwer zu erstellende Gassenform vorbereitet.

Eine *Gasse* eröffnet verschiedene Handlungsmöglichkeiten: die Teilnehmer grenzen – ähnlich wie beim Kreis – als Gruppe physisch einen Raum im Raum ab, wobei der Innenraum jetzt aber nicht mittig zentriert, sondern offen für zielgerichtete Fortbewegung ist; ein Weg wird sichtbar, der schützende Grenzen hat, innerhalb derer man sich erproben kann. Darüber hinaus hat jeder einen Gruppenbezug zur eigenen Reihe und einen Partnerbezug zum Gegenüber der anderen Reihe. Musik- oder Bewegungsabläufe mit festgelegten Teilen (z.B. ein Ostinato pro Reihe oder ein Ostinato für alle) und freien Spielformen (z.B. Improvisation mit dem Gegenüber oder Improvisation auf der Gasse) sind in dieser Gruppenform besonders gut darstellbar.

Die *Schlange* ist ganz auf Fortbewegung im Raum angelegt, sie arbeitet weder dem kommunikativen Bezug noch der individuell-konzentrativen Versenkung entgegen. Einhalten der Gruppenform (die Schlange darf nicht reißen) und des Raumweges, den der Schlangenkopf vorschreibt, ist hier das Thema, das – ebenso wie bei Fortbewegungen auf der Kreisbahn in ‚Kindertänzen' oder Volkstänzen – für den einzelnen weitgehend Unterordnung bedeutet und von Kindern oft genug mit Ausbruch aus der Form beantwortet wird.

Es bleibt festzuhalten, daß nicht nur für festgefügte Tänze die Gruppe ‚in Form' gebracht werden muß, sondern daß je nach Grundcharakter der psychosozialen, musikalischen und motorischen Beanspruchungen für jede Unterrichtsaktion äußere und innere Form soweit wie möglich zu harmonisieren sind. Insofern sind die hier besprochenen Kategorien nicht nur rein formal, sondern sie haben immer auch eine inhaltliche Bedeutung.

7.2.2 Interaktionsmodi

Die psychologische Bedeutung sozialer Interaktion besteht darin, sich selbst und andere in Austauschprozessen zu erleben, die verschiedene Arten und Grade zwischenmenschlicher Beeinflussung zeigen. Tabelle 3 (s. nächste Seite) gibt fünf verschiedenen Konstellationen wieder, die der Entwicklung von Sozialbezügen im Kinderspiel vergleichbar sind und die unabhängig vom Alter der Teilnehmer in der Elementaren Musikpädagogik – je nach Unterrichtsinhalt und -phase – ihren Platz haben können.

Konstellation I findet sich vor allem in sensorischen Sensibilisierungsspielen, wenn z.B. jeder Teilnehmer für sich mit geschlossenen Augen Klängen nachlauscht, einen Gegenstand betastet oder Berührungen verspürt. Konstellation II ist z.B. für Explorationsphasen charakteristisch, wenn jeder Teilnehmer die Möglichkeiten eines Instruments oder Materials ausprobiert und die anderen Anwesenden durchaus peripher wahrnimmt, so daß Beeinflussungen stattfinden können.

Tabelle 3

Interaktive Konstellation	Spielformen
I 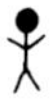 Ich	Alleinspiel
II 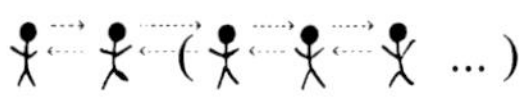 Ich – (Du, Du, Du ...)	Parallelspiel
III 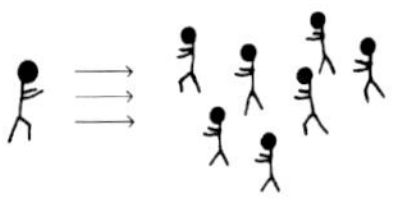 Ich – Ihr (= Massendu)	Rollenspiel (mit wechselnden Rollen) Regelspiel
IV 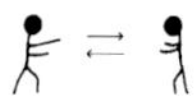 Ich – Du	Rollenspiel (mit wechselnden Rollen) Regelspiel
V 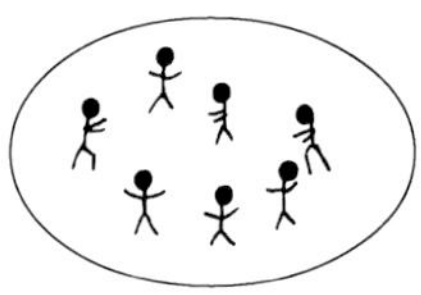 Ich – Du – Wir	Team

Die Beobachtung, daß es Kindern meist leichter fällt, sich ideenreich vor der Gruppe zu produzieren als in einen echten Interaktionsprozeß mit einem einzelnen Partner einzutreten, schlägt sich in Konstellation III nieder, in der sie einzeln die Möglichkeit erhalten, die Gruppe, die dabei die Funktion eines vervielfältigten Partners annimmt, anzuführen. Erst dann kann Konstellation IV qualitativ ausgefüllt werden. Auch Erwachsene tun sich oft schwer darin, mit einem Partner sensibel zu interagieren. Hier kommt es offensichtlich auf den Grad der Vertrautheit miteinander an; ist dieser gering, kann Nähe überfordern und das ‚Massendu' als neutraler empfunden werden, zumal der Blickkontakt sich nicht auf eine Bezugsperson beschränken muß. Konstellation V ist eine deutliche Steigerung der vorgenannten Beziehungsformen; in sie gehen individuelle Aktionen jedes einzelnen, fluktuierende Partnerrelationen und übersummative Gruppeneffekte gleichermaßen ein.

Da interaktive Beziehungsfähigkeit das spielerische Erproben aktiver und reaktiver Verhaltensweisen voraussetzt, wollen wir diesen Vorgang unter prinzipiell gleichberechtigten Partnern betrachten und in der personellen Ausfüllung der Konstellationen die Lehrerbeteiligung vernachlässigen. Der Lehrer tritt als Planer und Initiator interaktiver Prozesse dann im Handlungsvollzug zurück zugunsten von Schüler-Schüler-Interaktionen. Aber auch dann, wenn nur gleichberechtigte Spielpartner beteiligt sind, kann die demokratische Struktur in eine hierarchische umgewandelt werden, wenn nämlich ein Gruppenmitglied vorübergehend die Führung übernimmt.

Durch die Möglichkeit zum Rollenwechsel sind hierarchische Strukturen im Verbund prinzipiell Gleichberechtigter über eine Spielregel und nicht über den institutionellen Status eines Gruppenmitglieds definiert. Das bieten die Konstellationen III und IV, während Konstellation V so zu verstehen ist, daß innerhalb der Gruppe gestalterische Prozesse ablaufen, die zunächst nicht durch verabredete Rollenübernahme oder Ablaufsregeln organisiert sind. Beispiele hierfür wären eine freie Gruppenimprovisation, eine Bewegungsform, ein klangliches oder körperlich-räumliches Gruppenbild, in dem jeder einzelne das Gesamtgeschehen sensibel wahrnimmt und ohne Rücksicht auf persönliche Wünsche und Interessen im Rahmen eines ausgewogenen sozialen Kraftfelds zu agieren und zu reagieren imstande ist. Dazu gehört auch die kreative bzw. kreativierende (Klein-)Gruppenarbeit, wenn z.B. aus gegebenen Elementen oder aus der Improvisation gemeinsam eine Gestaltung entwickelt wird. Dies gelingt vermutlich nur, nachdem persönliche Wünsche und Interessen ausgelebt werden konnten und zahlreiche Regulierungsprozesse zwischen Individuum und Gruppe abgelaufen sind.

Unter dem Gesichtspunkt, daß auch die wenigsten Erwachsenen zu wirklich gruppenbezogenem Verhalten im o.g. Sinne fähig sind, wollen wir auch für sie teamorientierte Gruppenprozesse, die den Sinn der beiden letzten Spiele zur Sensibilisierung des sozialen Sinns (vgl. Kap. 5.1.5) ausmachen, nicht voraussetzen, sondern über Ich-Ihr- und Ich-Du-Interaktionen einleiten. Ziel der im folgenden dargestellten Interaktionsspiele ist, daß die Teilnehmer ihren Wahrnehmungsradius auf andere, auf einen Partner, auf die Gruppe ausweiten. Gerade deshalb müssen interaktive Prozesse im Unterricht als soziale Organisationsformen, in die der Umgang mit musikalischen und bewegungsmäßigen Inhalten eingebunden wird, einen wichtigen Stellenwert haben.

In den folgenden Unterrichtsbeispielen schließen wir an den aus den psychosozialen Gestaltungsbewegungen abgeleiteten DG I/4 an, denn die dort aufgeführten Polaritäten Aktion – Reaktion, Erweiterung – Einschränkung, Bindung – Freiheit, Selbstbestimmung – Anpassung und Aufnehmen – Abgeben sind auch globale Merkmale des sozialen Bezugs zwischen interagierenden Individuen. Bei den Beispielen handelt es sich weitgehend um Beschreibungen kreativer, spontaner Klang- oder Bewegungsaktionen innerhalb sozialer Spielregeln der Kategorien III und IV von Tabelle 3; sie sind je nach der Art der interaktiven Prozesse in fünf Kategorien angeordnet. Die meisten Aufgaben sind sowohl in der Relation Individuum – Gruppe als auch in Partnerarbeit durchführbar, obwohl die Beschreibung jeweils eine Konstellation favorisiert.

Führen – Sich-Führen-Lassen

Diese im Elementarbereich wohl bekannteste Interaktionsform kann in zahlreichen Aufgaben zur auditiven und sensomotorischen Förderung realisiert werden. Ein Teilnehmer übernimmt die Führung, gleichzeitig aber auch die Verantwortung für die Unversehrtheit des/der anderen, während die Geführten im Vertrauen auf die Umsicht und Vorsicht des Führenden sich in eine Rolle mit geringerer Autonomie begeben. Aus dem großen Pool von Unterrichtsideen zu diesem Thema seien einige wenige exemplarisch genannt:

- Die Teilnehmer bewegen sich paarweise durch den Raum, wobei jedes Paar eine körperliche Kontaktstelle hat (z.B. den rechten/linken Oberarm oder Finger/Finger oder Hand/Schulter), die die ganze Zeit aufrechterhalten bleibt. Ein Partner bestimmt den Raumweg, muß aber Fortbewegung und Richtungswechsel so einfühlsam vornehmen, daß der andere Partner diese mitvollziehen kann. Desgleichen muß der Geführte sich in den Bewegungsfluß des Führenden einfühlen und reaktionsbereit sein, um den Kontakt nicht abreißen zu lassen. Dieses Spiel ist auch mit geschlossenen Augen des Geführten durchführbar.

- Eine Variante davon ist das ‚Magnetspiel', wobei bewußt mit abrupter Ablösung und Verbindung gespielt wird, indem der Führende plötzliche Richtungswechsel vornimmt und der Partner sich so schnell wie möglich wieder anschließen muß.

- Der Kontakt zwischen beiden Partnern muß nicht körperlich, sondern kann über ein Material gegeben sein, beispielsweise durch ein Seil, ein Stück Papier, ein Tuch etc.

- Dirigierspiele aller Art basieren auf visuellem Kontakt. Der dirigierende Teilnehmer muß sich den Instrumentalisten oder Vokalisten unmittelbar körperlich verständlich machen. Diese sind damit beschäftigt, seine Gesten – evtl. in Hinblick auf einen verabredeten Parameter – zu interpretieren und klanglich umzusetzen.

- Visueller Kontakt besteht auch, wenn ein Teilnehmer von einem festen Standort aus die Gruppe oder einen Partner durch den Raum dirigiert. Richtung, Tempo, Dynamik und Stops, evtl. auch Fortbewegungsarten können angezeigt werden. – Die Kontaktmöglichkeit über einen Instrumentalklang beschreibt das auditive Sensibilisierungsspiel *Der Klang weist den Weg* (s. S. 104).

- Ein Instrumentalist, z.B. ein Kongaspieler, regt die Gruppe zu verschiedenen Fortbewegungsarten, dynamischen Varianten und Tempowechseln an.

- Bei den Reaktionen auf Aktionen eines Führenden kann sich die Aufmerksamkeit der Gruppenmitglieder auch auf ihr räumliches Zueinander richten: ein Teilnehmer befindet sich im Mittelpunkt eines kleinen Kreises, der von anderen Gruppenmitgliedern gebildet wird. Der ‚Mittelpunkt' bewegt sich langsam und ohne Frontveränderung durch den Raum, der ‚Kreis' versucht, in der Mitbewegung den Radius zu bewahren.

Initiieren – Imitieren

Diese Kategorie ist nicht immer deutlich gegen Spiele der vorgenannten Art abzugrenzen, da auch hier ein Interaktionspartner weitgehend Handlungsfreiheit hat, während der andere eingebunden ist. Der Unterschied zur ersten Kategorie besteht aber darin, daß der Initiator Tätigkeiten ausführt, die vom Imitator in genau derselben Weise mit- oder nachvollzogen werden; dabei sollen die Handlungen der beiden Partner möglichst simultan stattfinden.

Der Wechsel in der exponierten Führungsposition kann in einer Partneraufgabe so vollzogen werden, daß verabredungsgemäß erst der eine, dann der andere Teilnehmer initiativ ist. Oder aber die Partner probieren die schwierigere Form des fliegenden Wechsels: einer führt eine Aktion an, die sein Partner imitierend mitvollzieht, bis dieser seinerseits die Aktion verändert oder eine neue beginnt, die dann der vormals Führende imitiert.

- Spiegelspiele werden bewegungsmäßig von frontal einander zugewandten Partnern quasi simultan ausgeführt, wobei der ‚Betrachter' seine Bewegungen so führen muß, daß sie für den ‚Spiegel' gut zu verfolgen, evtl. sogar vorherzusehen sind.
- Klangliche Spiegelspiele können z.B. mit einem Repertoire an instrumentalen Klangerzeugungsmöglichkeiten durchgeführt werden: sobald ein Spieler seine Art der Klangerzeugung wechselt, tut dies auch sein Partner oder die ganze Gruppe. Die Spielbewegung hat dabei eine wichtige Funktion: wenn die Teilnehmer Blickkontakt haben, wirkt vor allem die Bewegung und weniger der Klang imitationsauslösend.
- In Schattenspielen bewegen sich zwei Partner ohne Blickkontakt, also hintereinander oder diagonal bei gleicher Frontausrichtung, wobei der ‚Vordermann' Richtung, Bewegungsart, Bewegungsform, ggf. auch (in nicht musikgeleiteten Aktionen) Tempo und Dynamik vorgibt, die der ‚Schatten' im simultanen Vollzug ausführt.
- Bei klanglichen Schattenspielen ist das Ohr gefordert; die Akteure sind ohne Blickkontakt – evtl. Rücken an Rücken oder Seite an Seite mit gegensätzlicher Frontausrichtung – postiert und müssen klangliche, agogische, rhythmische oder tonräumliche Veränderungen rein auditiv mitvollziehen.
- In Echospielen ist die kontinuierliche Aktivität beider Spielpartner aufgehoben, da einer Bewegungsformen oder Klangereignisse vormacht, während der andere beobachtend verharrt und erst nach Beendigung der Vorgabe seine imitative Wiederholung beginnt, die von dem Initiator aktionslos beobachtet wird. Das pädagogisch induzierte Echo unterscheidet sich von dem Naturecho dadurch, daß bei ihm die gesamte Struktur ein zweites Mal ertönt, während es bei letzterem nur die Schlußwendung ist. Der Vorteil des ‚pädagogischen' Echos ist, daß der Erfinder sein Produkt in der Wiederholung besser wahrnehmen kann als in Spiegel- oder Schattenspielen, in die er ohne Pause eingebunden ist. Andererseits ist in Echospielen der interaktive Prozeß von geringerer Intensität, da kein zeitgleiches

Spannungsfeld aus verschiedenen simultan wirkenden Kräften aufgebaut werden kann. Mit Beendigung der sicht- oder hörbaren Aktion wird jeweils ein Mitspieler zum Zuschauer – er steigt gewissermaßen aus; der Spannungsbogen könnte zerreißen, wenn er innerlich das Spielfeld verläßt.

- Kanonspiele verbinden die Qualitäten von Spiegel-, Schatten- und Echospielen. Die Ereignisse werden zeitlich versetzt imitiert, aber die kontinuierliche innere und äußere Aktivität beider Partner ist gewährleistet. Schwierig ist dabei allerdings für den Imitator die Aufmerksamkeitsverteilung, da er einerseits mit der bewegungsmäßigen oder klanglichen Nachahmung, andererseits mit der Wahrnehmung der neuen Gestalt beschäftigt ist. Wegen ihrer Komplexität ist diese interaktive Konstellation in der Elementaren Musikpädagogik mit Vorschulkindern weniger einzusetzen, es sei denn, die klanglichen oder bewegungsmäßigen Komponenten, mit denen sich die Spielregel ‚Kanon' inhaltlich füllt, sind deutlich umrissen und den Kindern ganz vertraut.

Hervortreten – Sich-Eingliedern

Diese soziale Komplementärfunktion ist auch in den beiden vorigen Kategorien enthalten und dort vor allem durch den Rollenwechsel gegeben. Hervortreten bedeutet auch hier wieder, daß ein Teilnehmer die Initiative ergreift, allerdings nicht, um einen Partner oder die Gruppe in die eigene Verhaltensweise hineinzuformen, sondern um sich kurzfristig von der Gruppe abzuheben und dann freiwillig wieder ‚einzutauchen'. Das eingliedernde Zurücktreten ist aber nicht im Sinne einer Unterwerfung, einer direkten Anbindung des eigenen Verhaltens an fremdes zu verstehen, sondern eher als freiwilliges Räumen einer exponierten Position.

Das interaktive Feld kann dabei relativ komplex werden, da eine Person für sich selbst mit den beiden Verhaltenspolen spielen kann, andererseits aber die Bindung besteht, daß nur einer zur Zeit hervortreten darf. Zudem kann die Aufgabenstellung aber auch einen Machtkampf beinhalten, wenn immer dann, wenn ein Teilnehmer hervortreten möchte, der zuvor exponierte sich wieder eingliedern muß. Die folgenden Unterrichtsbeispiele sind also vor allem auf Solo-Tutti-Aktionen aufgebaut.

- Die Gruppe spielt z.B. Glissandi auf Stabspielen; ein Gruppenmitglied spielt dazu deutlich davon unterscheidbare, z.B. punktuelle Klangereignisse; wenn es wieder zu glissandieren beginnt, ist der Soloposten frei für einen anderen (Übergabemöglichkeiten s. u. unter *Übernehmen – Weitergeben*, S. 168).
  Als Vorstellungshilfe kann das Bild eines Teppichs dienen, aus dessen diffuser Flächigkeit (Glissandi) nach und nach einzelne Muster plastisch hervortreten (Einzelaktionen über Klanggrund).
- In den Bewegungsbereich übertragen sieht diese Spielidee folgendermaßen aus: die Teilnehmer stehen im Raum verteilt und ‚malen' mit sanften Armbewegungen Wolken in die Luft. Einer löst sich vom Platz und fliegt bzw. gleitet zwischen den Wolken seine Bahn in selbstgewähltem Tempo als Segelflugzeug, Drachen-

flieger, Vogel etc. Er entscheidet, wann er sich auf seinen Platz zurückbegibt und das Wolkenmalen wieder aufnimmt; dann ist der nächste Flieger an der Reihe. Diese Aktionen sind auch vokal zu begleiten.

- Auf explorative Phasen folgt meist die Präsentation von Ideen, die jeder Teilnehmer beispielsweise im Umgang mit einem Material oder Instrument entwikkelt hat. Jeder kann der Gruppe entweder mehrere Ideen oder seine Lieblingsidee vorstellen. Währenddessen ist er Mittelpunkt der Aufmerksamkeit aller, bis er seine Aktion beendet und sich wieder in die Zuschauergruppe eingliedert.
- An die Präsentation kann sich die Auswahl einer begrenzten Anzahl von Ideen für eine gemeinsame Gestaltung anschließen. Das Moment des Hervortretens löst sich von seiner begrenzten Erscheinung auf der Zeitleiste, wenn die eigene Idee ein von allen akzeptiertes Gestaltungselement wird; sie wird sich aber gleichzeitig in eine Ablaufsform eingliedern, die aus den Ideen mehrerer gebildet wird. Eingliederung wird auch verlangt, wenn die eigenen Wünsche im Hinblick auf die Aufgabenstellung oder den Gruppenkonsens zurückgestellt werden müssen.
- In der Gestaltung einer Klanggeschichte ordnen sich soziale Bezüge dem Text- bzw. Handlungsverlauf unter, allerdings nur, wenn mit verteilten Rollen gearbeitet wird. In der Kollektivform (‚alle sind alles') agiert jedes Individuum weitgehend isoliert von den anderen, kann aber sich selbst in vielfältigen Rollen erleben. Bei verteilten Rollen kommt es für die Ausführenden darauf an, zuhörend abzuwarten, verabredungsgemäß sich als rollentragender Instrumentalist zu präsentieren, die Aktion zu beenden und wieder zuhörend abzuwarten; oder bei der Differenzierung in Vordergrund (Rollenträger) und Hintergrund (Atmosphäre, Gefühlsgehalt, Ambiente) sich klanglich der jeweiligen Funktion gemäß als ‚Figur' oder ‚Grund' zu verhalten.
- Hervortreten im Sinne von ‚Etwas-an-sich-Reißen' und komplementär dazu ein zwangsläufiges Sich-Eingliedern im Sinne von Abgedrängtwerden, sei exemplarisch an einer etwas dramatisierten Variante des ‚Wolkenspiels' von Lilli Friedemann (Friedemann 1983, S. 13) beschrieben.

  Die Teilnehmer sitzen im Kreis, jeder mit dem Instrument seiner Wahl. Eine Wolke wird ‚installiert', indem z.B. drei nebeneinander sitzende Gruppenmitglieder zu spielen beginnen. Die Wolke zieht weiter, wenn ein Nachbar, z.B. der rechts von den Spielern sitzende, sein Instrument zum Klingen bringt. Dann muß der Spieler links außen aufhören, denn es dürfen nie mehr als drei Personen gleichzeitig spielen – die Wolke verändert nicht ihre Größe, sondern lediglich ihre Position. Insbesondere wenn die Richtung, in die sie weiterzieht, freigestellt ist, kann es zu kleinen Machtkämpfen kommen, wer nun die Wolke zu sich herüberzieht und den anderen zum Nachgeben zwingt. Man kann vereinbaren, daß die Wolke eine bestimmte Zeit an einem Platz abregnen (d.h. klingen) muß, bevor sie weiterwandert. Besonders hohe Konzentration erfordert dieses Spiel, wenn es mit geschlossenen Augen durchgeführt wird.

Übernehmen – Weitergeben

Ging es in der vorigen Kategorie schon im wesentlichen um das Annehmen oder Abgeben einer kurzfristig herausgehobenen Position innerhalb der Gruppe, so sollen jetzt Reihenfolge und Übergabemodi näher betrachtet werden. Der simple Vorgang des Übernehmens und Weiterreichens stellt sich für die daran beteiligten Individuen psychologisch etwa folgendermaßen dar: ein Objekt, ein Ton, ein Klang, eine Klanggeste o.ä. wird im Kreis herumgegeben. Auf jedes Gruppenmitglied kommt etwas zu, Spannung baut sich auf; es übernimmt etwas, bekommt etwas, nimmt etwas wahr; es handelt, hantiert, führt etwas aus, hat die Verantwortung; es gibt, gibt ab, löst sich von etwas; etwas entfernt sich von ihm, Spannung baut sich ab. Dieser Vorgang läßt sich auf verschiedene Art im Unterricht durchspielen:

- Bei der Übergabe z.B. eines Objekts oder einer Klangaktion wenden sich die Interaktionspartner einander zu und kosten den Vorgang des Gebens und Nehmens gestisch aus.
- S. auch das soziale Sensibilisierungsspiel *Abgeben* (s. S. 118).
- Berührung ist der Knotenpunkt von Weitergabe und Übernahme, deshalb kann der Kontaktstelle dabei besondere Aufmerksamkeit geschenkt werden. Beispielsweise kann bei der Weitergabe eines Metrums der Grundpuls einmal auf den eigenen Handrücken, dann auf die Schulter des Nachbarn getupft werden. Jeder Spieler holt sich die Impulse dort ab, wo er sie empfangen hat, um sie dann für sich an einer Körperstelle zu reproduzieren und sie schließlich dem nächsten auf ein anderes Körperteil zu tupfen, der seinerseits die Aktion dort wieder beginnt.

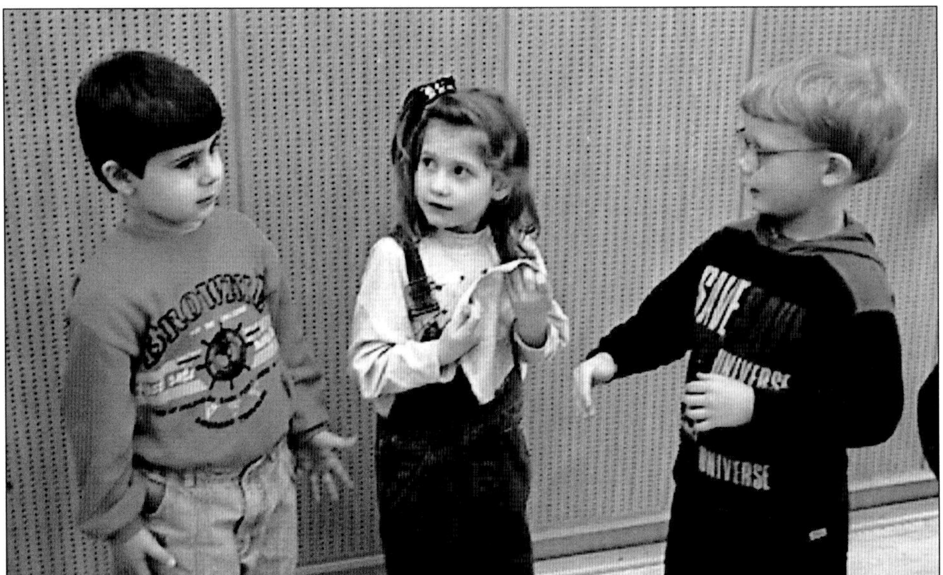

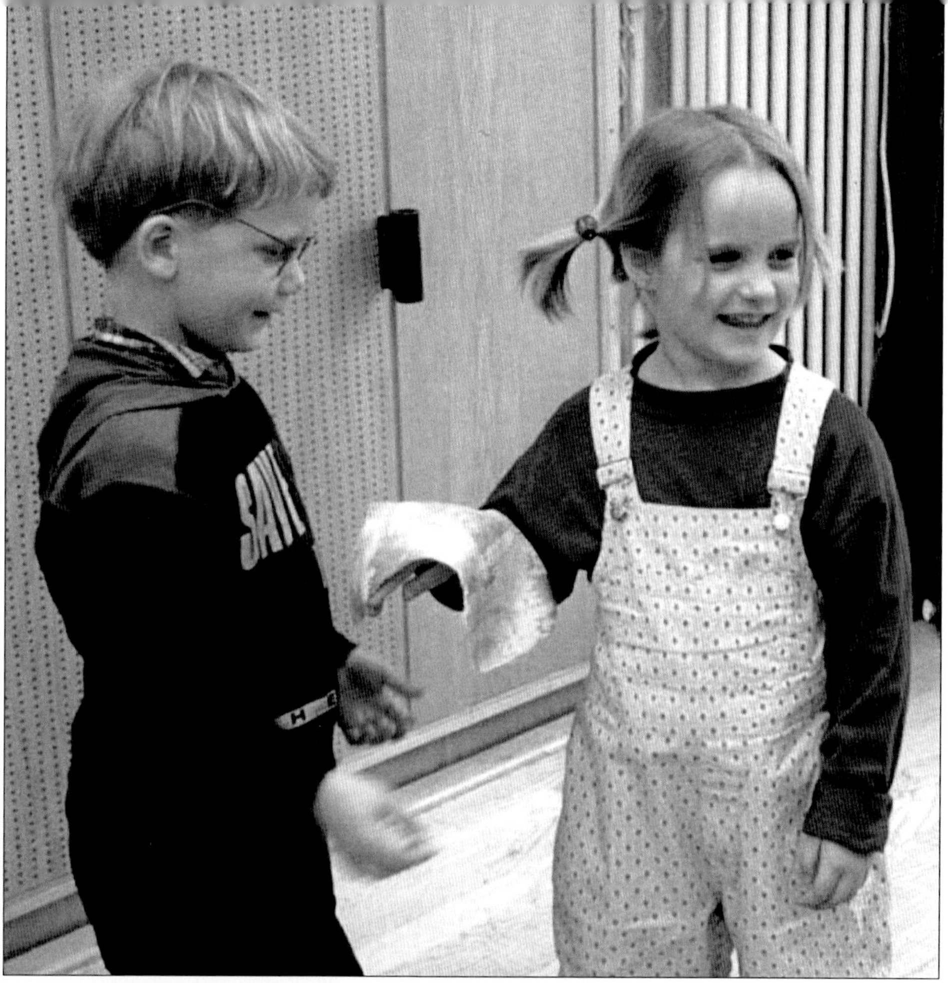

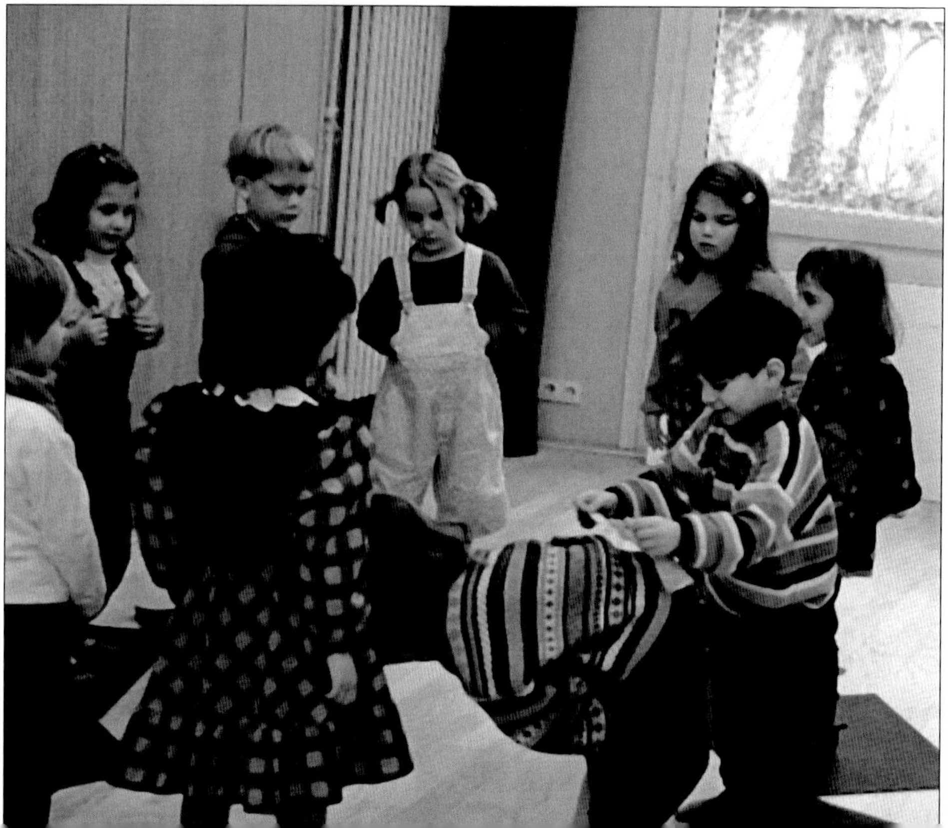

- Der Übernehmende kann auch ein Körperteil-Angebot machen: z.B. postiert er sich bei der Weitergabe eines Objektes so, daß für den Gebenden Auflagefläche oder -punkt klar identifizierbar sind.
- Übernehmen und Weitergeben nach dem Überlappungsprinzip besagt, daß zwei Akteure simultan tätig sind, bevor der erste sich ausblendet und der zweite solistisch weiterspielt. Wenn sich wiederum der nächste einblendet, beginnt eine neue Überlappungsphase, die ihrerseits mit Ausblenden des vormaligen Solisten endet.

Übernehmen – Weiterführen

Die Idee der bewußt gestalteten Verkettung von Interaktionspartnern wird weiter ausgebaut, wenn der eine etwas von dem anderen übernimmt, dieses weiterführt bzw. eine eigene Idee anhängt. Bindung an den Partner – hier wieder vor allem durch Imitation – und Freiheit der eigenen Ideenentwicklung wechseln miteinander ab.

- Die Teilnehmer erfinden spontan eine Geschichte, in der jeder so lange erzählt, bis er an den nächsten weitergeben möchte. Oder jeder erzählt eine örtlich oder zeitlich begrenzte Episode innerhalb einer gegebenen Rahmenhandlung. Dieses kann auch nonverbal, d.h. gestisch, pantomimisch, lautmalerisch oder instrumental geschehen.
- Die Teilnehmer improvisieren z.B. einen ‚Gespensterchor': es entsteht ein vokales Klangband, das aus freien Stimmaktionen geknüpft wird. Das Klangband ist durchsetzt von stabilen Tönen, da jedes ‚Gespenst' seine Stimmaktionen auf einem Ton seiner Wahl beendet, den der nächste möglichst als Ausgangspunkt seiner Aktion übernehmen sollte (Überlappung).
- ‚Domino' bietet sich als Organisationsprinzip an, wenn zwei Elemente miteinander verbunden werden sollen: jeder führt zwei deutlich voneinander unterscheidbare Bewegungsformen aus, wobei die erste jeweils vom Vordermann übernommen wurde.

  Rein rhythmische Instrumentalaktionen mit klar identifizierbaren motivischen Gestalten, die nach Dominoprinzip zusammengebaut werden, erfordern Abstraktionsleistungen, metrische Stabilität und ein Repertoire an rhythmischen Gestalten. Da dieses bei Früherziehungskindern nicht vorauszusetzen ist, kann bei ihnen Domino vorrangig mit ametrischen, klangexperimentellen Instrumentalaktionen gespielt werden. Verschiedene Interaktionsmodi im intra- und interindividuellen Bezug gliedern sich folgendermaßen in Tabelle 3 ein (s. Tabelle 4):

Tabelle 4

Interaktive Konstellation	Interaktionsmodi	Spielformen
I  Ich	wahrnehmen – aufnehmen – phantasieren – explorieren –] ausdrücken – ‚abgeben' außen – innen / innen – außen	Alleinspiel
II 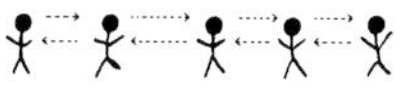 Ich – (Du, Du, Du ...)	s.o. pro Individuum anregen – stören angeregt werden – sich gestört fühlen	Parallelspiel
III 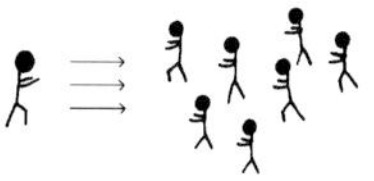 Ich – Ihr (= Massendu)	führen – sich führen lassen initiieren – imitieren hervortreten – sich eingliedern	Rollenspiel (mit wechselnden Rollen) Regelspiel
IV 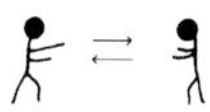 Ich – Du	führen – sich führen lassen initiieren – imitieren	Rollenspiel (mit wechselnden Rollen) Regelspiel
V 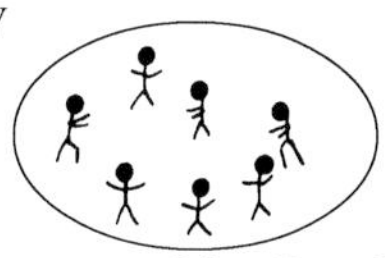 Ich – Du – Wir	hervortreten – sich eingliedern übernehmen – weitergeben übernehmen – weiterführen weiterentwickeln erweitern	Team

7.3 Objekte

Unterrichtsinhalte wie Sensorische Sensiblisierung, Materialerfahrung, Instrumentalspiel und Bewegungsdifferenzierung, die in phantasiebetonte Stundenbilder eingebunden sein können, bringen die Schüler in Kontakt mit Gegenständen, denen über die funktionale Handhabung hinaus eine persönlichkeitsbildende Bedeutung zukommen kann. Die in der Elementaren Musikpädagogik einzusetzenden Objekte können in drei Kategorien eingeteilt werden:

1. Instrumente (Schlagwerk)
2. Materialien wie z.B. Holz, Papier, Textil, Steine, Muscheln, Wasser, Federn, Metall, Glas
3. Rhythmikgeräte wie Seile, Reifen, Bälle, Stäbe.

Besonders die ersten beiden Kategorien sind nicht klar voneinander zu trennen: so lassen sich beispielsweise Papier, Steine oder Metallstücke als Klangkörper benutzen, während andererseits auch Instrumente aus Werkstoffen bestehen, die zur taktilen Exploration reizen. Diese Qualität kommt auch den Objekten der dritten Kategorie zu, die jedoch neben ihrer bewegungsschulenden Hauptfunktion musikalisch eher unterstützend und nicht klangbildend oder -assoziativ eingesetzt werden.

7.3.1 Verhaltensebenen und Aneigungsprozesse

Der aktive Umgang mit Objekten spielt im pädagogischen Bereich eine zentrale Rolle, da der Mensch seine physischen und psychischen Energien an etwas festmachen, auf etwas Konkretes richten, sie auf ein Gegenüber bezogen ausagieren möchte. Für die Elementare Musikpädagogik sind vier Anregungsebenen, auf denen die Objektmanipulation für das Individuum effektiv werden kann, von didaktisch-methodischem Interesse:

1. Entwicklung explorativen Verhaltens
2. Bewegungsdifferenzierung
3. Lösung und Anbindung von Emotionen
4. Entwicklung musikalischer Vorstellungen

zu 1) In Anbetracht der großen Bedeutung, die die Hand als Erkenntnisinstrument hat – erinnert sei an das embryonale Wachstumsgreifen (vgl. Kap. 3.2) –, ist das Angebot von Objekten unter dem Gesichtspunkt vorzunehmen, das Individuum zu explorativer Aktivität anzuregen. Neugier, Erforschungsdrang und selbstbestimmtes Handeln steuern die dem freien Spiel ähnliche Explorationsphase. Durch phantasieanregende Impulse wie ‚Was kann das noch alles sein?' und ‚Was ist das für dich?' wird der archaische Was-ist-das-Reflex ausgebaut und differenziert.

In der Art, Objekte – oder besser Spielgegenstände – zu erforschen, sind zwischen Kindern und Erwachsenen erhebliche Unterschiede zu beobachten. Kinder versuchen mit allen ihnen zur Verfügung stehenden Mitteln, sich die Dinge zu eigen zu machen, deren Möglichkeiten hervorzulocken und ‚auszuspielen'. Das explorative Verhalten von Kindern besteht im Wechselspiel von Eroberung und Unterwerfung: sie leben ihren Bewegungsdrang, gegebenenfalls auch einen Bewegungsrausch am Spielmaterial aus, werden aber sehr bald adäquate und inadäquate Bewegungen bzw. Handhabungen voneinander unterscheiden und das Objekt als Spielpartner mit eigenen Gesetzmäßigkeiten anerkennen.

Erwachsene gehen Erkundungen meist moderater an, weil sie es gewohnt sind, Objekte stark funktional zu sehen und sich offene, nicht vorgeschriebene und subjektiv gesteuerte Handlungsformen erst zurückerobern müssen. Hier können von seiten des Anleitenden Impulse gegeben werden, die bei Jüngeren erst am Ende einer Phase freien Spiels die Vielzahl der Eindrücke ordnen helfen, z.B.: welche Oberflächenbeschaffenheit, Form, Größe, Substanz, Temperatur, Klangfarben, Geräuschqualitäten oder Klangveränderungsmöglichkeiten hat das Objekt, welchen Härte- oder Flexibilitätsgrad, Eigenklang, Nachklang, welches Gewicht? Besitzt das Objekt einen Aufforderungscharakter? Setzt seine spezielle Beschaffenheit Handlungs- bzw. Bearbeitungsgrenzen?

Trotz des hohen Anteils vom Schüler selbst bestimmten Handelns sind Explorationen eine unterrichtsmethodische Herausforderung für den Lehrer. Es geht nicht so sehr um die Frage, was in der Phase freien Probierens geschehen soll – das ist, wenn wir nicht der pädagogischen Lüge namens Pseudofreiheit aufsitzen wollen, nicht vorhersehbar und auch nicht planbar –, sondern darum, was ihr vorausgehen und was auf sie folgen soll. Der Lehrer muß sowohl dafür sorgen, daß der Boden für Spielfreude und damit zusammenhängend für subjektive Versenkungsbereitschaft geschaffen wird, als auch dafür, daß sich die in der Exploration gewonnene persönliche Beziehung zum Objekt stabilisiert und auch unter verbindlicheren Rahmenbedingungen nicht verlorengeht.

Wir exemplifizieren dieses methodische Vorgehen am Thema Instrumenteneinführung – einem Unterrichtsinhalt, der sehr behutsam gestaltet werden sollte durch

- quantitative Einschränkung der jeweils zur Verfügung gestellten verschiedenen Instrumente
- zahlreiche Horchaufgaben auf den Klang bzw. die Klänge von Instrumenten
- Betasten der Materialien, aus denen das Instrument/die Instrumente bestehen
- Möglichkeiten, sich das Instrument körperlich zu eigen zu machen: verschiedene Haltungen damit einnehmen, es auf verschiedene Arten körperlich umschließen, balancieren etc.
- eine ausgedehnte klangliche Explorationsphase
- Einbindung der Klangexplorationen in Vorstellungsbilder, um der Ideenproduktion einen Rahmen zu verleihen und den Ideenfluß hemmende Monotonie oder Ziellosigkeit zu vermeiden
- Sammlung von Spielideen, deren Bündelung in gestalteten Klangverläufen oder Klangillustrationen zu Texten
- Demonstration von Spieltechniken, Schlagorten, Schlagarten und Krafteinsatz, um den Klangmöglichkeiten eines Instrumentes gerecht werden zu können (soweit dieses nicht schon in der Explorationsphase von den Schülern selbst geleistet wurde).

So läßt sich für den Schüler ein Erlebnisfeld aufbauen, das von folgender musikpädagogischer Intention geleitet ist: wer einmal mit geschlossenen Augen z.B. dem sich im Raum ausbreitenden Klang eines hängenden Beckens nachgelauscht hat, sich von ihm evtl. klanglich umhüllt fühlte, die geschlossene Form des Instrumentes mit den konzentrischen, wellenartigen Erhebungen betastet hat, wer sich mit dem Instrument bewegt hat, sein Gewicht spüren konnte, wer verschiedene Klangmöglichkeiten ausprobieren und eine Phantasiereise am Instrument durchlaufen durfte und weiß, wie er seine Klangvorstellungen spieltechnisch umsetzen kann, der wird zu diesem Instrument eine qualitativ anders dimensionierte innere Beziehung entwikkeln als ein Mensch, der im blinden Aktionismus und im Zeichen der Beliebigkeit an ein Instrument geriet.

zu 2) Objekte können Stimuli für zielgerichtete, intentionale, also willentliche und absichtsvolle Bewegungen sein. Die Bewegungen können sich entweder auf die Objekte richten oder mit ihnen zusammen ausgeführt werden; oder aber durch die Vorstellung bestimmter Objektqualitäten bereichern und verfeinern sich Bewegungsrepertoire und Körperbewußtsein, ohne an die konkrete Manipulation gebunden zu sein. Differenzierungsprozesse werden dadurch bewirkt, daß die charakteristischen Eigenschaften eines Objekts und die Vielheit seiner Verwendungsmöglichkeiten wahrgenommen und die motorischen Aktionen darauf eingestellt werden. Darüber hinaus kann es Auslöser für Bewegungsvorgänge sein, die ohne ein plastisches, konkretes ‚Gegenüber' keine Ausdrucksform gefunden hätten. Für die durch Objekte ausgelöste Bewegungsdifferenzierung bieten sich u.a. folgende Übungen an:

- taktile Erforschung des Objekts
- Bewegungen mit dem Objekt im Raum
- pantomimische Aktionen mit einem imaginären Objekt
- Balance- und Balancierübungen
- Geschicklichkeits- und Gewandheitsübungen, insbesondere im Umgang mit Geräten
- Übernahme von Materialeigenschaften in die Bewegung
- Repräsentation von Objektformen und -eigenschaften in Körper-, Gruppen- und Raumformen sowie in der Bewegung mit und ohne Partner
- Darstellung des subjektiv empfundenen Material- oder Klangcharakters im Körper- bzw. Bewegungsausdruck
- Bewegungsimprovisationen, ausgelöst durch einzelne Objektmerkmale.

zu 3) Wie sehr der Umgang mit Objekten als Impuls für innere Differenzierungs- und Entwicklungsvorgänge – oder auch als deren Spiegel – wirkt, ist aus den beiden oben dargestellten Anregungsebenen weitgehend zu entnehmen. Durch die freie, selbstbestimmte und körperorientierte Bezugnahme werden bei den Handelnden Emotionen gelöst; diese lösen sich paradoxerweise umso leichter, je mehr Anbindungsmöglichkeiten bestehen. Bei der Auslösung emotionaler Prozesse über einen Objektbezug spielt das Symbolverständnis wiederum eine herausragende Rolle. So ist z.B. in der Begegnung von Mensch und Instrument neben der Wahrnehmung eines ‚musikalischen Gebrauchsgegenstandes' die symbolische Wirkung des Instruments, bedingt durch Material und Form, insbesondere aber durch den Klangcharakter wahrscheinlich, ohne daß diese vollständig aufgeklärt oder gar für verbindlich erklärt werden könnte.

Kinder entwickeln sehr schnell eine – oft lebenslang andauernde – persönliche Vorliebe für spezielle Instrumente oder sogar für nur *ein* spezielles Instrument, sei es aufgrund der äußeren Erscheinung, sei es daß die Spielbewegung besonders genossen wird, sei es aufgrund des Klanges, der Inneres in Resonanz versetzt. Es kann dann eine Beziehung zum Instrument – und auch zu den anderen hier zur Debatte stehenden Objektbereichen – aufgebaut werden, die der zu einem *Übergangsobjekt* ähnlich ist. Ein Übergangsobjekt hat eine Mittlerfunktion zwischen Ich und Außenwelt, es ist der erste ‚Nicht-Ich-Besitz', auf den aber die gesamte subjekte Gefühlswelt projiziert wird (vgl. Winnicott 1974, S. 14). Im Laufe der Entwicklung gewinnen Objekte den Status von Übergangsobjekten, wenn das Kind einen Gegenstand wie z.B. Kissen, Tuch, Teddy, Puppe emotional besetzt und sie als Ersatz für die sich allmählich lockernde Primärbeziehung zur Mutter nimmt. Der Mensch ist also sehr früh zur Symbolbildung fähig: ein Übergangsobjekt vergegenwärtigt Vergangenes (nämlich die Symbiose bzw. Nichtunterschiedenheit von Ich – Du – Welt), es verkörpert eine andere, tiefere Wirklichkeit als nur die eigene Dinghaftigkeit und es verweist auf die Sehnsucht nach aktiver Gestaltung von Beziehungen (vgl. Kap.

7.1.1). Winnicott nennt die charakteristischen Beziehungsmerkmale zwischen Kind und Übergangsobjekt: „Das Kind beansprucht dem Objekt gegenüber Rechte. ... Doch ein gewisser Verzicht auf die eigene Omnipotenz ist von Anfang an ein Merkmal dieser Beziehung. ... Das Objekt wird zärtlich behandelt, aber auch leidenschaftlich geliebt und mißhandelt. ... Es darf nicht verändert werden, außer wenn das Kind selbst es verändert. Dennoch muß es dem Kind das Gefühl der Wärme vermitteln und durch Bewegung, Oberflächenbeschaffenheit und scheinbare Aktion den Eindruck erwecken, lebendig zu sein und eigene Realität zu besitzen" (ebd. S. 14 f).

Diese emotional hoch aufgeladene Objektbeziehung ist für die Musikerziehung von besonderem Interesse, da sie durchaus bezeichnend ist für die ungebundene Auseinandersetzung des Kindes mit einem Instrument und die Entwicklung von Vorlieben, andererseits aber auch das unbedingte emotionale Engagement der Künstlerpersönlichkeit und deren regressive Tendenzen im Spielvorgang erklärt (vgl. Klausmeier 1978, S. 108 ff). In einem persönlichkeitsbildenden Konzept von Musikerziehung gilt es, diese Form der Objektbeziehung aufzubauen, zu fördern und zu pflegen, da aus ihr jene Dimension entstehen kann, die musikalisches Verhalten jenseits von feinmotorischer Sportivität ausmacht.

zu 4) Die Entwicklung musikalischer Vorstellungen auf der Basis von Objekt- bzw. Materialerfahrungen und -assoziationen beinhaltet zweierlei: erstens den musikalischen Einsatz des Materials selbst (z. B. klangliche oder rhythmische Aktionen mit Steinen oder mit Papier), zweitens die Bildung von Analogien zwischen Objektmerkmalen, Klangeigenschaften und musikalischen Strukturkomponenten. Den schwierigeren zweiten Punkt exemplifizieren wir im folgenden mit einem Ausschnitt aus einer Unterrichtsstunde mit relativ improvisationserfahrenen Erwachsenen.

Thema der Stunde war *Glas*.
Die Beschaffenheit wurde von den Teilnehmern mit kalt, scharf, glatt/rauh, zart, zerbrechlich, hart, elastisch/starr, reflektierend, durchsichtig, durchlässig für Licht, formbar angegeben.

- Daraus entwickelten sie folgende Klangvorstellungen: hohe Töne, dünn, hell, ‚schmal', vibratolos, lang nachklingend, hart.
- Als Instrumentarium für eine freie Gruppenimprovisation *Gläsernes Klangbild* wurden Glockenspiele, Metallophone und einige hell klingende Metallinstrumente des kleinen Schlagwerks gewählt.
- Das Klangbild fiel dynamisch reduziert aus, da die Gruppe für diese Aktion in unabgesprochenem Konsens Eigenschaften wie zart, zerbrechlich, glatt, durchsichtig wählte. Die Instrumente wurden sparsam eingesetzt (Durchlässigkeit, geringe Ladung im Parameter Dichte), jedes Instrument war gut hörbar (Durchsichtigkeit, transparente Textur, Ausgewogenheit im Parameter Lautstärke).
- Als Erscheinungsweisen von Glas nannten die Teilnehmer u.a. Spiegel, Scherben, durchsichtige Trennwände, Verkleinerungs-/Vergrößerungsglas, Zerrspiegel, Gefäße, Figuren.

– Aus diesen Vorstellungen wurden bei freigestellten Beschaffenheitsassoziationen, die die jeweiligen Klangfarben maßgeblich beeinflußten, folgende Improvisationsmuster gebildet (detaillierte Verabredungen sind hier nicht wiedergegeben, sie sind immer wieder neu mit den Teilnehmern zu entwickeln):

  Spiegel: Klangliche Spiegelspiele (s. S. 165) an Metallophonen. Ein Teilnehmer spielt melodisch-rhythmische Muster oder metrisch ungebundene Klangphänomene, die aber so deutlich identifizierbar sein müssen, daß die Gruppe sie mitvollziehen kann. Die Rollen werden gewechselt, bis jeder Teilnehmer sich in der Gruppe klanglich spiegeln konnte.

  Scherben: Von einer stabilen gemeinsamen Klangaktion z.B. Akkorde oder rhythmische Improvisation im gemeinsamen Metrum crescendieren die Teilnehmer, brechen explosionsartig aus und zerstreuen sich in ametrischen Klangfetzen, die dicht oder vereinzelt aufeinanderfolgen.

  Durchsichtige Trennwand: Die Teilnehmer improvisieren auf einer pentatonischen Skala oder in einem harmonischen Schema. Je zwei nehmen Kontakt zueinander auf, indem sie ihr Spiel aneinander anzugleichen versuchen; bevor ihr Spiel dekkungsgleich wird, entfernen sie sich wieder voneinander, d.h. sie bilden wieder eine selbständige Struktur, von der aus sie erneut Kontakt zu einem anderen Partner aufnehmen.

  Vergrößerungsglas: Jeder Teilnehmer nennt einen musikalischen Parameter, in dem er für den anschließenden – die Teilnehmer ohne Unterbrechung reihum ‚unter die Lupe' nehmenden – Spielvorgang seine musikalische Struktur augmentiert haben möchte. Dasselbe ist mit Diminution möglich.

  Zerrspiegel: Metrische Vorgaben werden ametrisch verzerrt, ausschweifende Tonhöhenverläufe zusammengedrängt, Tonschritte und Zeitmaße gedehnt, Affekte ins Gegenteil verkehrt, skurrile Variationen gebildet.

  Gefäß: Ein Teilnehmer spielt einen ‚sicheren Rahmen', z.B. einen ostinaten Rhythmus auf der Konga. Die anderen haben freie Wahl der instrumentalen und spielerischen Mittel. Sie crescendieren gemeinsam, ohne jedoch die Konga je an Lautstärke zu übertreffen. Nach einem Decrescendo kann auch der Kongaspieler die Lautstärke ändern (d.h. sein ‚Gefäß' neu definieren), die es beim ‚Auffüllen' von den anderen Spielern wiederum zu respektieren gilt.

  Figur: Aus diffuser Klangmaterie entstehen metrisch, rhythmisch, melodisch organisierte Gestalten, die sich zunehmend aneinander angleichen, bis alle dieselbe Struktur spielen. Diese wird langsam wieder aufgelöst (eingeschmolzen) und in das diffuse Ausgangsmaterial zurückgeführt, aus dem dann ein neues musikalisches Ordnungsgefüge entsteht.

– Für eine abschließende Gestaltung wurden vier Elemente ausgewählt: Gefäß, Spiegel, Zerrspiegel und durchsichtige Trennwand. Ferner einigte man sich, *Scherben* als Bindeglied einzusetzen.

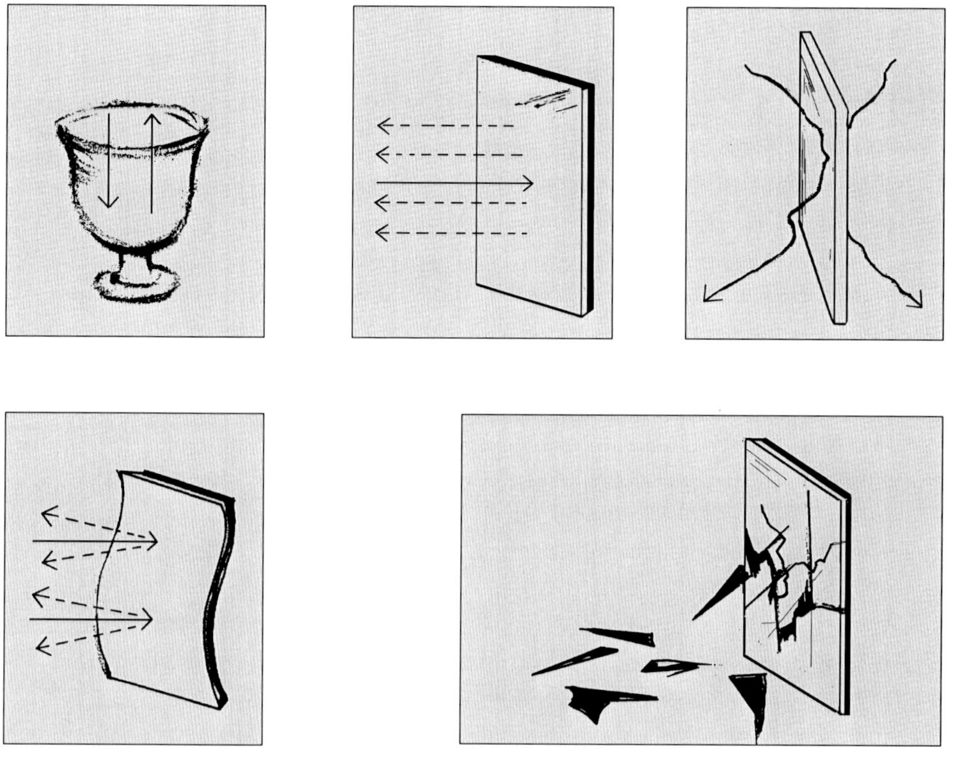

Abb. 19: Zeichen für ‚Stationen' einer instrumentalen Gruppenimprovisation

Jedes Improvisationsmuster wurde dadurch zum ‚Einsturz' gebracht, daß sich ein Teilnehmer bewußt regelwidrig verhielt. Dann braut sich der Vorgang *Scherben* zusammen, aus dessen Klangsprenkeln das nächste Improvisationsmuster mit dem dazugehörigen Interaktionsschema hervorgeht.

7.3.2 Stundenbeispiel

Steine
Unterrichtsstunde für die Musikalische Früherziehung

- KK sitzen mit geschlossenen Augen im Kreis am Boden. L legt hinter jedes K einen Stein.
- Jeder betastet ausgiebig seinen Stein und legt ihn dann in die Kreismitte. L ‚mischt' die Steine etwas; dann öffnen KK die Augen, jeder identifiziert seinen Stein.
- Die Steine werden mit zahlreichen weiteren Steinen unter ein Tuch gelegt; jeder ertastet seinen Stein und noch einen anderen, der ähnliche (oder gegenteilige) Merkmale aufweist.
- Jedes Kind hat zwei Steine, mit denen es experimentiert und eine ‚Steinmusik' improvisiert, z.B.: Steine aneinanderklopfen, reiben, in den hohlen Händen schütteln, zu Boden fallen lassen etc.
- KK führen nacheinander ihre Steinmusiken vor, wobei die Spielweise jedes einzelnen von der Gruppe imitiert wird.
- Jeder legt einen seiner beiden Steine wieder unter das Tuch und trägt den anderen stolz im Raum umhehr: KK zeigen einander ihre Steine, präsentieren und bewundern oder überbieten sich in Stolz und Würde.
- Die Steine werden auf verschiedenen Körperteilen balanciert; je nach den Ideen der Kinder wird der Auflagepunkt mehrfach gewechselt.
- Alle Steine werden unter das Tuch gelegt; KK setzen sich im Raum verteilt auf den Boden. Sie ballen sich unter maximaler Körperspannung zu einem Stein. L geht herum und prüft die unverrückbare Härte jedes ‚Steines'. Dann lösen sie die Körperspannung und rieseln auseinander zu feinem, weichem Sand. L bewegt die Extremitäten der Kinder in ihrer schwergewichtigen Entspannung. Der Vorgang von Spannung und Entspannung bzw. von Härten und Erweichen wird mehrmals durchgespielt, evtl. auch unter Einsatz von Signalinstrumenten.
  Es kann auch jeweils die Hälfte der Gruppe herumgehen und die anderen in ihren Stein- bzw. Sandzuständen ‚begreifen'.
- KK bilden Paare. Ein Partner formt aus dem anderen einen Stein und rollt diesen vom Platz. Der ‚Stein' nimmt langsam (in einem ‚Jahrhunderte' währenden Prozeß) eine neue Form ein. Nach mehrmaligem Bewegen und Verharren tauschen die Partner ihre Rollen.
- KK und L bilden einen Sitzkreis am Boden. L holt einen besonders interessanten Stein aus der Tasche und erzählt dessen ‚tausendjährige' Geschichte:

  Vor langer Zeit lag der Stein in einem Bach, der durch eine grüne Wiese mit vielen blühenden Blumen floß. Dort wurde er von weichem Wasser sanft umspült und blinzelte zusammen mit vielen anderen Steinen in die Sonnenstrahlen, die auf das Bächlein trafen. Eines Tages wurde es sehr heiß, der Bach trocknete aus, Wanderer sammelten den Stein auf und warfen ihn auf der Hauptstraße ihres

Dorfes achtlos fort. Schwere Pferdekarren rumpelten über ihn, alles war voll Schmutz und Staub und er dachte voll Sehnsucht an den hellen, glucksenden und rieselnden Bach zurück. Aber es sollte noch schlimmer kommen: Als sich der Bürgermeister eine Gartenmauer baute, wurde er mit eingemauert und war jahrzehntelang eingezwängt. Zum Glück stürzte die Mauer ein und er freute sich über jeden, der ihn mit dem Fuß anstieß, ein Stückchen weitertrug, warf oder rollte. So erreichte er tatsächlich seinen Wiesenbach wieder, der nach der Schneeschmelze voller Steine und Wasser war. Er braucht nun nicht mehr von dem Bach zu träumen, sondern hört ihn um sich herum wirklich klingen.

– KK spielen auf Metallophonen und Fellinstrumenten eine Klangimprovisation *Steine im Bach*, wobei folgende Verabredung getroffen werden kann: eine Gruppe bildet auf Metallophonen einen kontinuierlichen Klangteppich (Glissandi mit Händen, Fingerkuppen, Fingernägeln), die andere streut auf Fellinstrumenten punktuelle Klangereignisse in verschiedenen Dichtegraden, Klangfarben und Lautstärken ein.
– KK holen die Steine unter dem Tuch vor und verteilen sie in einem imaginären Bachbett. Sie setzen sich an die Ufer und hören von L das bereits in einer Vorstunde erarbeitete *uralte Lied der Steine:*

Das uralte Lied der Steine *Thomas Holland-Moritz*

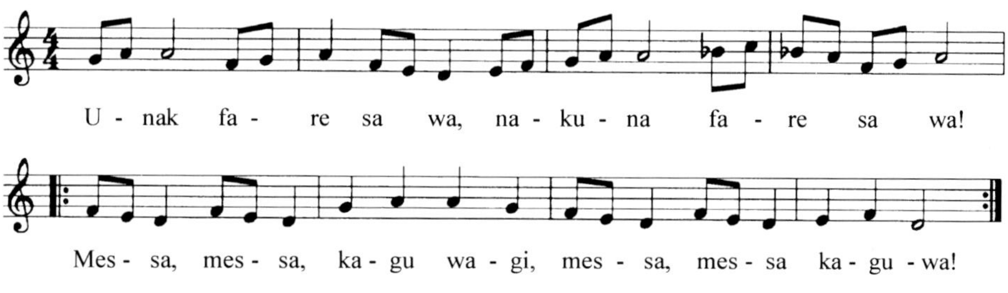

– Für die Schlußgestaltung holen KK ihre Instrumente an die ‚Ufer'. Folgender Ablauf wird mehrmals durchgespielt:

a) Klangimprovisation *Steine im Bach*
b) *Das uralte Lied der Steine*
c) KK verändern die Lage der Steine im Bach
d) erneute, evtl. in einem Parameter variierte Klangimprovisation

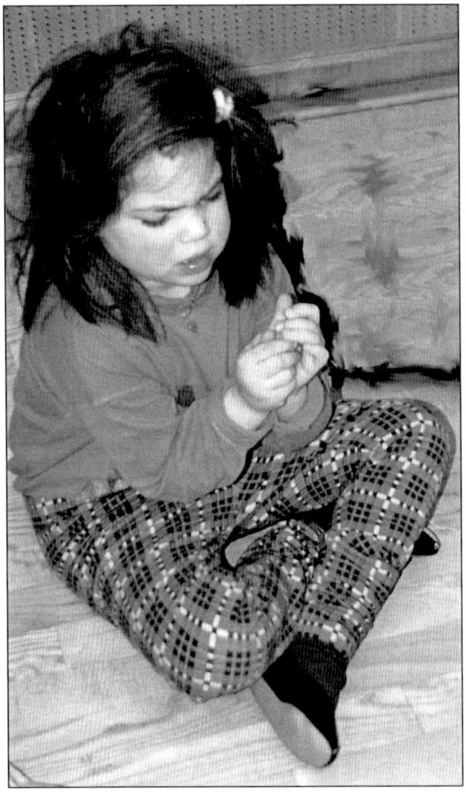

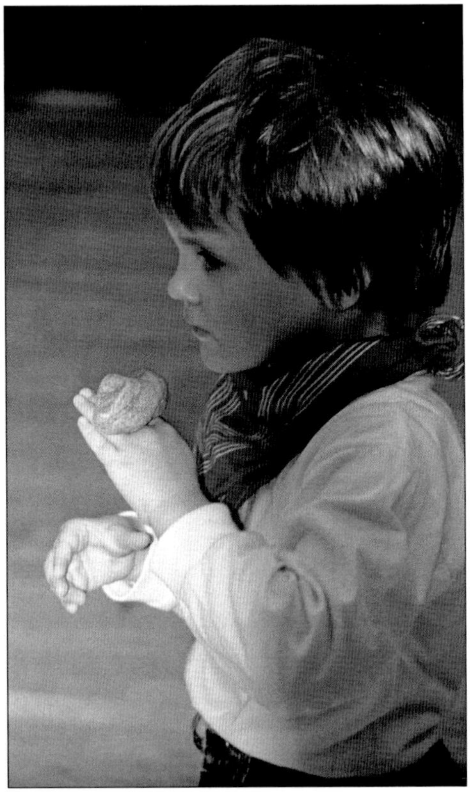

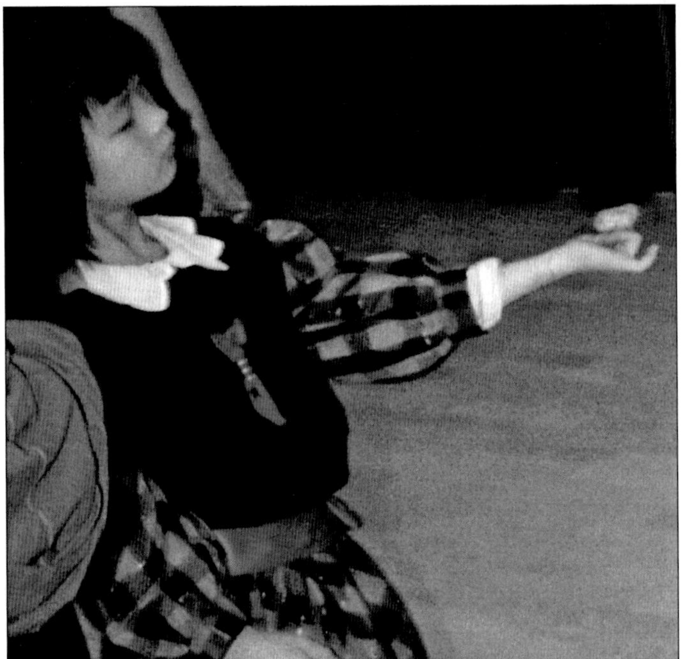

7.4 Musik

Musik ist integrativer Bestandteil aller bisher besprochenen Unterrichtsebenen: der situative Rahmen, die sozialen Interaktionen, die Auseinandersetzung mit Objekten – sie alle haben unter dem Primat der Persönlichkeitsbildung Elementarer Musikpädagogik auch einen spezifisch musikalischen Bezug, der jedoch nicht immer so offensichtlich ist wie in didaktischen Konzepten, in denen der Aufbau von Sachwissen maßgebliches Prinzip ist.

7.4.1 Musik als präsentatives Symbolsystem

Da die Aufbereitung des Inhaltsbereichs Musik ganz in der Verantwortung des Lehrers liegt, muß – gerade im Zusammenhang mit einer detaillierten Lernzieldiskussion – die Spezifik dieses Materialbereiches näher betrachtet werden. Wer eine bestimmte Inhaltlichkeit weitervermitteln möchte, muß die Frage nach deren Beschaffenheit stellen. Im Gegensatz zum didaktisch leicht auswertbaren additiv-sequentiellen Ansatz, sehen wir den Gestaltcharakter als konstitutive Eigenschaft der Musik an. Nicht die reihende Summation von Einzelereignissen, sondern die Relationen zwischen Tönen und Tongruppen qualifizieren Musik zu einer sich im Zeitablauf gestalthaft konfigurierenden Kunstäußerung. Damit verbietet sich eine Atomisierung des musikalischen Materials auch im Lernvorgang; statt dessen treten im hörenden und handelnden Umgang mit Musik Klanggestalten, Spannungsverläufe, Phrasen, rhythmische Gruppierungen, dynamische Entwicklungen und Artikulationen in den Vordergrund (vgl. DG I/6). Gerade diese formal-strukturellen Kategorien ermöglichen die Anbindung von Musik an den Menschen, da in ihnen die Korrespondenz zwischen musikalischen, physischen und psychischen Bewegungen gegeben ist (vgl. Ribke 1996).

Zudem bietet sich musikalisches Material aufgrund seiner besonderen Eigenschaft der Uneindeutigkeit als Projektionsfeld psychischer Energien an. ‚Uneindeutigkeit' besagt, daß Musik nicht Träger verbindlich dekodierbarer Bedeutungen wie etwa die Sprache ist: ihre Darstellungsform ist präsentativer und nicht diskursiver Art (vgl. Kap. 4.5, Punkt 4). Wir verweisen damit auf die Unterscheidung, die Susanne Langer 1942 in ihrer „Philosophie auf neuem Wege" zwischen präsentativen und diskursiven Symbolsystemen macht. „Sprache im strengen Sinne ist ihrem Wesen nach diskursiv; sie besitzt permanente Bedeutungseinheiten, die zu größeren Einheiten verbunden werden können; sie hat festgelegte Äquivalenzen, die Definition und Übersetzung möglich machen; ihre Konnotationen sind allgemein, so daß nichtverbale Akte, wie Zeigen, Blicken oder betontes Verändern der Stimme nötig sind, um ihren Ausdrücken spezifische Denotationen zuzuweisen. ... Die durch die Sprache übertragenen Bedeutungen werden nacheinander verstanden und dann durch den als Diskurs bezeichneten Vorgang zu einem Ganzen zusammengefaßt" (Langer 1965, S. 103). Anders ist jedoch das Phänomen der dichterischen Sprache, die sich als musikalische qualifiziert: zwar ist ihr Material diskursiv mit konventionalisierten Zeichen und Bezeichnungen, doch der „Sinngehalt liegt im Gedicht als einem Ganzen, als einer aus Klang und Anklang, Aussage und Verschweigung gefügten Form, und keine Übersetzung kann diese wiedergeben" (ebd. S. 256).

Präsentative Symbolik ist vorsprachlich und transzendiert das feststehende Vokabular und syntaktische Regelwerk der diskursiven Symbolik, indem sie über keine feststehenden Bedeutungen verfügt und vieldeutig bedeutungsvoll ist. Dieses System bezeichnet Susanne Langer auch als ‚wortlosen' Symbolismus, der nichtdiskursiv und unübersetzbar ist" (ebd. S. 103). Sie ordnet Mythos, Ritus, Bilder, Gesten, Musik, Tanz und Traum dem Bereich präsentativer Symbolik zu.

7.4.2 Erkenntnismodi

Diskursive und präsentative Symbolsysteme verlangen verschiedene Erkenntnismodi. Diskursive Wirklichkeitserfassung verläuft über eine Begrifflichkeit voraussetzende, sequentielle, zeitlich gestaffelte Organisation der Wahrnehmung und des Denkens. Demgegenüber beanspruchen präsentative Symbolsysteme, die sich einer sprachlichen Umsetzung entziehen, einen sinnenhaften Erkenntnismodus. Dieser entspringt unserem rein sensorischen Sinn für Formen: „Zuallererst spricht die Natur durch die Sinne zu uns; die Formen und Eigenschaften, die wir unterscheiden, erinnern, vorstellen und erkennen, sind Symbole für Entitäten, die unsere momentane Erfahrung übersteigen und überdauern" (Langer 1965, S. 99 f). Sinneserfahrung ist als sinnliches Begreifen bereits ein geistiger Akt, den die Erkenntnistheorie als primitive, tastende Vorstufe zum physikalischen Begreifen außerhalb ‚eigentlicher' geistiger Aktivität angesiedelt hat. Susanne Langer setzt dagegen: „Das Nervensystem ist das Organ des Geistes; sein Zentrum ist das Gehirn, seine Extremitäten sind die Sinnesorgane, und welche charakteristischen Funktionen es auch besitzen mag, sie müssen das Wirken aller seiner Teile leiten. Mit anderen Worten, die Tätigkeit unserer Sinne ist nicht erst dann ‚geistig' wenn sie das Gehirn erreicht, sondern schon von Anbeginn, sobald die fremde Außenwelt auf den äußersten und kleinsten Rezeptor einwirkt. Alle Sensitivität trägt den Stempel des Geistigen" (ebd. S. 87). Langer beabsichtigt nicht eine Polarisierung der Erkenntnismodi unter Etikettierungen wie logisch – alogisch oder rational – irrational, vielmehr erweitert sich durch die Anerkennung des geistigen Prinzips im sinnenhaften Erkenntnisprozeß die Wirkungsweise der Rationalität, da der Geist generell ein Organ des Verstehens ist. „Die Macht der Vernunft ist einfach die Macht des ganzen Geistes in seiner größten Reichweite und Umfassungskraft, sagt Creighton in einem Aufsatz ... Rationalität ist das Wesen des Geistes, symbolische Transformationen ihr elementarer Prozeß. Daher ist es ein entscheidender Irrtum, wenn man sie nur in den Erscheinungsformen des systematischen, expliziten Vernunftdenkens erkennt. Dieses ist ein spätes und prekäres Produkt. Rationalität steckt jedoch in jedem geistigen Akt, nicht nur dann, wenn der Geist ‚seine größte Reichweite und Umfassungskraft' erreicht hat. Sie durchdringt die periphäre Tätigkeit des menschlichen Nervensystems ebenso wie die Rindenfunktionen" (ebd. S. 104 f).

Der Irrtum, vorrangig die Auseinandersetzung mit diskursiven Symbolsystemen im benennenden Erkenntnismodus als geistigen Akt anzuerkennen, hat auch die Aufbereitung des Sachbereichs Musik für pädagogische Zwecke nachhaltig beeinflußt.

Die Meinung von dem Ungeist der Sinne schlägt sich z.B. nieder in Unterrichtskonzepten für die Musikalische Früherziehung, die auf eine Förderung von Abstraktionsleistungen und Lesefertigkeiten abzielen; der Materialcharakter der Musik als der präsentativen und nicht der diskursiven Symbolik zugehörig wird dabei so gründlich verkannt, daß um eine dem ästhetischen Gegenstand adäquate Aneignungsform gar nicht erst gerungen werden muß. Eine auf diskursive Aneignung setzende Musikerziehung befindet sich im falschen Bezugssystem, handelt dann jedoch konsequent: wer meint, daß Zeichen (= Noten) den Materialbereich Musik repräsentieren, für den verläuft der Zugang dazu über eine Kenntnis der Zeichen, also über Lesefertigkeiten. Jedoch sind per Konvention heraugebildete Zeichen – in unserem Falle die Notenschrift – nur Hilfsmittel einer äußerlichen Darstellung, die mit der Substanz des ‚Bezeichneten‘ in kaum mehr als einer notdürftigen Verbindung stehen. Das objektivierbare Zeichensystem ist eine Hülle, die mit der präsentativen Darstellungsform, dem symbolischen Gehalt, dem Inhalt von Musik nichts zu tun hat. Die Gefahr im Umgang mit Zeichen liegt nach Lorenzer darin, daß Zeichenbildung zum Selbstzweck, ja geradezu zur Ersatzhandlung für angemessenes Handeln werden kann (vgl. zur Lippe 1987, S. 295). Es „entschwindet bei zunehmender ‚Vergegenständlichung‘ der Zeichen der ‚szenische‘ oder ‚situative‘ Anteil der Objektrepräsentanzen weitgehend (oder ganz). Je mehr die Symbole sich in ‚Zeichen‘ verwandeln, desto mehr mindert sich der szenische Charakter“ (Lorenzer zit. nach zur Lippe 1987, S. 295).

7.4.3 Der ästhetische Bezug

Die adäquate Aneignungsform für ästhetische Objekte präsentativer Symbolik ist die sinnenhafte Erkenntnis. Ein ästhetischer Bezug zwischen Individuum und Gegenstand (der selbstverständlich – wie im Falle der Musik – auch nicht-dinglich und prozeßhaft sein kann) wird über Affizierung (vgl. Kap. 7.1) eingeleitet und durch sinnenhafte Erkenntnis zum Symbolverständnis fortgesetzt. Die Qualität des ästhetischen Bezugs ist aus der Wortbedeutung des griechischen Stammworts ‚aisthanomai‘ ableitbar: es bedeutet 1. fühlen, wahrnehmen, empfinden; 2. bemerken, merken, erfahren; 3. verstehen, einsehen. Die erste Bedeutungsgruppe umfaßt den sensorischen und emotionalen Bereich, die zweite den der Differenzierung, die dritte den des Symbolverständnisses und der Erkenntnis, zu der sich – bedenkt man die vorhergehenden Bedeutungen – die Erfahrung verdichten kann. Sinnenhafte, erfahrungsorientierte und verstehende Aktivitäten sind im griechischen Stammwort zu einem ‚Superzeichen‘ zusammengezogen, das so etwas wie eine ‚geistige Totale‘ repräsentiert und sich letztlich nicht in Einzelbegriffe übersetzen läßt, sondern im Sinne der Langerschen Gesamtrationalität zu interpretieren ist (vgl. Kap. 7.4.2).

Der ästhetische Bezug ist der subjektiv bedeutungsvolle Bezug eines sinnlich erkennenden Individuums zu einem Objektbereich mit präsentativ-symbolischer Repräsentanz, oder der Bezug von einem sinnlich wahrnehmbaren Objekt zu einem im Sinne des griechischen Stammwortes sinnenhaft-reflexiv (vgl. Kaiser 1981, S. 211) eingestellten Individuum. Hermann J. Kaiser, der in der „Vermittlung von sinnlicher Erkenntnis das konstitutive Prinzip von Musikunterricht" (ebd. 1981, S. 210) sieht, setzt sich mit den ästhetischen Konzeptionen von Alexander G. Baumgarten, Imanuel Kant und Benedetto Croce auseinander und folgert: „Sinnliche Erkenntnis bildet ... jenen Bereich, der dem konkreten Einzelding, welches im ansonsten nach letzten, allgemeingültigen Grundlagen suchenden Denken unterzugehen droht, Gerechtigkeit widerfahren läßt; denn das Aufgehen im Begriff bedeutet für Objekte und Prozesse die Aussonderung dessen, was diese gerade zu ästhetischen Objekten und Prozessen macht" (Kaiser 1981, S. 221).

Die Aneignung von Musik durch sinnliche Erkenntnis kann das Individuum in mindestens dreierlei Formen vollziehen: hörend, handelnd und intermedial transformierend.

Der auditive Bezug ist immer als aktives Horchen/Lauschen zu verstehen, dessen Förderungsmöglichkeiten in den Spielen zur auditiven Sensbilisierung ausführlich beschrieben wurde. Daneben gibt es das Hören von Musikbeispielen mit geschlossenen oder offenen Augen, wobei der visuelle Eindruck bei live gespielter Musik durchaus den Bezug zum Objekt intensivieren kann, während dessen Ausschaltung eine aktivere Innenwendung fördert. Die handelnde Auseinandersetzung findet instrumental, vokal oder mit Körperinstrumenten statt; sie kann reproduktiv (z.B. beim Erlernen einer musikalischen Struktur) oder produktiv (z.B. bei der spontanen Ausgestaltung einer Klanggeschichte) oder eine Mischform (z.B. bei der Begleitung eines Sprechverses mit selbstgewählten Klanggesten) sein. Intermediale Transformation bedeutet die Übertragung musikalischer Eindrücke in nicht-klangliche Ausdrucksbereiche, also die Umsetzung des Gehörten in Körperbewegung – spontan oder planvoll –, in eine bildliche Darstellung oder ein szenisches Vorstellungsbild.

Gemäß den DG I/6, I/7 und I/8 ist in der Elementaren Musikpädagogik auf keiner musikalischen Gestaltungs- und Handlungsebene eine Reduktion im ästhetischen Anspruch, sondern lediglich in der Anforderung an feinmotorische Geschicklichkeit und Koordinationsfähigkeit sowie im Komplexitätsgrad der Handlungsmuster zulässig (vgl. Kap. 2.4).

Zur Herstellung bzw. Gestaltung eines ästhetischen Bezugs in der Elementaren Musikpädagogik müssen sowohl auf seiten des Individuums als auch seitens des Objektbereichs bestimmte Bedingungen erfüllt sein.

a) Bedingungen seitens des Individuums: Voraussetzung für einen im Wortsinn ästhetischen Prozeß ist die ‚Gestimmtheit' des Subjekts, die durch eine Öffnung der Sinne, durch Sensibilisierung eingeleitet wird (vgl. DG II/1). So kann das Individuum ‚zu sich kommen', es kann aufmerksam wahrnehmen, ohne Energie für die Sorge um Bewertung seiner Person aufwenden zu müssen. Die damit erweckte innere Einstellung ist gleichbedeutend mit Affizierungs- und Konzentrationsbereitschaft, mit der Bereitschaft, sich auf eine ästhetische Situation, die das wahrnehmende, empfindende und erkennende Subjekt und das über die Wahrnehmung Empfindungen und Erkenntnisse auslösende Objekt in Beziehung setzt, einzulassen. Ein symbolhaltiges Stundenbild unterstützt die ‚Ein-Stimmung', es setzt die für die Aneignung ästhetischer Objekte wesentlichen imaginativen Fähigkeiten frei und motiviert die Willenskräfte, etwas mit besonderer Intensität zu tun. Das kann möglicherweise die Abwesenheit von Beiläufigkeit und Langeweile und somit eine Bündelung von Energie bedeuten.

b) Bedingungen seitens des Objektes: Da unser Objektbereich ein averbales, präsentatives Phänomen ist, entziehen sich die Bedingungen, denen er im ästhetischen Bezug zu genügen hat, einer expliziten verbalen Darstellung. Das musikalische Angebot in der Elementaren Musikpädagogik sollte – unabhängig seiner stilistischen Provenienz – an einem hohen Qualitätsmaßstab gemessen werden; es sollte in jedem Fall aus ‚guter Musik' bestehen (deren Definition, falls diese überhaupt möglich ist, wir uns hier nicht widmen können). Pädagogische Musik, unter didaktischen Gesichtspunkten zusammengesetzte Tonfolgen oder sogenannte ‚Kindermusik' sind immer unter diesem Gesichtspunkt zu überprüfen. Das Faszinosum der Musik besteht vermutlich für Menschen aller Altersstufen in Klang, musikimmanentem Bewegungsverlauf, Dynamik, Gestik und Rhythmik. Dieses Wirkungsgefüge sollte auch für den ausübenden Umgang mit Musik maßgeblich sein.

Im hörenden Umgang, ebenso wie im bewegungsmäßige und konzentrative Aktionen unterstützenden Einsatz von Musik kann das absolut-musikalische Niveau beträchtlich sein – auch für Kinder, die keineswegs nur illustrierende und programmgebundene Musik interessiert; Musik muß nicht immer mit außermusikalischen Mitteln gedeutet werden, vielmehr sollte das Phänomen des Präsentativen in der Kunst uns zu der Einsicht verhelfen, daß ästhetische Objekte durch ihren vielschichtigen Symbolgehalt Inhalte widerspiegeln, die gar nicht ausdrücklich und generalisierend benannt werden können. Gerade Musikunterricht muß es sich leisten dürfen, begrifflich nicht verbindlich Aufklärbares stehen und wirken zu lassen.

7.5 Didaktische Grundsätze III

1. In der Elementaren Musikpädagogik können Situationen und Objekte bzw. Materialien, von denen auch eine symbolische Wirkung ausgeht, als Träger musikalischer Unterrichtsinhalte eingesetzt werden. Dadurch werden Tiefenschichten der Persönlichkeit angesprochen, die als subjektive Sinnvermittler fungieren.
2. Förderung sozialer Beziehungsfähigkeit ist eine wichtige pädagogische Aufgabe Elementarer Musikpädagogik. Sorgfältige Planung interaktiver Konstellationen ist die Voraussetzung dafür, daß die Schüler sich in verschiedenen Formen von Autonomie und Bindung erleben können. Erfindung und Nachahmung sind als damit korrespondierende Aktivitäten essentielle Bestandteile elementaren Musizierens.
3. Einen besonderen Stellenwert haben in der Elementaren Musikpädagogik explorative Phasen, in denen die Schüler selbstbestimmt mit ‚Spielgegenständen' (Instrumente, Materialien, Geräte) umgehen können. Dabei lösen und binden sich Emotionen gleichermaßen – Objektexploration kann zur Selbstexploration werden. Selbstbestimmte, freie Erkundung ist Voraussetzung kreativ-gestalterischer Prozesse.
4. Die subjektive Erfahrung von Materialien dient u.a. der Entwicklung musikalischer Vorstellungen. Musikalische Strukturelemente und -verläufe sowie interaktive Möglichkeiten in Gruppenimprovisationen können aus den variantenreichen Erscheinungsformen *eines* Objektbereichs oder aus verschiedenen Objektbereichen gewonnen werden.
5. Die Anbindung psychischer Energie an äußere Vorgänge wird am ehesten dann gelingen, wenn diese in ihrer Verlaufsform eine klare Struktur aufweisen. Die Strukturierung von Unterricht kann sich z.B. an den Formungsprinzipien musikalischer Abläufe orientieren: Prinzipien wie Einleitung, Konstellation/Aufstellung, Entwicklung, Transposition, Kontrast, Wiederholung, Variation, Verarbeitung und Schlußbildung können auch den zeitgestalterischen Spannungsbogen zu einem Unterrichtsthema bilden.
6. Elementare Musikpädagogik ist ästhetische Erziehung. Der ästhetische Bezug entsteht durch Resonanzbildung zwischen dem affizierten Subjekt und einem sinnenhaft erfahrbaren Objekt. Dazu bedarf es der sorgsamen, sensibilisierenden ‚Einstimmung' des Individuums, der Phantasiestimulation durch Vorstellungsbilder und Materialangebot sowie einer unter künstlerischen Gesichtspunkten vorgenommenen Verlaufsgestaltung von Unterricht gemäß DG III/5.
7. Das ästhetische Objekt darf nicht pädagogisierendem Reduktionismus zum Opfer fallen und auf das zugeschnitten werden, was in begrifflich faßbare Lerninhalte zu gießen ist. Das Faszinosum der Musik liegt – jenseits verbalisierbarer Inhaltlichkeit – in Klang, strukturimmanenter Bewegungsdynamik, Gestik und Rhythmik. Diese den Ausdrucksgehalt entscheidend mitbestimmenden Komponenten sind dem Menschen bereits seit dem frühen, präverbalen Lebensabschnitt unmittelbar verständlich und bleiben zeitlebens Auslöser emotionaler Resonanz.

8. Musik ist eine Äußerungsform im Bereich der präsentativen Symbolik; präsentative Symbolsysteme verlangen einen sinnenhaften Erkenntnismodus, der sich aus einer Verdichtung der Wortbedeutungen des griechischen Stammwortes ‚aisthanomai' herleitet (s. S. 183).
9. Der Aneignungsprozeß darf sich nicht schwerpunktmäßig auf ein anderes System, nämlich das der diskursiven Zeichenbildung, verschieben. Deshalb leiten wir den Musikalisierungsprozeß nicht mit sachfremdem Fertigkeitstraining wie etwa Lesen, Bezeichnen, Addieren und Dividieren ein, sondern mit der Erschließung von Handlungsmöglichkeiten, die sich gemäß DG I/6 und Tabelle 2 aus den Gestaltungsmöglichkeiten des musikalischen Materials und aus frühesten sensorischen Differenzierungsleistungen ergeben.

Literatur

Antholz, Heinz: Pädagogische Musik im 20. Jahrhundert. Ein Paradigma musikpädagogischer Häresie? In: Kleinen, Günter (Hrsg.) Kind und Musik (Musikpädagogische Forschung Band 5). Laaber 1984, S. 15-29

Bauer, Wolfgang/Dümotz, Irmtraud/Golowin, Sergius: Lexikon der Symbole. Mythen, Symbole und Zeichen in Kultur, Religion, Kunst und Alltag. München 1987

Biehl, Peter: Symbole geben zu lernen. Einführung in die Symboldidaktik anhand der Symbole Hand, Haus und Weg (Wege des Lernens Band 6). Neukirchen-Vluyn 1989

Bucher, Anton: Symbol – Symbolbildung - Symbolerziehung. Philosophische und entwicklungspsychologische Grundlagen. Erzabtei St. Ottilien 1990

Flitner, Andreas: Spielen – Lernen. Praxis und Deutung des Kinderspiels. München 1972

Flitner, Andreas (Hrsg.): Das Kinderspiel. München 1978/4. Auflage

Friedemann, Lilli: Einstiege in neue Klangbereiche durch Gruppenimprovisation. Wien 1973

Friedemann, Lilli: Trommeln – Tanzen – Tönen. Wien 1983

Irmischer, Tilo/Fischer, Klaus (Red.): Psychomotorik in der Entwicklung (Reihe Motorik Band 8). Schorndorf 1989

Kaiser, Hermann J.: Musikvermittlung als Vermittlung sinnlicher Erkenntnis. In: Behne, Klaus-Ernst (Hrsg.): Musikalische Sozialisation (Musikpädagogische Forschung Band 2). Laaber 1981, S. 210-232

Kaiser, Hermann J.: Zur Konstitution des ästhetischen Objekts – Annäherungen an einen musikbezogenen Erkenntnis-/Lernbegriff. In: Nauck-Börner, Christa (Hrsg.): Musikpädagogik zwischen Traditionen und Medienzukunft (Musikpädagogische Forschung Band 9). Laaber 1989, S. 13-36

Kaiser, Hermann J.: Meine Erfahrung – Deine Erfahrung?! oder: Die grundlagentheoretische Frage nach der Mitteilbarkeit musikalischer Erfahrung. In: Kaiser, Hermann J. (Hrsg.): Musikalische Erfahrung: Wahrnehmen, Erkennen, Aneignen (Musikpädagogische Forschung Band 13). Essen 1992, S. 100-113

Klausmeier, Friedrich: Die Lust, sich musikalisch auszudrücken. Hamburg 1978

Kleinen, Günter (Hrsg.): Kind und Musik (Musikpädagogische Forschung Band 5). Laaber 1984

Kleinen, Günter: Ästhetische Selbstverwirklichung im Vorschulalter. In: Petrat, Nicolai (Hrsg.): Musikalische Bildung in Zwischenräumen. Mainz 1993, S. 47-54

Langer, Susanne K.: Philosophie auf neuem Wege. Das Symbol im Denken, im Ritus und in der Kunst. Frankfurt a. M. 1965

zur Lippe, Rudolf: Sinnenbewußtsein. Grundlegung einer anthropologischen Ästhetik. Hamburg 1987

Meyer-Denkmann, Gertrud: Struktur und Praxis neuer Musik im Unterricht. Wien 1972

Reichel, Gusti/Rabenstein, Reinhold/Thanhoffer, Michael: Bewegung für die Gruppe. Münster 1987

Reichel, Gusti: Lebendig statt brav. Münster 1988
Ribke, Juliane: Elementare Musikerziehung – ein Kinderspiel? In: Üben & Musizieren Heft 4/1987, S. 291-294
Ribke, Juliane: Künstlerische Aspekte Elementarer Musikerziehung. In: Petrat, Nicolai (Hrsg.): Das Musikalische an der Musik. Mainz 1996 (in Vorbereitung)
Schaefer, Gudrun: Rhythmik als interaktionspädagogisches Konzept. Solingen 1992
Tietze, Henry G.: Imagination und Symboldeutung. Wie innere Bilder heilen und vorbeugen helfen. Genf 1985
Vopel, Klaus: Interaktionsspiele für Kinder. Teil 1: Kontakt – Wahrnehmung – Identität (Lebendiges Lernen und Lehren Band 10). Hamburg 1977
Winnicott, Donald W.: Vom Spiel zur Kreativität. Stuttgart 1974

8. Persönlichkeitstheoretische Interpretation

Die in Kapitel 7 dargestellten didaktischen Strukturierungsebenen beschreiben die äußeren Bedingungen, die notwendig sind, um innere Prozesse zu fördern. Das Erlebnis von Ich-Affiziertheit und sozialem Echo, ferner die senso- und psychomotorische Aktivität in Verbindung mit Bewegungs- und Klangmaterialien – alle diese im Unterricht eng aufeinander bezogenen Komponenten können dazu beitragen, daß das Individuum einen möglichst umfangreichen Anteil seines Persönlichkeitspotentials aktualisiert. Beim Aufnehmen und aktiven Verarbeiten von Musik in einem phantasiebetonten situativen Bezugsrahmen, der imaginatives Potential nutzt, spielen unbewußte Prozesse eine beträchtliche Rolle; sie sind keine Störfaktoren von Unterricht, sondern als ein materialadäquater Aneignungsmodus Bestandteil des ästhetischen Prozesses.

Musik löst Affekte aus, die aufgrund der materialimmanenten präsentativen Symbolik zwar nur sehr unzulänglich und oberflächlich etikettierend verbalisierbar sind, dafür aber mit unseren präverbale Erinnerungen in Verbindung stehen. Spieltheoretisch gesehen sind die im künstlerischen Kontext evozierten Affekte in einer Sphäre der Scheinhaftigkeit (vgl. Huizinga 1956, S. 16 ff und Scheuerl 1979, S. 79 ff) angesiedelt, sie können vom Individuum besonders intensiv ausgekostet werden, da es nicht ‚real' betroffen ist und Konsequenzen für sein Dasein befürchten muß. Deshalb braucht es auch keine Abwehrmechanismen gegen innerpsychische Bewegungen zu mobilisieren, sondern kann sich sich selbst gegenüber öffnen, Emotionen zulassen und wahrnehmen und damit den Radius des aktivierten Persönlichkeitspotentials erweitern.

Nicht allein der Umgang mit Musik, auch die Erfahrungsbereiche, die auf den didaktischen Strukturierungsebenen als Unterrichtssituation, Sozialbezug und Möglichkeiten der Objektmanipulation diskutiert wurden, können Impulse zur Belebung und Wahrnehmung von Persönlichkeitsbereichen sein, die in der weitgehend normierten und einseitig zweckgerichteten Lern- bzw. Lebenswirklichkeit selten angesprochen werden.

Wir streben damit im anthropologischen Ansatz eine Ganzheitlichkeit an, die wir als *vertikale* von der *horizontalen* abgrenzen möchten: eine ganzheitliche Förderung des Individuums im horizontalen Sinne bedeutet, daß es auf verschiedenen Verhaltenskanälen zu einem oder mehreren Themen angesprochen wird, so daß in bezug auf unseren Bereich möglichst alle Sachbereiche der Elementaren Musikpädagogik in einer Stunde abgedeckt sind. Strenggenommen dürften dabei aber die verschiedenen Verhaltensweisen nicht hierarchisiert werden, d.h. in Haupt- und Hilfsfunktionen zerfallen, weil dadurch letztlich wieder eine – wenn auch multifunktionell abgestützte – Einseitigkeit entstünde.

Unter vertikaler Ganzheitlichkeit verstehen wir den Austausch zwischen bewußten und unbewußten, rationalen und irrationalen, intellektuellen und intuitiven Kräften des Individuums. Musikbezogene Aktionen wirken dann neben der Beanspruchung von Funktionen wie Auffassen, Erkennen, Verstehen, Umsetzen als Gestaltungskräfte des Unbewußten, von wo sie ihrerseits aber auch wesentliche Impulse erhalten. Horizontale und vertikale Ganzheitlichkeit können einander beeinflussen, z.B. wenn einerseits durch Aktionswechsel (möglichst ohne Konzentrationsverlust) immer wieder neue Motivation geschaffen wird, am Thema ‚dranzubleiben', so daß sich möglicherweise die Erlebnisqualität erhöht, oder wenn andererseits die innere, Tiefenschichten der Persönlichkeit erfassende Beteiligung an einem Thema so groß ist, daß sich leicht verschiedene Verhaltensbereiche erschließen lassen.

In diesem Kapitel soll der Zugang zur vertikalen Ganzheitlichkeit anhand von persönlichkeitstheoretischen Konzepten gesucht werden, die als notwendige Voraussetzung der Identitätsbildung eine Erweiterung der Persönlichkeit durch Integration unbewußter Anteile in das Selbstbild ansehen. Wir gehen davon aus, daß ein Mensch zu bestimmten Zeiten seines Lebens verschiedene Anteile seiner Persönlichkeit lebt – aber immer nur Anteile; und dieses umso rigider, je mehr sich die Einstellungs- und Verhaltensmuster zu verfestigen drohen. Im Wechselspiel von Differenzierung und Integration können die starren Grenzen aufgebrochen und erweitert werden, so daß auf der Basis einer Grundkontinuität unterschiedliche Verhaltensfacetten als zur eigenen Persönlichkeit gehörig erkannt werden. Die dadurch angestrebte ‚Ganzwerdung' der Person ist nicht im mathematischen Sinne als Addition zu verstehen, sondern im psychologischen als Erweiterung und Synthese. In der Gestaltpädagogik wird dieser Vorgang als ‚Konfluenz' bezeichnet, in der Analytischen Psychologie als ‚Individuation'.

8.1 Gestaltpädagogischer Ansatz

In der auf dem gestalttherapeutischen Gedankengut Fritz Perls' aufbauenden Integrativen Erziehung (confluent education) wird die psychische Bewegung, in der vorher getrennte Elemente zusammenfließen, folgendermaßen beschrieben: „In einer Person können die sich vereinenden Elemente ein Gedanke und ein Gefühl, mehrere Gedanken, mehrere Gefühle, zwei oder mehr Farben in der Vorstellung, zwei oder mehr Bewegungen des Körpers, zwei Aspekte der Persönlichkeit oder irgendetwas anderes sein. Das Entscheidende dabei ist, daß sie vorher getrennt und nicht verbunden waren und nun durch den Prozeß der Konfluenz in eine bestimmte Beziehung zueinander gebracht werden. ‚Konfluenz' als Begriff beinhaltet folgendes: Interaktion (gegenseitige oder reziproke Handlungen oder Einflüsse), Integration (das Verbinden von zwei vorher getrennten Elementen) und Synthese (das Vereinigen von zwei oder mehreren Elementen, die ein neues, drittes Ganzes bilden)" (Yeomans 1978, S. 63).

Zur Aufrechterhaltung von Trennungen, Grenzen, Barrieren innerhalb der Persönlichkeit ist ein erheblicher Energieaufwand nötig. Diese gehaltene Energie kann durch Konfluenz von Persönlichkeitselementen freigesetzt werden. Konfluenz wird begünstigt, wenn z.B. eine Situation erlebnismäßig aufgeladen ist, wenn Wahrnehmungen und Handlungen eine persönliche Bedeutung gewinnen; dann entsteht eine affektive Einstellung, die sich positiv auf den Erkenntnisgewinn auswirkt. Lerntheoretisch bedeutet das: „Wenn Lernen keine persönliche Bedeutung hat, wird es auch kein Verhalten ändern" bzw. „Wenn wir eine emotionale Dimension zum Lernen hinzufügen, wird der Lernende persönlich beteiligt sein und folglich wird eine Veränderung des Lernenden stattfinden" (ebd. S. 93). Die über die Affizierung des Individuums freigesetzte Energie kann sich „auf der emotionalen Ebene in Erregung, Enthusiasmus, Lachen und Ekstase und auf der geistigen in Konzentration, längerer Aufmerksamkeit, intensivem Nachdenken etc. äußern" (ebd. S. 65). Die Aufhebung von innerpersonalen Trennungen durch die Assimilation neuer Erfahrungen sorgt für die Erweiterung der Ich-Grenzen. Diese haben einen dynamischen Charakter und umfassen immer nur einen Teil der Person, die eine bestimmte Konstellation von ‚Subpersönlichkeiten' zu einem gegebenen Zeitpunkt für ‚sich selbst' hält (vgl. ebd. S. 70).

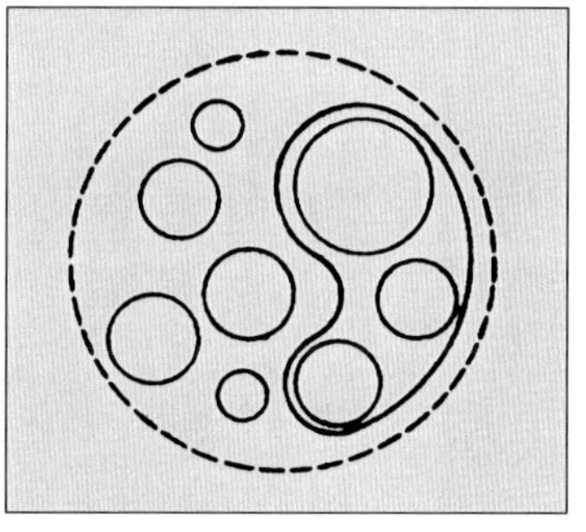

Abb. 20: Schematische Darstellung einer Persönlichkeit mit relativ enger Ichgrenze. Zahlreiche Anteile werden als nicht zum Selbst gehörig erkannt und möglicherweise projiziert.

Um Beliebigkeit und eine rein quantitative Betrachtung der Persönlichkeitselemente auszuschalten, wird im psychosynthetischen Modell ein Zentrum eingeführt, auf das die verschiedenen Identifikationen bezogen sind. Perls nennt dieses Zentrum in Anlehnung an Friedländer den „Punkt der schöpferischen Indifferenz", an dem das Individuum die schlüssigste Selbstorientierung erreicht und als „Beobachter die umfassendste und am wenigstens verzerrte Anschauung gewinnen könnte" (Perls 1969, S. 19). Von diesem Punkt aus kann es sich von Persönlichkeitselementen ‚disidentifizieren', ohne das Zentrum zu verlieren. Die Aufhebung einer Identifikation ist aber nicht mit Abtrennung oder Verdrängung gleichzusetzen; vielmehr wird bei gleichzeitiger kritischer Distanz akzeptiert, daß das Element dazugehört. Disidentifikation verhindert starre, auch unehrliche oder zwangshafte Identifikationen. Sind ihre Möglichkeiten erst einmal erkannt, kann das persönliche Wachstum ungehemmter und angstfreier verlaufen. Das Individuum ist dann fähig, Gegensätze bzw. Polaritäten in sich wahrzunehmen und ist nicht nur mit der Aufrechterhaltung eines eindimensionalen Selbstbildes beschäftigt. Das begünstigt die Differenzierung der Persönlichkeit, da diese an sich Verhaltensweisen, Kompetenzen,

Emotionen wahrnimmt und akzeptiert oder sich von ihnen distanziert, sie aber in jedem Fall der Bearbeitung zugänglich macht. Die gegenläufigen Prozesse Identifikation und Disidentifikation bedingen Gegensatzspannungen, die aus gestaltpädagogischer Sicht dem Wachstum der Person förderlich sind. Sie führen dazu, daß die Ich-Grenze gleichzeitig expandiert und kontrahiert: „Mit der Existenz eines Zentrums zieht sich die Ich-Grenze durch Disidentifikation zusammen und dehnt sich gleichzeitig aus, um alle Elemente der Persönlichkeit zu umfassen, indem sie aufhört, irgendeine Eigenschaft abzulehen (zu enteignen). Die Persönlichkeit wird paradoxerweise zum Zentrum und zur Umhüllung“ (Yeomans 1978, S. 75).

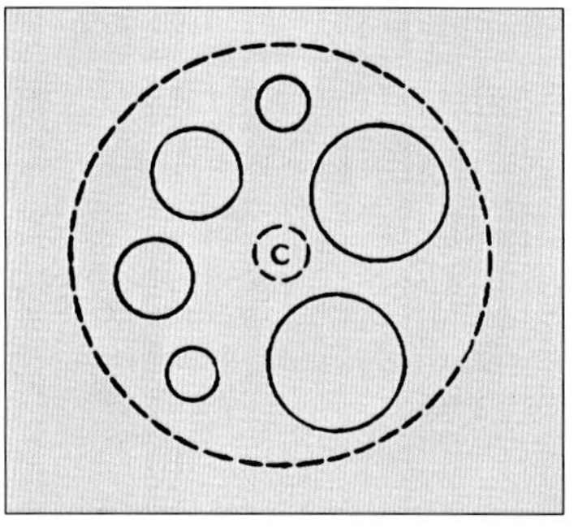

Abb. 21: Schematische Darstellung einer zentrierten Persönlichkeitsstrukturstruktur, in der keine „Enteignung“ von Persönlichkeitsanteilen mehr stattfindet.

Wir begegnen in diesem Persönlichkeitsmodell wiederum Gestaltungsbewegungen, die den biomechanischen vergleichbar sind: es werden durch neue Erfahrungen äußere und innere Räume erschlossen; dabei resultiert die Integration von Persönlichkeitselementen aus einem Wachstumsprozeß, der sich als Verdichtung und Dehnung, Sog, Pressung und Quellung gleichermaßen beschreiben läßt.

8.2 Individuation

Die ‚Erlösung‘ verschiedener Persönlichkeitsanteile und deren zentrale Integration spielt auch eine wichtige Rolle in der Analytischen Psychologie C. G. Jungs. Während sich der gestaltpädagogische Ansatz unter dem Motto Wachstum der Persönlichkeit durch Erfahrungssammlung, Abbau innerer Blockaden, Verbindung von Verstand und Gefühl sowie bewußtem Umgang mit Ich-Anteilen zusammenfassen läßt, stellt sich der von Jung als Individuationsprozeß bezeichnete Vorgang komplexer dar, da das höchstrangige Steuerungszentrum der Persönlichkeit, das *Selbst*, im Unbewußten angesiedelt ist und bleibt. Es geht Jung auch um eine Erweiterung des Ichs durch Assimilationsprozesse, die auf einem intensiven Austausch zwischen Bewußtem und Unbewußtem beruhen. Das Selbst als Zentrum des Unbewußten bleibt aber dem bewußten Ich immer übergeordnet, da es sowohl der Kern als auch das Ganze zugleich ist (vgl. nebenstehende Abbildung).

Die Grenzen zwischen Bewußtem und Unbewußtem sind nicht eindeutig zu ziehen, beides sind relative Begriffe. Nicht alles, was real hier und jetzt wahrnehmbar ist, ist gänzlich vom Bewußtsein her zu erschließen – vor allem die Handlungsmotive sind meist aus dem Unbewußten gespeist, obwohl die Tätigkeit selbst bewußt ausgeführt wird. So gibt es nach Jung eine Intensitätsskala von Bewußtsein, d.h. „ein Bewußtsein, in welchem das Unbewußtsein überwiegt, wie ein Bewußtsein in welchem die Bewußtheit dominiert. So gelangen wir zu dem paradoxen Schluß, daß es keinen Bewußtseinsinhalt gibt, der nicht in einer anderen Hinsicht unbewußt wäre. Vielleicht gibt es auch kein unbewußtes Psychisches, das nicht zugleich bewußt ist" (Jung 1984, S. 33).

Nicht eine komplette bewußtseinsmäßige Erhellung des Unbewußten ist das Ziel des psychischen Reifungsprozesses, sondern Offenheit gegenüber einem inneren Informationsstrom, der nicht durch Verdrängungen, die dann in Form von Projektionen ausgelebt werden, unterbrochen ist. Der Informationsfluß aus dem Unbewußten ist bildhafter Natur und entzieht sich rationaler Entschlüsselung. Ignoriert man ihn, kann das fatale Folgen für die psychische Stabilität haben, da eine Verleugnung unbewußter Energien auch Fehlsteuerungen in der Maske aufgeklärten Fortschrittsglaubens Tür und Tor öffnet (vgl. ebd. S. 249).

Die überwiegend rationale Orientierung hat den modernen Menschen nach Jung „der psychischen ‚Unterwelt' preisgegeben" (Jung 1968, S. 94); dieser habe keine Verbindung zwischen Tiefenschichten seiner Persönlichkeit und Bewußtseinsinhalten aufgebaut und sich dadurch der Möglichkeit aktiver Auseinandersetzung mit sich selbst benommen. Rationalität ist nur eine Teilfunktion der menschlichen Psyche, die sich durch diese Teilfunktion allein nicht ihrem Potential gemäß entfalten kann. „Um der geistigen Stabilität und auch um der physiologischen Gesundheit willen müssen das Unbewußte und das Bewußtsein miteinander verbunden funktionieren" (ebd. S. 52).

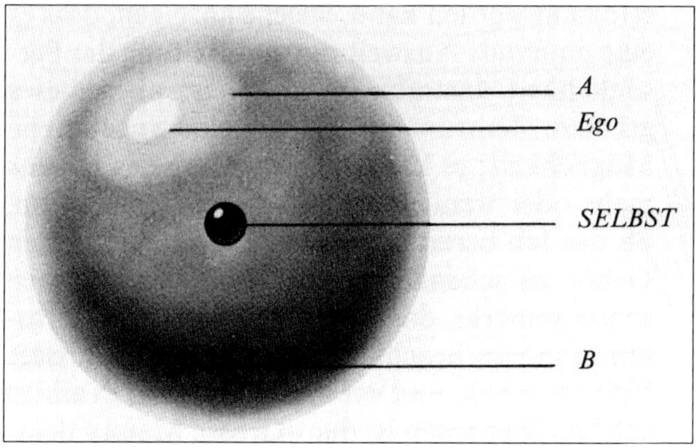

Abb. 22: Darstellung der menschlichen Psyche als Kugel. Das weiße Feld auf ihrer Oberfläche (A) stellt das Bewußtsein dar. Das Ego/Ich ist als dessen Zentrum Instanz des bewußten Wissens. Das Selbst ist der Kern und die ganze Kugel (B) zugleich. Es reguliert die gesamte Psyche.

Inhalte des Unbewußten drücken sich in verschlüsselter Form aus, stellen sich über Bilder, Träume oder Symbole dem Bewußtsein dar. Das Ich kann die unbewußten Inhalte assimilieren, wodurch es sich selbst verändert: „Das Ich kann nämlich nicht umhin zu entdecken, daß der Zustrom an unbewußten Inhalten die Persönlichkeit belebt und bereichert und eine Gestalt aufbaut, welche an Umfang und Intensität das Ich irgendwie überragt" (Jung 1984, S. 67). Das Unbewußte im Sinne Jungs ist – anders als das Freudsche Unterbewußtsein – Quelle kreativer Energie und „voll von Keimen für zukünftige psychische Situationen und Ideen" (Jung 1968, S. 37). Er gliedert das unbewußt Psychische in zwei Instanzen: das *persönliche* und das *kollektive* Unbewußte. Ersteres entspricht weitgehend Freuds Unterbewußtsein, da es u.a. verdrängte Inhalte des individuellen Lebens enthält.

Das kollektive Unbewußte hingegen ist überindividuell, es ist nach Jung, der dieses psychische System weder für eine spekulative oder philosophische, sondern für eine empirische Angelegenheit hält (vgl. Jung 1984, S. 116), der menschlichen Spezies universell zu eigen. In Traumanalysen begegnete er Analogien zwischen den inneren Bildern bzw. Phantasien des ‚modernen' Menschen und den mythologischen Motiven alter Kultur- und Naturvölker; ferner galt sein Interesse dem Nachweis kulturunabhängiger Parallelen von mythologischer und symbolischer Motivik. Jung folgert aus seinen Analysen und transkulturellen Vergleichen, daß bestimmte geistige Formen dem Menschen offenbar angeboren sind (vgl. Jung 1968, S. 67). Das kollektive Unbewußte ist vorstrukturiert, da Ausdrucks- und Erlebnisformen sowie bestimmte Symbolbildungen als zeit- und kulturunabhängige Repräsentationen des menschlichen Geistes präexistent sind.

Jung bezeichnet diese artspezifischen seelischen Grundstrukturen als *Archetypen.* Archetypen sind anthropologisch verankerte Konstanten des Erlebens, typisch menschliche Formen des Abbildens, Verarbeitens und Verhaltens (vgl. Kast 1990, S. 115). Marie-Louise von Franz, eine Schülerin C. G. Jungs, akzeptiert die Theorie Adolf Bastians, daß alle mythologischen Grundmotive ‚Elementargedanken' der Menschheit sind, fügt aber hinzu: „Für uns dagegen ist der Archetyp nicht nur ein ‚Elementargedanke', sondern ebenso ein elementares poetisches Bild und eine Phantasie, eine elementare Emotion und sogar ein elementarer Handlungsimpuls. Wir fügen ihm also einen ganzen Unterbau von Gefühl, Emotion, Phantasie und Handeln hinzu" (von Franz 1986, S. 13 f).

Bei Jung ist der Archetyp weniger ein inhaltlicher Faktor der menschlichen Psyche als ein formal strukturgebender: „Seine Form ist ... etwa dem Achsensystem eines Kristalls zu vergleichen, welches die Kristallbildung in der Mutterlauge gewissermaßen präformiert, ohne selber eine stoffliche Existenz zu besitzen" (Jung 1984, S. 147). Willy Obrist versucht, aus der Vielfalt und Unschärfe, mit der der Begriff – auch mit z.T. inflationärer Tendenz – eingesetzt wird, einige inhaltliche Aspekte zu ermitteln: „So gibt es z.B. einen Archetypus des Bergenden und einen des Hinaustretens in die Ungeborgenheit (auch Archetypus des Weiblichen und des Männlichen genannt), einen Archetypus des Übergangs (von einer Einstellung des Ichs zu einer anderen, differenzierteren), einen Archetyp der überholten Einstellung, des Versuchers, der hilfreichen Kräfte usw." (Obrist 1990, S. 53). Der an sich unanschauliche Archetyp kann sich überall manifestieren, und so stellt sich ein und derselbe Archetyp in verschiedenen Bildern oder Motiven dar, die sehr wohl individuell überformt und ausgestaltet sein können; sie sind „Synonyme der Sprache des Unbewußten" (ebd. S. 53). Selbstgestaltungen des Unbewußten teilen sich dem Bewußtsein nicht unmittelbar, sondern in symbolischer, verschlüsselter Form mit.

Es ist also zu unterscheiden zwischen dem Archetyp als formgebender Kraft seelischer Grundmuster und seiner Manifestation in einem archetypischen Bild oder Motiv. Diese Unterscheidung wird auch von Jung nicht gezogen, zumal er das Selbst zugleich als Sendezentrale archetypischer Bilder und als Archetypus schlechthin bezeichnet (vgl. ebd. S. 59).

Die Selbstgestaltungen des Psychischen lassen sich grob in zwei Kategorien einteilen: in der ersten stellt sich das Unbewußte durch Personifizierungen von auf Bewußtseinsebene ausgeblendeten Persönlichkeitszügen dar, in der zweiten durch Wandlungs- und Entwicklungsvorgänge, die dem Prozeßcharakter psychischen Geschehens entsprechen (vgl. ebd. S. 86 f). Die Figuren, in denen sich das Unbewußte symbolisch darstellt, sind:

Anima/Animus

Dieses sind jeweils zum Individuum gegengeschlechtliche Figuren, die dessen einseitig gelebte Rollenmuster aufbrechen, da sie die erweiterte Beziehungsfähigkeit des Ichs zu anderen Menschen oder zum Selbst symbolisieren. Zahlreiche Märchen haben die Erlösung eines Menschen durch einen gegengeschlechtlichen anderen zum Thema: der Prinz erlöst die Prinzessin beispielsweise aus einem Turm, einer Burg oder einem hundertjährigen Schlaf, oder er erkennt sie erst, nachdem er von einer falschen Braut in die Irre geführt wurde; oder aber die Prinzessin erlöst ein Tier dadurch, daß sie es heiratet, woraufhin das häßliche Tier sich in einen schönen Prinzen verwandelt (vgl. z.B. Froschkönig, Kalberlkönig, La belle et la bête). Symbolisiert wird in diesen Motiven bei subjektstufiger Deutung[1] ein wesentlicher Schritt zur Ganzwerdung der Person, indem sie zu ihren verborgenen, nicht eingestandenen, auch unter gesellschaftlichem Rollendruck verdrängten gegengeschlechtlichen Persönlichkeitsanteilen Kontakt aufnimmt und mit diesen auch bisher unerkannte Fähigkeiten ‚erlöst'. Damit erübrigt sich eine vordergründige Identifikation von männlich und weiblich mit gesellschaftlichen Rollenklischees, da nach Jung jeder Mensch beide Anteile in sich hat, meist aber die gegengeschlechtlichen verleugnet. Deren Assimilation jedoch ist Voraussetzung echter Beziehungsfähigkeit.

---

1 Märchen sind auf zwei Ebenen interpretierbar: auf der objekt- und auf der subjektstufigen. Auf objektstufiger Ebene wird das Märchen als symbolische Darstellung zwischenmenschlicher Probleme z.B. zwischen Eltern und Kind (speziell Mutter – Tochter, Vater – Tochter, Vater – Sohn, Mutter – Sohn), zwischen Geschwistern oder Partnern gedeutet; subjektstufige Interpretation heißt, daß die handelnden Figuren als Persönlichkeitszüge der Hauptfigur gesehen werden. Unter diesem Aspekt werden im Märchen in symbolischer Form seelische Konflikte bearbeitet. „Weil das Märchen den psychologischen Gesetzen folgt und nicht der gesellschaftlichen Moral, ist allerdings die subjektive Betrachtungsweise stimmiger" (Hilty 1988, S. 48).

Schattenfiguren

Hier handelt es sich um gleichgeschlechtliche Figuren, die nicht akzeptierte Seiten der Persönlichkeit bzw. nicht aktualisierte Fähigkeiten symbolisieren. Meist ist die Person bestrebt, wohlgefällige, angepaßte, ‚schöne' Persönlichkeitsseiten zu leben, die mit dem Ich-Ideal übereinstimmen. Daß in den Schattenkräften hilfreiche, kreative Energie verborgen sein kann, thematisieren wiederum Märchen in eindrucksvoller Weise (vgl. Verena Kasts Interpretation des schwedischen Märchens „Zottelhaube", in: Kast 1985), wenn ‚Gegenfiguren' den Weg weisen, Hilfsmittel anbieten oder aber Konflikte schüren, die zur Auseinandersetzung und damit auch zur Weiterentwicklung zwingen. Nach Karlfried Graf Dürckheim zeigt sich die Bedrohung des Menschen durch seinen „Kernschatten" in zahllosen Projektionen, Einbildungen und Wahnvorstellungen (vgl. Dürckheim 1984, S. 27), weil die gestauten Energien nicht in fruchtbare Kräfte für die Person umgewandelt werden (vgl. ebd. 1984, S. 17). „So hat jeder Mensch hinter seiner von vielen Rollen bedingten Fassade seinen dunklen Begleiter, seinen Wolf oder seine Hexe, den dunklen Bruder und die dunkle Schwester, die fortgesetzt seine ‚Persona'[1] Lügen strafen. Zugleich zwingen sie ihn, sich ‚eisern' in ihr zu behaupten, während sie sich andererseits in Impulsen kundtun, die die Persona zu sprengen drohen" (ebd. 1984, S. 27).

Die weisen Alten

Figuren wie die weise alte Frau oder der weise alte Mann symbolisieren die dem Ich-Bewußtsein überlegenen Kräfte des Unbewußten. In der Ratgeberrolle, in der die weisen Alten meist im Märchen auftauchen, helfen sie den Hauptfiguren, destruktive Kräfte zu überwinden, Verlorenes wiederzuerlangen und den zielführenden Weg zu erkennen (vgl. z.B. Verena Kast Interpretation des Märchens „Die Nixe im Teich", in: Kast 1982). Da diese Gestalten eine übergeordnete, Verstrickungen lösende Instanz sind, werden sie in der Jungschen Schule auch als symbolische Darstellungen des Selbst, des innersten Seelenkerns interpretiert – von ihm gehen die entscheidenden Impulse, die zur Integration von verdrängten, unterentwickelten Persönlichkeitszügen führen, aus. Personifizierungen des Selbst sind nicht nur ‚wissende' greise Gestalten, sondern aufgrund der kreativen Energie des Unbewußten auch Kindgestalten, „denn das Selbst ist gleichsam etwas Zeitloses, das jung und alt zugleich ist" (von Franz 1968, S. 196).

Neben diesen Figuren, die sich als Teilpersönlichkeiten des Psychischen interpretieren lassen, gibt es als zweite Hauptgruppe archetypische Motive, in denen sich die *Dynamik seelischer Entwicklungsvorgänge* darstellt. Wegstrecken, Übergänge, Naturerscheinungen, Rastplätze, Behausungen etc. symbolisieren Wandlungen, innerpsychische Fortbewegungen und kraftschöpfendes Verweilen, Progression und Regression eines Menschen im dynamischen Prozeß der Auseinandersetzung mit sich selbst.

1 Die ‚Persona' ist das Bild von sich, das man der Welt zeigen möchte.

Die ‚innere Arbeit‘ mit den beiden Symbolklassen archetypischer Motivik ist als psychischer Integrationsvorgang ein wesentlicher Teil des Individuationsprozesses. In engem Bezug dazu ist dessen anderer Teil, der die Relation zu anderen Menschen betrifft, nach außen gerichtet. Der Individuationsprozeß verläuft also gleichermaßen über die Erschließung des Selbst durch Auseinandersetzung mit den seelischen Tiefenschichten als auch über die Entwicklung sozialer Beziehungsfähigkeit. Der für die Identitätsbildung charakteristische dynamische Innen-Außen-Bezug sorgt dafür, daß ein Mensch die eigene Individualität entwickeln, zum unverwechselbaren Einzelwesen, zum eigenen Selbst werden kann (vgl. Jung 1971/1990, S. 59). „Der Zweck der Individuation ist nun kein anderer, als das Selbst aus den falschen Hüllen der Persona einerseits und der Suggestivgewalt unbewußter Bilder andererseits zu befreien“ (ebd. S. 60).

Es mag nun verwundern, daß der Individuationsprozeß seine Energien aus dem kollektiven Unbewußten erhält, das doch einen hohen Universalitätsanspruch hat. Dieser vordergründige Widerspruch löst sich jedoch auf, wenn wir die Archetypen als psychische Grundraster verstehen, die durch die subjektive Interpretation der bedeutungsmäßig überdeterminierten Symbole und deren Auswertung für das aus Kräften und Gegenkräften bestehende individuelle psychische Beziehungsgefüge sehr persönlich ausgefüllt werden können. Menschliche Individualität prägt sich aus durch eine Umwandlung grundsätzlicher, überindividueller Erfahrung in persönliche Gestaltungsfähigkeit.

8.3 Didaktische Grundsätze IV

1. Ein anthropologisch orientierter didaktischer Ansatz muß neben der Beanspruchung rationaler Kräfte erfahrungs- und erlebniserschließend sein, da das psychische Potential eines Individuums so umfangreich und gleichzeitig so ungeteilt, so ganzheitlich wie möglich angesprochen werden soll.
2. ‚Ganzheitlichkeit' bedeutet in der Projektion auf die Vertikale des Persönlichkeitsschemas die Verbindung bewußter und unbewußter Persönlichkeitsinstanzen. Im gängigen horizontalen Sinn ist damit die Ansprache des Individuums auf verschiedenen Verhaltenskanälen gemeint, die sich für die Elementare Musikpädagogik aus den zum Elementarrad (vgl. Kap. 2.3) modellierten Sachbereichen ergeben.
3. Musikalische Verläufe sind von Gegensatzspannungen, dynamischen Entwicklungen, Abstufungen und Facetten auf allen Gestaltungsebenen geprägt und können als Analogien bzw. als ein Projektionsfeld psychischer Energien angesehen werden. Deshalb ist der Umgang mit Musik besonders geeignet, die persönliche Entwicklung zu fördern.
4. Der Umgang mit Inhalten verläuft um so intensiver, motivierter und aktiver, je mehr Tiefenschichten der Persönlichkeit am Aneignungsprozeß beteiligt sind (vgl. DG III/1).
5. Wir gehen davon aus, daß Selbstexploration, Individuation und Erweiterung der Ich-Grenzen dem Grundbedürfnis des Menschen nach Identitätsbildung entsprechen. In der pädagogischen Arbeit muß dieses Grundbedürfnis berücksichtigt werden, da für Schüler sonst die Sinnfrage ihres Tuns offenbleibt und sich keine dauerhafte Beziehung zum Lerngegenstand aufbauen kann, ebensowenig wie sich eine als ‚Lernen' definierbare nachhaltige Verhaltensänderung einstellen wird. Wohlgemerkt ist mit der Sinnfrage hier sehr individuell und sensibel umzugehen; didaktische Objektivierungsversuche, Rationalisierungen und kausal-logische Ableitungen würden den ‚tieferen Sinn' für das erlebende Subjekt schon wieder einebnen.
6. Unterricht muß so gestaltet werden, daß er vom Lernenden als persönliche Bereicherung, als Ich-Erweiterung empfunden wird. Diese ist mit innerer Bewegung, mit Hervor-/Herausbewegung, mit Emotion verbunden; also muß Didaktik sich auch mit der Emotionalisierung von Sachverhalten auseinandersetzen. Je jünger die Schüler sind, desto mehr hat sich das methodische Vorgehen diesem Verständnis unterzuordnen.

Literatur

Brown, George I./Petzold, Hilarion G. (Hrsg.): Gefühl und Aktion. Gestaltmethoden im integrativen Unterricht. Frankfurt a. M. 1978

Burow, Olaf-Axel et al.: Gestaltpädagogik in der Praxis. Unterrichtsbeispiele und spielerische Übungen für den Schulalltag. Salzburg 1987

Graf Dürckheim, Karlfried: Von der Erfahrung der Transzendenz. Freiburg i. B. 1984

von Franz, Marie-Louise: Der Individuationsprozeß. In: Jung, Carl Gustav (Hrsg.): Der Mensch und seine Symbole. Olten 1968, S. 160-229

von Franz, Marie-Louise: Psychologische Märcheninterpretation. München 1986

Hilty, Elisa: Wege zum Märchen. Einäuglein, Zweiäuglein, Dreiäuglein. Bern 1988

Huizinga, Johan: Homo Ludens. Vom Ursprung der Kultur im Spiel. Hamburg 1956

Jung, Carl Gustav: Zugang zum Unbewußten. In: Jung, Carl Gustav (Hrsg.): Der Mensch und seine Symbole. Olten 1968, S. 20-103

Jung, Carl Gustav (Hrsg.): Der Mensch und seine Symbole. Olten 1968

Jung, Carl Gustav: Die Beziehungen zwischen dem Ich und dem Unbewußten. Olten 1971/1990

Jung, Carl Gustav: Archetyp und Unbewußtes (Grundwerk C. G. Jung Band 2). Olten 1984

Kast, Verena: Wege aus Angst und Symbiose. Märchen psychologisch gedeutet. Olten 1982

Kast, Verena: Mann und Frau im Märchen. Eine psychologische Deutung. Olten 1983

Kast, Verena: Wege zur Autonomie. Märchen psychologisch gedeutet. Olten 1985

Kast, Verena: Die Dynamik der Symbole. Grundlagen zur Jungschen Psychotherapie. Olten 1990

Obrist, Willy: Archetypen. Natur- und Kulturwissenschaften bestätigen C. G. Jung. Olten 1990

Petzold, Hilarion G./Brown, George I.: Gestaltpädagogik. Konzepte der Integrativen Erziehung. München 1977

Scheuerl, Hans: Das Spiel. Untersuchungen über sein Wesen, seine pädagogischen Möglichkeiten und Grenzen. Weinheim 1979

Yeomans, Thomas: Gestalt, Psychosynthese und Integrative Erziehung. In: Brown, George I./Petzold, Hilarion G. (Hrsg.): Gefühl und Aktion. Gestaltmethoden im integrativen Unterricht. Frankfurt a. M. 1978, S. 61-82

Teil III

Methodischer Entwurf für die Elementare Musikpädagogik im Vorschulalter

9. Die Repräsentation von persönlichkeitsbildenden Prozessen im Märchen

Märchen schildern in symbolischer Form Entwicklungsprozesse, indem sie das in Handlung umsetzen, was psychisch an Auseinandersetzung mit inneren und äußeren ‚Mächten' geleistet werden muß, damit Individuation stattfinden kann. Märchen stellen drängende Probleme der psychosozialen Entwicklung dar, zu deren Bewältigung sie auf der Symbolebene ein enormes Hilfsangebot machen.

9.1 Märchen und kindliche Psyche

Bei der Assimilation von unbewußten Anteilen der Psyche ist der Mensch im Individuationsprozeß auf die Konfrontation mit Bildern und Symbolen angewiesen. Für Kinder eröffnet sich der direkte Zugang dazu über die Märchenwelt. Die Intensität, mit der sie sich in Märchen hineinleben, verrät uns deren Bedeutung für die kindliche Psyche, die auf dem Wege der Individuation bzw. Identitätsbildung zahlreichen Konflikten ausgesetzt ist. Die Parallelen zwischen Märchen- und Lebens- bzw. Entwicklungsthematik stellen Kinder nicht analysierend, sondern von einem intuitiven Symbolverständnis geleitet her. Sie fühlen sich von Märchen existentiell betroffen, da in der frühen Lebensphase Probleme und Krisen der menschlichen Entwicklung besonders heftig und unkaschiert auftreten, aber nicht bewußt bearbeitet werden (können).

9.1.1 Märchenthemen und Lebensproblematik

In den folgenden vier Punkten soll aufgezeigt werden, inwiefern der Umgang mit Märchen der Persönlichkeitsentwicklung dient. Es wird sich herausstellen, daß Märchen die Gefühle des Kindes ernstnehmen, „ohne daß diese ans Licht gezerrt und in der Kälte einer Rationalität, die noch außerhalb seiner Reichweite liegt, erforscht würden" (Bettelheim 1977, S. 26).

Angstbewältigung

Bewältigt werden kann nur etwas, mit dem man sich in aller Deutlichkeit konfrontiert; im Halbdunkel des Verdrängten existieren nur vage Gefühle von Bedrohung, die unkontrollierbar bleiben, solange sie unbenannt sind. Trennungsangst, Verlustangst, Angst vor Unbekanntem, Fremdem, vor Verlorenheit, Einsamkeit und Isolation werden in Märchenhandlungen thematisiert und überwunden. „Der Märchenheld ist eine Zeitlang ganz auf sich gestellt, genau wie sich auch das heutige Kind oft isoliert fühlt. Der Held erfährt Hilfe durch die Berührung mit einfachen Dingen

– einem Baum, einem Tier, der Natur –, genauso wie das Kind sich diesen Dingen näher fühlt, als die meisten Erwachsenen" (ebd. S. 18).

Ferner erleben Kinder durch Märchen, daß Dinge, Menschen oder Tiere, vor denen sie Angst haben, durchaus hilfreich sein können, oder daß sie die Bedrohung durch ‚Hexenhaftes' oder andere Negativfixierungen dadurch entschärfen können, daß sie in Beziehung dazu treten. Märchen können Angstgefühle provozieren, sind aber gleichzeitig auch imstande, Angst zu binden.

Überwindung von Unterlegenheit

Im Märchen können übermächtige Figuren fallen und unterdrückte oder zunächst defizitär angelegte Personen den Sieg davontragen. Es kann eine statusmäßige Umschichtung stattfinden, die darin besteht, daß die Hohen, Habgierigen und Hochmütigen untergehen, während die Jüngsten, die Kleinsten oder diejenigen, die die schmutzigste Arbeit verrichten müssen oder anfangs als Dummlinge angesehen wurden, zu Königswürden aufsteigen.

Wenn in subjektstufiger Interpretation Märchenfiguren Teile unserer Psyche symbolisieren, dann bedeutet diese Umschichtung, daß verkannte, verkümmerte, uneingestandene oder als gering erachtete Persönlichkeitszüge belebt und entfaltet werden müssen, um der Ganzwerdung der Person entgegenzuarbeiten. Die hierarchische Wandlung durch Kompetenzsteigerung der Hauptfigur ist für das Kind ein Symbol der Hoffnung, aus seiner Unterlegenheit herauszukommen und in seinen wahren Qualitäten anerkannt zu werden. Immer wieder kollidiert es mit den erzieherischen Maßnahmen seiner Umwelt; sein natürlicher Egozentrismus, sein subjektiver Zeitbegriff, seine rege Phantasietätigkeit verhindern, daß es sich klaglos den funktionalistischen, an der ‚Realität' orientierten Anpassungsforderungen der Erzieher unterwirft. Krisen sind ein fester Bestandteil der kindlichen Lebenswelt, auf die es meist mit diffuser Aggression bzw. unklar artikulierter Rebellion antwortet und auf diese Art seinerseits Macht über die Erzieher gewinnt. Über die Identifikation mit Märchenfiguren kann es erleben, daß Unterlegenheit sich ins Gegenteil wenden kann, wenn man mit quasi schlafwandlerischer Sicherheit seinen Weg fortsetzt, gleichzeitig aber Hilfsangebote auszuwerten weiß und den Mut hat, Hindernisse zu überwinden. Märchenbilder suggerieren dieses als gefühlsmäßige Einsicht und transformieren damit die Energie, die sich sonst im verzweifelten Widerstand gegen Mißachtung der eigenen kindlichen Bedürfnisse verschleißt, in intrapsychisches Bearbeitungspotential.

Lösung aus Abhängigkeit

Wenn Held oder Heldin in die Welt hinausziehen, geben sie vertraute Schutzräume auf, sie lösen sich aus festhaltenden Beziehungen, entwickeln ihre eigenen Kräfte. Dieser Vorgang ist für das Kind ein bedeutsames Lebensthema, verbunden mit Trennung und Verlust und von daher mit starken Ängsten besetzt. Märchen zeigen, daß es notwendig ist, alte Bindungen aufzugeben, um neue einzugehen und damit möglicherweise auch die alten zu verbessern; sie machen Mut, allzu Vertrautes aufzugeben und Kontakte mit Fremdem, das zunächst beängstigen kann, sich dann aber als

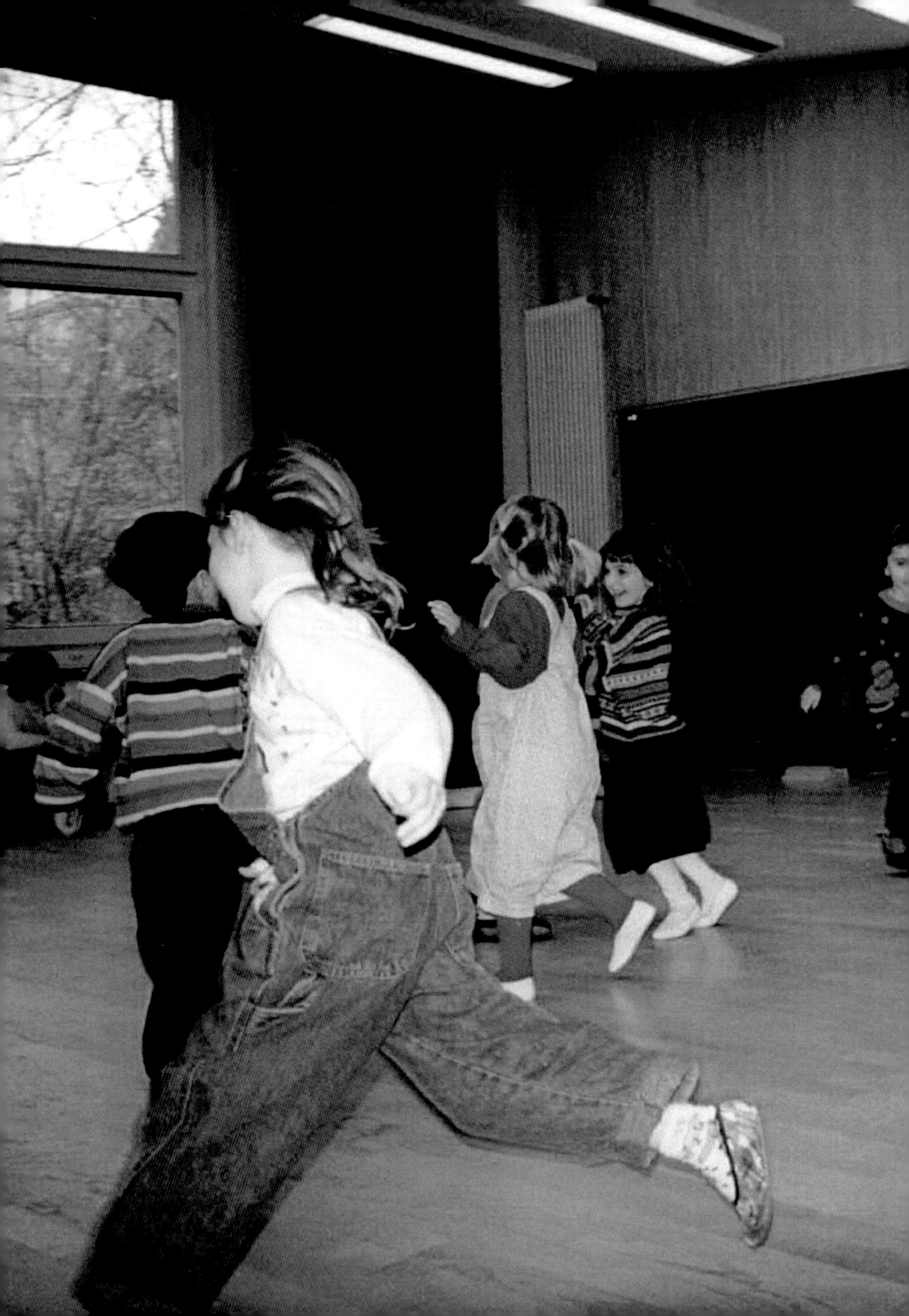

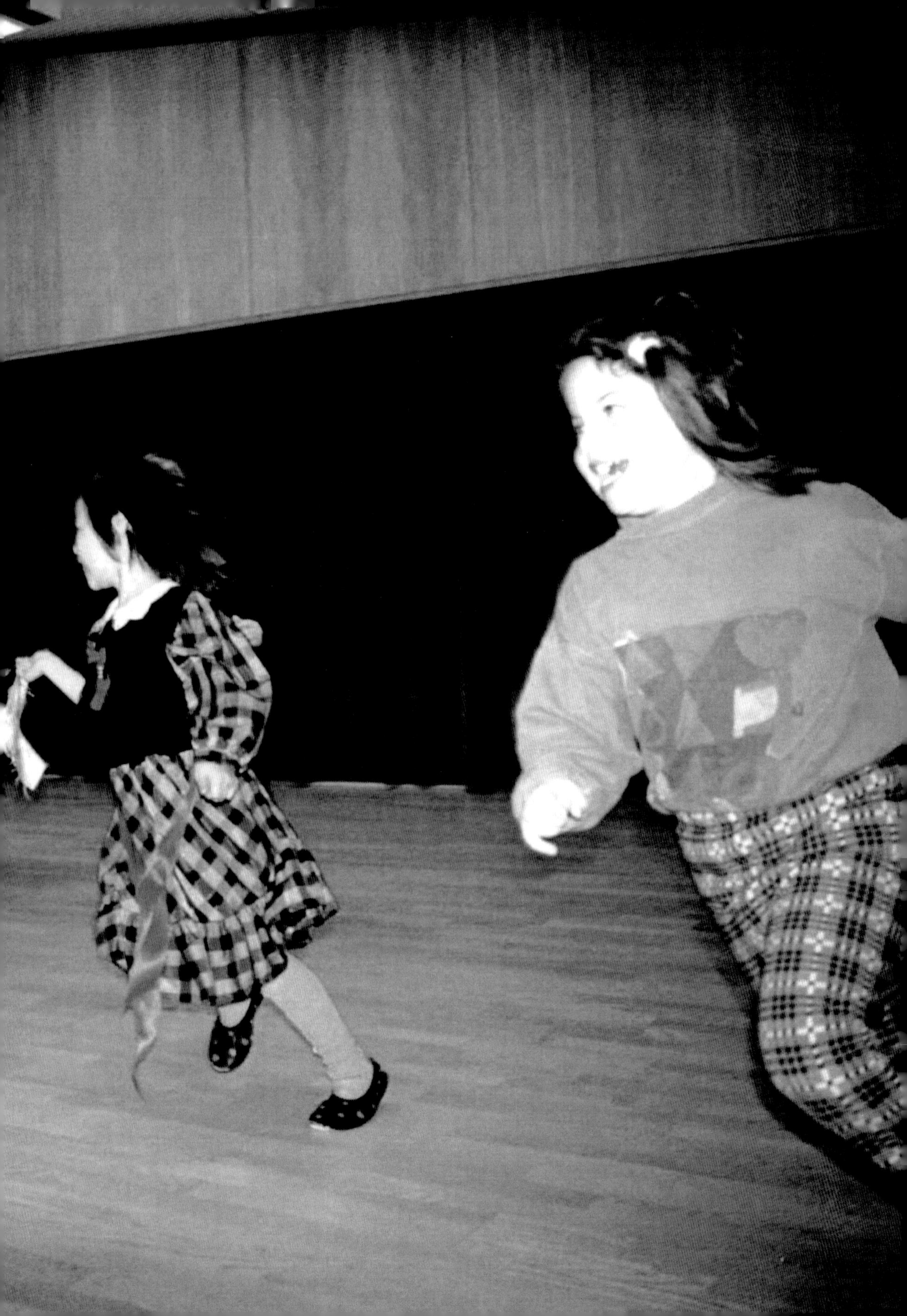

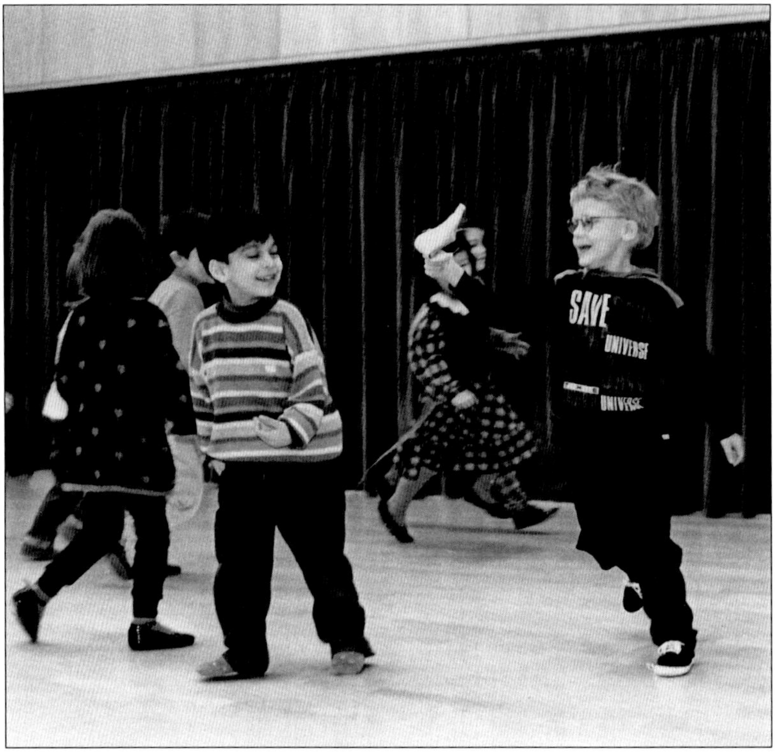
SAVE
UNIVERSE
UNIVERSE

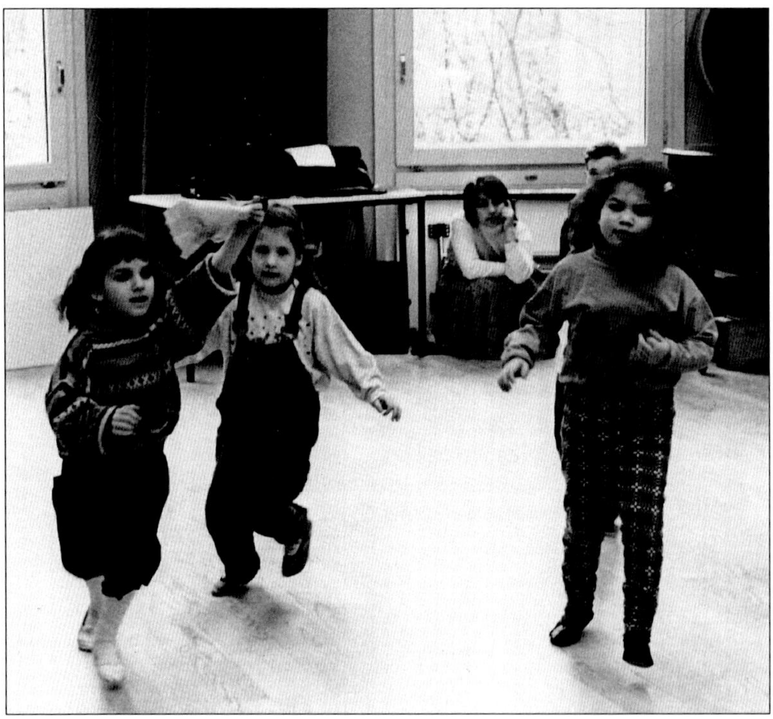

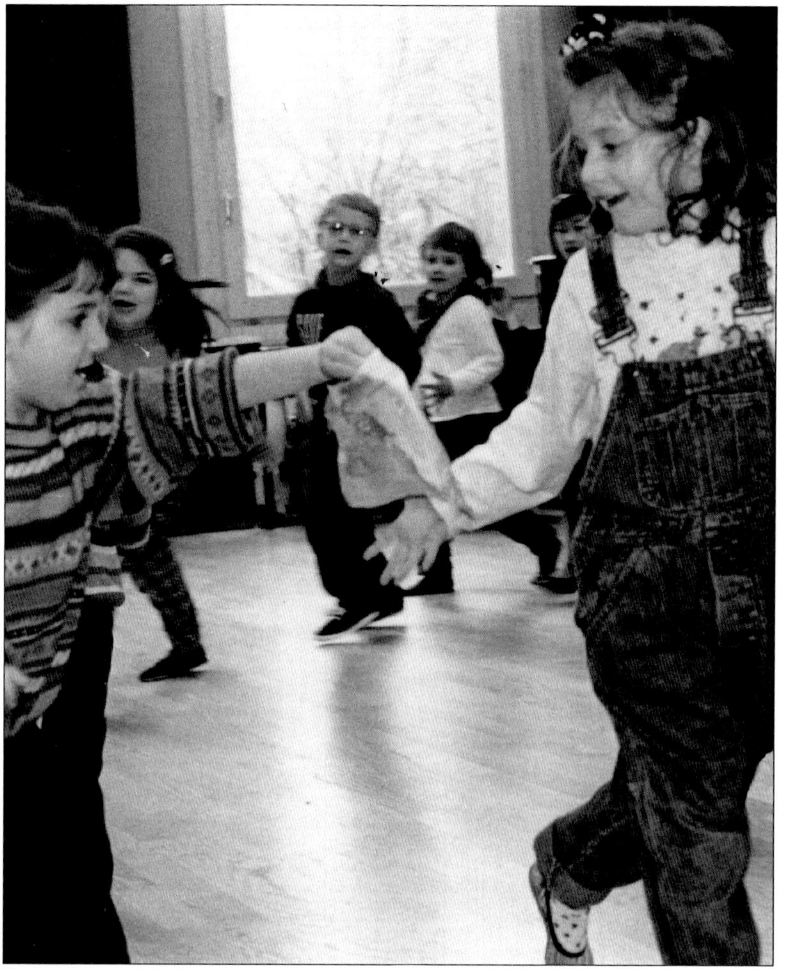

Bereicherung herausstellt, aufzunehmen. In der frühen Lebensphase befindet sich das Kind in einer zwangsläufigen, biologisch bedingten Symbiose mit der Mutter; die Zeit, in der sich die pflegerische Abhängigkeit lockert, ist die Zeit der ersten Begegnung mit Märchen, die Schritte in eine autonome Lebensführung in symbolischen Bildern gestalten.

Eingehen und Lösen einer symbiotischen Beziehung ist jedoch kein einmaliger Vorgang im Leben, er wiederholt sich auf psychischer Ebene immer wieder, und es bedarf der Sensibilität des Individuums, zu erspüren, wann eine notwendige Abhängigkeit in eine zwangshafte abzugleiten droht und wann der rechte Moment gekommen ist, autonomen Strebungen nachzugeben, um frei zu werden für neue Beziehungsbildung. Es geht also nicht um Überwindung der Symbiose um jeden Preis, sondern darum, Lösung und Bindung in periodischem Wechsel zu vollziehen (vgl. Kast 1982, S. 110).

Individuation

In den bisherigen drei Punkten überwog die objektstufige Sicht, da es vor allem um die Auseinandersetzung des Kindes mit seiner statusmäßigen und situativen Problematik ging. Diese Auseinandersetzung, die auf die Beziehung zwischen Individuum und Umwelt gerichtet ist, ist ein wichtiger Teil des Individuationsprozesses, dessen Ziel es ist, „daß man zu dem Menschen wird, der man eigentlich ist“ (Kast 1990, S. 9). Märchen schildern Individuationsprozesse, wobei die Lösung bzw. Erlösung jeweils symbolisiert, daß ein entscheidender Schritt in Richtung auf dieses Ziel geleistet wurde. Voraussetzung von Individuation ist die Neutralisierung von Bedrohung, Erstarrung, entwicklungverhindernden Beziehungen, ist Autonomiestreben ohne Aufgabe der Bindungsfähigkeit.

Den anderen Teil des Individuationsprozesses erkennen wir in subjektstufiger Interpretation als „Prozeß der dialogischen Auseinandersetzung zwischen Bewußtsein und dem Unbewußten“ (ebd.). Die Lösung im Märchen – oft in Form einer Hochzeit – versinnbildlicht dann die Erlösung unbewußter Inhalte, die Erlösung angsteinflößender Affekte, die Erlösung unbekannter oder ungeliebter Seiten der Persönlichkeit. Sie wandeln ihren durch Verdrängung negativen Einfluß in positive Energie um, wenn man sie wahrnimmt und auf sie horcht. Individuation kann über symbolische Bilder sehr früh initiiert werden, und zwar in einer Lebensphase, in der die Bearbeitung der o.g. Themen massiver ansteht als in jeder anderen und in der der Zugang zu unbewußten Seelenschichten noch relativ unverstellt möglich ist, da die Durchlässigkeit sowie die Plastizität der menschlichen Psyche noch gegeben sind.

9.1.2 Die Symbolsprache der Märchen

Die Sprache des Märchens ist eine bildhafte Sprache, die die inneren Bilder des Menschen aus den unbewußten Anteilen seiner Psyche wiedergibt. Diese zeigen „die wahren Bedürfnisse unseres Menschseins“ (Kassel 1991, S. 34). „Die Symbolsprache ist eine Sprache, in der wir innere Erfahrungen so zum Ausdruck bringen, als ob es sich dabei um Sinneswahrnehmungen handelte, um etwas, was wir tun, oder um etwas, was uns in der Welt der Dinge widerfährt. Die Symbolsprache ist eine Sprache, in der die Außenwelt ein Symbol der Innenwelt, ein Symbol unserer Seele und unseres Geistes ist“ (Fromm 1981, S. 18).

Das kindliche Denken ist auch seinerseits stark von Bildern geprägt, wobei Grenzen zwischen Begriffs- und Bilderwelt, Verstand und Gefühl, Belebtem und Unbelebtem, Natur und Mensch noch nicht als Trennlinien gezogen sind. Der Ungeschiedenheit der kindlichen Wahrnehmung kommen Märchen entgegen, weil dort z.B. Naturerscheinungen, Tiere, Zauberwesen personifiziert werden; sie können sprechen und fungieren oft als Ratgeber, Helfer oder auch als ‚Verführer‘. Piaget bezeichnet die Fähigkeit des Vorschulkindes, alle Lebewesen, Naturerscheinungen und physikalischen Phänomene mit Willenskraft, Denkvermögen und Empfindungen gemäß den eigenen Erfahrungen zu beseelen, als *Animismus*, den er als Charakteristikum des symbolischen Denkens ansieht: „Man kann sich wirklich fragen, wie diese inneren Eindrücke, wie dieses Gefühl der Anstrengung, das Bewußtsein der Absichtlichkeit usw. auf leblose Objekte oder physikalische Bewegungen projiziert werden können und so Assimilationsschemata konstituieren, die diese äußeren Gegebenheiten in Funktion des Ich deformieren. Wenn sich jedoch die egozentrische Assimilation, die die vorbegrifflichen Strukturen kennzeichnet, mit der charakteristischen symbolischen Assimilation der Spiel-, ja sogar der Traumsymbolik in enger Verwandschaft befindet, so stellt diese Zuordnung subjektiver Merkmale an materielle und äußere Dinge kein spezielles Problem mehr und erscheint als einfacher Sonderfall des sehr allgemeinen Mechanismus, der das symbolische Denken kennzeichnet" (Piaget 1969, S. 319). Die besondere Fähigkeit des Kindes, symbolische Denkprozesse zu vollziehen und intuitiv zu verstehen, ist auch in seiner psychischen Organisation begründet: „Die innere Welt des Kleinkindes ist nun noch ganz erfüllt von symbolischen Bildern, da in seiner Psyche das Unbewußte gegenüber dem Bewußtsein noch weit überwiegt; das Ich als Bewußtseinszentrum, das in die Bilderflut des Unbewußten Ordnung zu bringen vermag, bildet sich ja erst allmählich heraus" (Kassel 1991, S. 35).

Das Bedürfnis der Kinder nach Ordnung und Orientierung – ein Bedürfnis, das sie, ebensowenig wie die anderen in Kapitel 6.1.1 genannten formulieren können – wird im Märchen auf eine ihrer bildhaft-symbolischen geistigen Aktivität entsprechenden Form befriedigt. Drei Strukturelemente spielen dabei eine wichtige Rolle:

Der Weg

In vielen Märchen ziehen Held oder Heldin aus, um etwas zu suchen, zu besorgen, um Rätselhaftes zu lösen. Oder sie werden von zu Hause verstoßen, ausgesetzt und finden sich plötzlich auf unbekanntem Terrain wieder, von dem aus sie sich langsam vortasten, wo sie Unvorhersehbarem begegnen, so daß sie ihre Kräfte mobilisieren müssen, um weiterzukommen. Der Weg signalisiert Fortbewegung, Zugang zu etwas und Entwicklung, er ist auf die Zukunft gerichtet und Träger von Veränderungen. Veränderung vollzieht sich durch Begegnungen, Durchquerungen und Aufenthalte. Der Weg steht also für den eigentlichen Entwicklungsprozeß des Helden, wobei die Wesen, denen er begegnet, symptomatisch sind für die nach Entwicklung drängenden Persönlichkeitszüge, während die Orte, die er aufsucht, den Zustand des Entwicklungsprozesses widerspiegeln. Die sogenannten Suchwanderungen lassen sich als Begegnungen mit den eigenen ungelebten Wesenszügen interpretieren, deren Potential man sich zu Nutze machen kann, wenn man sie nicht besiegen oder gar töten möchte, sondern auf sie horcht: „Begegnet der Held auf seinem Weg einem Tier, hat er meist den Impuls, es zu töten. Das Tier bittet ihn dann um Mitleid, und er läßt es leben. Dadurch wird das Tier ihm dienlich und mit seiner Hilfe werden die schwierigen Aufgaben gelöst. Es geht also darum, die Instinkte und Intuitionen nicht abzutöten, sondern sie leben zu lassen" (Hilty 1988, S. 53). Der Weg ist am Anfang und Ende begrenzt durch Aufbruch und Heimkehr. Dazwischen liegt jedoch noch eine weitere Dimension, die charakteristisch für den

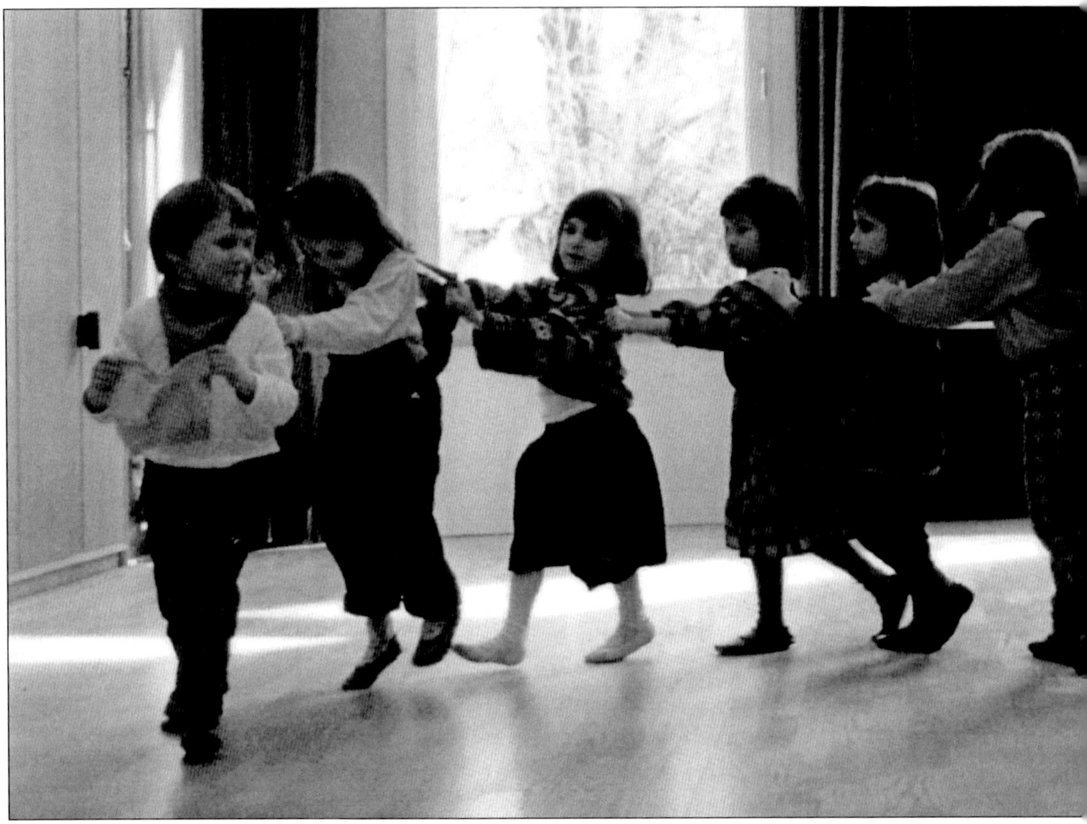

Märchenweg ist: er verläuft von der realen Welt (Ausgangssituation, Aufbruchsnotwendigkeit) durch eine nicht reale Welt (Suchwanderung) zurück in die reale Welt (Heimkehr, Lösung, Schlußsituation).

Zwei Welten

Im Märchen werden offensichtlich zwei Ebenen geschaffen, auf denen verschiedene Gesetzmäßigkeiten herrschen: die Realität ist zunächst von irgendeiner Not gekennzeichnet, während in der ‚anderen' Welt – Elisa Hilty nennt sie Zauberwelt – Dinge möglich sind, die kausal-logisch und rational nicht erklärbar sind: es gibt dort z.B. Zauberer und Hexen, sprechende Tiere und Nahrungsmittel, Zwerge, Riesen, Wald- und Wassergeister u.v.m. Nach Hilty steht die Zauberwelt u.a. als Symbol für Irrationalität, Gefühl und Subjektivität. Demgegenüber symbolisiert die reale Welt Materie, meßbare Größen, Verstand und Objektivität (vgl. Hilty 1991, S. 29). Aber Märchen polarisieren nicht plakativ zwischen einer ‚guten' und einer ‚bösen' Welt. Auch wenn die Ausgangswelt oft von Mangel und Not gekennzeichnet ist, so finden wir in ihr doch das Bedürfnis nach Wandlung, nach Bewegung und Erneuerung. Und die durchwanderte Welt ist kein Schlaraffenland der unbegrenzten

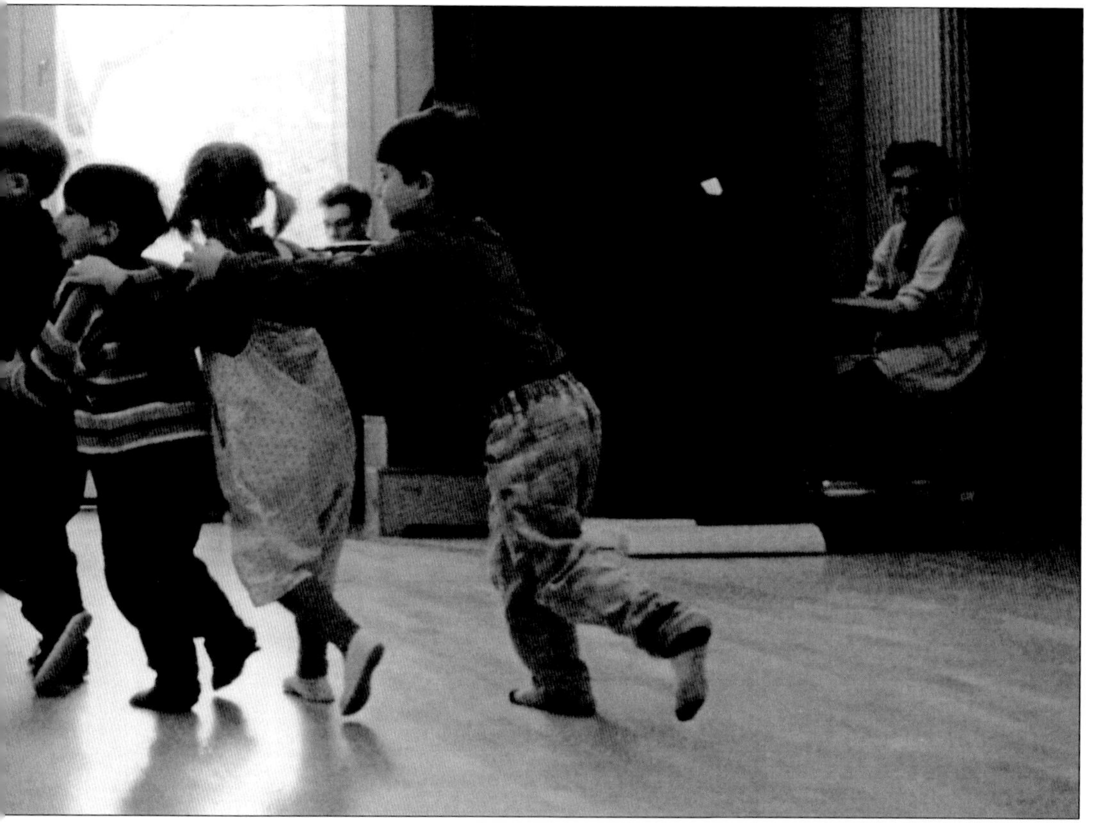

Möglichkeiten, sondern eine Welt, in der sich Dinge ereignen, die – auch wenn es nicht sofort ersichtlich ist – letztendlich zielführend für die jeweilige Problematik sind, da sich im rechten Moment das Passende zusammenfügt bzw. der Hauptfigur die richtigen Mittel zur Verfügung stehen. Märchen unterscheiden sich z.B. von Filmangeboten nach Superman-Strickmuster dadurch, daß Realität und Irrealität nicht unkontrolliert miteinander verschwimmen, indem ein Moment des Allmächtig-Phantastischen in die ansonsten unveränderte Alltagswelt einbricht; Welt und Gegenwelt sind bei aller Durchlässigkeit topographisch sorgsam voneinander getrennt und gehorchen jeweils ihren eigenen Gesetzen. Aber das, was der Held oder die Heldin in der nicht realen Welt durchmacht, wirkt sich als Kompetenzsteigerung aus, die sich auf die Situation in der realen Welt positiv verändernd niederschlägt.

Beide Welten sind also voneinander abhängig, und dieses gegenseitige Aufeinanderangewiesensein von Realität und Phantasie, von Diesseits und Jenseits, von Tag und Traum hält im Märchen die Balance, die verhindert, daß sie zu ungesteuerten Fantasy-Trips einerseits oder zu banalen Alltagsgeschichten andererseits oder gefährlichen Mischformen werden.

Der Übergang

Der Wechsel von der einen in die andere Welt ist im Märchen verschieden dargestellt. Die Hauptfigur kann auf etwas Besonderes treffen, z.B. auf einen Brunnen, ein Gewässer, einen Berg, einen dunklen Wald etc.; oder sie kann einem Wesen begegenen, das ihr hinüberhilft, oder aber sie kann in tiefen Schlaf verfallen und danach in ‚zauberhafter‘ Umgebung erwachen. Der Übergang ist eine Zäsur an der Membran zwischen den zwei Welten des Märchens, die – entsprechend der psychologischen Bedeutung seiner Symbolsprache – Vertiefung, Versenkung, Konzentration und Innenwendung als Voraussetzung der folgenden suchwanderischen Aktivität markiert. Auch auf dem Rückweg ist der Übergang als Strukturelement von Bedeutung, kennzeichnet er doch so etwas wie Erwachen, wie Auftauchen zur Überprüfung der gesammelten Erfahrung in der Realität. „Diese Welten berühren sich, wo unsere Ahnungen und Bilder auftauchen“ (Hilty 1991, S. 29).

Die drei, Inhalte und Handlung strukturierenden Grundelemente Weg, Welt und Gegenwelt sowie der Übergang zwischen ihnen, sind wichtige Orientierungspunkte für die kindliche Psyche. Die Kinder verstehen Weg als Entwicklungs-, als Lebensweg, als Weg aus der Enge, den Übergang als Moment der Transzendierung und die ‚Zauberwelt‘ als Erweiterung und Veränderungsmöglichkeit von Selbst und Außenwelt. Was Erwachsenen suspekt erscheinen mag, ist ihnen vertraut, weil es zu ihren bildhaften Denkvorgängen in enger Verbindung steht. Den Weg abschneiden und die Membran zwischen den Welten zur Mauer werden lassen – das würde Entfremdung und Orientierungslosigkeit bedeuten, denen Erziehung nicht unter dem Deckmantel unbedingter Realitätstreue zuarbeiten darf. Für Eugen Drewermann entsteht durch unerbittlichen Realitätsanspruch im Laufe des Erwachsenwerdens folgende bedrückende Realität: „‚Erwachsen‘ werden – d.h. für uns immer noch: die Träume der Kinder zu zerstören, ihre Sehnsüchte nach Geborgenheit und Liebe Lügen zu strafen und ihnen beizubringen, daß die Wirklichkeit die Wirklichkeit ist – und die Wirklichkeit ist, wie sie ist; ihre Erkennungsmerkmale sind: blutig, grausam, roh. Wer es anders sieht, ist halt ein ewiges Kind, ist ein Phantast, ist letztlich ein unverantwortlicher Eskapist“ (Drewermann 1992, S. 7 f).

9.1.3 Märchenfiguren

Damit Märchen als symbolische Darstellung innerpsychischer Bearbeitungsvorgänge Entwicklung beeinflussen können, müssen sie Identifikationsangebote machen. Diese bestehen darin, daß es Hauptfiguren gibt, zu denen sich im Laufe des Märchens weitere prägnante Figuren gesellen – z.B. die zu erlösende Prinzessin, die Hexe, der Drache, der Zauberer –, so daß es pro Märchen eine Breite von Identifikationsmöglichkeiten für den Leser oder Hörer gibt. Die Kinder identifizieren sich durchaus nicht immer nur mit der jeweils gleichgeschlechtlichen Hauptfigur, sie können auch innerhalb eines Märchens unbewußt mehrere Identifikationen vornehmen, je nachdem, welches innere Problem nach Bearbeitung drängt. Märchen bieten auch die Möglichkeit, sich mit verschiedenen Aspekten *einer* Figur zu identifizieren, da in verschiedenen Lebensabschnitten verschiedene Themen bewältigt, verschiedene Krisen gelöst werden müssen. Bruno Bettelheim schildert ein junges Mädchen, das über Jahre von dem Märchen „Hänsel und Gretel“ fasziniert war. Sie erlebte zunächst die Führungsrolle des Bruders als Geborgenheit und fand diese Rollenverteiligung im Märchen bestätigt. Als Heranwachsende rebellierte sie unbewußt dagegen, und so gewann es für sie zunehmend an Bedeutung, daß es Gretel ist, die die Initiative zum Sieg über die Hexe ergreift und damit beide befreit. „Als Erwachsene verstand diese Frau, daß das Märchen ihr beim Abschütteln der Abhängigkeit von ihrem Bruder sehr viel geholfen hatte; denn es hatte sie überzeugt, daß eine frühe Abhängigkeit von ihm nicht mit ihrer späteren Überlegenheit kollidieren mußte. Ein Märchen, das für sie aus einem bestimmten Grund in der Kindheit bedeutsam gewesen war, diente ihr aus einem ganz anderen Grund in der Jugend als Wegweiser“ (Bettelheim 1977, S. 23).

Märchenfiguren weisen folgende Charakteristika auf: sie sind typologisch gezeichnete, untereinander polar angelegte und gleichzeitig innerhalb einer ‚Gattung‘ doch ambivalente Figuren.

Typisierung

Damit sie als Identifikationsangebote wahrgenommen werden können, sind Märchenfiguren als überpersönliche Typen konzipiert. Meist sind sie namenlos und entindividualisiert nach ihrer Funktion benannt: Prinz/Prinzessin, König/Königin, Tochter/Sohn, Vater/Mutter, Jäger, Kaufmann, Stiefmutter, Gänsemagd etc. Oder sie tragen Namen, die mit ihrem Erscheinungsbild in Zusammenhang stehen und eher onomatopoetischen Charakter haben: Schneewittchen, Rotkäppchen, Allerleirauh, Aschenputtel, Goldmarie und Pechmarie (als Kontrastpaar), Jorinde und Joringel (möglicherweise eine symbiotische Paarbeziehung symbolisierend; vgl. Kast 1982, S. 194). Hans und Grete sind gängige Individualnamen und als solche schon wieder verallgemeinernd; im Märchen stehen sie stellvertretend für alle Jungen und Mädchen, die sich irgendwann aus der unreifen Abhängigkeit vom Elternhaus lösen und lernen müssen, das Leben selbständig zu meistern (vgl. Bettelheim 1970, S. 190). Die unpersönliche Schematisierung der Märchenfiguren bietet Platz für persönliche Ausgestaltung in der Phantasie des Hörers; sie ist der Rahmen für die Projektion seiner individuellen Bedürfnisse, Wünsche und Probleme auf die Märchenfigur, die dadurch persönlich bedeutsame Züge und Anknüpfungspunkte für innere Mitbewegung erhält.

Polarisierung

Starke Typisierung bringt Polarisierung mit sich: im Märchen sind Gut und Böse scharf voneinander getrennt. Die Figuren sind jeweils klar erkennbar der einen oder der anderen Seite zugeordnet. Sie selbst wandeln sich in ihrer persönlichen moralischen Einstellung nicht, schon gar nicht durch Belehrungen oder abstrakten Erkenntnisgewinn, vielmehr wird im aktiven Handeln das Böse überwunden und das Gute erlöst, wodurch sich insgesamt eine Neuorganisation ergibt. „Während z.B. der Roman lebensvolle Personen beschreibt, mit widersprüchlichen Regungen und

Anlagen, zerlegt das Märchen in eindeutige und isolierte Figuren. Der sichtbaren Isolation der Gestalten und Geschehnisse entspricht aber eine Allverbundenheit, d.h. die isolierten Figuren fügen sich, unsichtbar gelenkt, zum harmonischen Zusammenspiel. Das Märchen ist eine Dichtung, die den Zufall nicht kennt. Die Koordination des Geschehens ist nicht Zufall, sondern Präzision" (Lüthi zit. nach Jacobi 1987, S. 15).

Ambivalenz

Trotz der Polarisierung sind Märchenfiguren in sich ambivalent, also nicht a priori nur gut oder nur böse. Prinzessinnen sind einerseits die wunderschönen, zarten, sanften Wesen, sie können andererseits aber auch Rätsel stellen, die so schwer sind, daß viele Männer daran scheitern und den Tod finden. Das wäre eine aktive Form der Bosheit, während wir der passiven z.B. bei Dornröschen begegnen, für die während ihres hundertjährigen Schlafs viele Prinzen in der Dornenhecke steckenbleiben (vgl. Kast 1987, S. 25). Prinzen sind oft die Gefahren glorreich bestehenden Märchenhelden, aber sie handeln auch weisen Ratschlägen zuwider, vergessen ihre Bräute und sind in der Wahrnehmung so unsensibel, daß sie die falschen Bräute nicht als solche entlarven. Könige stehen für Macht, Status und Pracht, aber auch für Erstarrung und tote Institution. Hexen – die traditionell böse Weiblichkeit (oder die negative Form der Mütterlichkeit) – können in die Nähe der weisen Alten rükken und zur Helferin werden. Diese Funktion der Hexengestalt ist fester Bestandteil der russischen Baba Jaga: „Ob sie verschlingt oder hilft, ist oft eine Frage des Tones, den man wählt, wenn man sie anspricht" (Kast 1987, S. 25). Die einzig ausschließlich böse Märchengestalt ist die Stiefmutter, die ‚steife Mutter': „Sie bedroht mit Hitze, Kälte oder Gift und sie ist getrieben von Neid, Habgier und Eifersucht" (Hilty 1991, S. 40).

Auch Symbolfiguren aus dem Tierreich sind doppelsinnig angelegt: der Wolf verschlingt zwar die Geislein oder Rotkäppchens Großmutter, aber er kann dem Helden auch zur Seite stehen, wenn dieser ihn leben läßt (vgl. Kast 1985, darin das Märchen „Die Blume des Glücks"). Wilde Tiere versinnbildlichen triebhaftes Potential, das – wenn man es aus der Verdrängung entläßt und sich seiner annimmt – durchaus positive Energie enthalten kann. Nur der Drache bleibt in den alten Volksmärchen eindeutig böse und bedrohlich, er könnte in psychologischer Interpretation „eine alte, undifferenzierte Seite bedeuten, die wieder verschlucken will, was sich das Bewußtsein erarbeitet hat" (Kast 1987, S. 38).

Auch Landschaften und Behausungen sind in der für Symbole typischen Überdeterminierung mehrdeutig: ein Wald, ein Garten, eine Höhle, ein Haus, ein Schloß kann Schutz und Geborgenheit ebenso vermitteln, wie Bedrohung, Gefangenschaft, Enge und Ausweglosigkeit.

Trotz der Einfachheit, mit der die Figuren innerhalb eines Märchens gezeichnet sind, agieren sie nicht als primitive Versatzstücke, als Schablonen, sondern sie vereinen aufgrund des präsentativen Symbolcharakters von Märchen unterschiedliche Wesenszüge in sich; das einzelne Märchen aber leuchtet jeweils ein oder einige wenige Merkmale mit großer Klarheit und Prägnanz aus.

9.1.4 Raum und Zeit im Märchen

Märchenhandlungen sind unabhängig von Raum und Zeit. Diese Unbestimmtheit steht für Zeitlosigkeit, Universalität und den ewigen Kreislauf der im Märchen thematisierten typisch menschlichen Probleme.

Der Raum ist lediglich typologisch definiert – als Königreich, Landschaft, Schloß oder andere Behausung, aber nicht detaillierter geschildert; so ist es der Phantasie des Hörers überlassen, sich diesen Raum seiner Vorstellung gemäß als subjektives, inneres Bild zu schaffen[1].

In der Zeitdimension schließt sich die Vergangenheit („Es war einmal ...“) über die bekannte Schlußfloskel „... dann lebten sie noch heute“ mit der Gegenwart zusammen. In ihrer Symbolsprache tragen Märchen auch Zukünftiges in sich, da sie von der Hoffnung auf Veränderung großbogig überspannt sind. So verbinden sich Vergangenheit, Gegenwart und Zukunft zu einer schwebenden Zeitlosigkeit, die vielleicht mit Jean Gebsers Vision einer aperspektivischen Welt in Zusammenhang gebracht werden könnte: „Erst dort, wo die Zeit nicht mehr in ihre drei Phasen: Vergangenheit, Gegenwart und Zukunft, zerfällt, sondern zur reinen Gegenwart wird, ist sie konkret geworden“ (Gebser 1992, S. 63). Durch die Verklammerung der drei Zeitelemente entsteht „ewige Gegenwart“ (ebd. S. 66), entsteht Präsentatives, erhält präsentative Symbolik ihren Sinn. Was Gebser für die von ihm als „Temporiker“ bezeichneten großen Maler unseres Jahrhunderts konstatiert, ist der Zeitdimension von Märchen verwandt: „Was schon wieder dem Schlaf (des Vergessens) verfallen war und was noch im Schlafe (als einst Kommendes) lag, wurde in die Wachheit der Gegenwart gerufen“ (Gebser 1992 S. 64).

Innerhalb eines Märchens ist die physikalische Zeit aufgehoben: Dornröschen schläft hundert Jahre, der Hofstaat erstarrt über dieselbe Zeitspanne und danach sind alle so schön, so jung oder so alt wie zuvor. Die Wünsche der Fischerfrau sind schon erfüllt, kaum daß der Fischer dem Butt den Wunsch vorgetragen hat. Suchwanderungen dauern oftmals viele Jahre, Held oder Heldin wandern durch die Welt, werden müde und verzagt, aber nicht alt und grau, sie „bewegen sich frei in Zeit und Raum, aber gebunden an ihren Weg“ (Hilty 1991, S. 24).

In der Unabhängigkeit von Raum und Zeit besteht eine ‚Seelenverwandschaft‘ zwischen Märchen und kindlicher Psyche: der Raum besitzt für das Kind eine globale, atmosphärische Qualität, er strukturiert sich erst allmählich, das Kind nimmt nur Teile von ihm in Anspruch und nutzt die quantitativen Dimensionen nicht aus.

Ebenso ist die Zeitwahrnehmung subjektiv-emotional, die Zeitleiste ist als Verlaufskontinuum mit objektivierbaren Metrisierungsmöglichkeiten nicht von Bedeutung; Alter ist kein von der Körpergröße – also einer Raumdimension – unabhängi-

---

1 Ähnliches wurde auch schon zu den Figuren bemerkt; aus diesem Grunde arbeitet es m.E. dem psychologischen Sinn von Märchen entgegen, wenn sie als Bildergeschichten oder als Film optisch aufbereitet werden. Märchen müssen erzählt und gehört werden, nur dann kann sich ihre Symbolsprache mit inneren Bildern verknüpfen.

ger Begriff (vgl. Petter 1976 Kap. 4). Zeit und Raum sind für das Kind vor allem qualitative Begriffe – wichtig ist, was in ihnen passiert, wichtig ist die erlebnismäßige Ausfüllung und nicht die distanzierte Betrachtung physikalischer Werte. Held und Heldin scheinen endlos Zeit zu haben, um fortzukommen – das bedeutet auch eine Aufforderung an die erzieherische Umwelt, den Kindern Entwicklungszeit zu gewähren und sie nicht in ein enges Zeitkorsett zu zwängen, in dem die Anforderungen Schlag auf Schlag aufeinanderfolgen. Elisa Hilty appelliert: „Uns Zeit lassen, dem Kind Zeit und Raum geben für seine geistig-seelische Entwicklung: wir sollten uns mehr nach der inneren Uhr (Natur) richten" (Hilty 1991, S. 24).

9.2 Unterrichtsmethodischer Transfer

Die Darlegungen über die Bedeutung von Märchen für die kindliche Psyche sollen nicht zu dem Fehlschluß verleiten, daß es Inhalt der Elementaren Musikpädagogik mit Vorschulkindern sei, ihnen die gängigen Volksmärchen zu erzählen oder sie mit ihnen nachzuspielen. Es geht nicht um einzelne, konkrete Märchen, sondern darum, *deren Elemente, Motive, Figuren, Symbole und Entwicklungsverläufe für einen erlebnisorientierten Unterricht methodisch nutzbar zu machen.* Damit läßt sich ein für Kinder interessantes und spannungsvolles Handlungsfeld aufbauen, in das die musikalischen Aktionen eingebettet sind. Aufgrund ihrer Nähe zur kindlichen Psyche können Märchenbilder die Person individuell affizieren; und die Affizierung bildet die notwendige Voraussetzung dafür, daß musikalische Inhalte psychisch assimiliert werden (vgl. Kap. 7.4.2). Wir versuchen also, im Unterricht mit Vorschulkindern die musikalische Aktivität und das musikalische Erlebnis durch Einbeziehung einer ihrer inneren Welt gemäßen Bildersprache zu intensivieren. Die damit angestrebte subjektive Bedeutsamkeit von Inhalten führt bei Aktionen auf der Sachebene dann zu einer qualitativen Niveausteigerung, die weder im buntgescheckt kindertümelnden noch im vorbereitend verschulten Unterricht erreicht werden können, da diese Arten von Lernarrangements an der kindlichen Psyche vorbeizielen.

Der unterrichtsmethodische Transfer ‚märchenhafter' Elemente wird im folgenden in vier Kategorien vollzogen: Raum, Requisiten, Figuren und Formeln sind Mittel, anhand derer sich ein Geschehen entfalten kann, das die emotionale Indifferenz von Lernsituationen aufhebt.

Raum

Es ist ein Spielraum zu erschaffen, der mit wenig Mitteln klar strukturiert ist. Die Struktur kann auch optisch wahrnehmbar sein: z.B. grenzen (Klebe-)Bänder Areale gegeneinander ab, oder Decken, große Tücher u.ä. bilden den Boden für bestimmte Unterrichtshandlungen. Auch empfiehlt es sich, die Raumzonen so zu definieren, daß sie entweder mit der dort stattfinden Aktion in Zusammenhang stehen (Tanzboden, Instrumentenwiese) oder Landschaften (Wald, See, Gebirge) oder Populationen (Land der XY, Land der XYZ) benennen.

Wenn das Stundenbild – wie es in Märchenstunden häufig der Fall ist – eine ‚Wanderung' beinhaltet, kann der Weg mit seinen jeweiligen Stationen im Raum verdeutlicht werden.

Die Strukturierung des Raumes kann vom Lehrer vor dem Unterricht vorgenommen werden, so daß die Kinder in eine topologisch vordefinierte Raumsituation aufgenommen werden, die sich für sie dann nach und nach mit Inhalten füllt. Oder die Kinder stellen im Verlauf der Stunde – geleitet von den jeweiligen Inhalten und Arbeitsmitteln – selbst eine Raumstruktur her, die dann das Zurückgelegte, Durchquerte, Erlebte repräsentiert.

Requisiten

Mit Requisiten bezeichnen wir hier Gegenstände, die in der Unterrichtsstunde eine wichtige, handlungsauslösende Rolle spielen und die Imaginationsfähigkeit der Kinder ansprechen. Requisiten sind sparsam zu verwenden, sie sollten das, wofür sie stehen, nur andeuten, damit viel Raum für die persönliche Phantasie erhalten bleibt: so stehen z.B. ein Blütenblatt für eine Blume, eine Feder für einen Vogel, Körner für ein Getreidefeld, ein Kerzenlüster für ein Schloß, ein blaues Tuch für ein Gewässer etc. Auch Personen bzw. Figuren können sich über Requisiten darstellen: der Hut kennzeichnet eine hervorgehobene Persönlichkeit, der Stab den Zauberer, das grüne Band den Wassermann, das Buch die Weise, der Strumpf die Hexe etc.

Figuren

Von Figuren, die im Unterricht ‚mitwirken', können verschiedene Identifikationsanreize ausgehen. Stoff-, Stab- oder Handpuppen treten über den Lehrer in einen aktiven Dialog mit den Kindern, sie erzählen etwas – evtl. aus ihrer Welt –, was den Verlauf des Unterrichts dann maßgeblich beeinflußt.

Anders als Spielpuppen und -tiere, die die Kinder als ihre ‚realen' Freunde ansehen und mit denen sie sich angeregt unterhalten, die sie anschauen und schmücken können, haben die Phantasiepartner der Märchenkategorie einen höheren Allgemeinheitsgrad. Deshalb sollten sie möglichst gar nicht auftreten, sondern nur mit wenigen, aber prägnanten Merkmalen vorgestellt werden und entweder keinen oder charakterisierende, klanglich interessante Namen tragen. Von den ‚Leuten von der Straße' – Monika und Peter, Tina und Tobi – gehen nur sehr flaue Identifikationsanreize aus, sie sind mit Alltagsbanalität besetzt und vermögen keine davon unterschiedenen Erlebnisräume zu erschließen. Phantasiepartner, märchenhafte Gestalten oder Tiere können auch über ein Requisit in die Vorstellungswelt der Kinder gelangen. Bei einem derartigen Spielimpuls kann sich in Korrespondenz zum kindlichen Animismus das jeweilige ‚Ding' durchaus anthropomorph darstellen (s. S. 209): so kann ein Stoff-Fetzen aus dem Kleid der Prinzessin von einer rauschenden Ballnacht erzählen, ein Laubblatt von den Jahreszeiten, ein Stein vom rieselnden Bach, in dem er lag bevor er aufgesammelt wurde. Spielfiguren bzw. -objekte werden meist über eine Geschichte eingeführt, die entweder nachgespielt wird oder eine Aufgabenstellung beinhaltet, an der sich der weitere Unterrichtsverlauf entzündet. Die Kinder können etwas für die Phantasiefiguren tun (s. Stunden-

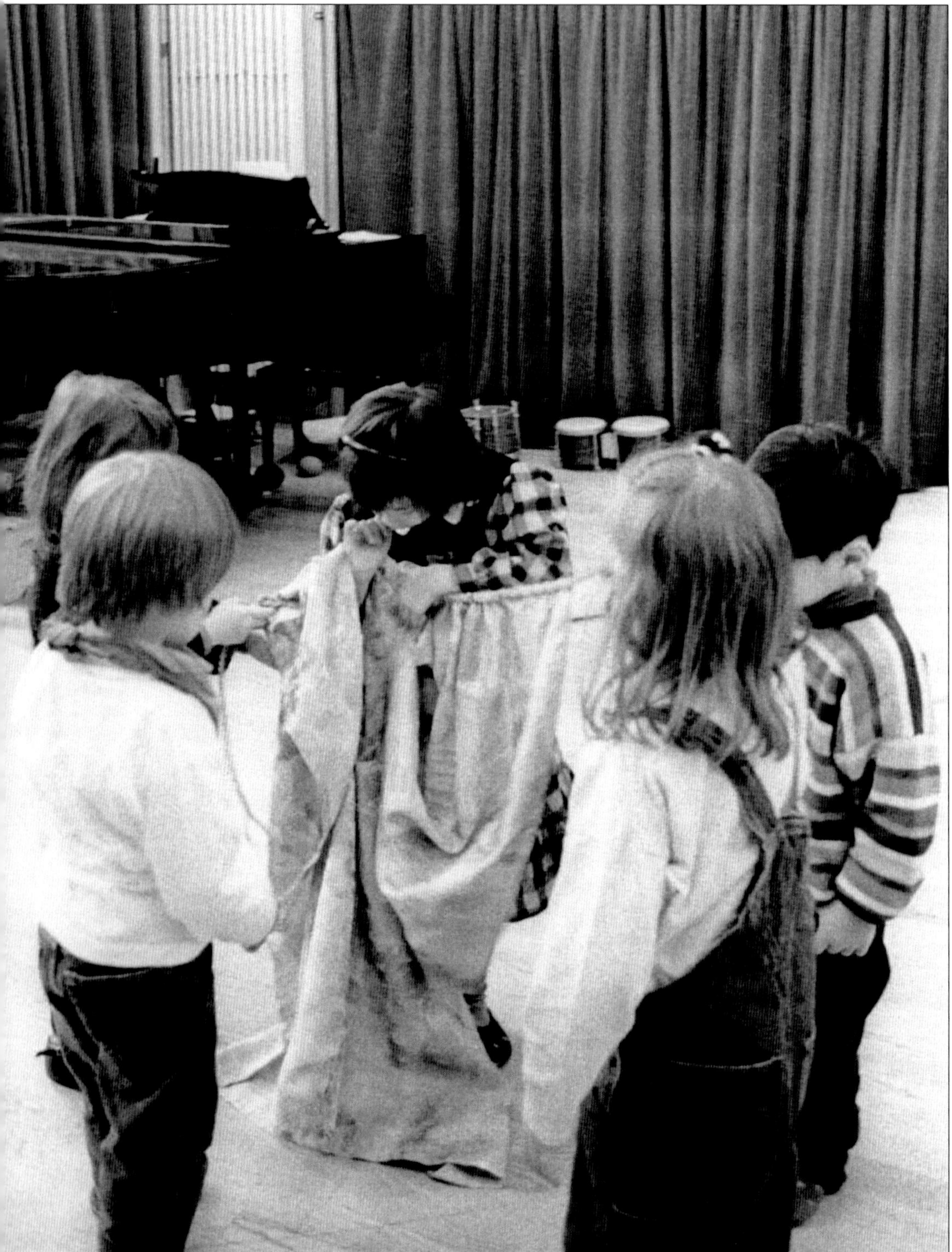

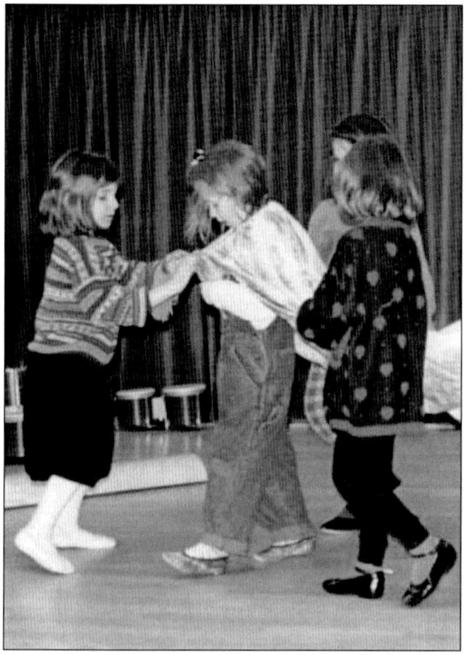

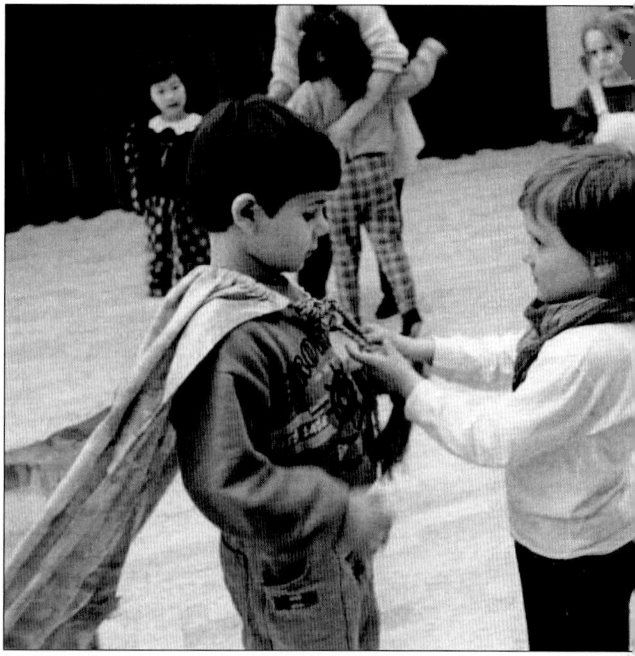

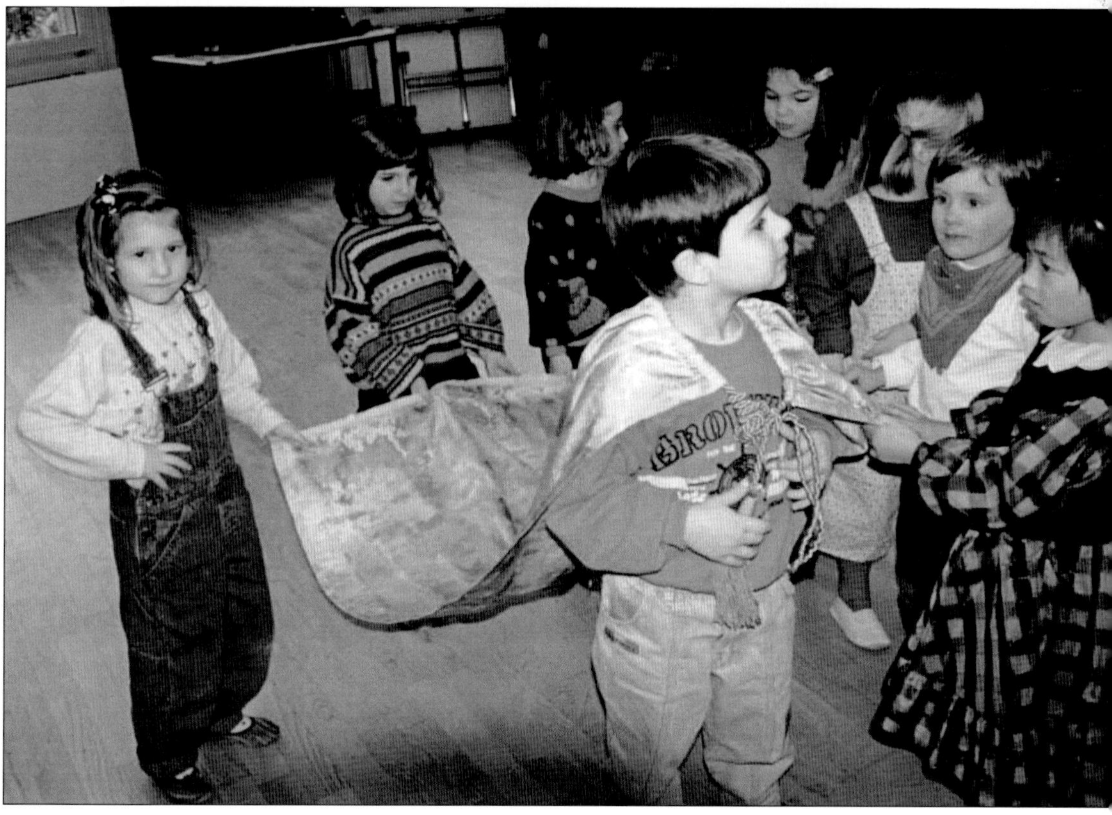

beispiele Kap. 10.3) oder selbst deren Rolle einnehmen (s. Stundenbeispiel Kap. 5.2). Im ersten Fall handelt es sich um eine Identifikation mit der Situation, in der die Figur sich befindet, im zweiten um eine Identifikation mit dieser selbst.

Formeln

So wie Märchen durch immer wieder auftauchende Verse, Sprüche und Formeln gegliedert sind, kommt diesen auch eine wichtige strukturierende Funktion im Unterricht zu. Eine musikalische Gestalt – sei es ein Lied, eine rhythmische Struktur, sei es ein Vers oder eine Klangaktion –, die an bestimmten Stationen einer Unterrichtsstunde immer wieder eingesetzt wird, vermittelt den Kindern das Gefühl von Stabilität und Fortkommen gleichermaßen. Wenn z.B. bei einer Seereise ein ‚Lied der Wellen' das Schiff jeweils von Hafen zu Hafen trägt oder bei einer Schloßerkundung die Türen mit einem Zauberspruch geöffnet werden, so ist die wiederkehrende musikalische ‚Formel' die Brücke zwischen verschiedenen Episoden, zwischen Abschluß und Aufbruch. An dieser emotionalen Nahtstelle erhält sie eine besondere Funktion, die den Lernprozeß und die Erinnerungsfähigkeit der Inhalte positiv beeinflußt. In struktureller Analogie zu Märchensprüchen, die in ähnlicher Form wiederauftauchende Situationen begleiten und gegen andere – neue – abgrenzen, gliedern auch situationsadäquat eingesetzte musikalische Zeitgestalten eine Unterrichtsstunde in wiederkehrende und neue Szenen. Dadurch gewährleisten sie auch innerhalb linearer Progression den zyklischen Charakter erlebnisorientierten Unterrichts und dessen rhythmische Qualität.

Aber auch unabhängig von der Unterrichtsstruktur haben musikalische Gestalten, die als Muster (Pattern) bzw. Formeln aufgenommen und verarbeitet werden, für sich allein bereits einen hohen Erlebniswert. Beispielsweise trägt die akzentuierte, rhythmisch gegliederte, und gestisch gestützte Sprachgebärde einen von der Alltagssprache deutlich unterschiedenen Charakter in sich, der zuweilen als ‚beschwörend' erlebt werden kann. Ein zyklischer Aspekt rhythmischer Tätigkeit besteht darin, daß immer wieder von vorn begonnen werden kann, daß Anfang und Ende sich kreisförmig zusammenschließen, auch wenn in Parametern Varianten gebildet werden.

Eine deutliche Parallele zwischen der Unterrichtsartikulation in Elementarer Musikpädagogik und rhythmischen Elementen in Märchen besteht sowohl in der Grobstruktur (Gliederung, Episodenbildung, Wiederholung, Entwicklung) als auch in der Feinstruktur (Umgang mit Zeitgestalten wie Sprüchen, Formeln, Motiven).

Literatur

Anderten, Karin: Umgang mit Schicksalsmächten. Märchen als Spiegelbilder menschlichen Reifens. Olten 1989

Arbeitsgemeinschaft Jeux Dramatiques: Ausdrucksspiel aus dem Erleben 1. Bern 1984

Bettelheim, Bruno: Kinder brauchen Märchen. Stuttgart 1977

Dieckmann, Hans: Gelebte Märchen. Lieblingsmärchen der Kindheit. Zürich 1991

Drewermann, Eugen: Lieb Schwesterlein, laß mich herein. Grimms Märchen tiefenpsychologisch gedeutet. München 1992/3. Auflage

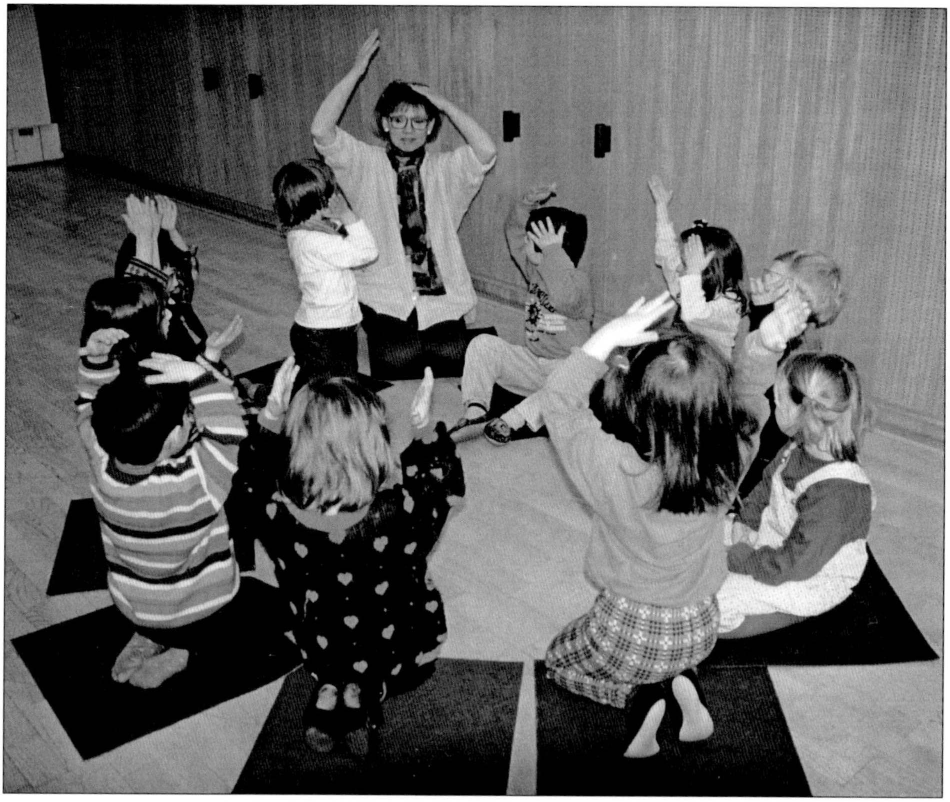

Frei, Heidi: Jeux Dramatiques mit Kindern 2. Ausdrucksspiel aus dem Erleben. Bern o.J.
Fromm, Erich: Märchen, Mythen, Träume. Eine Einführung in das Verständnis einer vergessenen Sprache. Hamburg 1991
Gebser, Jean: Ursprung und Gegenwart. Teil 1: Die Fundamente der aperspektivischen Welt. Stuttgart 1949 und 1953; 1992/4. Auflage
Geiger Rudolf: Märchenkunde. Mensch und Schicksal im Spiegel der Grimmschen Märchen. Stuttgart 1982
Hilty, Elisa: Wege zum Märchen. Einäuglein, Zweiäuglein, Dreiäuglein. Bern 1988
Jacoby, Mario/Kast, Verena/Riedel, Ingrid: Das Böse im Märchen. Fellbach 1978
Kassel, Maria: Traum, Symbol, Religion. Tiefenpsychologische und feministische Analyse. Freiburg 1991
Kast, Verena: Wege aus Angst und Symbiose. Märchen psychologisch gedeutet. Olten 1982
Kast, Verena: Familienkonflikte im Märchen. Eine psychologische Deutung. Olten 1984
Kast, Verena: Wege zur Autonomie. Märchen psychologisch gedeutet. Olten 1985
Kast, Verena: Märchen als Therapie. Olten 1986
Kast, Verena: Die Dynamik der Symbole. Grundlagen der Jungschen Psychotherapie. Olten 1990
Lenz, Friedel: Bildsprache der Märchen. Stuttgart 1984/4. Auflage
Meyer, Rudolf: Die Weisheit der deutschen Volksmärchen. Stuttgart 1981
Ortner, Gerline: Märchen, die Kindern helfen. Geschichten gegen Angst und Aggression, und was man beim Vorlesen wissen sollte. Wien 1991
Petter, Guido: Die geistige Entwicklung des Kindes im Werk von Jean Piaget. Bern 1966
Piaget, Jean: Nachahmung, Spiel und Traum. Stuttgart 1969
Schäfer, Marcella: Märchen lösen Lebenskrisen. Tiefenpsychologische Zugänge zur Märchenwelt. Freiburg i. B. 1993

10. Methodische Strukturierung

Im letzten Teil des unterrichtsmethodischen Transfers von Märchenelementen rückte die Unterrichtsstruktur, der teilweise schon in Kapitel 7.1 unsere Überlegungen galten, wieder stärker ins Blickfeld. In DG III/5 wurde bereits die Möglichkeit festgehalten, den Verlauf von Unterrichtseinheiten an Formungsprinzipien musikalischer Zeitgestaltung zu orientieren. Diese Formungsprinzipien sind nicht zwangsläufig einem bestimmten Werkbegriff verhaftet, sie sind relativ materialunabhängig und können deshalb als Gestaltungskräfte in verschiedenen Bereichen wirken.

Der Versuch, äußere und innere Vorgänge in ein stimmiges Verhältnis zu bringen, führt zur Angleichung der Unterrichtsstruktur an einen psychischen Spannungsbogen, der von Faszination über aktive Auseinandersetzung zur Lösung verläuft. In Tabelle 5 (s. nächste Seiten) wird dieser Spannungsbogen mit anderen für die Unterrichtsgestaltung beachtenswerten Prinzipien in Verbindung gebracht. Er läßt sich auch allgemeinen Entwicklungsprozessen parallelisieren, so daß sich im Mikrobereich Unterrichtsstunde das widerspiegelt, was auch im Makrobereich Leben bzw. Entwicklung bedeutsam ist. In diesem Zusammenhang greifen wir noch einmal auf die biomechanischen Gestaltungsbewegungen (vgl. Kap. 3.2) zurück, die eine formale Verbindungsmöglichkeit von Unterrichtsstruktur und frühesten Gelebtheitsspuren darstellen. Diese Gestaltungsbewegungen wirken im psychosozialen Feld des nachgeburtlichen Lebens bei der Identitätsbildung mit (vgl. Tabelle 1), und so erscheint es sinnvoll, sie in einem musikerzieherischen Konzept, in dem Sachziele sich mit persönlichkeitsbildenden Zielen verbinden, zu berücksichtigen. Außerdem erinnern wir an DG I/2, dem gemäß in der Anwendung biomechanischer Gestaltungskräfte auf psychosoziale Handlungsfelder, als deren Spezialfall die Musikerziehung anzusehen ist, ein großer Motivationsfaktor für das Individuum liegt.

Als Tätigkeiten der Kinder innerhalb dieses psychischen Spannungsbogens erscheint in Tabelle 5 unter dem Prinzip Differenzierung und Integration das, was Kinder allgemein, d.h. in selbstbestimmtem Spielverhalten, gerne tun; die drei verschiedenen Handlungssäulen in dieser Rubrik sollen unterschiedliche Möglichkeiten zeigen, wie Aktionen zunehmend zielführend aufeinander aufbauen können.

Der in Tabelle 5 entwickelte Verlaufsbogen ist in allen fünf Rubriken einem kreativen Prozeß vergleichbar, der von der Problemkonstellation bis zur Lösung über vier unseren zentralen Kategorien II-V ähnliche Phasen verläuft. Verschiedene Versuche, einen kreativen Prozeß zu beschreiben (vgl. Beer/Erl, 1972 S. 21 f), lassen nach Erika Landau folgenden Grundkonsens über dessen Struktur zu:

	Unterrichtsverlauf, methodische Kette	Psychischer Spannungsbogen	Biomechanische Gestaltungs-bewegungen
I.	Psychosoziale Basisvoraus-setzungen	Geborgenheit, Akzeptanz erfahren	Verdichtung, Dehnung
II.	Einstieg, Motivation, Problemstellung	Sich auf etwas einlassen, Faszination erleben	Sog, Ausrichtung
III.	Vertiefung des Problembewußt-seins	Aktivität entwickeln, vorstoßen, Schwierigkeiten erleben	Pressung, Stauchung
IV.	Entwicklung von Bewältigungs-strategien	Üben, Ideen ent-wickeln, Hinder-nisse beseitigen	Quellung, Pressung, Richtung durch Reibung
V.	Lösung, Zustandsverän-derung	Die Situation be-wältigen, Kompe-tenzen einsetzen, Aneignung	Verdichtung, Dehnung
VI.	Zusammenfassung, Abschluß	Stolz, Befriedigung empfinden Entspannung	

Tabelle 5

Differenzierung und Integration			(Musikalische) Formungsprinzipien
Konzentrationsbereitschaft entwickeln			Einstimmung
wahrnehmen, aufnehmen, annehmen			Einleitung, Konstellation
z.B. sammeln	suchen	explorieren	Entwicklung, Verarbeitung
reihen, stapeln, mischen	finden, entschlüsseln, rekonstruieren	auswählen, zusammen-stellen	Wiederholung, Kontrastierung, Verknüpfung
transferieren, variieren	reproduzieren	produzieren, gestalten	Variation, Transposition
	präsentieren		Schlußbildung
			Echo, Nachklang

1. Vorbereitungsphase (das Problem wird bemerkt, Informationen werden gesammelt)
2. Inkubationsphase (das Problem wird verarbeitet, Lösungsmöglichkeiten unzensiert und weitgehend unbewußt durchgespielt)
3. Einsichts-/Illuminationsphase (Ideen tauchen auf, aus dem Material der beiden vorigen Phasen verdichtet sich eine Lösungsmöglichkeit)
4. Verifikationsphase (die Lösung wird ausgeformt und überprüft) (vgl. Landau 1974, S. 61 ff u. Ribke 1979 S. 166 ff).

Zwischen unserem Unterrichtsverlaufskonzept und der inneren Dynamik eines kreativen Prozesses besteht strukturelle Verwandtschaft, aber keine Identität: die o.g. vier Phasen des kreativen Prozesses können mehrfach pro Unterrichtsstunde auftreten oder eine – auch mehrstündige – Einheit umfassen; außerdem projizieren wir in der Elementaren Musikpädagogik wesentliche Teile der Inkubationsphase, die die Kreativitätsforschung weitgehend unbeobachtbar und zeitlich unbegrenzt im Unbewußtem ansiedelt, in ein äußeres Handlungsfeld, in dem die Kinder die Tätigkeiten ausführen, die in Tabelle 5 unter ‚Differenzierung und Integration' aufgeführt sind. Dadurch, daß sich die Inkubationsphase als Arbeitsprozeß manifestiert – allerdings erlebnisorientiert und offen für Austauschprozesse zwischen Bewußtsein und Unbewußtem – geschieht die Illumination meist nicht so plötzlich und unvorhersehbar, wie es in der Kreativitätsforschung mit dem bekannten ‚Aha-Erlebnis' beschrieben wird (Landau 1974, S. 66 f). Einsicht – damit ist nicht unbedingt eine intellektuelle, verbalisierbare Kenntnis gemeint – kann sich auch als schleichende Verdichtung von Erfahrungswerten einstellen und muß zeitlich nicht punktuell lokalisierbar sein.

Trotz der Unterschiede zwischen Unterrichtsverlauf und kreativem Denkprozeß sei noch einmal auf deren Verwandtschaft verwiesen: beide Male wird über eine Problemkonstellation ein Prozeß initiiert, der unter emotionaler Beteiligung verläuft; beide Male ist das Endprodukt nur bedingt vorhersehbar; beide Male bedarf es des starken inneren Engagements des Individuums und der aktiven Auseinandersetzung mit einer Sache; beide Male endet der Prozeß in einer Gestaltung, die als ein ‚Stück von mir' empfunden wird; beide Male ergibt sich die Endgestalt nach Tätigkeiten wie aufnehmen, sammeln, probieren, revidieren, formen, anwenden, gestalten.

10.1 Unterricht und Märchendramaturgie

Die strukturelle Parallelität zwischen den Kategorien der Tabelle 5 und Problemlösungsprozessen läßt sich erweitern auf die Verlaufsform von Märchen. Das verwundert nicht, stellen Märchen doch großformatige Problemlösungsentwürfe dar; aus der Sicht der Analytischen Psychologie sind sie „typische Kompensationen auf typische Probleme des Menschen ...; Kompensationen und Beschreibungen, die Ausdruck für den schöpferischen Aspekt des Unbewußten sind" (Kast 1978, S. 47; vgl. auch Kap. 8.2).

Verena Kast arbeitet folgende vier Phasen als charakteristisch für den Gesamtverlauf von Märchen heraus (vgl. ebd. S. 48 f):

1. Ausgangssituation

Am Beginn jedes Märchens steht ein Problem; meist herrscht irgendeine Mangelsituation: z.B. bekommt das Königspaar kein Kind, d.h. die Situation ist unfruchtbar, unschöpferisch geworden und bedarf der Erneuerung. Oder eine arme Familie hat nichts mehr zu essen, d.h. es fehlt die geistige Nahrung, es droht seelische Ausdörrung. Oder wir finden eine negative Beziehungskonstellation vor, weil evtl. die leibliche Mutter gestorben ist, Stiefgeschwister miteinander konkurrieren, also statt Geborgenheit jetzt Neid und Ausgrenzung herrschen. Oder es passiert ein Mißgeschick, es fehlt ein begehrenswerter Gegenstand, es werden fast unerfüllbare Wünsche vorgebracht oder leichtfertige Versprechungen gemacht, die nur schwer einzuhalten sind.

2. Verdichtung

Diese zweite Phase ist die zentrale in der Märchendramaturgie. Verena Kast versteht darunter „den Weg bis zum Umschlagpunkt, im Märchen oft auch als Weg dargestellt, den der Held gehen muß. Unter Umständen gibt es auch schon verschiedene Umschlagpunkte innerhalb dieser Verdichtung“ (ebd. S. 49). Der Weg wird meist in Form einer Suchwanderung beschrieben (vgl. Kap. 9.1.2); Held oder Heldin ziehen aus, um den eingangs gestellten Konflikt zu lösen. Sie begegnen auf ihrem Weg Gefahren, Verirrungen, durchqueren verschiedene Landschaften, treffen auf bedrohliche oder hilfreiche Wesen. Letztere stehen ihnen mit Ratschlägen oder Objekten (z.B. einem Haar, Ring, Kamm, Schwert, Zauberspruch, einer Spindel, Kappe etc.) zur Seite, deren Bedeutung zunächst noch unklar bleiben kann, die aber dann in der dritten Phase der Konfliktlösung dienen. Der Weg ist gegliedert durch den Wechsel von Fortbewegen und Innehalten, Durchschreiten und Verweilen, Vortasten und Erwerben. Strecken und Stationen strukturieren die Suchwanderung.

3. Umschlagpunkt

Dieses ist „der Moment, in dem sich die Wandlung vollzieht, die sich während der ganzen Verdichtung angebahnt hat. Die Wandlung zeigt sich real im veränderten Handeln“ (Kast 1978, S. 49). Die in der Suchwanderung der Verdichtungsphase angesammelten Erfahrungen sowie die im rechten Moment angewandten Mittel eröffnen neue Perspektiven: das Problem löst sich, Neuland – im übertragenen Sinne auch psychisches Neuland – ist gewonnen.

4. Schlußsituation

Dieses ist eine gegenüber der ersten Phase entscheidend veränderte, erneuerte Gesamtsituation. Die Figuren erscheinen nun in einem anderen Zusammenhang, in neuem Licht und in der ihrem ‚wahren‘ Wesen angemessenen Funktion. In vielen Märchen werden Prinz und Prinzessin am Ende das neue Königspaar, d.h.

sie lösen die meist in der anfänglichen Mangelsituation symbolisierten verkrusteten Strukturen, den fruchtlosen Zustand des Stillstands ab. Dadurch, daß sie dann zur – wenn auch durch Wandlung aufgefrischten – Institution werden, ist jedoch das neu hinzugewonnene Potential wiederum einer schleichenden Verhärtung, Erstarrung und Formalisierung preisgegeben. Die Schlußsituation ist also immer nur eine vorläufige, sie kann wieder in eine neue Ausgangssituation umschlagen. Trotz ihrer zielgerichteten Strebetendenz vermitteln Märchen, daß Entwicklung nie zum Stillstand kommt, daß Entwicklung Wandlung ist, die immer nur zu vorläufigen Umgestaltungen führt. Dadurch, daß jede Schlußsituation wieder zur Anfangssituation werden kann, wird finalistisches Denken von zyklischem überformt.

Aufgrund ihrer strukturellen Gemeinsamkeiten gliedern sich kreativer Prozeß und Märchendramaturgie folgendermaßen in Tabelle 6 ein:

Tabelle 6

	Unterrichtsverlauf, methodische Kette	**Psychischer Spannungsbogen**	**Kreativer Prozeß**	**Märchen-dramaturgie**
I.	Psychosoziale Basisvoraussetzungen	Geborgenheit, Akzeptanz erfahren		
II.	Einstieg, Motivation, Problemstellung	Sich auf etwas einlassen, Faszination erleben	Vorbereitung	Ausgangssituation
III.	Vertiefung des Problembewußtseins	Aktivität entwickeln vorstoßen, Schwierigkeiten erleben	Inkubation	Verdichtung/ Suchwanderung
IV.	Entwicklung von Bewältigungsstrategien	Üben, Ideen entwickeln, Hindernisse beseitigen		
			Illumination	
V.	Lösung, Zustandsveränderung	Die Situation bewältigen, Kompetenzen einsetzen, Aneignung		Umschlagpunkt
			Verifikation	
VI.	Zusammenfassung, Abschluß	Stolz, Befriedigung empfinden		Schlußbildung
		Entspannung		

10.2 Konkretisierung des Modells für die Gestaltung von Unterrichtsstunden

10.2.1 Ideen zur Phasengestaltung

Die folgende inhaltliche Konkretisierung für den Unterricht geht von vier Grobüberlegungen zum Stundenverlauf aus, zu deren gezielterer Ausarbeitung jeweils ein Ideenpool angeführt wird.

1. Wie ist die Ausgangssituation?

Ähnlich wie im Märchen sollte eine Problemsituation geschaffen werden, die als emotionale Motivationsgrundlage für die ganze Stunde dient.

Beispiele für Ausgangs-, Problem- bzw. Mangelsituationen sind:

- etwas ist verlorengegangen und soll wiedergefunden werden (z.B. ein Zauberspruch, -buch, -stab, ein besonderes Utensil)
- ein einsames Objekt (z.B. ein Stein, eine Muschel) wird gefunden und möchte an seinen Herkunftsort zurückgeleitet werden
- etwas ist kaputtgegangen (z.B. ein altes Bild, ein Zauberspiegel) und soll wieder zusammengefügt werden
- eine Schatzkarte muß entziffert werden
- in einem alten Buch soll die letzte Seite ergänzt werden
- etwas ist unvollendet
- eine versunkene Landschaft soll rekonstruiert werden
- ein verwunschenes Schloß soll mit Leben erfüllt werden
- ein geheimnisvoller Gegenstand muß von Land zu Land überbracht werden
- der Zugang zu etwas Begehrenswertem ist verwehrt
- jemand (z.B. eine Märchengestalt oder ein Tier) soll besucht werden
- jemand bittet um Hilfe, möchte erlöst werden.

2. Wie gestaltet sich der Weg der Aufgabenerfüllung?

Die der Suchwanderung im Märchen entsprechende Phase ist der eigentliche Lernprozeß, hier wird auf einem äußerlich oder innerlich zu vollziehenden Weg mit sensibilisierendem und musikalischem Material umgegangen, es wird sich zu eigen gemacht, erprobt, geübt.

Beispiele für Weggestaltungen im Stundenbild sind:

- Reisen, z.B. in ferne Länder, ferne Zeiten, in Phantasieländer; dabei
- Fortbewegung z.B. auf einem fliegenden Teppich, auf den Schwingen eines großen Vogels, auf einem Schiff, einem Floß, einem Kamel, in einem Ballon
- Expeditionen in extreme Gebiete, z.B. zum Nordpol, in den Weltraum, auf den Meeresgrund
- Wanderungen durch verschiedene Landschaften oder durch verschiedene Ausprägungen einer Landschaft
- Erkundungen von Burgen, Schlössern, Ruinen, Höhlen, Häusern etc.

- Besteigung z.B. eines Turmes, Baumes, Berges
- Durchquerung einer strukturierten ‚Ansammlung', z.B. eines orientalischen Basars, einer Ausstellung, eines Museums, eines alten Dorfes, eines Wachsfigurenkabinetts
- jemanden oder etwas auf seinem Weg begleiten
- Symbolformen der Fortbewegung wie etwa weiterblättern, weiterspinnen, finden, sammeln, öffnen, entschlüsseln.

Wie der jeweilige Weg gegliedert ist, welche Stationen er hat und welche Erfahrungen auf ihm gemacht werden – diese und weitere, feinere Details ergeben sich aus dem Lernziel einer Stunde und aus der gewählten Ausgangssitutation.

3. Was wird mit den Erfahrungen bzw. Ergebnissen aus der vorangegangenen Phase bewirkt? Wie sieht die Lösung aus?

Das richtet sich selbstverständlich nach der Ausgangssituation, die ja immer auch ein Ziel impliziert.

Beispiele hierfür sind:

- Zugang zu etwas haben
- Einschränkungen aufheben
- jemanden oder etwas treffen bzw. wiedertreffen
- etwas komplettieren, ergänzen, zusammenfügen
- etwas oder jemanden retten
- etwas aufführen, präsentieren
- ein Rätsel lösen, ein Geheimnis lüften
- etwas Vergessenes erinnern.

4. Wie ist die Schlußbildung?

Sie ist vor allem als Nachklang, als ein Echo auf die vorangegangenen Ereignisse zu gestalten. So wie die meist sehr kurze Schlußphase eines Märchens Affirmation, aber auch innere Bereicherung, Beruhigung und Entspannung symbolisiert, kann am Ende einer Unterrichtsstunde der Spannungsbogen abfallen, indem die Kinder z.B.

- den Weg zurückgehen
- im ‚Traum' alles noch einmal nacherleben
- ihre Erlebnisse Revue passieren lassen
- einem Phantasiepartner von ihrer Reise erzählen
- sich ein ‚Andenken' basteln oder malen
- sich von den Spielpartnern der Stunde verabschieden
- frei mit den Inhalten der Stunde spielen
- sich zu einem Fest zusammenfinden.

10.2.2 Wege und Stationen: ‚Fortkommen' in der Kernphase des Unterrichts

Die sowohl zeitlich umfangreichste als auch inhaltlich bedeutsamste Phase, die in Analogie zur Verdichtung bzw. Suchwanderung in Märchen steht, soll in ihrer Binnenstruktur näher betrachtet werden. Da Unterricht stets zielorientiert verlaufen sollte, ist die Fortbewegung auf ein Ziel hin durchaus in Anlehnung an Märchenstrukturen als Weg mit Stationen konzipierbar.

Der Aufbau einer Weg-Stationen-Struktur kann unterschiedlich sein, er muß es sogar, damit Schablonenhaftigkeit und Monotonie vermieden werden.

1. Es besteht die Möglichkeit, nach Konstellation einer Ausgangssituation den Aufbruch als kurzen Übergang zu gestalten und dann mit musikalischen, bewegungsmäßigen oder sensorisch sensibilisierenden Mitteln den Weg zum ‚Hauptspielort' zu durchmessen. Oder aber der ganze Weg hat Übergangscharakter, da er lediglich zum ausgedehnten Handlungsfeld überleitet.

   In diesem Strukturmodell kann der Weg Einstimmung, Sensibilisierung, Vorbereitung, Sammlung sein, während das daraus hervorgehende Handlungsfeld vorwiegend aus Übung, Erfahrungssammlung, Spiel mit erarbeiteten Elementen, Improvisation, Gestaltung, Vertiefung des Gelernten durch Anwendung besteht.

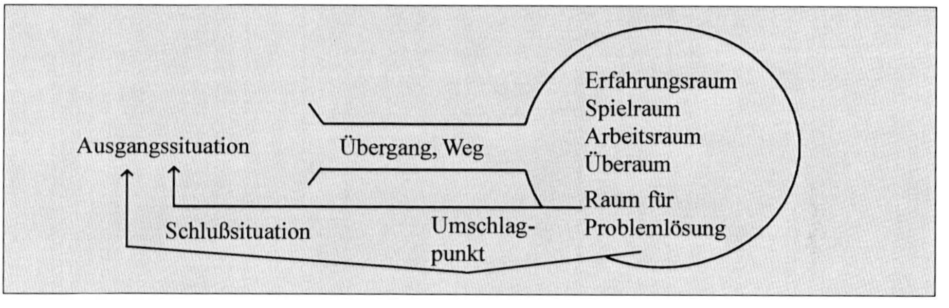

2. Ein weiteres Strukturmodell für die zentrale Unterrichtsphase sieht so aus, daß die beiden Elemente einander in periodischem Wechsel ablösen und damit jeweils in einem bestimmten Spannungsverhältnis zueinander stehen.

   Die Strukturelemente Weg(strecke) und Station sollen im folgenden einzeln dargestellt werden; für die Praxis können dann aus den verschiedenen Verlaufsmodellen für das konkrete Unterrrichtsziel adäquate Kombinationen gebildet werden.

Der Weg

a) Er ist das verbindende Element zwischen den Stationen und als solcher Stabilisator, sicherer Grund und Anknüpfungspunkt. Ein Lied, ein Vers, eine Bewegungsform oder -folge erfüllen inhaltlich diese Funktion, die besonders dann wichtig wird, wenn die Stationen verschiedene Aktionsformen fordern. Damit bewegen wir uns strukturell in einer Rondoform.

b) Der Weg kann auch als ‚abenteuerliche' Strecke verschiedene Geschicklichkeitsproben verlangen oder als geheimnisvoller Pfad zwischen den Stationen jeweils verschiedene Sinnesbereiche aktivieren. Ebenso können wechselnde Fortbewegungsarten oder unterschiedliche Möglichkeiten, sich mit einem Objekt zu bewegen, den Charakter der Wegstrecken prägen. Das Grundmuster der ‚Wanderung' besteht also aus Variationen eines Verhaltensmodus'.

c) Jeder Wegabschnitt kann den speziellen Charakter der Station, auf die er zustrebt, vorankündigen. Wenn z.B. das Ziel einer Unterrichtsstunde ein Tanz mit Tüchern ist, kann an jeder Station ein Bewegungsmotiv erarbeitet werden, das sich am Schluß mit den anderen zu einer Bewegungsfolge zusammenschließt. Auf dem Weg können z.B. Tempo und Dynamik des jeweiligen Bewegungsmotivs durch Wind- und Wetterspiele vorgespürt werden. Strukturell bestehen dabei Analogien zum Prinzip der entwickelnden Variation.

Der Weg als wichtiges methodisches Strukturelement repräsentiert Kontinuität durch Wiederkehr oder bildet den Boden für Ähnliches und Verändertes oder auch für Strebetendenzen und Entwicklungsmöglichkeiten:

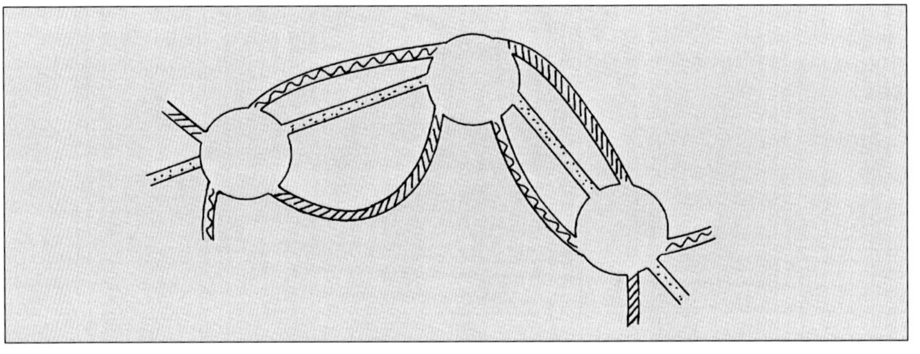

Stationen

a) Auf den die Gesamtstrecke durchsetzenden Stationen können zu einem Unterrichtsinhalt *verschiedene Verhaltensbereiche* angesprochen werden. Das ist z.B. der Fall, wenn zum Thema Tempoveränderungen accelerando und ritardando auf den Stationen in Bewegungs-, Sprach- und instrumentenbezogenen Spielen erprobt und geübt werden.

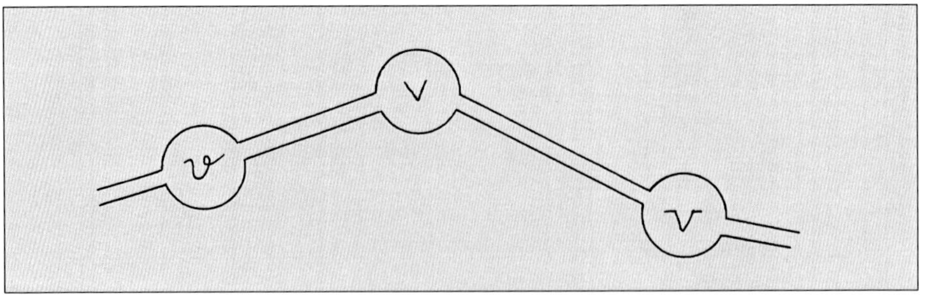

b) Ähnlich wie bei den Wegstrecken ist es auch möglich, die Stationen als *Varianten zu einem Grundthema* (z.B. Bewegungsdifferenzierung, Gruppenformen, Spieltechniken auf einem Instrument, Materialerfahrung) zu gestalten.

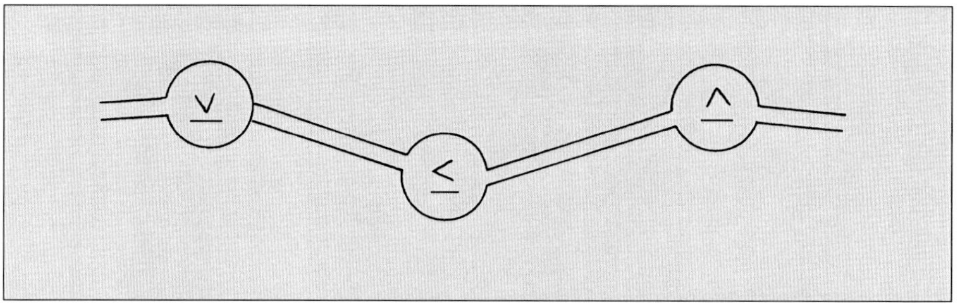

c) Der innere Gewinn, d.h. die jeweils neu gewonnene Kompetenz kann ‚mitgenommen' werden. So wird das Verhalten von Station zu Station *komplexer.* Wird beispielsweise zunächst das Metrum stabilisiert, kann dieses auf den folgenden Stationen rhythmisch ausgestaltet, dann als Schlagwerk-Ostino umgesetzt und schließlich von einem Lied überformt werden.

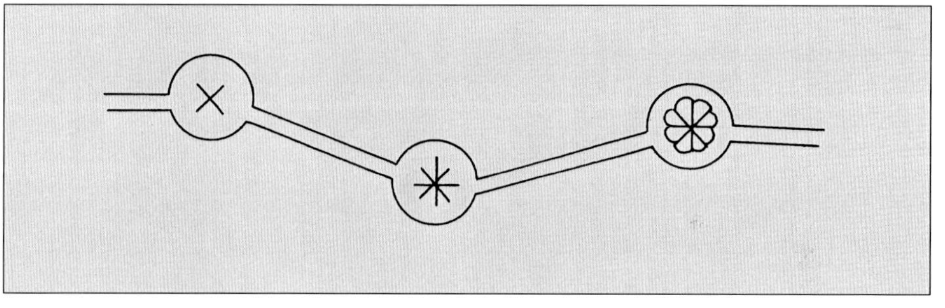

d) Auf den Stationen können verschiedene motivische Einheiten jeweils eines Großbereichs (Rhythmus, Melodik, Bewegung, Parameter etc.) *gesammelt* und *geübt* werden, die am Schluß zu einem organischen Ganzen *zusammengefügt* werden. Es geht dabei um die Bildung größerer Zusammenhänge, nicht um die Addition von Einzelteilchen. Deshalb ist es wichtig, immer von motivisch-gestalthaftem Grundmaterial auszugehen.

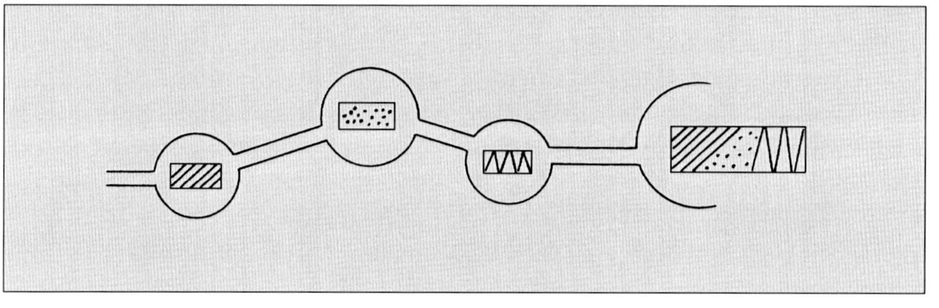

e) Aus zunächst eher diffusem Verhalten kann sich von Station zu Station *zunehmend zielführendes Verhalten ausgliedern.* So kann beispielsweise nach ausführlicher Materialexploration auf der nächsten Station die Auswahl und Übung von Motiven stattfinden, die auf der folgenden unter bestimmten inhaltlichen und/oder strukturellen Gesichtspunkten gestaltet werden.

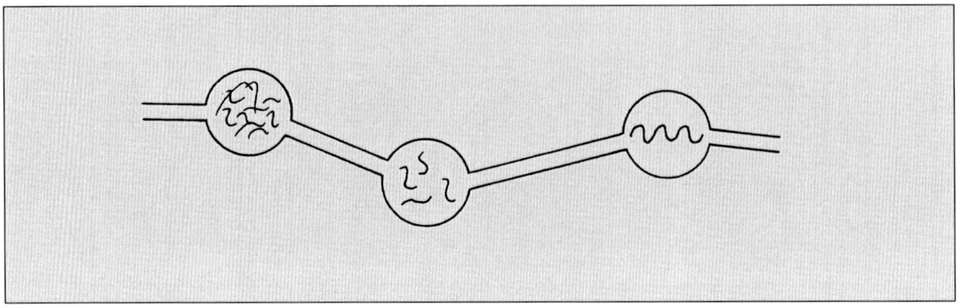

Literatur

Beer, Ulrich/Erl, Willi: Entfaltung der Kreativität. Tübingen 1972

Kast, Verena: Methodische Bemerkungen zur Märcheninterpretation. In: Jacoby/Kast/Riedel: Das Böse im Märchen. Fellbach 1978

Landau, Erika: Psychologie der Kreativität.München 1969

Ribke, Juliane: Musikalität als Variable von Intelligenz, Denken und Erleben. Hamburg 1979

10.3 Darstellung ausgewählter Unterrichtsstunden

Die folgenden Unterrichtsstunden sind Modelle, in denen aufgezeigt werden soll, wie Märchendramaturgie als strukturgebender Faktor von Unterricht wirken kann. Die detaillierte Zielanalyse zeigt, daß die Inhalte der Stunden ausnahmslos den im Kapitel 6 aufgeführten Zielen Elementarer Musikpädagogik verbunden sind.

Die Fülle der jeweils gleichzeitig verfolgten Ziele entspricht unserem Konzept eines dynamischen Zielfeldes (vgl. Kap. 6.1.5). Aufgrund des hohen Interdependenzgrades im Zielfeld gibt es zuweilen Überschneidungen von Zielen, die im Nacheinander des Zielkatalogs relativ weit voneinander entfernt stehen. Neben dem damit dokumentierten zyklischen Aspekt der Zielentwicklung soll dargestellt werden, auf welche Kompetenzen zurückgegriffen wird bzw. welche weiterführenden, später konkret zu bearbeitenden Ziele bereits ‚durchschimmern'. Die inneren Zusammenhänge sind in den Tabellen so gekennzeichnet, daß das Schwerpunktziel kursiv und andere, stark mitbetroffene Ziele im Normaldruck aufgeführt sind.

10.3.1 Auf der Wiese

Unterrichtsstunde für die Musikalische Früherziehung

Ziel

Klangdifferenzierung

Mittel

Vers: Nebel Nabel Niebel (Sprache und Bewegung)
Klaviermusik: Improvisation in vier Lagen (Hören und Bewegung)
Lied: „Wiesenkonzert“ von Gerda Bächli, 1. Teil (Singen und Klangimprovisation)
Schlagwerk: Handtrommeln, Claves, Fingerzymbeln, Schellenkränze (Klangimprovisationen)
Tanz: z. B. Pasch-Pasch-Musik (Vereinbarte Bewegung und Instrumentalspiel)

Requisiten

Große, aus Wolle o.ä. gebastelte Biene, die von Fäden gehalten durch den Raum schweben kann
Körbchen mit einzelnen Stoff- oder Seidenblumen

Raumvorbereitung

Die Biene in der Mitte des ansonsten leeren Raumes postieren (evtl. auf einem grünen Tuch)

Grundidee der Stunde

Über den Kontakt zu einer Spielfigur (Biene) und deren Lebensraum (Wiese) wird bei den Kindern die Bereitschaft zum Lauschen, zum Erhorchen einer nicht alltäglichen akustischen Umwelt erweckt. Als Motivationsfaktor auf der Spielebene wirkt das Problem der Biene, das darin besteht, daß ihre zu einem großen Fest geladenen Freunde die Wiese nicht finden können, da diese von dichtem Nebel bedeckt ist.
Mit dem Vers weicht der Nebel, eine Blumenwiese wird sicht- und hörbar. Die Freunde der Biene haben sich bereits Festkleidung angelegt und erscheinen im klanglichen Gewand. Schließlich tanzen und spielen alle den großen Tanz des Bienenfestes.

Die Stunde gliedert sich in sechs Phasen:

1. Begrüßung
2. Problemstellung (Das Problem der Biene)
3. Im Nebel
4. Auf der Blumenwiese
5. Die Entdeckung der Freunde
6. Das Fest

VERLAUF

1. Phase: Begrüßung

[KK und L bauen den gewohnten Kreis aus Teppichfliesen um die Biene herum und setzen sich jeder in sein ‚Häuschen'.]

→ *Die Biene ist heute bei uns zu Gast und möchte jeden begrüßen.*

a) L läßt die Biene im Sitzkreis umherschwirren; L und KK untermalen den Flug mit Stimmaktionen: sssssssSSssssssSSSSsssssssssssssssSSSs

b) L geht mit der Biene zu einem Kind, setzt sie auf einem Körperteil des Kindes ab und spricht dazu: „Summ summ ... (= Name des jeweiligen Kindes)". Alle klopfen sich auf das Körperteil und wiederholen dabei die Begrüßungsformel. Das angesprochene Kind antwortet nach Belieben (z.B. „Guten Tag, Biene" o.ä.). Dieser Vorgang wird wiederholt, bis jedes Kind begrüßt wurde.

c) KK reichen einander die Biene zu, indem sie den Weg zum Partner als kurvige Flugbahn gestalten und mit stimmhaften S-Lauten vokal begleiten.

d) KK legen sich auf den Bauch; L geht mit der Biene außen um den Kreis herum und läßt die Biene auf dem Rücken jedes Kindes landen und still ein kleines Tänzchen vollführen.

2. Phase: Problemstellung

[L setzt sich mit der Biene auf seine Teppichfliese und berichtet:]

→ *Die Biene ist sehr traurig; sie will ein großes Fest auf der Wiese veranstalten und hat dazu ihre besten Freunde, die Maus, den Specht, den Pfau und den kleinen Bären eingeladen. Aber seit einigen Tagen liegt so dichter Nebel über der Wiese, daß die Freunde, die von auswärts kommen, die Wiese nicht finden können. Nun fürchtet die Biene, daß ihr Fest ausfallen muß.*

L fordert die KK auf, mit auf die Wiese zu kommen, um die Bedingungen dort näher zu betrachten und evtl. der Biene zu helfen.

[Fliesen wegräumen und einen bevorzugten Raumort für die Biene suchen, von wo aus sie das weitere Geschehen beobachten kann.]

3. Phase: Im Nebel

a) KK und L bewegen sich langsam, vorsichtig und nicht zielgerichtet im Raum umher. Sie stellen Fortbewegungen im Nebel und das Phänomen selbst mit Schwadenbildung sowie sich hebender und senkender Tendenz gleichermaßen dar.

b) Die Bewegung endet, indem L die KK zu einer Traube versammelt und unter Einsatz von Armgesten bzw. Pantomime folgenden Vers spricht:

Nebel Nabel Niebel,
Schwing dich auf zum Giebel,
Schwing dich auf zum Himmelstor,
Hol die goldene Sonn' hervor!

ZIELEBENEN

psychosozial	motorisch	musikalisch
Gewohntes Ritual ausführen; Sich zu Hause fühlen (*A1*)		
Die eigene Stimme wahrnehmen; Anpassung der Aktion an den Flug der Biene (*A2, B1*)		Experimenteller Umgang mit der Stimme (*D1.1.3*)
Beachtung erfahren, angesprochen werden (*A1, A2*); Sich äußern (*A5*)	Körperteile wahrnehmen (*C2*)	Evtl. Einbindung in eine metrisch-rhythmische Dialogstruktur (*D1.1.2*)
Abwarten, jeden anderen wahrnehmen (*B2*)		
Etwas abgeben, annehmen, sich jemandem zuwenden; Zuwendung erfahren, Hervortreten (A2; *A5*, B1; *B4*)	Eine Distanz überwinden; Flexible Armbewegungen ausführen (C1; *C2,* C3.3)	s.o. 1a
Persönliche Zuwendung erfahren (*A1;* A2); Abwarten (*B2*)	Berührung des Rückens spüren (*CII; C2;*)	

Dramaturgisches Konzept:
Ausgangssituation, Mangelsituation: Der Spielpartner befindet sich in einer für ihn unerfreulichen Situation; Entwicklung von Aktivität

psychosozial	motorisch	musikalisch
Vorsichtig sein; Niemandem zunahe treten (*B1;* B5)	Langsame, tastende Fortbewegung; Einbeziehung der Vertikalen (*C1, C3*, C4)	
	Körpergestik der Sprache anpassen (*C1; C4;* C9.1)	Hören und Reproduzieren einer metrisch-rhythmisch gegliederten Struktur; Wahrnehmung von Vokalfarben u. Sprachmelodie (*D1.1.1; D1.1.2;* D2)

VERLAUF

c) Nach der Verserarbeitung (zeilenweise Vor- und Nachsprechen, sukzessive Verknüpfung der Zeilen), bewegen die KK sich im Raum, indem sie zur Sprache die darin ausgedrückte Emporentwicklung ganzkörperlich und/oder teilkörperlich in der Armgestik mitvollziehen.

d) L legt jedem Kind eine große imaginäre Sonnenkugel in die weit nach oben geöffneten Arme. KK tragen ihre Sonnen hoch aufgerichtet durch den Raum.
Die Sonnen gehen allmählich unter und erneut zieht der Nebel auf: Die KK liegen am Boden.

e) L spielt eine (freiklangliche) Klavierimprovisation, die aus vier ineinander übergehenden, aber in Tonlage und Klangcharakter gut unterscheidbaren Abschnitten besteht und mit hellen, glitzernden Klängen endet.
KK ordnen die klangliche Entwicklung dem Verlauf des Verses zu und bewegen sich nach der Klaviermusik entsprechend den bereits erprobten Bewegungsformen.

f) Nach mehreren Wiederholungen dieses Ablaufs, in dem die Sonne mehrfach auf- und untergehen kann, erklingt zum Abschluß eine längere Sonnenmusik: Der Nebel hat sich endgültig gelichtet.

4. Phase: Auf der Blumenwiese

[L rückt das Körbchen mit Blumen ins Blickfeld der Kinder.]

a) Jedes Kind nimmt sich eine Blume, betrachtet sie und zeigt sie den anderen KK.

b) Die Biene kehrt in die Raummitte zurück, die KK legen um sie herum ein Beet blühender Blumen. Sie stellen sich im großen Kreis um das Beet herum und zeigen mit Hand-/Armbewegung den Flug vieler Insekten zwischen den Blüten, den sie wiederum vokal darstellen (vgl. 1a u. c).

[Alle setzen sich, L wiederum mit der Biene, über die er folgendes berichtet:]

→ *Die beste Freundin der Biene ist die Maus. Sie hat ganz große Ohren, mit denen sie auf alle feinen Wiesengeräusche horchen kann. Darum beneidet die Biene sie und denkt:*

„Zwei Mauseohren hätt' ich gern,
ins Gras legt' ich mich dann
und hörte dort so manches,
was ich sonst nicht hören kann."

c) KK legen sich zwischen die Blumen oder an den Rand des Beetes, schließen die Augen und horchen auf das von L gesungene Lied:

Wiesenkonzert

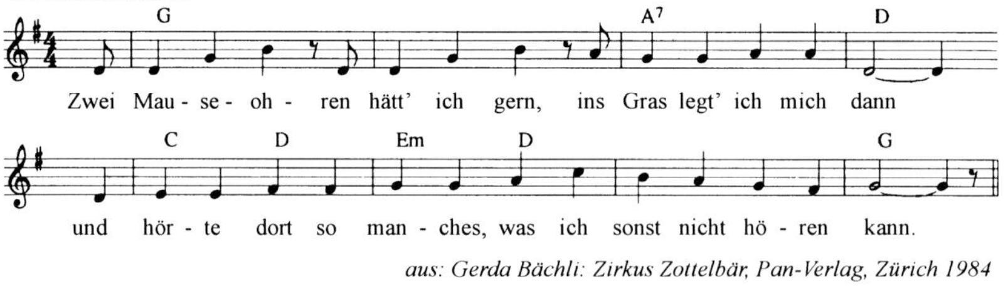

aus: Gerda Bächli: Zirkus Zottelbär, Pan-Verlag, Zürich 1984

ZIELEBENEN

psychosozial	motorisch	musikalisch
	s.o. 3b	s.o. 3b
Sich beschenkt fühlen; Stolz über die eigene Sonne empfinden (*A1*; A2; A3)	Große, geöffnete Körperhaltung; Langsam zu Boden sinken (*C4*)	
	Körpergestik der Klangwahrnehmung anpassen; s.o. 3d (*C1;* C8.1.2)	Hören und Beschreiben verschiedener Klangebenen (*D2; D3;* D8.1.1)

Dramaturgisches Konzept:
Ein Hindernis (Nebel) ist beseitigt: Ein unwirtlicher Zustand hat sich in einen blühenden verwandelt. Das Ziel (Fest der Biene) ist aber noch nicht erreicht, da die Gäste fehlen.

psychosozial	motorisch	musikalisch
Sich auf eine neue, veränderte Situation einlassen; Kontakt zu neuem Material aufnehmen; Über das Material Kontakt zu anderen aufnehmen (*B4*)		
Ein gemeinsames Muster erschaffen (*A8; B6*)	Koordination von Armbewegung und Stimmaktion (*C1;* C8.1.1)	s.o. 1a

Dramaturgisches Konzept:
Auseinandersetzung mit der neuen Umgebung; Erweckung imaginativer Fähigkeiten; Möglichkeiten und Angebote der Umgebung aufnehmen.

psychosozial	motorisch	musikalisch
In geborgener Atmosphäre Neues, evtl. Geheimnisvolles an sich herankommen lassen (*A1, A6*); Sich den auditiven Eindrücken öffnen (*A2*)		Horchen; Auffassen der melodisch-rhythmischen Gestalt des Liedes (*D2.1; D2.5*)

VERLAUF

Zwischen den Wiederholungen des Liedes horchen die KK auf Klänge, die L (und/oder ggf. zuhörende Eltern) mit Claves, Handtrommeln, Schellenkranz und Fingerzymbeln im Raum umhergehend in unterschiedlichen Klangfarben erzeugt.

[Im Laufe von 4c wurden auf der Wiese Instrumente abgelegt, so daß jeder beim Öffnen der Augen ein Instrument neben sich findet.]

d) KK finden sich mit ihren Instrumenten zu einem Sitzkreis (oder einem Halbkreis am Klavier) zusammen, singen das nun schon mehrfach gehörte Lied und spielen zwischen den Liedwiederholungen Instrumentalklänge (entweder alle zusammen in dynamischen und klanglichen Varianten oder in verschieden zusammengesetzten Klanggruppen oder einzeln).

5. Phase: Die Entdeckung der Freunde

[Die Biene fliegt plötzlich aufgeregt zwischen den Instrumenten herum; L kommentiert:]

→ *Die Freunde der Biene sind gleich, nachdem sich der Nebel verzogen hat, auf die Wiese gekommen. Wir haben sie nur nicht gleich erkannt, denn sie tragen ihre Festtagskleidung, ihr Klanggewand. Wir müssen sie nur entschlüsseln, dann wissen wir, wer alles gekommen ist.*

a) Die Instrumente werden in die Mitte gelegt, betrachtet und bei Bedarf noch einmal im Klang erprobt. KK ordnen die Instrumente den Freunden der Biene zu.
In unserem Falle assoziierten die Kinder:

Handtrommel:	Maus
Claves:	Specht
Fingerzymbeln:	Der kleine Bär
Schellenkranz:	Pfau

b) Jede Instrumentengruppe spielt eine kleine Begrüßungsmusik für die Biene.

c) KK stellen z.B. das Geraune der Festgesellschaft dar oder kleine Grüppchen von Freunden durch unterschiedliche Zusammenklänge.

6. Phase: Das Fest

→ *Nun, da alle versammelt sind, geht das Fest seinem Höhepunkt entgegen. Die Biene wünscht sich ihren Lieblingstanz.*

a) KK stellen sich mit ihren Instrumenten hintereinander auf. Sie gehen zum A-Teil der Tanzmusik (Pasch-Pasch) als Festzug durch den Raum und spielen dazu ihre Instrumente.
Ein Kind oder L geht mit der Biene am Kopf des Zuges.

b) Beim B-Teil lösen KK sich aus dem Festzug, laufen frei im Raum umher (erkunden die Wiese) und finden sich am Ende wieder zum Festzug zusammen.

c) Nach mehreren Tanzdurchgängen geht das Fest zu Ende, die Biene verabschiedet sich von jedem Kind.

ZIELEBENEN

psychosozial	motorisch	musikalisch
		Klänge im Raum wahrnehmen; Klänge unterscheiden (*D2.1; D2.2*)
Sich in einen Ablauf eingliedern (*B1; B5; B6*) Mitglied einer Klanggruppe sein *(B4; B8);* Hervortreten (A2; *A5*)	Motorische Aktionen auf die Bedingungen des jeweiligen Instrumente abstimmen (*C3.3;* C7.2)	Singen des Liedes (*D1.1.4;* D11.2) Verschiedene Zusammenklänge wahrnehmen (*D2.2.;* D3)

Dramaturgisches Konzept:
Umschlagpunkt: Allmähliches Bewußtwerden der Lösung. Die Elemente des Festes (Ort, Gäste) stehen bereit, müssen aber noch genauer definiert und zusammengefügt werden.

psychosozial	motorisch	musikalisch
Spannung zwischen eigenen Vorstellungen und Gruppenentscheidung aushalten *(A4, B3;* ggf. A9)		Klangmöglichkeiten der Instrumente mit außermusikalischen Vorstellungen verbinden *(D4.2)*
Zum Spielpartner und den Mitspielern in Beziehung treten (*A3;* A8; *B1;* B4; B6)	s.o. 4d	s.o. 5a (*D3;* D4.2; 5.3)

Dramaturgisches Konzept:
Schlußbildung: Die Mängel der Ausgangssituation sind behoben, der Wunsch der Biene kann sich erfüllen. Alle verbinden sich zu gemeinsamer Schlußaktion.

psychosozial	motorisch	musikalisch
Sich in eine gemeinsame Form einfügen *(B1; B5; B6)* Sich aus der Form lösen; Selbstbestimmt handeln; Sich wieder in die Form einfügen; Eine gemeinsame Form bilden (A2; *A5,* A7; *B1; B5;* B6) Abschied nehmen; Sich aus der Situation lösen	(Metrisch gebundenes) Gehen in der Schlange (*C3.1;* C8.3.2; C9); Sich frei im Raum bewegen (*C3.1;* C9) Einen ‚Kindertanz‘ tanzen (*C6.2;* C7.4)	Instrumentalaktionen mit metrischer Bindung (*D1.2.2;* D9.4)

10.3.2 Feuer

Unterrichtsstunde für die Musikalische Früherziehung

Ziel

Unterscheidung von Klangdauern und Klangfarben; Differenzierte Bewegungsführung und Bewegungsdynamik

Mittel

Lied: „Im Lande Rattamasalt" von Thomas Holland-Moritz (Hören, Singen, Sprechen)
Körpererfahrung: Kontrast zwischen Bewegen und Verharren; Bewegung einzelner Körperteile (Koordination von Klangwahrnehmung und Bewegung)
Vers: Rhythmischer Sprechvers mit metrischer Begleitung (Sprache und Bewegung)
Schlagwerk: Hängendes Becken, Schellenkranz, Konga (Hören und Reagieren). Zymbeln, Klingende Stäbe, Handtrommeln, Triangeln (Versbegleitung und Klangexperimente)
Visualisierung: Erscheinungsformen von Feuer mit Bändern legen (Spiel mit Material)
Gedicht: „Das Feuer" von James Krüss (Hören lautmalerischer Sprache; sensorische Imagination)

Requisiten

Holzstück bzw. Aststück
Metallbehälter (Kasten o.ä.) mit roten, gelben, orangen Bändern verschiedener Länge
Seil

Raumvorbereitung

Kreis aus Teppichfliesen
In einer Raumecke Klingende Stäbe, Handtrommeln, Zymbeln, Triangeln (Gesamtmenge entsprechend der Anzahl der Kinder) und den Metallkasten unter einem weißen Tuch verbergen
Konga, Seil, Hängendes Becken und Schellenkranz für L griffbereit plazieren

Grundidee der Stunde

Die Kinder werden mit einer Mangelsituation in einem Phantasieland bekanntgemacht, die darin besteht, daß dort Kälte und Regungslosigkeit herrschen, weil das Feuer verschwunden ist. Bewegungsmäßig und instrumental spielen die Kinder einen Prozeß durch, der sich als zunehmende Dynamisierung (im Stundenbild gleichbedeutend mit Bewegung und Erwärmung) beschreiben läßt. Schließlich kann – nach einem retardierenden Moment (noch ‚gefrorene' Instrumentalklänge) – das auch optisch repräsentierte Feuer entfacht werden.
In der abschließenden Innenwendung bietet das Gedicht von James Krüss eine Imaginationshilfe, da es die Fülle der durch dieses Element auslösbaren Sinneseindrücke beschwört.

Die Stunde gliedert sich in vier Phasen:

1. Einleitung
2. Die Kälte
3. Erwärmung
4. Das Spiel mit dem Feuer

VERLAUF

1. Phase: Einleitung

[KK und L setzen sich auf die kreisförmig angeordneten Teppichfliesen, L hat ein Stück Holz (z.B. ein Aststück) in der Hand.]

a) Das Holzstück wird mit folgendem Spruch von Kind zu Kind weitergegeben:
Holz kann frieren, | ♩ ♪ ♩ ♪ |
Holz kann wachsen, "
Holz kann brennen – "
Und jetzt lernt es ... (Name) kennen (freirhythmisch).

b) L singt das Lied:

Im Lande Rattamasalt

Melodie: Thomas Holland-Moritz
Text: Juliane Ribke

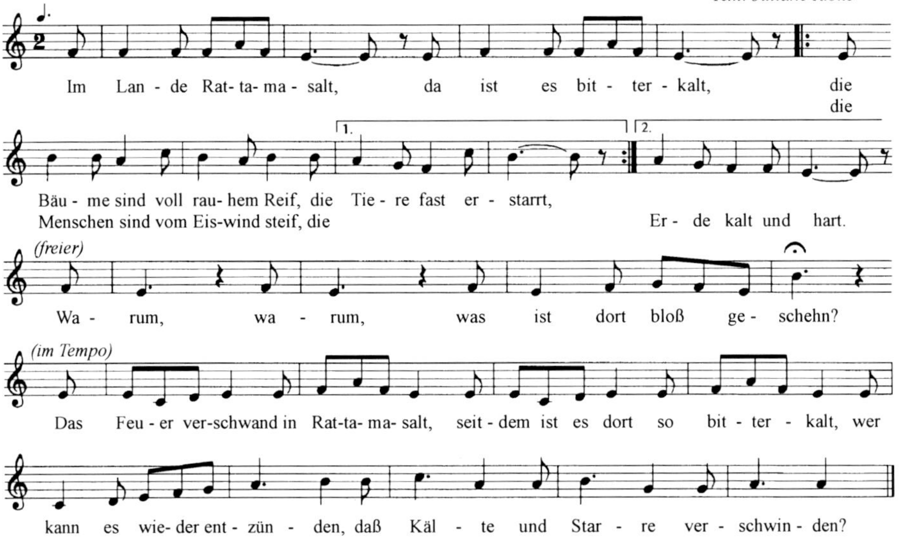

c) In mehreren Durchgängen hören die Kinder sich in das Lied ein und singen vor allem T. 13-21 mit. Möglicher Ablauf:
T. 1-8: L singt
T. 9-12: K oder KK sprechen
T. 13-21: KK und L singen

→ *Bevor wir in das Land Rattamasalt aufbrechen, müssen wir uns körperlich vorbereiten, damit wir der Kälte gewachsen sind.*

d) KK machen Vorschläge, wie man sich erwärmen kann und führen diese aus, z.B.: Hände reiben, Füße massieren, hopsen, sich schütteln, sich beklopfen etc.

ZIELEBENEN

psychosozial	motorisch	musikalisch
Gewohntes Ritual in sicherer Umgebung erleben; Neugierig sein auf die Bedeutung des Requisits (*A1; A2*)		
Beachtung erfahren, angesprochen werden; Die Runde mitvollziehen (*A1; A2; B1; B2*)		Rhythmisierte Sprache wahrnehmen; Rhythmisch sprechen; Akzentuieren (*D1.1.2; D2.4*)

Dramaturgisches Konzept:
In einem musikalischen Bericht werden die Kinder mit der Notsituation in einem Phantasieland bekanntgemacht. Der Verlust einer elementaren Qualität aktiviert Hilfs- und Handlungsbereitschaft.

psychosozial	motorisch	musikalisch
		Lied hören; Struktur erfassen; In Teilen sprechen und singen (*D1.1.1; D1.1.4; D2.1*)
Sich mit der Situation identifizieren (*A3*)		
Förderung der Selbstwahrnehmung (*A2*)	Die Aufmerksamkeit verschiedenen Körperteilen zuwenden; Cutane Stimulation (*CII; C2*)	

VERLAUF

2. Phase: Die Kälte

→ *Wir brechen auf nach Rattamasalt und müssen immer stärker gegen den Eiswind ankämpfen.*

a) KK laufen durch den Raum, zunehmend langsamer und ‚steifer' werdend. L führt diesen Prozeß mit Kongaspiel.

[KK gelangen an ein im Raum ausgelegtes Seil.]

→ *Ein schmaler, vereister Steg führt in das Land Rattamasalt.*

b) KK balancieren nacheinander über das Seil.

c) L und KK erinnnern sich an den Text des ersten Liedteils.
KK stellen verschiedene ‚Eisstatuen' (Bäume, Tiere, Menschen) dar und/oder betasten den Boden.

d) L und ggf. KK singen mehrfach den ersten Liedteil und nehmen dazu Positionen von c) ein, die sie zu jedem Lieddurchgang wechseln.

→ *In Rattamasalt ist ein letzter ‚Erwärmungsklang' (hängendes Becken) übriggeblieben, der kurzfristig Linderung bringt. Er wird jedoch immer wieder vom Eiswind (Schellenkranz) vertrieben.*

e) L schlägt mit einem Filzschlägel sanft ein hängendes Becken an. Solange das Instrument klingt, reiben, beklopfen und bewegen KK ein Körperteil. Sobald der Schellenkranz ertönt, erstarren KK wieder zu bizarren Eisstatuen. In mehreren Durchgängen werden jeweils verschiedene Körperteile ‚bearbeitet' und bewegt; schließlich bilden KK Paare, die einander zwischen zwei Eiswinden den Rücken bestreichen und beklopfen.

f) Zu einem Wirbel auf dem hängenden Becken tauen alle auf und kommen in die zügige, lockere Fortbewegung, die L mit der Konga stimuliert.

3. Phase: Erwärmung

[KK und L versammeln sich zu einem relativ engen Stehkreis.]

a) KK lernen folgenden Vers:

Wart' nur, wart' nur,
Rattamasalt,
Schhh, huuuh,
Wärmer wird's bald.

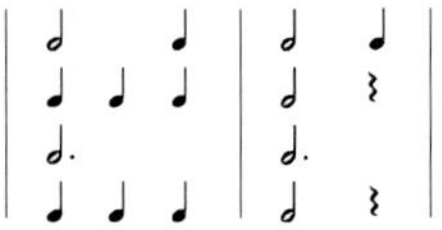

KK begleiten sich auf den Taktschwerpunkten, indem sie klatschen oder sich bei gekreuzten Unterarmen auf die Oberarme patschen.

b) Wie kann man Feuer anfachen? KK nennen ihre Ideen und setzen diese zwischen den metrisch begleiteten Verswiederholungen stimmexperimentell und pantomimisch um.

ZIELEBENEN

psychosozial	motorisch	musikalisch
	Dramaturgisches Konzept: Aufbruch, Wanderung, Fortbewegung; Widerstand erleben.	
Die Mangelsituation körperlich annehmen (A2; *A3*)	Differenzierte Fortbewegung (C1, C2, *C3;* C5)	Klangveränderungen und Ritardando bewegungsmäßig umsetzen (D2; *D4.1; D5.2*; D8.1.2)
	Dramaturgisches Konzept: Übergang, Ankunft.	
Abwarten können (*B2*)	Balancierübung (*C3.2*)	
s.o. 2a Phantasie- bzw. Vorstellungskraft entwickeln (*A3*)	Verschiedene Körperformen einnehmen (C1; *C2; C3.2;* C3.3; *C4*)	
s.o. 2c	s.o. 2c	Reproduktion des 1. Liedteils mit körperlicher Darstellung (*D1.1.4;* D11.2)
Kontraste empfinden (*A2; A3;* A6) Kontakt zueinander aufnehmen; Aus der Isolation heraustreten (B1; *B4;* B5)	Wechsel zwischen körperteilbezogener Bewegung und Verharren (C1; *C2;* C3.2; C3.3; C4; *C6.1*)	Klänge wahrnehmen und körperlich umsetzen D2; *D3; D4.1*)
	Dramaturgisches Konzept: Dadurch, daß der ‚eisige' Zustand intensiv durchlebt wurde, ist der erste Schritt zur Problemlösung getan.	
	Gleichmäßige Bewegungen ausführen (*C9.1*)	Rhythmisches Sprechen mit metrischer Begleitung (*D1.1.2; D9.2;* D10.1.1)
Entwicklung und Präsentation eigener Vorstellungen (A3; *A4;* A5; *B1;* B3); Einbindung der Ideen in eine feste Struktur (*A1*)	Pantomimische Aktion; Wechsel zwischen freier und metrischer Bewegung (*C1; C6.2*)	Festigung des Versrhythmus'; Stimmexperimente; Strukturierung des zeitlichen Ablaufs (s.o. 3a; *D1.1.3; D6)*

VERLAUF

→ *Es ist schon wärmer geworden, aber wir können das Feuer nicht nur mit Stimme und Bewegung hervorlocken und entfachen, sondern müssen die Instrumentalklänge zur Hilfe nehmen. Die Instrumente sind noch unter einer Schneewehe verborgen.*

[KK entfernen das weiße Tuch, unter dem Instrumente und ein Metallkasten zum Vorschein kommen, der jedoch vorerst noch keine Rolle spielt. KK bilden mit den Instrumenten einen Sitzkreis.]

→ *Die Instrumente sind noch gefroren.*

c) KK probieren auf den Instrumenten ‚starre', wenig ausschwingende, resonanzarme Klänge zu erzeugen, z.B.:

Handtrommel:	Klopfen auf Metall oder Holzrahmen, nicht abfedernde Schlagbewegung, Anschlagen des Fells im Zentrum mit der flachen, gespannten Hand
Klingende Stäbe:	Spiel mit nicht abfederndem Schlägel, Abdämpfen des Klanges mit der Hand oder Klopfen auf den Resonanzkasten
Zymbeln:	Abdämpfen des Instruments am Körper oder am Boden, Instrumente nach ‚Zirkusmanier' aneinanderschlagen und -halten
Triangel:	Anschlagen des an den Metallschenkeln gehaltenen Instruments

Dann probieren KK, resonanzreichere, ausschwingende Klänge auf ihren Instrumenten zu erzeugen, wobei sie auf die ihnen bereits bekannten Spieltechniken zurückgreifen können.

d) KK improvisieren eine ‚Eismusik', bis der Wirbel des hängenden Beckens die ‚Klangschmelze' ankündigt und die Klänge weicher und klingender werden. Dieser Vorgang kann analog zu dem Bewegungsspiel von 2e mehrmals wiederholt werden.

4. Phase: Das Spiel mit dem Feuer

a) Jedes Kind stellt seine schwingenden, bewegten ‚Wärmeklänge' vor.

b) KK entfachen gemeinsam das Feuer mit einer Klangimprovisation, die analog zu den Stimm- und Bewegungsexperimenten von 3b dynamisch sehr wechselvoll gestaltet wird.

→ *Es ist zwar wieder wärmer geworden, aber das Feuer ist noch nicht zurückgekehrt. Wir müssen den Metallkasten, der in der Schneewehe zurückgeblieben ist, näher betrachten.*

c) KK bewegen sich nacheinander, einzeln ihre ‚Wärmeklänge' spielend, auf den Kasten zu.

Jedes Kind zieht aus dem Kasten ein oranges, gelbes oder rotes Band, das es mit zurück in den Sitzkreis nimmt und dort als Flamme in die Mitte legt. So füllt sich dort das Feuer nach nach auf.

→ *Das Feuer konnte Rattamasalt nicht wärmen, da es in dem Metallkasten eingeschlossen war.*

ZIELEBENEN

psychosozial	motorisch	musikalisch

Dramaturgisches Konzept:
Die erworbenen Kompetenzen sind hilfreich, aber noch nicht ausreichend. Sie müssen noch auf eine neue Handlungsebene transportiert werden.

psychosozial	motorisch	musikalisch
Exploration (A3; *A4;* B1; B3)		Programmatisch gebundene Exploration der Klangmöglichkeiten von Instrumenten (*D1.2.1; D2.3; D3; D4.2*)
	Fließende Spielbewegungen (*C3.3; C5; C7.2*)	
	Angleichung der Spielbebewegung (C3.3; C5; *C7.2*)	Klangdifferenzierung innerhalb eines strukturierten Ablaufs (D3; *D4.2; D6*)
Solistische Darstellung eigener Ideen (*A5;* B1; *B2*)	Ausführung einer ädaquaten Spielbewegung (*C3.3; C5; C7.2*)	Bewußte, konzentrierte Klangaktion (*D3; D4.2*)
	s.o. 3d und 4a	Gestaltung eines sich mehrfach steigernden Klangverlaufs (D3; *D4.2;* D8.2.1)

Dramaturgisches Konzept:
Die Beachtung eines vernachlässigten Objekts wirkt sich in Zusammenhang mit den erworbenen klanglichen und sprachlich-rhythmischen Kompetenzen zielführend aus.

psychosozial	motorisch	musikalisch
Einzeln Wege zurücklegen und Klangaktionen ausführen (*A2; A5; B2*)		

VERLAUF

d) KK setzen sich um die Bänder und lernen folgende Variante des Sprechverses:

Fühlst du, fühlst du,
Rattamasalt,
Fühlst du die Wärme,
Nichts ist mehr kalt.

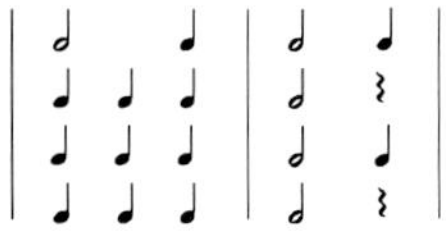

e) KK begleiten sich instrumental auf den Taktschwerpunkten und fachen nach jedem Textdurchgang das Feuer in freier Klanggestaltung an.

f) L liest das Gedicht „Das Feuer“ von James Krüss. Dabei sollte die klanglich-lautliche Ebene des Gedichts besonders zum Ausdruck kommen.

Das Feuer

Hörst du, wie die Flammen flüstern,
Knicken, knacken, krachen, knistern,
Wie das Feuer rauscht und saust,
Brodelt, brutzelt, brennt und braust?

Siehst du, wie die Flammen lecken,
Züngeln und die Zunge blecken,
Wie das Feuer tanzt und zuckt,
Trockne Hölzer schlingt und schluckt?

Riechst du, wie die Flammen rauchen,
Brenzlig, brutzlig, brandig schmauchen,
Wie das Feuer, rot und schwarz,
Duftet, schmeckt nach Pech und Harz?

Fühlst du, wie die Flammen schwärmen,
Glut aushauchen, wohlig wärmen,
Wie das Feuer, flackrig-wild,
Dich in warme Wellen hüllt?

Hörst du, wie es leiser knackt?
Siehst du, wie es matter flackt?
Riechst du, wie der Rauch verzieht?
Fühlst du, wie die Wärme flieht?

Kleiner wird der Feuersbraus:
Ein letztes Knistern,
Ein feines Flüstern,
Ein schwaches Züngeln,
Ein dünnes Ringeln –
Aus.

aus: James Krüss: Der wohltemperierte Leierkasten, Bertelsmann 1989

Ausblick: Es bietet sich an, das nunmehr entzündete Vorstellungsbild ‚Feuer‘ mit musikalischen Inhalten wie dynamische Differenzierung oder Artikulation in den folgenden Unterrichtsstunden weiterzuführen oder das Krüss-Gedicht zum Sujet einer Klanggestaltung zu machen.

ZIELEBENEN

psychosozial	motorisch	musikalisch
		Rhythmisches Sprechen einer Variante der unter 3a erlernten Struktur (*D1.1.2;* D10.1.1)
Wiedererkennen einer bereits mit anderen Mitteln (s.o. 3b) realisierten Struktur (*A1*)		Wechsel von rhythmischen und frei gestalteten Abschnitten (*D6*)

Dramaturgisches Konzept:
Schlußsituation: Das Feuer ist befreit und kann wieder Wärme verbreiten. Die Kinder können sich nach getaner Arbeit ‚zurücklehnen' und das alle Sinne aktivierende Gedicht von Krüss genießen.

10.3.3 Die Schleppe der Prinzessin I

Unterrichtsstunde für die Musikalische Früherziehung

Ziel

Umgang mit verschiedenen Taktarten; Wechsel zwischen 4/4- und 6/8-Takt in Sprache, Bewegung und instrumentaler Begleitung

Mittel

Körperinstrumente: Klanggesten als Schlagmuster und metrische Begleitung zur Sprache

Verse im 4/4- und 6/8-Takt (rhythmisches Sprechen mit Klanggestenbegleitung)

Tanz: Passamezzo und Gaillarde nach einer Musik von P. Phalèse (Tanzmusik der Renaissance, Deutsche Grammophon Archiv-Produktion 3310112)

Schlagwerk: Bongos und Schelleninstrumente (Begleitung von Instrumentalsätzen)

Requisiten

Ein Stück goldfarbener Stoff

Papierröllchen mit Geschichtentext

Vierkanthölzer

Raumvorbereitung

Kreis aus Teppichfliesen

In einer Ecke Instrumente unter einem Tuch verbergen

Grundidee der Stunde

Durch ein erzählendes Objekt werden die Kinder vorstellungsmäßig in eine Märchensituation versetzt. Ein Stoffstück berichtet seine Geschichte: es ist durch ein Mißgeschick aus dem Festumhang der Prinzessin gerissen und möchte rechtzeitig zum nächsten Ball wieder eingenäht sein. Die Kinder sollen es zurückbringen und müssen dazu Hoftanz und -musik erlernen sowie (besonders in der folgenden Stunde) einige Hindernisse überwinden.

Die Geschichte dehnt sich über zwei Stunden aus, wobei die erste der vorbereitenden Übung dient, während in der zweiten das Stoffstück unter Einsatz des Erlernten in das Turmzimmer der Prinzessin zurückgebracht wird.

Die Stunden gliedert sich in vier Phasen:

1. Einleitung und Begrüßung
2. Problemstellung
3. Übung von Tanz und Instrumentalspiel
4. Phantasiemäßige Ausgestaltung des Schlosses, Ausklang und Ausblick

VERLAUF

1. Phase: Einleitung und Begrüßung

[KK und L setzen sich auf die kreisförmig angeordneten Teppichfliesen.]

a) L beginnt, ein Metrum im mittleren Tempo zu patschen, in das die KK einfallen. In der Reihenfolge der Sitzordnung darf jedes K einmal ein Körperteil bestimmen, auf das das Metrum gepatscht, getupft, geklopft wird, was sofort von der Gruppe mitvollzogen wird, möglichst ohne den metrischen Fluß zu unterbrechen.

b) KK schließen die Augen. L patscht z.B. auf den Boden, auf Kleidung, Haut, Schuhe etc. KK machen die metrischen Bewegungen mit und versuchen, den jeweiligen Schlagort zu identifizieren.

c) L führt leichte Muster metrischer Klanggesten im Vierertakt aus, in die die KK einfallen. Jedes Muster wird mehrfach wiederholt und durch eine deutliche Zäsur zur Neuorientierung von dem vorangegangenen getrennt.

[KK stehen auf und stellen sich auf ihre Teppichfliesen.]

d) L markiert metrische Schwerpunkte des 6/8-Takts mit Stampfen und Klatschen und spricht dazu:

Heut' war das Glück mir hold,

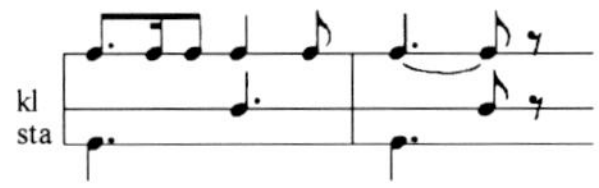

ich fand ein Stoffstück aus Gold!

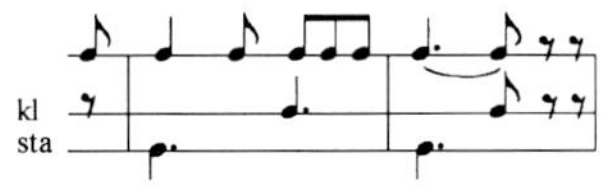

KK übernehmen Klanggesten und Text; sie fahren fort, die Struktur zu reproduzieren.

[Währenddessen zieht L ein goldfarbenes Stück Stoff aus der Tasche und zeigt es den Kindern.]

e) L hängt an dem o.g. Sprechvers folgenden Text mit Patschbegleitung im 4/4-Takt an:

Seht das schöne Stoffstück hier,

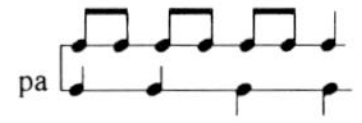

... (Name), es will zu Dir.

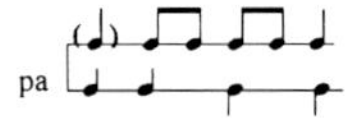

Das Stoffstück wird dem angesprochenen Kind auf ein von ihm angebotenes Körperteil gelegt. Das Kind verharrt mit dem Stoffstück so lange, bis es nach dem nächsten Durchgang von

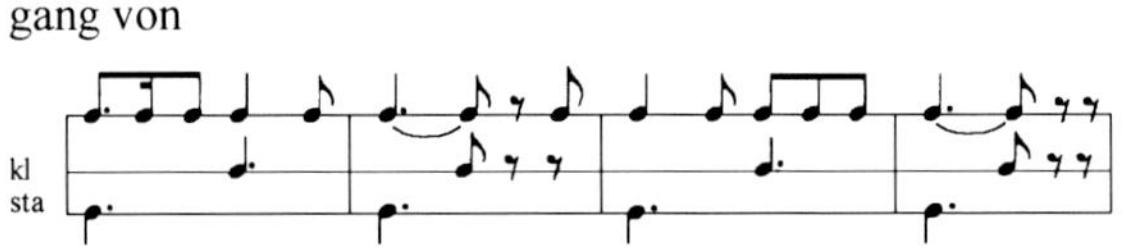

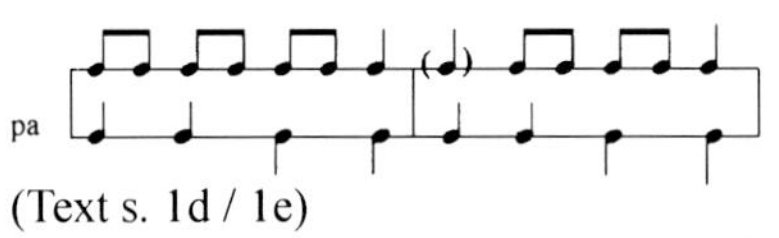

(Text s. 1d / 1e)
das Stück an sein Nachbarkind, das seinerseits ein Auflageangebot macht, weitergibt.

ZIELEBENEN

psychosozial	motorisch	musikalisch
Sich in gewohntem Rahmen sicher fühlen (*A1*)		
Selbstwahrnehmung durch ‚Abklopfen' des Körpers (*A2*); Bestimmung des Schlagorts (*A4*); Ideen anderer imitieren (*B1;* B2; *B3;* B4)	Gleichmäßige Bewegungen auf verschiedenen Körperpartien ausführen (*C7.1; C9*)	Metrum übernehmen (*D9.2.1*)
	s.o. 1a	s.o. 1a Klangfarbenwahrnehmung (D3; *D8.1.1*)
	Bewegungsmuster erkennen und umsetzen (*C7.1;* C9; C11)	Strukturierung des Metrums (*D9.2;* D2.4; D2.5)
	s.o. 1c	Rhythmisches Sprechen mit metrischer Begleitung; Metrische Stabilität zeigen (*D9.1.2; D9.2; D10.1.1*)

Dramaturgisches Konzept:
Verbindung der geübten Techniken mit rhythmisierendem ‚Bericht' und Requisit, wodurch die kommende Spielsituation eingeleitet wird. Relativ abrupter Wechsel der Realitätsebene.

psychosozial	motorisch	musikalisch
Beachtung erfahren, angesprochen werden; Die Runde mitvollziehen (*A1; A2; B1; B2*)		
Etwas abgeben, annehmen; Sich jemandem zuwenden; Zuwendung erfahren; Hervortreten, sich präsentieren (A2; *A5;* B1; B2; *B4*)	Körperteildifferenzierung (*C2*) Umschalten zwischen zwei Bewegungsstrukturen (*C6.3*) Taktwechsel körperlich mitvollziehen (*C9.2*)	s.o. 1d als Umschaltaufgabe; Metrische Flexibilität zeigen; Taktwechsel empfinden (*D9.1.2; D9.2; D10.1.1*)

VERLAUF

2. Phase: Problemstellung

→ *Das Stoffstück ist von einem großen Sturm hergeblasen worden, es möchte den KK zeigen, wie es herumgewirbelt wurde.*

a) Zur Musik aus Vivaldis „Die vier Jahreszeiten" (Sommer, 3. Satz „La tempesta") wirbeln KK durch den Raum, wobei jeweils ein K den Stoff in der erhobenen Hand hält und den Wirbeltanz anführt. Die anderen KK folgen dem Raumweg des stürmischen Anführes. K gibt das Stoffstück an ein anderes weiter, bis alle einmal mit ihm herumgewirbelt sind.

[KK versammeln sich um L, der sich in eine Raumecke zurückgezogen hat. L hat nun das Stoffstück und ein Papierröllchen.]

→ *Das Papier war an den Stoff geheftet, als L ihn fand. Es enthält die Geschichte des Stoffstücks:*

„Ich bin ein Fetzen aus dem Festtagsumhang der Prinzessin. Der Umhang hat eine lange Schleppe, und als die Prinzessin nach dem letzten großen Ball im Schloß die steile Treppe zu ihrem Turmzimmer hinaufstieg, ist sie in die Schleppe getreten. Die Schleppe riß und ein Stück löste sich heraus – das bin ich, ein Fetzen aus dem kostbaren Umhang der Prinzessin.
Ein großer Sturm kam und wirbelte mich fort. Nun ist bald wieder ein Ball im Schloß und die Prinzessin kann nur daran teilnehmen, wenn die Schleppe wieder ganz ist. Ihr müßt mich in das Turmzimmer der Prinzessin zurückbringen. Zum Turmzimmer gelangt ihr, nachdem ihr den großen Saal, in dem die Tänzer und Musiker schon für den nächsten Ball proben, durchquert habt und die steile Treppe hinaufgestiegen seid. Es ist aber sehr schwierig, das Turmzimmer der Prinzessin zu erreichen, da die Hofbeamten streng darüber wachen, daß kein Fremder sich der Prinzessin nähert. Ihr müßt euch so verhalten wie die Schloßbewohner, damit ihr nicht auffallt. Wenn ihr den Festsaal durchqueren wollt, mischt euch unter die Tänzer und Musiker und tanzt und musiziert wie sie. Hoffentlich könnt ihr mich rechtzeitig zum nächsten Ball in den Umhang der Prinzessin einnähen."

3. Phase: Übung von Tanz und Instrumentalspiel

[L rät den KK, sich nicht sofort auf den Weg zum Schloß zu machen, sondern heute erstmals zu üben, damit sie später ihre Aufgaben zügig und ohne aufzufallen erledigen können.]

→ *Tanzmusik und Instrumente der Hofkapelle sind auch hier vorhanden, so daß wir Tanz und Musik in Ruhe einstudieren können.*

a) KK lernen durch Imitation folgende Bewegungsform: KK stehen frei im Raum verteilt, die Hände sind in die Taille eingestützt. Auf ein Bein springen, gleichzeitig den Unterschenkel des anderen nach hinten abwinkeln. Einen kleinen Sprung auf demselben Bein anschließen (oder nur federn), dann Sprungbeinwechsel:

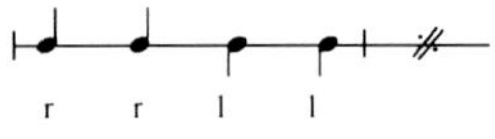

(rechts hopp links hopp ..., oder Sprung hopp Sprung hopp ...)
Mit dieser Schrittfolge bewegen KK sich zur „Passamezzo d'Italye" von P. Phalèse.

ZIELEBENEN

psychosozial	motorisch	musikalisch

Dramaturgisches Konzept:
Kinder machen sich das Requisit zu eigen; Der Bewegungsrausch dient als Übergang auf die Phantasieebene.

psychosozial	motorisch	musikalisch
Identifikation mit dem Stoffstück (*A3; A7; A8; B4; B5*)	Schnelle Fortbewegung im ganzen Raum, entsprechend dem Impetus der Musik (*C3.1; C5;* C8.2.3)	Charakter der Musik aufnehmen (*D5.2*)

Dramaturgisches Konzept:
Konstellation der Mangelsituationen, Aufgabenstellung; Probleme und Gefahren bei der Lösung; Emotionale Sinn- und Zielgebung; Engagierte Handlungsbereitschaft wecken.

Dramaturgisches Konzept:
Arbeitshaltung entwickeln;
Vorbereitungen treffen.

psychosozial	motorisch	musikalisch
Durchhaltevermögen steigern, Befriedigungsaufschub ertragen (*A6*)		
	Hüpfschema erweitern und dem Metrum der Musik anpassen (*C3.1; C3.2;* C8.2.3; C9)	Metrum erfassen und bewegungsmäßig umsetzen (*D9.4*)

VERLAUF

b) Für die anschließende Gaillarde stehen KK paarweise im Raum verteilt. In beidhändiger Fassung führen sie spiegelbildlich einen Seitschritt aus, schwingen – ohne die Fassung zu lösen – die Arme in Bewegungsrichtung und stellen das unbelastete Bein an. Dasselbe zur anderen Seite usw.

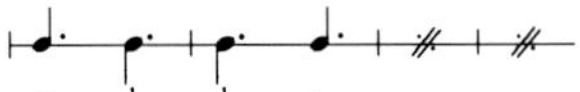

(rechts ran links ran ..., oder Seit ran Seit ran ...)

c) KK tanzen mehrere Durchgänge von Passamezzo und Gaillarde.

→ *KK sollen sich die Tanzfolge gut merken, da sie später den großen Saal nur durchqueren können, wenn sie unter den Hoftänzern nicht als Ungeübte auffallen.*

[KK und L versammeln sich um ein Tuch, unter dem Instrumente verborgen sind.]

d) KK betasten die Instrumente durch das Tuch hindurch und identifizieren die ihnen bekannten Bongos und Schelleninstrumente. Jedes K wünscht sich ein Instrument und wird, dessen Klang mit geschlossenen Augen folgend, vom L auf einen neuen Platz geführt, bis die ganze Gruppe im Halbkreis sitzt.

e) Spieltechniken, insbesondere die der Schelleninstrumente werden wiederholt.
KK spielen zur Musik:

Passamezzo: 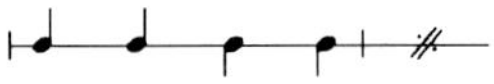

Gaillarde: 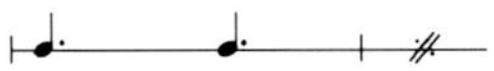

Es kann auch der Passamezzo nur von Fell-, die Gaillarde nur von Schelleninstrumenten begleitet werden. L dirigiert in Form einer Instrumentalspiel-Pantomime, was nach einigen Übedurchgängen auch von einzelnen KK übernommen werden kann.

[KK tragen die Instrumente wieder unter das Tuch und setzen sich in den Fliesenkreis.]

4. Phase: Phantasiemäßige Ausgestaltung des Schlosses, Ausklang und Ausblick

a) L und KK unterhalten sich über das Schloßinnere: Wie könnte es dort aussehen?
Säle, Flure, Gemächer, Schloßküche, Treppen, Geheimgänge, Keller, Turm, Ausstattung?

→ *Wenn wir das nächste Mal zusammentreffen, werden wir das Stoffstück zur Schleppe der Prinzessin zurückbringen und es wieder einnähen. Heute zum Abschluß noch eine schwierige Übung, die uns auf den Aufstieg zum Turm vorbereitet:*

b) KK legen aus Vierkanthölzchen die Treppe, die zum Turmzimmer der Prinzessin führt. Sie balancieren über die Hölzchen und springen vom letzten, evtl. unter Hilfestellung von L, mit einem großen Satz ‚auf den Boden zurück'.

ZIELEBENEN

psychosozial	motorisch	musikalisch
Sich auf einen Partner einstellen; Richtung, Maß und Tempo der Bewegung mit ihm abstimmen (A2; *A8; B1; B4; B5; B6*)	Seitbewegungen mit Richtungswechsel ausführen (*C3.1; C8.2.3; C9*)	s.o. 3a
Wechsel von Allein- und Paartanz (*A2; A8; B1; B4; B5; B6*)	Zwischen zwei erarbeiteten Bewegungsformen umschalten (*C6.3;* C7.3; *C8.2.3; C9*)	Taktwechsel erfassen (*D9; D9.4*)

Dramaturgisches Konzept:
Die erste große Aufgabe ist gelöst. Die Probe aufs Exempel steht noch aus, deshalb muß das Wissen um den Tanz gut bewahrt werden.

psychosozial	motorisch	musikalisch
Sich durch einen Klang persönlich geleitet fühlen (*A1, A2*)	Taktile Objektwahrnehmung (*CII;* C3.3)	Klangwahrnehmung, Richtungshören (*DII,* D2.2)
	Haltung und Bewegung instrumentenadäquat einrichten (*C3.3; C7.2*)	Spieltechnik von Instrumenten als musikalische Notwendigkeit verstehen (D1.2.2)
	Schlagfolge in Analogie zu 3c (*C6.3; C8.2.3; C9*)	Konzentriertes Hören; Anpassen der Begleitstimmen an Duktus und Metrum der Musik (*DII,*; D2.4; *D9.3.2*)

Dramaturgisches Konzept:
Nun, da auch die zweite Übephase erfolgreich abgeschlossen ist, können wir uns in den zukünftigen Ort des Geschehens hineinphantasieren. Zur Vorbereitung gehört auch gedankliches Ausmalen.

Dramaturgisches Konzept:
Intensivierung der Vorbereitung durch Vorwegnahme der möglicherweise ‚letzten Hürde‘.

psychosozial	motorisch	musikalisch
Als Gruppe eine Form legen; Abwarten, bis der Weg frei ist; Auf den ‚Vordermann‘ Rücksicht nehmen (A9; *B5*)	Auf ungewohnten Objekten balancieren (*C3.2; C3.3*)	

10.3.4 Die Schleppe der Prinzessin II

Unterrichtsstunde für die Musikalische Früherziehung

Ziel

s. vorige Stunde (Die Schleppe der Prinzessin I)

Mittel

s. vorige Stunde

Lied: „Ex ab knauff" von Thomas Holland-Moritz

Requisiten

Das Stoffstück aus der vorigen Stunde

Papierrolle mit Lied

Balken (Eutonieblock o.ä.)

Vierkanthölzer

Stoffbeutel (Kissenbezug o.ä.) mit dem Umhang, der eine Lücke in der Form des Stoffstücks aufweist

Nadel und (goldener) Faden

Raumvorbereitung

Kreis aus Teppichfliesen, in dessen Mitte das Stoffstück liegt

Balken, Hängendes Becken, Bongos, Schelleninstrumente, Vierkanthölzer und Sack mit Umhang für L griffbereit

Grundidee der Stunde

Diese Fortsetzungsstunde zum Thema Taktwechsel ist als ‚Vollendung' der Geschichte gedacht, die in der vorigen Stunde mit dem Stoffstück eingeführt wurde.

Die Kinder sollen nun das Gelernte in neuer (Phantasie-)Umgebung anwenden und sich so dem emotionalen Ziel der Stundensequenz, dem Einnähen des Stoffstücks in die Schleppe der Prinzessin, nähern. Den Übergang zwischen den Erinnerungen an die Vorstunde und den Ereignissen im Schloß bildet der Weg, der in diesem Fall eine wichtige soziale Übung beinhaltet. Der Zugang zum Schloß darf nicht leicht sein und auch im Schloß soll nicht nur Geübtes abgespult werden. Die Intensität des Erlebens wird durch das Zauberlied „Ex ab knauff", das im Verlauf der Stunde mehrfach angewendet werden kann, und durch Sensibilisierungsspiele aufrechterhalten bzw. noch gesteigert.

Die Stunde gliedert sich in fünf Phasen:

1. Erinnerung und Begrüßung
2. Vor dem Schloß
3. Im Schloß
4. Im Turmzimmer
5. Ausklang

Anmerkung: Auf eine detaillierte Feinzielanalyse dieser Stunde ist verzichtet worden, da insgesamt dieselben Zielsetzungen wie in der Vorstunde bestehen. Die bereits bekannten metrisch-rhythmischen Strukturen bleiben weitgehend erhalten, sie werden jedoch mit neuen Texten versehen. Als zusätzlicher Erfahrungsbereich zum Thema Taktwechsel wird das Lied angeboten. Die Ziele der sensorischen Spiele sind konzentrativer Natur, sie bewirken Beruhigung und Versenkung, was in emotional aufgeladenen und inhaltlich anspruchsvollen Stunden notwendig und besonders effektiv ist.

VERLAUF

1. Phase: Erinnerung und Begrüßung

[KK und L setzen sich auf die kreisförmig um das Stoffstück aus der vorigen Stunde angeordneten Teppichfliesen.]

a) KK erzählen, welche Erinnerungen sie mit dem Stoffstück verbinden.

→ *Heute abend ist im Schloß der große Ball, und die Prinzessin wird wohl nicht daran teilnehmen können, da in ihrer Schleppe noch immer das Stoffstück fehlt. Das ganze Land ist in Aufregung:*

[KK stehen auf und stellen sich auf ihre Teppichfliesen.]

b) L markiert metrische Schwerpunkte des 6/8-Takts mit Stampfen und Klatschen und spricht dazu:

Dort ist die Nachricht bekannt:

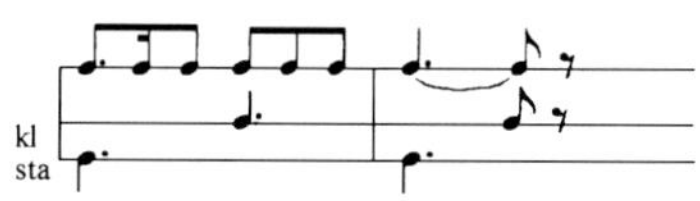

Zerrissen das goldne Gewand!

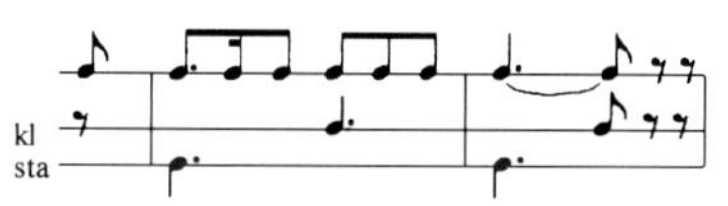

KK übernehmen Klanggesten und Text. Der Vers wird mehrfach in verschiedenen Affekten gesprochen.

c) Dann wird das Stoffstück von Kind zu Kind im Kreis herumgegeben.

Bringt es in das Schloß zurück,

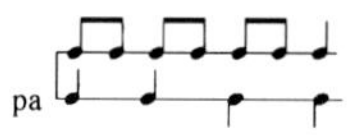

... (Name) trägt das schöne Stück.

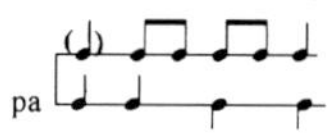

d) KK setzen sich wieder auf die Teppichfliesen und rekapitulieren Tanz und Instrumentalaktionen in Kurzform nach Art einer knappen Vorbesprechung.

2. Phase: Vor dem Schloß

[KK stellen sich in einer Schlange auf; der ‚Schlangenkopf' trägt das Stoffstück.]

a) KK gehen den Weg zum Schloß. Die Führung der Schlange wechselt, indem das vorderste Kind zu einem selbstgewählten Zeitpunkt dem nächstfolgenden das Stoffstück übergibt und sich hinten anschließt. L spielt dazu auf dem Klavier eine dem Gehtempo der KK angemessene Musik. Die Musik endet, nachdem jeder einmal die Schlange angeführt hat.

[L legt einen Balken o.ä. als Barriere vor die Gruppe.]

→ *Wir sind vor dem Schloßtor angekommen, aber es ist verschlossen. Es öffnet sich nur durch ein Zauberlied, das wir aber nicht kennen. Vielleicht gibt die Papierrolle, die uns schon die Geschichte des Stoffstücks mitgeteilt hat, Rat.*

[L holt die Papierrolle aus der vorigen Stunde hervor.]

b) L entziffert zunächst den Text, dann das Lied.

Ex ab knauff

Melodie: Thomas Holland-Moritz
Text: Juliane Ribke

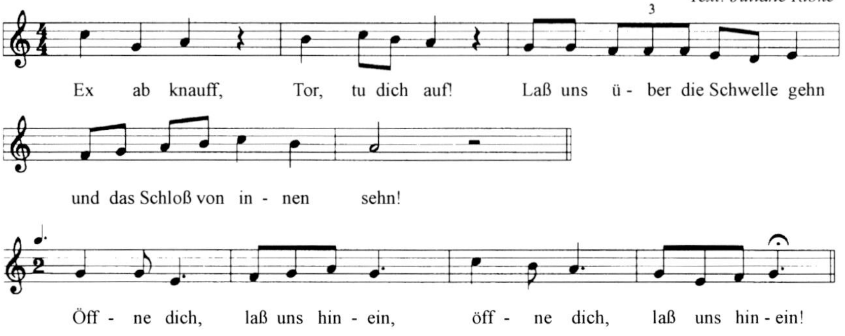

Jeweils zwei Zeilen werden durch Vor- und Nachsingen erarbeitet und verkettet, bis das Lied mehrfach durchgesungen werden kann.

→ *Aber das Schloßtor bleibt verschlossen.*

c) Das Lied wird in verschiedenen Lautstärken und Tempi gesungen.

→ *Aber das Schloßtor bleibt verschlossen.*

d) Das Lied wird nun mit den mehrfach vorgeübten Klanggesten begleitet:
1. Teil: Patschen
2. Teil: Stampfen und Klatschen
Diese Ausführung wird in mehreren Wiederholungen stabilisiert.

[L rückt schließlich den Balken beiseite, KK steigen über eine fiktive Schwelle oder balancieren über den Balken und bilden einen Sitzkreis.]

3. Phase: Im Schloß

→ *Wir befinden uns in einer großen dunklen Halle, in der ein geheimnisvoller Klang wohnt.*

a) KK schließen die Augen, L schlägt ein hängendes Becken an und führt das klingende Instrument um die Köpfe der Kinder herum.

→ *Der geheimnisvolle Klang weist uns den Weg aus der dunklen Halle hinaus.*

b) L geht mit dem klingenden Instrument durch den Raum und führt die Kinder, die aufstehen und mit geschlossenen Augen langsam dem Klang folgen, an einen anderen Raumort.

→ *Jetzt befinden wir uns in der Schloßküche, in der es köstlich nach frischgebackenem Kuchen duftet.*
Vorsicht ist geboten, damit die Hofbeamten uns nicht entdecken!

c) KK verwandeln sich in Backbleche, indem sie sich auf den Bauch legen.
L (und ggf. zuschauende Eltern) knetet auf dem Rücken der KK Teig, formt verschiedene kleine Kuchen, hebt Plätzchen ab, staubt Mehl vom ‚Blech' etc. (Rückenmassage).
(Diese Übung kann auch in Partnerarbeit durchgeführt werden.)

d) Unauffällig schieben die sich die ‚Bleche' aus der Küche hinaus.

[KK gelangen wieder vor einen Balken.]

e) KK singen und begleiten mit Klanggesten wieder das Lied, mit dem sie das Schloßtor geöffnet haben, jetzt:
Ex ab knauff,
Tür, tu dich auf! usw.

→ *Diese Tür führt in den großen Festsaal, in dem die Tänzer und Musiker schon für den abendlichen Ball proben.*

f) Zu „Passamezzo" und „Gaillarde" von Phalèse tanzen KK die einstudierte Bewegungsfolge.

→ *Nun müssen wir wie die Hofmusiker zielstrebig und zügig unsere Instrumente aufbauen.*

g) KK begleiten die Tanzmusik in der unter 3e der Vorstunde geübten Art und Weise.

[KK räumen die Instrumente weg und versammeln sich an einem neuen Ort um einen Haufen Vierkanthölzchen.]

4. Phase: Im Turmzimmer

→ *Die schmale Treppe zum Zimmer der Prinzessin ist eingestürzt – vielleicht bei dem Sturm, der auch das Stoffstück fortgewirbelt hat. Wir müssen die Treppe wieder richten.*

a) KK legen die Hölzchen wie in 4b der Vorstunde und schreiten sie nacheinander ab.

[‚Oben' angekommen finden sie wieder einen Balken vor.]

b) KK singen das Lied „Ex ab knauff" und überschreiten die Schwelle.

[KK und L setzen sich um einen weißen Stoffbeutel.]

c) KK befühlen den Beutel, greifen nacheinander hinein, betasten den darin befindlichen Stoff; sie vergleichen diesen mit dem Stückchen, das die Geschichte ausgelöst hat.

d) KK holen den langen Umhang aus dem Beutel heraus. KK nähen (mit Hilfe von L) mit einigen Stichen das Stück in den Umhang ein.

5. Phase: Ausklang*

a) KK hören die Musik von Vivaldi, zu der sie den Wirbeltanz mit dem Stoffstück ausgeführt haben (2a der Vorstunde).

→ *Jetzt wirbelt ein kräftiger Wind die KK vom Turmzimmer zurück in den Fliesenkreis, von wo sie aufgebrochen waren.*

b) KK wirbeln und tanzen frei im Raum umher und setzen sich, nachdem die Musik geendet hat, in den Fliesenkreis.

c) KK und L lassen ihre Erlebnisse im Schloß noch einmal gedanklich Revue passieren.

* In unserem Falle haben die Kinder der Stunde aus dem Spiel heraus spontan eine andere Schlußwendung gegeben: nachdem die Schleppe komplettiert war, inszenierten sie eine Prozession (den Ball), in der jeder einmal Prinzessin sein durfte. Sie baten um Wiederholung der Tanzmusik und tanzten mit den erlernten Schrittfolgen hinter der jeweils schleppengeschmückten Prinzessin her. Die Lehrerin war an diesem Vorgang in keiner Weise beteiligt.

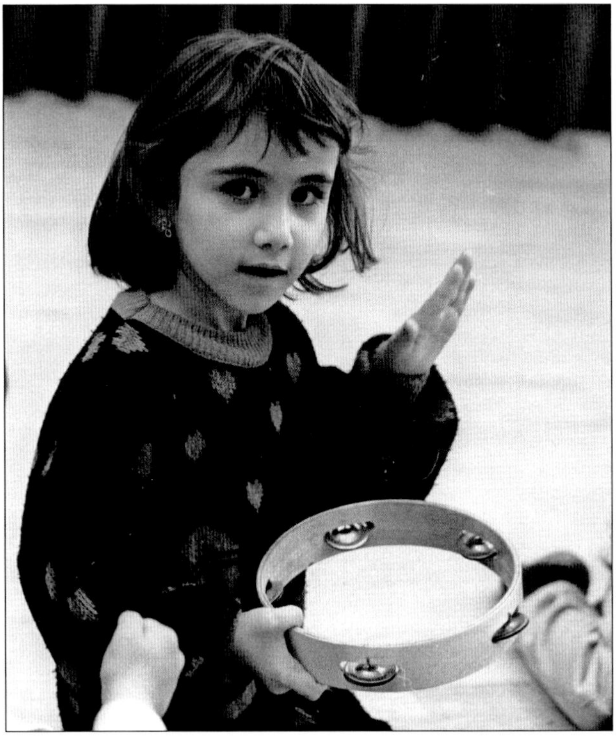

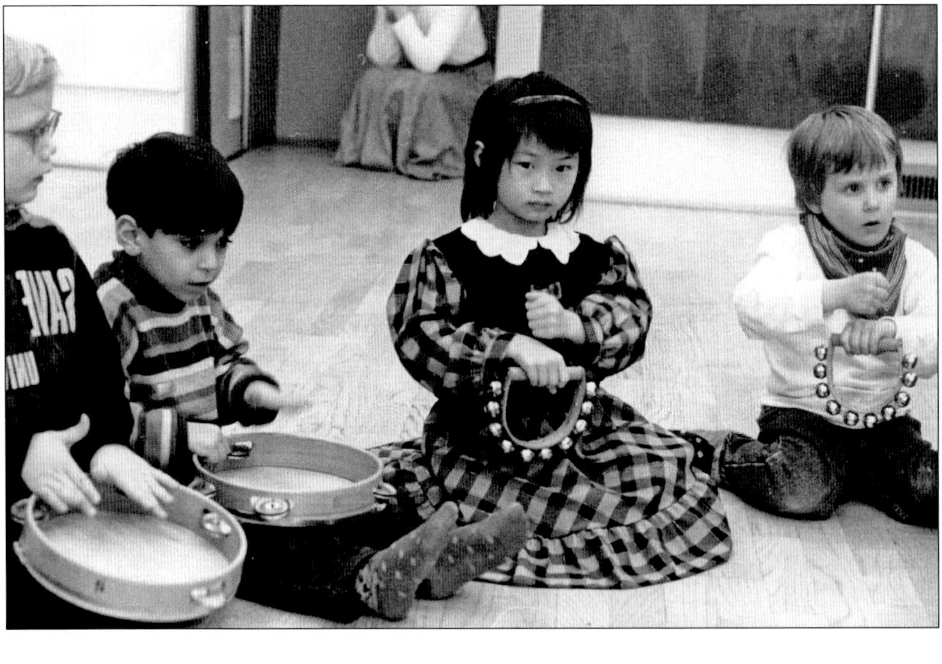

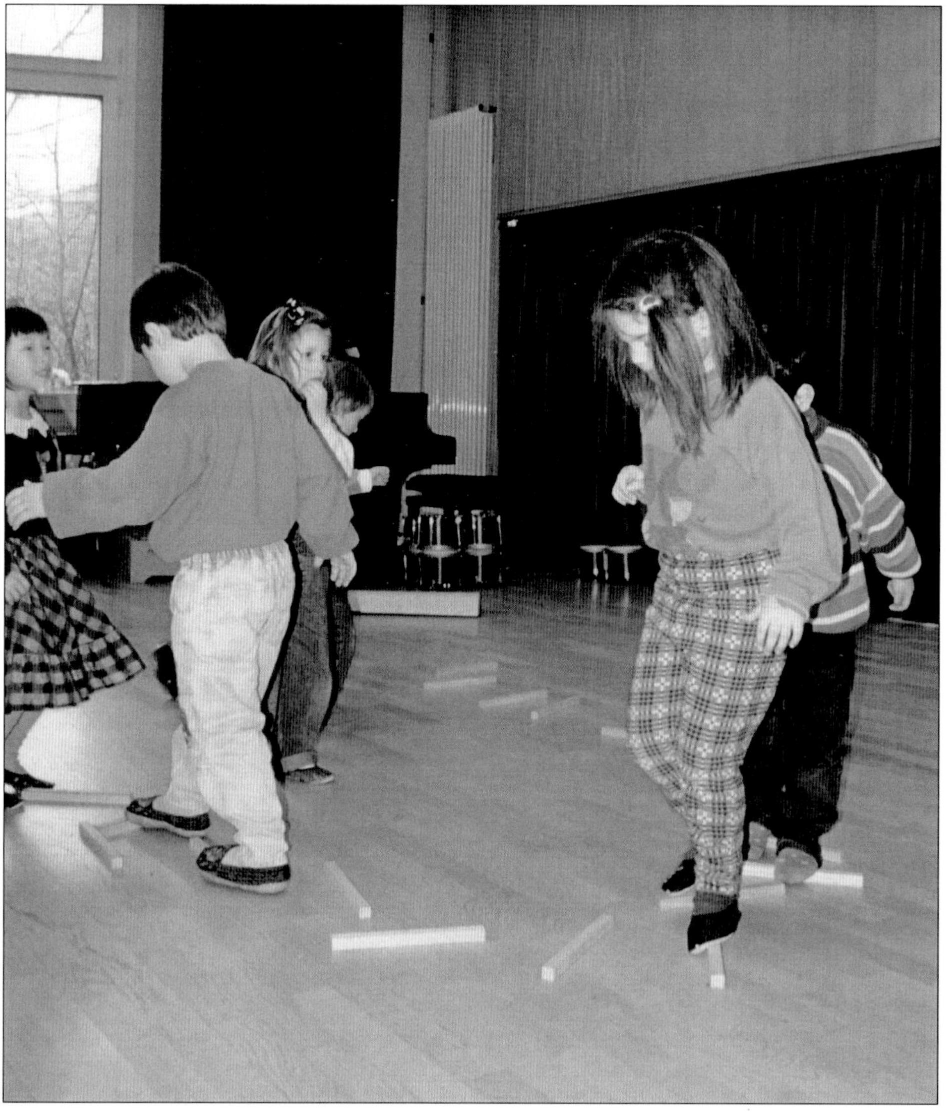

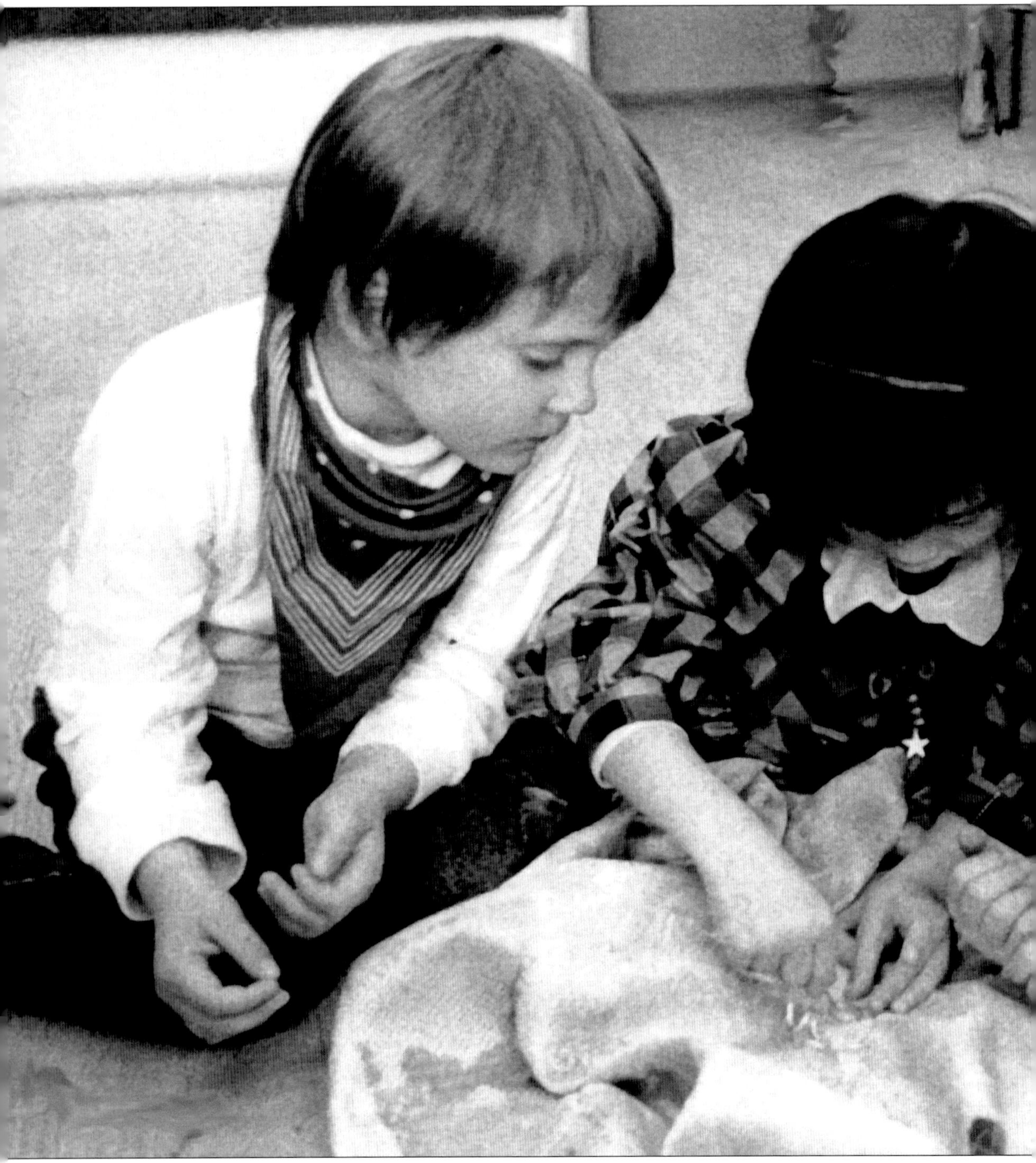

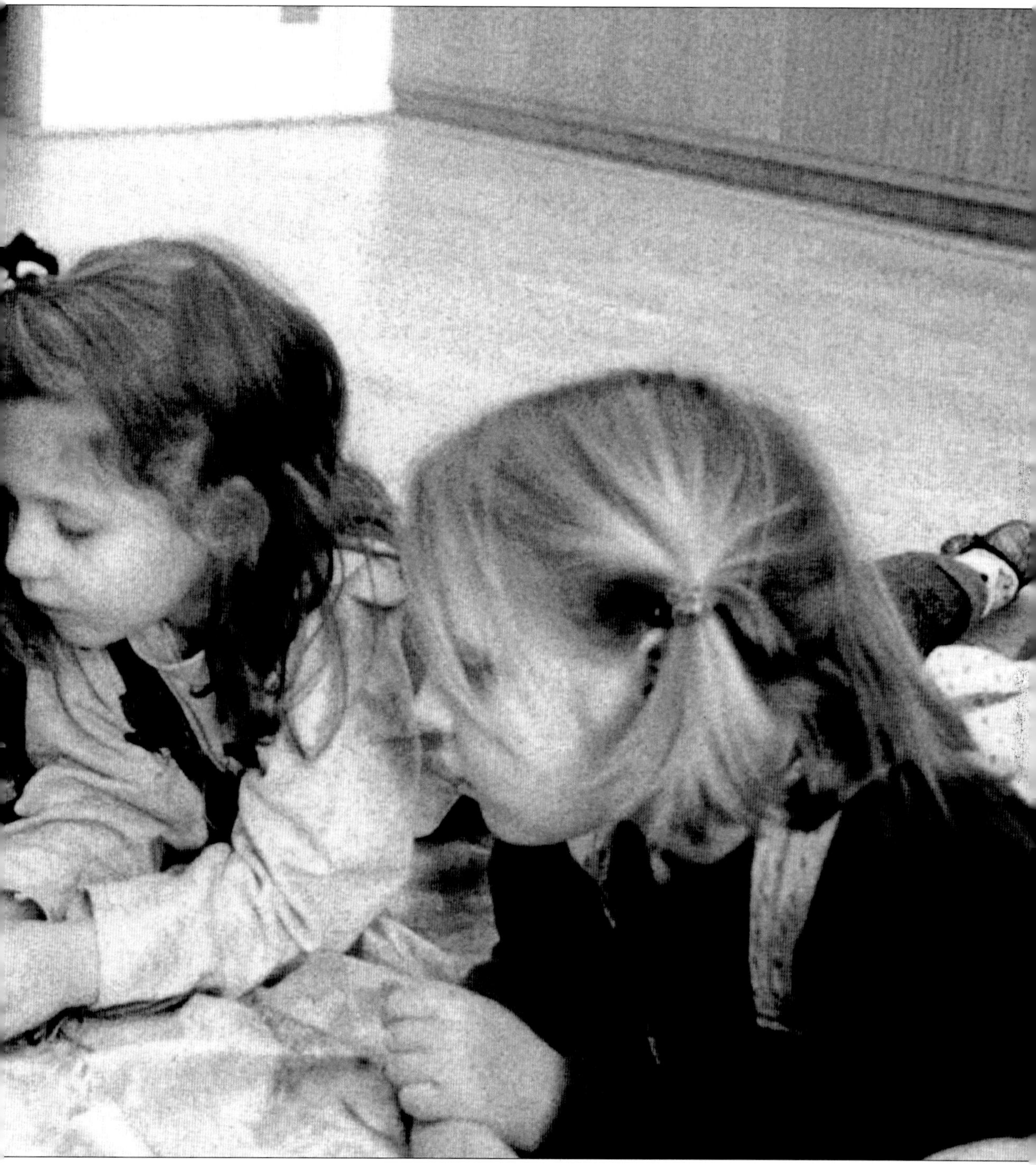

10.3.5 Der Gesang der Gespenster

Unterrichtsstunde für die Musikalische Früherziehung

Ziel

Rhythmisierung von Sprachgestalten; Selbständiger Umgang mit rhythmisch-melodischen Motiven; Erste Erfahrungen in vokaler Zweistimmigkeit

Mittel

Rhythmisierung von Sprachstrukturen und Nonsenssilben

Melodiebildung: Rhythmisch-melodisch konturierte Gestalten ohne absolute Tonhöhenfixierung (Erfinden und Reproduzieren von Tonhöhenverläufen)

Schlagwerk: Handtrommeln (rhythmische Aktionen); Holz- und Metallinstrumente des kleinen Schlagwerks (freie Klangaktionen)

Hörsensorische Übungen: Instrumentales Klangfeld; Vokale Zweistimmigkeit (Horchen und Koordination der Vokalaktionen)

Requisiten

Schnur oder Klebeband zur Abgrenzung des ‚Gespenstergartens'

Kleines selbstgebasteltes Gespenst

Raumvorbereitung

Kreis aus Teppichfliesen

Turm aus Handtrommeln in der hinteren Ecke des ‚Gespenstergartens', evtl. mit einem Tuch bedecken

Kleines Gespenst in einem Versteck verbergen

Grundidee der Stunde

Eine Traumerzählung dient als Einstieg auf eine stark phantasiebetonte Spielebene. Der Traum handelt von einer Wanderung, die zu einem Gespensterhaus führt. Die kleinen Gespenster können wunderschön singen, aber der Träumende erwacht, bevor er ihren Gesang hören konnte. Nun soll die Geschichte mit den Kindern zu Ende gespielt werden. Nach der Wanderung vertreiben sie ein grünes Gespenst, das die scheuen Gespensterchen bewacht, mit einem selbstentwickelten Trommelrhythmus. Von einem kleinen Gespenst erhalten sie als ‚Text' nur zwei Nonsenssilben, die sie dann rhythmisch und melodisch gestalten müssen.

Zum psychologischen Hintergrund des Stundenbildes – Überwindung von Widerstand, Kontaktaufnahme – gehört es, daß die zielführenden Aktionen (Sprechvers und Gesang) so weit wie möglich auf den Ideen der Kinder basieren.

Die Stunden gliedert sich in fünf Phasen:

1. Begrüßung und Traumerzählung
2. Der Weg zum Gespensterhaus
3. Die Vertreibung des grünen Gespenstes
4. Das Gespensterlied
5. Rückweg

VERLAUF

1. Phase: Begrüßung und Traumerzählung

[KK und L setzen sich auf die kreisförmig angeordneten Teppichfliesen.]

a) L führt ein Klanggesten-Muster aus, in das KK einfallen, z.B.:

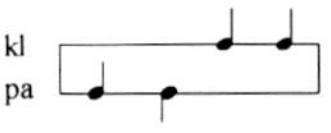

Jedes Kind wird mit einem rhythmisierten Willkommensgruß über dem Klanggesten-Ostinato von L angesprochen, der von der Gruppe geechot wird, z.B.:

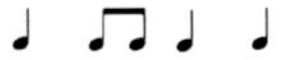

Li -sa, Willkommen!

[Alle rücken etwas näher zusammen und L erzählt:]

→ *„In der vergangenen Nacht hatte ich einen Traum: Ich ging durch einen dunklen Wald, in dem viele geheimnisvolle Klänge zu hören waren. Nach einiger Zeit gelangte ich auf eine Wiese, auf der ich Rast machte. Aber auch hier war es sehr dunkel, da sich der Mond gerade hinter einer Wolke versteckt hatte. Ich spürte, wie mich Nachtvögel mit ihren weiten Schwingen umsegelten. Nach der Rast ging ich weiter auf weichem, moosigem Boden, ich stieg über herabgestürzte Äste und balancierte über umgestürzte Baumstämme.*
Plötzlich sah ich in der Ferne ein Licht: es gehörte zu einem alten, verfallenen Haus, das in einem großen Garten stand. Ich ging vor bis an eine Gartenpforte, wo mich ein alter Mann ansprach. Er sagte: ‚Du kannst hier nicht eintreten, das Haus ist von vielen kleinen Gespenstern bewohnt, die sehr scheu sind und nur nachts ihren wunderschönen Gespenstergesang anstimmen. Sie werden von einem großen grünen Gespenst bewacht, das darauf achtet, daß niemand außer ihm mit den kleinen Gespenstern sprechen und ihre Lieder kennenlernen kann. Aber ich will dir einen Rat geben, wie du das große grüne Gespenst vertreiben kannst: Es mag nichts weniger auf der Welt als Trommelmusik. Sobald es eine Trommel hört, ergreift es die Flucht. Damit niemand von den kleinen Gespenstern trommelt, hat das grüne Gespenst die Trommeln in die hinterste Ecke des Gartens verbannt. Wenn es dir gelänge zu trommeln, würde das große grüne Gespenst flüchten und du könntest die Lieder der kleinen Gespenster kennenlernen.‘
Leider bin ich an dieser Stelle erwacht. Ich möchte mich jetzt mit euch noch einmal auf den Weg machen und die Gespenstermusik suchen.“

[Vorsichtshalber nehmen wir verschiedene Instrumente des kleinen Schlagwerks mit auf den Weg.]

2. Phase: Der Weg zum Gespensterhaus

a) KK beginnen die Wanderung auf weichem Waldboden und stellen ihre Fortbewegungsart darauf ein.

b) L berührt KK einzeln nacheinander sanft am Rücken. Jedes berührte K bleibt stehen, so daß schließlich alle gleichmäßig im Raum verteilt sind, wie ‚Bäume im Wald‘.

ZIELEBENEN

psychosozial	motorisch	musikalisch
Gewohntes Begrüßungsritual ausführen (*A1*)	Koordinierte Bewegungen ausführen (*C7.1; C9*)	Metrum übernehmen (*D9*)
Beachtung erfahren, angesprochen werden; Die Runde mitvollziehen (*A1; A2; B1; B2*)		Sprachrhythmische Aktion über Klanggesten-Ostinato (*D9.1.1; D9.2*)

Dramaturgisches Konzept:
Konstellation der Phantasieebene als Traumerzählung. Problem: Der Zugang zum Ziel (Kennenlernen der Gespenstergesänge) ist nur unter erschwerten Bedingungen möglich. Mangelsituation: der Traum ist abgebrochen. Motivationaler Impuls: Den Traum zu Ende spielen.

Dramaturgisches Konzept:
Aufbruch, Wanderung; Der Weg als Übergang zur zentralen Aktionsebene; Eintauchen in die Spielsituation und Öffnung der Sinne.

psychosozial	motorisch	musikalisch
	Weiches Aufsetzen und intensives Abrollen des Fußes (*C3*)	
Persönliche Zuwendung erfahren; Abwarten; Reagieren (*A2;* A6; *B2*)		

VERLAUF

c) Die Klänge des nächtlichen Waldes werden dargestellt, indem KK ihre mitgeführten Instrumente in selbstgewählter Spielart frei ein- und aussetzend zum Klingen bringen. Ohne Absprache der Reihenfolge legt jeweils eines der Kinder sein Instrument nieder und geht durch den Klangwald und lauscht den nahen und fernen Klängen, wobei es nach Belieben die Augen schließen kann. Wenn es auf seinen Platz zurückgekehrt ist, kann sich der nächste Wanderer (ggf. auch mehrere) auf den Weg machen.

d) Die Gruppe wandert weiter; wiederum berührt L die Kinder sanft am Rücken, die sich daraufhin auf den Boden setzen und die Augen schließen: Wir machen Rast auf der Wiese.

e) L und ein oder zwei KK bewegen sich in verschiedenen Tempi als Nachtvögel mit weiten Schwingen um die Sitzenden herum.

f) Die Gruppe bricht wieder auf, geht über moosigen Boden, steigt über Gehölz und balanciert über Baumstämme, wobei die mitgenommenen Instrumente sorgsam mittransportiert werden müssen.

[L grenzt derweil einen großen Raumteil, in dessen Ecke der Trommelturm steht, mit einer langen Schnur (oder anderer Markierung) ab.]

3. Phase: Die Vertreibung des grünen Gespenstes

a) KK betreten vorsichtig den Garten des Gespensterhauses und schleichen sich an den Trommelturm an, (möglichst) ohne daß die mitgeführten Instrumente einen Ton von sich geben. Sie legen diese (möglichst) geräuschlos ab, nehmen sich jeder eine Trommel und setzen sich in den Kreis.

b) KK überlegen sich mit Hilfe von L einen kurzen Spruch, der dann von den Trommeln gerufen werden soll, z.B.:

Grünes Gespenst,

Hör mal wie wir trommeln!

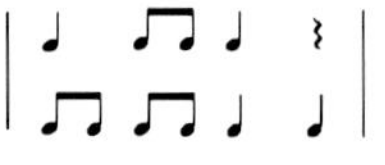

In der Übephase, die selbstverständlich unentdeckt verlaufen soll, wird der Spruch leise gesprochen zum rhythmischen Trommelspiel mit Fingerkuppen. Dann wird ohne Text rhythmisch mit wachsender Dynamik getrommelt, damit das grüne Gespenst uns auch hört und Reißaus nimmt.

4. Phase: Das Gespensterlied

[L holt ein kleines weißes Gespenst aus einem Versteck. Die Trommeln werden wieder weggeräumt, da das grüne Gespenst nun vertrieben ist. Alle bilden einen Sitzkreis in der Mitte des Gartens.]

→ *Das scheue Gespenst flüstert L ins Ohr, daß das schönste Gespensterlied zwei Teile hat; der erste lautet „Huuuuuh", der zweite „Vutt".*
Die Besonderheit des hiesigen Gespensterchores ist es, daß die beiden Teile nicht nur nacheinander, sondern auch gleichzeitig gesungen werden.

ZIELEBENEN

psychosozial	motorisch	musikalisch
Sich auf den Weg machen; Etwas auf sich wirken lassen; Abwarten, Für einen anderen spielen (*A2;* A5; A6; *A7; A9; B5;* B6)		Selbstbestimmte, instrumentenadäquate, atmosphärische Klangaktionen ausführen, Lauschen (*D1.2.1; D4.2; DII,* D2.1)
s.o. 2b		
Für sich allein die multisensorischen Eindrücke genießen (*A2*); Für andere tätig werden (B1; *B5; B6;* B8)	Fließende, gleitende Raumbewegung mit Einsatz der Arme (*C3; C5*) s.o. 2a Balance, Geschicklichkeit entwickeln (*C3.2*)	Horchen auf die Geräusche der näheren und ferneren Umgebung (*DII*)

Dramaturgisches Konzept:
Der Weg ist bewältigt, die nächste Handlungsstufe erreicht. Jetzt gilt es, dem Rat des Alten aus der Traumerzählung zu folgen.

psychosozial	motorisch	musikalisch
	Schleichen; Vorsichtige Bewegung (*C3.1; C3.3*)	
Ideen entwickeln; Verschiedene Ideen aufeinander abstimmen; Einen Gruppenkonsens herstellen (*A4;* A7; A8; *A9; B3;* B8)		Erfindung und Rhythmisierung einer Sprachstruktur (D1.1.1; D1.1.2; *D10.1*)
	Feinmotorische Aktionen in rhythmischer Koordination (*C3.3; C7.2*)	Wiedergabe einer rhythmischen Struktur mit und ohne sprachliche Stütze (*D10.1.1; D10.3.1*)

Dramaturgisches Konzept:
Unerwartet tritt ein neues Problem auf: Die Kinder erfahren nur den ,Text', nicht die Melodie. In der Melodiebildung sind sie nun auf eigene Ideen angewiesen.

VERLAUF

[Dann verschwindet das kleine Gespenst wieder.]

→ *Da es uns nur den Text hinterlassen hat, müssen wir uns die Melodien selbst zusammenreimen.*

a) KK nehmen die beiden Silben (Gespensterworte) auf. Sie experimentieren mit den Silben, indem sie gemeinsam (als ‚Rhythmuscluster') oder einzeln jede Silbe mehrfach hintereinander sprechen. L versucht, Rhythmen herauszuhören und festzuhalten.

b) In einem gemeinsamen Prozeß, in dem L lediglich eine ordnende und koordinierende Rolle einnimmt, werden für jeden Teil des Gespensterliedes Rhythmen gebildet, die dann mit einem melodischen Profil ohne konkrete Tonhöhenfixierung versehen werden, z.B.:

Huuh Huuh

Vutt Vutt Vutt Vutt Vutt Vutt

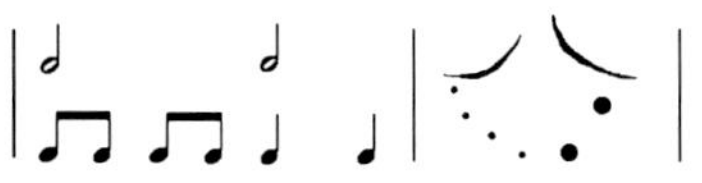

Dazu werden Armgesten ausgeführt, die in etwa dem Verlauf der rhythmisch-melodischen Gestalt entsprechen.

c) KK schweben als Gespenster durch den Garten, singen ihre Motive, die sie mit Armgesten begleiten. Jeder darf zwischen den beiden Motiven nach Belieben wechseln. L stabilisiert die Muster und hilft einzelnen insbesondere beim Motivwechsel.

d) KK führen ihre Aktivität fort, L spielt dazu den Trommelrhythmus von 3b), um das große grüne Gespenst möglichst lange fernzuhalten.

5. Phase: Rückweg

→ *Die Nacht geht zu Ende, wir müssen den Heimweg antreten. Es beginnt bereits zu dämmern.*

[KK nehmen ihre mitgebrachten Instrumente, verlassen den Garten, dessen Grenzen L wieder aufhebt.]

a) KK balancieren über Baumstämme und steigen über Gehölz, sie passieren die Wiese und wandern auf weichem Waldboden zurück in den Fliesenkreis. Sie begleiten den Rückweg mit den Klängen ihrer Instrumente, die von Station zu Station dynamisch gesteigert werden, entsprechend dem zunehmenden Tageslicht oder dem Vorgang des Erwachsens.

→ *Da wir keine kleinen scheuen Gespenster sind, könne wir das Lied auch am Tage singen.*

[KK bilden einen Stehkreis.]

b) KK singen die beiden erarbeiteten Motive in freiem Wechsel.

ZIELEBENEN

psychosozial	motorisch	musikalisch
Freies Experimentieren im Schutz der Gruppe; Einzelne Entwürfe von Sprachgestalten vorstellen (*A1; A4; A5*)		Exploration mit Nonsens-silben; Stabilisierung von zwei rhythmischen Mustern (D1.1.1; D1.1.2; *D10.1.2*)
s.o. 3b		Verbindung rhythmischer Strukturen mit Tonhöhen-vorstellungen (D1.1.3; *D11.3*)
	Einsatz der Motorik zur Unterstützung der musikali-schen Gestalt (*C1; C8.1*)	
Eigeninitiative entwickeln (*A7*)	s.o. 4b	Ein Motiv in wechselndem akustischen Umfeld beibehal-ten; Zweistimmigkeit wahr-nehmen; Motivreihungen vor-nehmen (*D6; D10.1.2; D11.3*)

Dramaturgisches Konzept:
Wir haben es geschafft, ein Gespensterlied zu Gehör zu bringen. Das fehlende Traumende ist von den Kindern selbst erspielt worden.

psychosozial	motorisch	musikalisch
	s.o. 2f	Langsame dynamische Stei-gerung des Gesamtklangs (D1.2.1; *D8.2.1*)

Dramaturgisches Konzept:
Schlußsituation: Die neu erworbenen Kompetenzen können mit in den ‚Alltag' genommen werden.

psychosozial	motorisch	musikalisch
s.o. 4c	s.o. 4c	s.o. 4c

Quellenverzeichnis der Abbildungen

Abb. 1,2,3,14,15,16,17: Grafiken von Robert Paulmann, Bremen, erstellt für dieses Buch

Abb. 4: Bloom, B. S.: Stability and change in human characteristics. New York 1964. Entnommen aus: Nickel, Horst: Entwicklungspsychologie des Kindes- und Jugendalters. Band 1 Bern 1972, S. 59

Abb. 5: Bayer u. Bayley: Growth Diagnosis. Chicago 1959. Entnommen aus: Nickel, Horst: Entwicklungspsychologie des Kindes- und Jugendalters. Band 2 Bern 1975, S. 23

Abb. 6: Scammon, R.E.: The measurement of the body in childhood. In: Harris, J. A. et al.: The measurement of man. Minnesota 1930. Entnommen aus: Nickel, Horst: Entwicklungspsychologie des Kindes- und Jugendalters. Band 1 Bern 1972, S. 58

Abb. 7: Hofstätter, Peter R.: Psychologie. Frankfurt a.M. 1957/1972, S. 103

Abb. 8: Lewin, Kurt: Verhalten und Entwicklung als Funktion der Gesamtsituation (1946/1963). In: Psychologie der Entwicklung und Erziehung (Kurt-Lewin-Gesamtausgabe Band 6, hg. von Franz E. Weinert und Horst Gundlach). Bern /Stuttgart 1982, S. 385

Abb. 9: Zuckerman, M.: Sensation seeking and anxiety, traits and states, as determinants of behavior in novel situations. In: Sarason, I. G. & Spielberger, C.D. (Eds.): Stress and anxiety. Vol. 3, Washington 1976, S. 141-170. Entnommen aus: Keller, Josef A.: Grundlagen der Motivation. München 1981, S. 245

Abb. 10: Krech, David/Crutchfield, Richard S. et al.: Grundlagen der Psychologie. Band 1: Theoretische Grundlagen und Entwicklungspsychologie. Weinheim 1985, S. 130

Abb. 11: ebenda S. 123

Abb. 12: Eccles, John C.: Gehirn und Seele. Erkenntnisse der Neurophysiologie. Berlin 1975, S. 30

Abb. 13: Spreng, Manfred: Schallwirkungen und Lärmbeurteilung aus physiologischer Sicht. In: Fortschritte der Akustik DAGA '88, S. 126

Abb. 20: Yeomans, Thomas: Gestalt, Psychosynthese und integrative Erziehung. In: Brown, George I./ Petzold, Hilarion (Hrsg.): Gefühl und Aktion. Gestaltmethoden im integrativen Unterricht. Frankfurt a.M. 1978, S. 71

Abb. 21: ebenda S. 75

Abb. 22: von Franz , Marie-Louise: Der Individuationsprozeß. In: Jung, Carl Gustav (Hrsg.): Der Mensch und seine Symbole. Olten 1968, S. 161

Alle anderen Grafiken: ConBrio-DTP, Anneliese von Markreither